物流管理专业新形态精品系列教材

供应链管理

（第二版）

主　编　但　斌

副主编　李宇雨　邱晗光　李海燕

科学出版社

北　京

内 容 简 介

本书共分九章，着重对供应链管理的概念、战略、构建、运作策略（包括营销与分销、采购与补货、产品开发与生产管理、物流管理等）、信息支持以及供应链新发展等方面进行系统介绍。在内容上将重点放在供应链管理的共识性概念、知识、方法和典型策略上，并且尽量避免与课程体系中其他课程内容重复。在写作上每章采用案例导入、概念和知识点结合案例的形式进行说明，帮助读者理解和掌握。

本书既可以作为高等院校物流管理与工程类、工商管理类、管理科学与工程类本科生、研究生和MBA的教材和参考书，也适合相关领域的企业管理人员阅读参考。

图书在版编目（CIP）数据

供应链管理/但斌主编. —2版. —北京：科学出版社，2017.6

物流管理专业新形态精品系列教材

ISBN 978-7-03-052735-6

Ⅰ. ①供… Ⅱ. ①但… Ⅲ. ①供应链管理–高等学校–教材 Ⅳ. ①F252.1

中国版本图书馆CIP数据核字（2017）第101355号

责任编辑：兰　鹏 / 责任校对：贾伟娟
责任印制：赵　博 / 封面设计：蓝正设计

科学出版社 出版
北京东黄城根北街16号
邮政编码：100717
http://www.sciencep.com
北京中科印刷有限公司 印刷
科学出版社发行　各地新华书店经销
*
2012年6月第 一 版　开本：787×1092　1/16
2017年6月第 二 版　印张：18
2024年1月第九次印刷　字数：427 000

定价：48.00元

（如有印装质量问题，我社负责调换）

编 委 会

第二版前言

本书自 2012 年 6 月由科学出版社推出第一版以来，受到了广大读者的欢迎，至 2015 年 12 月已第四次印刷。不少高校采用了本书作为供应链管理课程的教材。由于供应链管理理论与实践的发展日新月异，为了及时反映近年来供应链管理领域的最新进展，我们对本书进行了修订。

这次修订大部分章节保持了原来的逻辑结构和篇章布局，有个别章节根据实际教学的需要进行了调整。为反映供应链管理实践的最新发展，重点对部分案例进行了调整和修订。特别是结合近年来我国供应链管理的快速发展和实践热潮，显著增加了我国供应链管理的典型案例。主要修订情况如下。

（1）修订了第 3 章的篇章布局、部分内容和典型案例。将原 3.1 节供应链系统规划与原 3.2 节供应链网络设计进行了整合，使内容更加精简，以避免与物流管理与工程类专业其他课程内容的重叠。将原 3.3 节供应链合作伙伴选择与 2.4 节供应链合作伙伴关系进行了整合，使全书的体系和逻辑结构更加合理。新增了 3.2 节供应链的协调与激励及其典型案例“美国联信公司的供应链协调与激励”，使本章的内容更丰富。

（2）修订了第 8 章的部分内容和典型案例。增加了物联网和云计算等内容，补充了 SAP 和 Oracle 公司在这方面的典型产品，以反映供应链管理信息支撑技术的新发展。用我国供应链管理领先企业京东商城的典型案例“信息技术在京东电商供应链管理的综合应用”替代了原来的“宝洁中国供应链的秘密”，以反映供应链管理的信息支撑技术（包括上述新技术）在我国的应用情况，同时避免与其他章节宝洁案例的重叠。

（3）修订了第 9 章的篇章布局、部分内容和典型案例。将原 9.2 节绿色供应链、原 9.3 节逆向供应链与闭环供应链整合为面向资源和环境的供应链管理，使逻辑结构更合理，内容更加简明扼要。新增了 9.3 节供应链金融及其典型案例“通用电气公司的供应链金融模式”，以反映供应链管理的最新热点问题和发展动态。

（4）较大幅度地调整和修订了部分案例。在第 2 章中，增加了“苹果公司的供应链战略”和“苹果公司与供应商‘爱恨交加’的合作关系”两个典型案例，以反映供应链战略的最新实践；去掉了“诺基亚在中国的供应链战略”等几个较早的案例。第 4 章结合近年来“互联网+”的热潮，增加了典型案例“劲霸男装试水微分销”；在章后案例讨论中，用我国供应链管理领先企业怡亚通的典型案例“怡亚通打造供应链整合与深度分销平台”替代了原来的“雅芳的分销供应链突破”。第 5 章补充了典型案例“中国石化在南京地区的区域联合采购”和“西门子公司的全球采购策略”，去掉了“沃尔玛的全球采购策略”等几个案例，以避免本章商业供应链案例过多、工业供应链案例不足的问题。第 6 章用“一汽与宝钢协同产品开发”“纬创笔记本电脑代工：按订单配置的生产方式”和“ZARA 服装业延迟制造”三个典型案例替代了原来的案例，新的案例能更好地体现供应链企业间的协同产品开发与生产管理。第 7 章用“美的的供应商管理库存”和“联想的联合管理库存”两个我国企业的典型案例替代了原来时间较早的国外案例。

本书的部分研究工作得到了国家社会科学基金重大项目（批准号：15ZDB169）和国家自然科学基金项目（批准号：71272086）的资助。本书的修订和出版得到科学出版社的大力支持，在此表示衷心感谢！

由于编者水平有限，书中不足之处在所难免，敬请广大读者批评指正。

编　者

2017 年 1 月

第一版前言

"21 世纪的竞争不是企业和企业之间的竞争，而是供应链与供应链之间的竞争"。正如英国著名供应链专家马丁·克里斯多夫（Martin Christopher）所言，伴随着世界经济的快速发展和全球化的浪潮，供应链管理作为一种先进的管理技术，受到了世界各国政府、企业和学术界的高度重视。越来越多的企业接受了供应链管理的理念并付诸于实践，将供应链管理作为企业打造核心竞争力、赢得竞争优势和挖掘利润的重要手段。

本书是根据作者在供应链管理领域 10 余年来的研究和教学经历并参考国际国内有关文献写成的，力求建立包括供应链管理的战略、运作策略和支撑技术等方面的知识体系，兼顾工业供应链管理和商业供应链管理，从战略决策、运作管理和支撑技术三个层次系统地介绍供应链管理的理论方法与实施策略。一方面，重点放在供应链管理领域共识性的基本概念、基础知识和基本方法，注重应用性和操作性，适当介绍供应链管理的新概念、新技术和新方法，避免非共识、探索性和深奥的内容；另一方面，尽量避免与工商管理、物流管理、物流工程等专业其他课程如"物流管理""生产运作管理""采购管理""仓储与配送管理"等内容的重复，重点放在具有供应链管理特征的内容上。本书共分五个部分九章内容，具体安排如下：

第一部分，供应链管理基本理念（第 1 章）。主要包括供应链与供应链管理的概念与内涵、供应链的主要类型及特点。

第二部分，供应链战略与构建（第 2、3 章）。主要包括供应链战略与匹配、供应链合作伙伴关系、供应链系统规划与渠道设计、供应链优化与重构。

第三部分，供应链运作管理（第 4～7 章）。主要包括供应链环境下的营销与分销、采购与补货、产品开发与生产管理、物流管理等。

第四部分，供应链管理支撑技术（第 8 章）。主要介绍供应链信息管理技术与系统。

第五部分，供应链管理的新发展（第 9 章）。主要介绍几种典型的供应链管理新模式与发展方向。

本书注重理论与实践的结合，每章的内容采用案例导入方式引出本章的背景和主要问题。结合主要的概念、知识点和方法，应用小案例和例子进行说明，以辅助读者理解和掌握相关的理论知识。另外，在章后应用著名企业的典型案例以支持读者通过案例讨论系统地掌握和综合应用本章所学的知识。

本书由但斌、李宇雨、邱晗光和李海燕编写。但斌任主编，李宇雨、邱晗光和李海燕任副主编。其中，第 1、2 章及案例由但斌编写，第 3～5 章及案例由李宇雨编写，第 6、8 章及案例由邱晗光编写，第 7 章及案例由李海燕编写，第 9 章及案例由李海燕、但斌编写。

本书可以作为物流管理与工程类、工商管理类、管理科学与工程类“供应链管理”课程的教材，也可以作为相关领域的企业管理人员、研究生等掌握供应链管理基础知识和基本方法的参考书。

本书的部分研究工作得到了国家自然科学基金项目（批准号：70972056，71172084）的资助。本书的编写和出版得到科学出版社、重庆大学、重庆师范大学、重庆工商大学、重庆理工大学等的大力支持，在此表示衷心感谢！

本书的编写过程中参考了大量文献，已尽可能地列在书后的参考文献表中，但其中仍难免有遗漏；特别是一些资料经过反复引用已难以查实原始出处，这里特向被漏列文献的作者表示歉意，并向所有的作者表示诚挚的谢意！

由于供应链管理的理论、方法与技术正在迅速发展，编写此书涉及面广，技术难度较大，加上作者水平的局限，因此书中不妥之处在所难免，敬请广大读者批评指正。

作　者

2012 年 3 月

目　录

第1章

供应链管理概述

➢引导案例：戴尔公司供应链管理的启示

1983 年，美国得克萨斯大学的一年级学生迈克尔·戴尔在自己的大学宿舍里以 1000 美元起家，创立了戴尔公司（简称“戴尔”）的雏形。在不到两年的时间里，戴尔的销售额突破了 7000 万美元；1988 年，戴尔股票上市。自 1995 年起，戴尔一直名列《财富》杂志评选的“最受仰慕的公司”；2011 年上升至第 6 位。此时，戴尔已成为营业收入 615 亿美元的全球第二大个人计算机生产商。

与其他计算机厂商不同，戴尔并不生产任何计算机配件，只从事个性化的整机组装，然而它却能够在与 IBM、惠普、苹果等众多技术实力雄厚公司的竞争中迅速崛起。戴尔是如何创造出这一系列的业界奇迹的呢？成功的关键就在于戴尔所创造的供应链管理模式——直销模式。

20 世纪 70 年代后期，个人计算机市场开始迅猛发展。当时的个人计算机销售模式以代理销售商组成的间接渠道为主，IBM、惠普、苹果等众多著名公司都是利用分销商、零售商等代理销售商将自己的产品间接地投放到市场上（图 1.1）。戴尔却自创立开始就采用了截然不同的经营理念：完全绕过中间的代理销售商，以更低廉的价格直接提供产品给最终客户（图 1.2）。

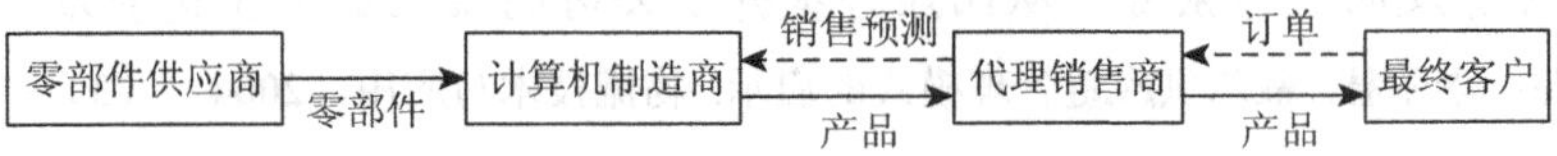

图 1.1　传统的计算机供应链

图 1.2　戴尔的供应链

简而言之，戴尔的直销模式具有以下特点。

（1）节约渠道成本和降低库存。在传统的间接销售模式下，通过分销商和零售商配送产品所产生的渠道费用通常为销售收入的 13.5%～15.5%；而在直销模式下，由于中间环节的省略，这一费用降低到 2%。与此同时，戴尔的直销模式有效地缩短了信息和产品在整条供应链上传送所需的时间，从而降低了供应链中的库存。例如，2000年，戴尔只需要保持5天销售所需的产品就可以应付任何市场变化，而其竞争对手则需保持30天甚至更多的库存。迅速的反应能力使戴尔在产品生命周期不断缩短的计算机市场上占尽先机。

（2）直接的客户关系。在直销模式下，戴尔与客户直接发生销售和售后服务关系。客户的售后服务要求通过电话热线直接传送到戴尔。戴尔聘请了数以千计的技术支持人员24小时接听电话，以保证90%的问题可以当场在通话过程中解决，从而极大缩短了售后服务所需的时间和费用。1998年美国《计算机世界》的用户调查显示，戴尔客户的满意程度排名第一。

（3）按订单装配与准时制生产方式。在传统管理方式下，生产很大程度上依赖需求预测，订单的模式多为“公司A在两个星期内需要5000台计算机”。在直销模式下，客户与公司直接发生销售关系，使客户在确定产品类型和数量上具有极大的自由度，订单的模式就成为“明天早上7点钟运送28台A型计算机到公司B仓库C的D门”。为了能够满足客户日趋个性化、多样化的要求，戴尔采用了按订单装配与准时制生产方式。其装配车间不设置任何仓储空间，零部件由供应商直接运送到装配线上，生产出来的产品直接运送给指定客户。这一先进的生产管理方式极大地降低了库存成本，同时有效提高了客户的满意程度和忠诚度。

（4）通过大规模定制为客户提供高性价比的产品。在直销模式下，客户通过网页、热线电话或邮件直接向戴尔订货，可以更加自由地确定计算机的设置（如硬盘的大小、处理器运算能力的高低等）。戴尔采用大规模定制和“1对1”的直接销售方式准确、及时地满足客户的个性化需求。与一些老牌计算机企业相比，戴尔计算机不能算是最先进的，也不是成本最低的。然而其特点是既有高于平均水平的质量，又有相对较低的价格。有人称其为“相对较高的性能”与“相对较低的价格”的完美结合，目的就是向客户提供高性价比的超值产品。

依靠直销模式，戴尔创造了著名的黄金三定律——压缩库存、倾听客户意见和直接销售，有效地降低了公司的成本，提高了客户的满意程度和忠诚度，使传统代理销售商的渠道规模优势反而成为累赘，从而显著提升了公司的盈利水平和竞争力。

（资料来源：李尔林. 戴尔供应链管理模式的启示. 物流技术与应用，2004，（3）：83-85.）

既然供应链管理对于企业降低成本、增强响应客户的能力、提高竞争力和效益如此重要，那么供应链管理是如何产生的呢？什么是供应链？什么是供应链管理？

1.1 供应链管理的产生与发展

1.1.1 21世纪企业竞争的特点

自20世纪80年代以来，在全球经济、网络经济、信息经济和知识经济日益明显的超强竞争作用下，企业的经营环境正从过去相对稳定、可预测的静态环境转向日益复杂多变和充满不确定性的动态环境。企业的竞争势态出现了如下特点。

1. 从静态竞争转向动态竞争

在传统的静态竞争中，实现可持续性仅仅意味着在目标环境和可用资源既定的情况下，企业为维持竞争优势而针对竞争对手的模仿、异化和替代等行动进行决策和实施一系列行动方案。也就是说，竞争的主要目标是保持既有优势，而不是创造新的竞争优势。但竞争优势并不能通过这种方式长久保持下去，激烈的竞争和动荡的环境早晚会把所有的竞争优势侵蚀殆尽。而动态竞争是以高强度和高速度为特点，每一个竞争对手都在不断地建立自己的竞争优势和削弱对手的竞争优势。竞争对手之间的战略互动明显加快，竞争优势都是暂时的，不能长期保持。竞争的有效性不仅取决于时间的先后，更主要的是评估竞争对手反应和改变需求或竞争规则的能力。因此，从动态的角度来看，动态环境中企业竞争优势的核心问题是更快地培养或寻找可以持续更新的竞争优势源泉。

为了在市场上占有一席之地，很多制造商选择不断推出新产品来满足细分市场上的各种不同消费者。往往是一个产品投放市场不久，企业就又推出新的产品。例如，西门子的手机业务部门在 2001 年 3 月一个月之内就推出了三款手机：3508、3518i、3568i；在 2004 年更是一口气推出了 10 款手机新品。而摩托罗拉则在 2001 年推出了天佑、时梭、V 系列和心语四大目标品牌，平均不到两个月就有一款新品上市。20 世纪 90 年代初期，日本汽车制造商平均两年可向市场推出一个新车型，而同期的美国汽车制造商推出相同档次的车型却要 5～7 年。可以想象，美国的汽车制造商在市场中该有多么被动。这也是日本汽车在 80～90 年代占据美国市场的原因之一。

2. 从产品导向转向客户导向

在传统的竞争中，企业的唯一行动就是选择一个产品市场竞争战略，围绕市场份额展开竞争。在这样的战略指导下，企业不会去顾及客户潜在的个性化需求，而是以产品生产为导向组织企业的各项活动，采取 product（产品）、price（价格）、place（地点和渠道）和 promotion（促销）的 4P 营销策略以及推动（push）生产模式，将已生产好的产品推向市场，以求将同样的商品卖给尽可能多的客户。在新的竞争形式下，社会商品极大地丰富，出现了市场饱和与商品过剩，任何一个企业要想在现有的市场中扩大自己的份额都会招致竞争对手强烈的报复从而付出高昂的代价；另外，客户基本需求完全可以得到满足，进而推动客户需求层次的提升并向个性化方向不断发展。因此，企业竞争战略应从扩大市场份额转向扩大客户价值。在这种竞争战略指导下，企业注重更快地把握客户不断变化和个性化的需求并加以满足，提供客户更高质量和价值的产品与服务，发展与客户牢固的伙伴关系，进而寻求客户关系的长期性和客户价值的最大化。企业应以客户需求为导向组织企业的各项活动，应用 consumer wants and needs（消费者的欲望和需求）、cost to satisfy（消费者的费用）、convenience to buy（购买的便利性）和 communication（与客户交流）的 4C 营销策略以及客户需求拉动（pull）生产模式，根据客户个性化的需求来组织生产、递送和服务。

例如，戴尔有 30 名代表长期驻扎在波音公司，这 30 名代表不但负责波音公司个人计算机的日常管理工作，还负责波音公司个人计算机的库存管理工作，同时也负责预测波音公司个人计算机的需求。通过对波音公司计算机部门的日常管理和库存管理，戴尔的30名代表能够并且易于理解波音公司的经营环境，从而有利于提高对波音公司个人计算机需求的预测准确率，使戴尔能够按个性化需求向波音公司提供个人计算机。以轴流压缩机、能量回收透平装置为主导产品的陕西鼓风机（集团）有限公司，在2001年以前，经营以产品为中心，仅可为客户提供单一的产品，竞争激烈，利润空间狭小。从2001年起，陕西鼓风机（集团）有限公司转变经营模式，从产品制造商向系统集成和服务商转变，向用户提供个性化的、完整的问题解决方案和系统服务。产值由2001年的4亿元增长到2005年的25亿元，利润年均增长89%。

3. 从单一市场基于价格的竞争转向多点和多因素综合竞争

在传统的静态竞争中，企业的竞争往往最终会归结到单一市场的基于价格竞争，即降低价格是企业获得更大市场份额的主要手段。随着客户需求的多样化和个性化，仅仅靠降低标准化产品的价格已无法对客户产生吸引力。另外，市场在不断地细分，每一个单一市场的总额在缩小，降低价格不仅无法使企业获得更大的市场份额，反而可能引发价格大战，导致企业和竞争对手两败俱伤。在这种不断变化和细分的市场环境中，企业必须采用多点竞争和多因素竞争战略，即针对多个细分市场（多点），在多样性、时间、价格、质量和服务等因素上达到综合最优，或根据客户需求的具体情况选择基于客户最敏感因素的竞争战略，从而提高累积的市场份额。

例如，20世纪80年代中期，克莱斯勒是美国三大汽车公司中规模最小、经营状况最差的一家汽车公司。面对崩溃的局面，克莱斯勒采取了一项根本改革：大幅减少其内部的技术与零部件开发活动，转向设计、组装、营销领域。于是供应商以最新的技术装备克莱斯勒的汽车，同时克莱斯勒也进入了一个设计与车型的复兴期。它通过及时地推出备受欢迎且有利可图的小型货车、皮卡货车、运动型多用途汽车和幻想汽车，从而超越了它的竞争对手。我国家电市场竞争激烈，面对其他家电的价格竞争，海尔另辟蹊径，采取即需即供、优质服务和产品多样化等策略赢得了竞争优势。为了做到零库存下的即需即供，海尔的供应链将以前的按月下单改为了按周下单，从面向库存的生产转向按订单的生产。目前，海尔的库存周转天数为5天，而同行业平均是50天。在服务方面，早在1993年海尔空调就在全国率先推出“三免服务”，接着又相继推出许多服务措施，如24小时服务到位、星级服务、社区服务站等9次升级，全国星级服务网络率先通过ISO9002国际质量体系认证等。在服务理念上，海尔奉行客户至上，正如海尔人所说：“只要用户一个电话，剩余工作都由海尔来做。”并提出“用户的难题就是我们的难题”。海尔在成功地推出了海尔冰箱之后，利用品牌的延伸性，又成功地推出了海尔空调、洗衣机、电视机等新产品。海尔还针对不同地区的生活习惯和文化特点，设计出适应当地要求的个性化产品。

4. 从国内和区域竞争转向国际和全球竞争

在经济全球化以前，企业的竞争主要发生在一个国家或地区内。随着世界经济的发展以及信息技术的应用，整个世界成为日益紧密的经济体，国家、地区之间的经济壁垒逐步消除，任何一个地区或局部的市场都会面临国际竞争。信息与网络技术的发展打破了时间和空间对经济活动的限制，使各种信息能够很快超越国家和地域的界限，在世界范围内有效地传递和共享，为国家、企业的经济发展提供了新的手段和条件，企业能够在更大的范围内建立跨国、跨地域甚至全球化的市场。不仅国内的企业、产品和服务要走出国门，而且外国的企业、产品和服务也会进入我国境内。在这种情况下，企业不仅要在国内彼此相互竞争，还要与国外企业展开竞争，国际竞争力成为企业生死存亡的关键，经济竞争从国内和区域竞争演变成国际和全球竞争。

据联合国 1994 年的《世界投资报告》显示，拥有年销售额近 40 亿美元的耐克公司，其产品生产是百分之百地分包给世界各地的子公司或承包商。1993 年，耐克公司本部雇佣的员工只有大约 9000 人，而将近 75 000 人是由它设在不同国家独立的分承包商雇佣的。耐克公司在它的计算机网络上有一个存货控制系统，它预先得到零售商的订单，并决定给零售商的发货时间和折扣幅度。分承包商全都和耐克公司连成网络。耐克公司依靠其计算机网络来获得和发出订单，通过计算机网络组织在世界各地的生产者的实时生产。通用汽车公司的 Pontiac Le Mans 已经不能简单定义为美国制造的产品，它的组装生产是在韩国完成的，发动机、车轴、电路是由日本提供的，设计工作在德国，其他一些零部件来自于中国台湾、新加坡和日本，广告和市场营销服务由西班牙提供，数据处理在爱尔兰和巴贝多完成，其他一些服务如战略研究、律师、银行、保险等分别由底特律、纽约、华盛顿等地提供。只有大约总成本的 40%发生在美国本土。

1.1.2　企业面临的挑战

随着卖方市场向买方市场的转变，企业面临着激烈的竞争。一方面，企业为了在市场竞争中取得优势，需要更快和不断地推出新产品以迎合客户喜好；另一方面，市场上丰富的同类产品使客户有更多选择余地，并促进了客户需求的多样化以及目标客户群的进一步细分。这使产品的种类数量快速膨胀、价格迅速下降、生命周期急剧缩短。企业面临着时间、成本、质量和多样性等多方面的挑战。

1. 时间

由于消费者需求的不断变化和竞争型产品的不断推出，产品的生命周期变得越来越短。例如，消费类电子产品的生命周期，20 世纪 70 年代平均为 8 年，80 年代缩短为不足 2 年，现在则缩短为 1 年甚至更短。由于细分市场规模越来越小且不断变化，企业只有以更快的速度生产出更多品种的产品才能不断地取得成功。产品技术变化的速度日益加快，因此必须以同样的速度缩短产品开发周期。

多变的市场和不稳定的客户需求使企业只能采用面向订单的生产方式以避免造成高库存和滞销产品。但是，从接到客户订单到生产出满足客户需求的定制产品总是需要时间的，而大多数客户没有耐心长时间地等待。在价格和质量相当的情况下，他们往往会把订单下达给能够最快提供满足其需求产品的企业。因此，企业要想获得客户订单，必须尽可能缩短交货提前期，以便在接到客户订单后，能够以最短时间生产和递送满足客户需求的产品。

2. 成本

激烈的市场竞争和众多的替代产品迫使企业在快速提供满足客户需求的产品和服务的同时，还必须保持低成本和低价格。由于贸易壁垒的撤除，更多的竞争者涌入市场参与竞争，特别是来自发展中国家的制造商，他们的生产成本更低。全球竞争的加剧已经使价格达到有史以来的最低点。市场自由度的增加使新的竞争者更加易于进入市场，这一现象使许多行业的产能过剩，导致供给过剩，增加了降价的压力。另外，互联网的广泛应用使价格信息的对比十分便捷，这也助长了降价的趋势。

为了缓解不断的降价压力，保证一定的利润水平，企业必须寻求降低成本的方法，以度过降价的危机。由于企业已经实施了许多降低成本的方法与策略，所以想寻找到新的成本降低方法将是一个很大的挑战。

3. 质量

客户对质量的高期望值进一步推动了企业竞争。随着产品供应越来越丰富，客户对质量的认识也在发生变化，由以前强调性能、可靠性和耐久性拓展到安全性、美学性、附加功能、售后服务、客户价值和响应速度等方面。现在，客户购买产品时，不仅关心产品本身的质量，也十分重视服务质量，如客户期望准时、反应快速、更精确地提货和送货服务。物流配送应成为全面质量管理的关注点。另外，产品的质量不仅取决于产品制造商的能力和水平，也受到零部件和原材料供应商的影响。因此，企业质量管理的领域不仅包含制造过程，还包含采购与供应商管理、销售与配送渠道以及售前和售后服务等。这使质量控制变得更加复杂和困难。

4. 多样性

20 世纪 70 年代以前统一的大市场不复存在，市场随着客户需求的变化不断细分。企业为了满足不同细分市场的客户需求而推出种类繁多的产品和服务。例如，80 年代以前，制造商只生产一种一次性尿布。90 年代，宝洁推出了系列产品，包括 13 种设计各异的一次性尿布，这是根据婴儿从出生到学会走路这一成长阶段的变化而精心设计的。另外，全球化也促进了产品的多样性，企业需要为各个不同国家和地区的客户提供符合他们要求和习惯的产品。例如，90 年代，惠普的 Deskjet 台式打印机由于销往 110 个国家，其总产品超过 22 000 类。

产品和服务的多样性使物料的种类增加，从而导致物料批量小、采购难度大、库存量增大。产品的多样性还会增大生产计划的复杂性和生产准备时间，并使售后服务的难度加大。这些都将导致成本的增加，即多样性成本。

1.1.3 供应链管理的产生

企业采用传统的“纵向一体化（vertical integration）”管理模式显然难以适应上述竞争态势和挑战，这就促成了代表“横向一体化（horizontal integration）”思想的供应链管理模式的产生。

1. 传统的“纵向一体化”管理模式的弊端

在“纵向一体化”管理模式下，企业出于对制造资源的占有要求和对生产过程直接控制的需要，传统的策略是扩大自身规模或参股供应商，与为其提供原材料、半成品或零部件的企业是一种所有关系。例如，许多企业拥有从铸造、毛坯准备、零件加工、部件生产和产品装配到包装、运输等一整套设施、设备及组织机构，形成了“大而全”“小而全”的经营方式，在产品开发、加工制造和市场营销三个基本环节呈现出“中间大、两头小”特征的橄榄型企业。这种类型的企业投资大、建设和回收期都长，既难以对市场变化做出快速响应，又存在较大的投资风险。

另外，“纵向一体化”管理模式会迫使企业从事不擅长的业务活动，如零部件生产、设备维修、运输等。一个可能结果是：这些不擅长的业务没有抓起来，又影响了企业的关键性业务，导致其无法发挥出核心作用，企业不仅失去了竞争的优势，而且增加了生产成本。例如，直到 20 世纪 90 年代，通用汽车公司仍然自己生产 70%的零部件，而福特汽车公司只有 50%，克莱斯勒只有 30%。这种方式使通用汽车公司每生产一个动力系统就比福特汽车公司多付出 440 美元，比克莱斯勒多付出 600 美元，在市场竞争中始终处于劣势。

采用“纵向一体化”管理模式的企业面临的另一个问题是必须在不同业务领域直接与不同的对手进行竞争，企业在资源、精力、经验都十分有限的情况下四面出击，会导致企业核心竞争力的分散。事实上，即使是 IBM 这样的大公司，也不可能拥有进行所有业务活动所必需的才能。因此，从 20 世纪 80 年代起，IBM 就不再进行纵向发展，而是与其他企业建立广泛的合作关系。

2. 代表“横向一体化”思想的供应链管理模式的产生

鉴于“纵向一体化”管理模式的种种弊端，从 20 世纪 80 年代后期开始，国际上越来越多的企业放弃了这种经营模式，随之而来的是“横向一体化”思想的兴起。“横向一体化”就是利用企业外部资源快速响应市场需求，只抓企业发展中最核心的东西：产品方向和市场。至于生产，只抓关键零部件的制造，甚至全部委托其他企业加工。例如，福特汽车公司的 Festival 车就是由美国人设计，在日本的马自达生产发动机，由韩国的制造厂生产其他零件和装配，最后在美国市场上销售。制造商把零部件生产和整车装配都放在了企业外部，这样做的目的是利用其他企业的资源促使产品快速上马，避免自己投资带来的基建周期长等问题，赢得产品在低成本、高质量、早上市等诸方面的竞争优势。

信息与网络技术的发展，使企业间开展业务合作变得更加方便，核心竞争力成为企业生存和发展的关键。与其他企业密切合作、集中精力发展自身核心业务的扩张方式逐步受到企业的认同，“横向一体化”已成为现代企业发展扩张的主要模式。该模式的要点是在核心业务领域做强做大，从而成为产品价值链上的一个关键环节，并处于有利的竞争地位。

“横向一体化”形成了一条从供应商到制造商再到分销商的贯穿所有企业的“链”。由于相邻节点企业表现出一种需求与供应的关系，当把所有相邻企业依次连接起来时，便形成了供应链（supply chain）。这条链上的节点企业必须达到同步、协调运行，才有可能使链上的所有企业都能受益。于是，便产生了供应链管理（supply chain management，SCM）这一新的经营与运作模式。

1.1.4　供应链管理的发展

供应链从 20 世纪六七十年代开始逐渐受到广泛关注，到现在已经有了很大的发展，按涵盖的范围可分为以下四个层次。

1. 内部供应链

早期的观点认为供应链是制造企业中的一个内部过程，它是指把从企业外部采购的原材料和零部件，通过生产转换和销售等活动，再传递到零售商和用户的一个过程。此概念局限于企业的内部操作层上，注重企业自身的资源利用，强调企业内部的销售、计划、制造和采购等部门之间的协调，尚未跨越企业的范畴。

制造企业管理模式及其信息系统的发展较好地支持了内部供应链的运作和管理。20 世纪 60 年代中期出现了物料需求计划（material requirement planning，MRP），较好地解决了企业内部物料供应与生产计划变动之间的衔接问题。到 80 年代发展成为制造资源计划（manufacturing resource planning，MRP Ⅱ），将物料需求计划的信息共享程度扩大，使生产、销售、财务、采购、设计紧密结合在一起，共享有关数据，组成了一个全面生产管理的集成优化模式，将企业内部资源的利用提高到一个新的层次。

2. 供应管理

有些学者把供应链的概念与采购、供应管理相关联，用来表示与供应商之间的关系，这种观点得到了研究合作关系、准时生产、精细供应、供应商行为评估和用户满意度等问题的学者的重视。20 世纪 60～80 年代由日本丰田汽车公司发展起来的准时制（just-in-time，JIT）生产方式就是这种思想的典型代表。正是凭借与供应商良好的合作关系，日本丰田汽车公司一举超越了美国竞争对手，形成了持续二十多年的竞争优势。但这样一种关系也仅仅局限在企业和供应商之间，没有考虑企业与下游渠道的合作关系。

20 世纪 90 年代出现的企业资源计划（enterprise resource planning，ERP）对这种思想提供了良好的支持。企业资源计划系统能够基于互联网/企业内部网（Internet/Intranet）实现企业内部和外部的信息集成，支持物料需求计划与准时制生产方式的结合，把客户需求、企业内部的制造活动以及供应商的制造资源整合在一起，支持企业与供应商建立合作关系与资源集成。

3. 链式结构供应链

其后发展起来的供应链管理概念关注与其他企业的联系，注重供应链企业的外部环境，认为它应是一个“通过链中不同企业的制造、组装、分销、零售等过程将原材料转换成产品，再到最终用户的转换过程”，这是更大范围、更为系统的概念。例如，美国的史蒂文斯（Stevens）认为：“通过增值过程和分销渠道控制从供应商的供应商到客户的客户的流就是供应链，它开始于供应的源点，结束于消费的终点。”伊文斯（Evens）认为：“供应链管理是通过前馈的信息流和反馈的物料流及信息流，将供应商、制造商、分销商、零售商，直到最终用户连成一个整体的模式。”这些定义都注意了供应链的完整性、供应链中所有成员操作的一致性，形成了包含上下游节点企业的链式结构供应链。

20 世纪 90 年代中后期，支持企业外部资源管理和企业间管理的信息系统已相当丰富，如客户关系管理（customer relationship management，CRM）可以有效地管理客户信息和分析客户价值，从而有效提高客户满意度和企业收益；分销资源计划（distribution resource planning，DRP）为分销商、零售商等提供信息平台，在企业的分销渠道中实现信息共享，有效地缩短供应链，使企业的工作效率和业务范围得到有效的提高。另外，互联网技术和电子数据交换（electronic data interchange，EDI）技术也为供应链企业间的信息传递与共享提供了便捷的途径和手段。这些信息技术与系统促进供应链管理的快速发展。

4. 网状结构供应链

20 世纪 90 年代后期，供应链的概念更加注重围绕核心企业的网链关系，如核心企业与供应商、供应商的供应商乃至与一切上游的关系，与客户、客户的客户及一切下游的关系。此时对供应链的认识已经超出了“链”的范围，形成了一个网链的概念。哈里森（Harrison）进而将供应链定义为：“供应链是执行采购原材料、将它们转换为中间产品和成品、并且将成品销售到用户的功能网链。”这些概念同时强调供应链的战略伙伴关系问题，通过建立战略伙伴关系，可以与重要的供应商和客户更有效地开展工作。

1.2　供应链的基本概念与主要类型

1.2.1　供应链的概念、结构模型与特征

1. 供应链的概念

供应链这一名词直接译自英文的“supply chain”，国内也有学者将其译为供需链。供应链至今尚无一个统一的定义，许多学者或机构给出了不同的定义。这里采用华中科技大学马士华教授给出的定义：供应链是围绕核心企业，通过对信息流、物流、资金流的控制，从采购原材料开始，制成中间产品以及最终产品，最后由销售网络把产品送到消费者手中的将供应商、制造商、分销商、零售商、直到最终用户连成一个整体的功能网链结构。它是一个范围更广的企业结构模式，包含所有加盟的节点企业，从原材料的供应开始，经过链中不同企业的制造加工、组装、分销等过程直到最终用户。它不仅是一条连接供应商到用户的物料链、信息链、资金链，而且是一条增值链，物料在供应链上因加工、包装、运输等过程而增加其价值，给相关企业带来收益。

2. 供应链的结构模型

根据以上供应链的定义，其结构可以简单归纳为如图 1.3 所示的模型。一般来说，供应链由所有加盟的节点企业组成，其中一般有一个核心节点企业（可以是产品制造企业，也可以是大型商贸企业），节点企业在需求信息的驱动下，通过供应链的职能分工与合作（供应、生产、分销、零售等），以物流和服务流为载体实现整个供应链的不断增值。

如图 1.3 所示，在供应链中存在着信息流、物流（和服务流）、资金流和工作流。信息流是供应链节点企业之间进行商务活动、协同工作、物流与资金等活动的信息流程，方向是在节点企业之间双向流动。信息流是供应链管理的基础，它为物流（和服务流）、资金流和工作流提供支撑。物流是物资（商品）的流通过程，是一个发送货物的程序，方向一般是由供应链的上游企业流向下游企业，直到最终用户。物流是供应链满足客户的实现手段，通常还伴随着服务流，即供应链以商品和服务满足客户需求。资金流是供应链企业之间的资金转账，是企业从事商务活动的主要体现，方向一般是从最终用户开始，由供应链的下游企业流向上游企业，它是供应链满足客户需求的回

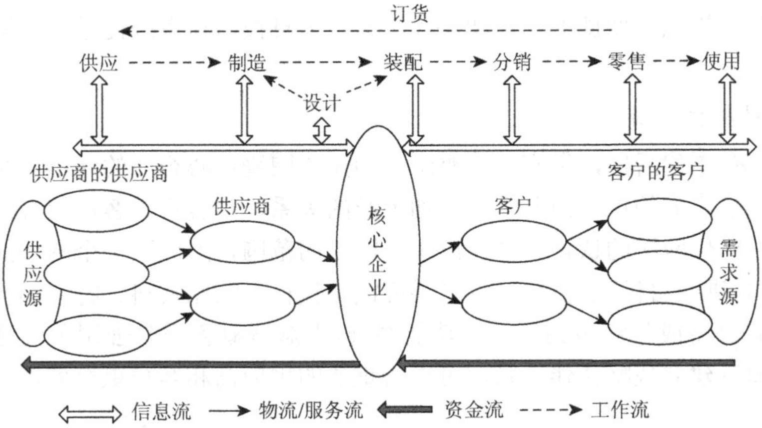

图 1.3 供应链的网链结构模型

报。工作流是供应链运作的过程。供应链各节点企业通过产品设计、原材料供应、零部件制造、产品组装、分销与零售等工作过程来增加产品价值和满足客户需求。供应链中四个“流”的关系为：信息流指挥工作流，工作流驱动物流（和服务流），物流（和服务流）带来资金流。

3. 供应链的特征

供应链是一个网链结构，由围绕核心企业的供应商、供应商的供应商和客户、客户的客户组成。一个企业是一个节点，节点企业和节点企业之间是一种需求与供应关系。供应链主要具有以下特征。

（1）复杂性。由于供应链节点企业组成的跨度（层次）不同，供应链往往由多个、多类型、多地域的企业构成，所以供应链结构模式比一般单个企业的结构模式更为复杂。

（2）动态性。供应链管理因企业战略和适应市场需求变化的需要，其中的节点企业需要动态地更新，这就使供应链具有明显的动态性。

（3）交叉性。节点企业可以是这个供应链的成员，同时又是另一个供应链的成员，众多的供应链形成交叉结构，增加了协调管理的难度。

（4）面向客户需求。供应链的形成、存在、重构，都基于一定的市场需求而发生，并且在供应链的运作过程中，客户的需求拉动是供应链中信息流、产品/服务流、资金流运作的驱动源。

1.2.2 商业供应链与工业供应链

1. 商业供应链

商业供应链是指以商贸企业为核心企业的供应链。这种供应链联盟经营的产品品种较多，但核心企业一般不生产产品。核心企业利用其销售渠道收集各种产品的市场和客户需求信息，由核心企业的信息服务中心汇总和分析后传递给相关的产品制造企业，同时核心企业根据这些市场分析结果制订销售和补货计划。这种供应链联盟的企业形象和品牌宣传以核心企业品牌和信誉为主，以制造商的产品品牌为辅。

大型零售连锁企业由于其门店分布广、直接面对最终用户以及良好的信息网络支持，在商业供应链中往往处于主导地位，因此，最典型的商业供应链是以大型零售连锁企业为核心企业的供应链。例如，沃尔玛、麦德龙和家乐福等都建立了以自己为核心的供应链。这种供应链通常为两级供应链结构，零售商与供应商之间采用单环节的直接交易形式。

另外，也有以大型商贸批发企业为核心企业的供应链，如美国加州食品公司、上海百红商业贸易有限公司、北京朝批商贸有限公司等大型商贸批发企业都成为了供应链的核心企业。这种供应链通常为多级供应链结构，上游有众多的供应商，下游有众多的零售商，核心企业利用其配送中心为上下游客户提供商品集散与配送服务。例如，有 1000 多家单体超市成为美国加州食品公司的会员客户，与其配送中心形成了合作关系。

2. 工业供应链

工业供应链是指以产品制造企业为核心企业的供应链。这种供应链往往围绕核心企业的一类或几类产品的生命周期进行运作。通过核心企业的情报机构、分销商和零售商获取市场和客户需求信息，这些需求通过网络快速传递和汇总到核心企业。核心企业根据市场和客户需求、合作伙伴的能力和技术专长制定和分配设计、供应、制造、递送和服务任务。这种供应链联盟的企业形象和品牌宣传主要以核心企业及其产品品牌为主。

工业供应链的核心企业可以是消费品制造企业（如轿车、计算机、家电、日用品等制造企业），也可以是装备制造企业（如工程机械、电气设备、船舶等制造企业）或原材料生产企业（如大型钢铁、水泥、化工等生产企业），它们的最终用户可能是广大消费者，也可能是企业。工业供应链一般为多级供应链结构（三级或以上）。上游有供应商、供应商的供应商，下游有分销商、零售商等合作伙伴围绕核心企业构成一个网链。

案例 1.1 商业供应链：沃尔玛和宝洁的产销联盟

在 2016 年《财富》世界 500 强中，沃尔玛以 4821 亿美元的营业收入继续领跑。沃尔玛的供应链管理对其成功有至关重要的作用。

20 世纪 80 年代中期，美国的大型品牌生产商与大规模连锁零售商为争夺流通渠道的主导权形成了一种对峙关系，从而导致美国社会经济和流通产业的动荡与不稳定，也在一定程度上削弱了美国企业的竞争力。同时，美国市场又面临着来自国外企业的强大挑战，而单靠美国零售商或生产商的实力和规模难以应对这种国际化的竞争。在这双重压力下，美国大型零售连锁企业沃尔玛与大型日用品生产商宝洁结成了产销战略联盟以推动双方业务的发展。

1989 年，以宝洁的纸尿裤产品为试点，双方构建了基于电子数据交换和卫星通信的准时制生产方式自动订发货系统，宝洁源源不断收集到沃尔玛各门店中其产品的销售数据，据此将适量的宝洁产品及时从工厂送到沃尔玛各门店。通过实施供应商管理库存，沃尔玛将门店中宝洁产品的存货量以及补货策略交给宝洁公司去决策，不仅使沃尔玛从原来繁重的物流作业中解放出来，专心于经营活动，而且取得了更好的效果，节约了库存成本和物流时间。两个企业之间的结算系统也采用了电子资金转账系统，提高了结算效率，降低了间接成本，加速了宝洁的资金回笼。沃尔玛与宝洁的产销联盟引进单环节的直接交易形式，排除了分销商、批发商等中间流通环节，节约了流通成本。而且从此以后，沃尔玛就一直采用单环节的直接交易形式，为其全面控制流通成本，塑造新的竞争优势打下基础。

沃尔玛和宝洁的产销联盟使双方能够紧密联系在一起，借助以信息共享为特征的经营和物流管理系统，使产销双方都能对市场变化做出及时的响应，给双方带来了明显的收益和竞争优势。自从沃尔玛与宝洁实行产销联盟以后，沃尔玛店铺中宝洁的纸尿裤商品周转率提高了 70%。与此相对应，宝洁的纸尿裤销售额也提高了 50%，达到 30 亿美元。

由于在纸尿裤产品合作上的巨大成功，双方将合作的领域逐渐扩大到其他主要产品。到 1991 年，宝洁在美国市场销售额（153 亿美元）中的 11%是通过沃尔玛实现的，正是在这一年，沃尔玛的销售额一举超过了凯玛特，成为美国第一大零售商；到 1992 年，这个数字上升到 156 亿美元中的 20%。并且，从 1993 年 3 月开始，沃尔玛与所有的大型供应商都建立了电子数据交换系统，形成了以沃尔玛为核心企业的商业供应链。

（资料来源：宋华. 现代物流与供应链管理案例. 北京：经济管理出版社，2003.）

案例 1.2　工业供应链：风神汽车公司的供应链

风神汽车公司在汽车行业竞争日益激烈的环境下，通过供应链系统建立了自己的竞争优势。风神供应链结构如图 1.4 所示。在风神供应链中，核心企业风神汽车公司总部设在深圳，生产基地设在湖北的襄樊、广东的花都和惠州，多家专营店设在全国各地，供应商包括了多家国内供应商和多家国外供应商（knock down，KD 件）。风神供应链中的供应商、产品（整车）制造商和分销商（专营店）有机组织起来，形成了供应→生产→销售的供应网链，供应商、制造商和分销商在战略、任务、资源和能力等方面相互依赖。风神汽车公司通过自己所处的核心地位，对整个供应链的运行进行信息流和物流的协调，各节点企业（供应商、中间仓库、工厂、专营店）在需求信息的驱动下，通过供应链的职能分工与合作（供应、库存、生产、分销等），以资金流、物流和服务流为媒介，实现整个风神供应链的不断增值。

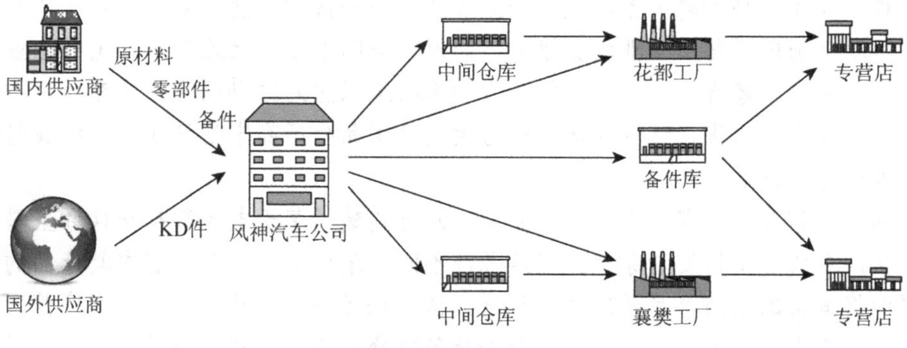

图 1.4　风神供应链结构示意图

（资料来源：马士华，林勇. 供应链管理. 2 版. 北京：高等教育出版社，2006.）

案例 1.3　工业供应链：宝钢集团有限公司的供应链

2003 年，宝钢集团有限公司（简称“宝钢”）分别与中国第一汽车集团公司、上海汽车集团股份有限公司（简称“上汽集团”）、东风汽车三大集团签订总体合作协议，结成战略伙伴。宝钢与三大汽车集团在钢材供应、钢材使用技术开发、钢材加工、物流管理等方面实现进一步的全方位合作，共同打造有竞争力的供应链，应对经济全球化所带来的激烈竞争。宝钢在三大汽车集团所在地就近仓储钢材，并配套建立了钢材加工中心和配送中心，对钢材进行深加工，为汽车制造厂提供配送服务。与汽车生产厂战略伙伴的确立，使宝钢供应链的末端得到大大延伸，这也改变了过去单纯的原料供应关系。在钢材供应、技术开发、钢材加工、物流、汽车销售、电子商务等其他多方面合作，也使宝钢深入汽车用钢的前期开发，与汽车巨头共担风险。

铁矿石、煤炭是钢铁企业的主原料。随着国际铁矿石和煤炭等资源的日益紧缺，宝钢相继与巴西淡水河谷公司、澳大利亚哈默斯利公司及国内的河南永城煤矿、平顶山煤矿等供应商建立了战略合作关系，签订了长期供矿协议，确保了原料资源的长期稳定供给。宝钢还与多家世界知名船东签订了长期运输协议，以保证原料资源的运输。

1.2.3　有效性供应链与反应性供应链

根据供应链的功能模式，可以把供应链划分为有效性供应链（efficient supply chain）和反应性供应链（responsive supply chain）两类。

（1）有效性供应链。有效性供应链也称效率型供应链，是以最低的成本将原材料转化成零部件、半成品、产品，并以尽可能低的价格有效地实现以供应为基本目标的供应链系统。有效性供应链主要针对功能型产品，此类产品需求一般是可以预测的，在整个供应链各环节中总是力争存货最小化，并通过高效率物流过程形成物资、商品的高周转率，从而在不增加成本的前提下尽可能缩短导入期。选择供应商时着重考虑服务、成本、质量和时间因素。有效性供应链重视低成本运作和准时交货，其特点包括高效率、低库存缓冲、低库存投资等，体现了基于成本的竞争，其特征如表 1.1 所示。

表 1.1　有效性供应链与反应性供应链的比较

比较项目	有效性供应链	反应性供应链
对应的产品	功能型产品	革新型产品
主要目的	以尽可能低的成本提供需求可预测的产品	对产品不可预测的需求快速反应，以减少缺货、低价出售、库存过量等情况的发生
生产能力策略	保持高利用率	配置缓冲的生产能力
库存策略	在整个供应链上减少库存	配置重要的零部件或产成品的安全库存
提前期策略	缩短提前期直至它不再增加成本	积极投资以减少提前期
供应商选择策略	以成本和质量为选择标准	以速度、灵活性和质量作为选择标准
产品设计策略	最大化产品效果、最小化成本	用标准组件设计以最大可能地推迟产品分化的时间

（2）反应性供应链。反应性供应链又称响应型供应链，其目的是对市场需求迅速做出反应。这种类型的供应链主要追求对市场需求的响应功能，即把产品分销到满足用户需求的市场，对未预知的需求做出快速反应等。反应性供应链主要针对革新型产品，比较适于需求预测性较差、预测错误率较高、产品周期短、新产品引进频繁以及产品多样性较强的情况。反应性供应链重视对市场需求的快速响应、产品的快速开发、迅速交货以及生产系统的柔性，并根据需要设定库存以便快速交货和大大缩短提前期，体现了基于时间的竞争。有效性供应链与反应性供应链的比较如表 1.1 所示。

案例 1.4　有效性供应链：日本丰田汽车公司的精益供应链

竞争对手多年来一直在努力效仿日本丰田汽车公司（简称“丰田”），但谁也不能做得像丰田那样好。这是为什么呢？这在很大程度上要归因于丰田传奇、高效的精益供应链体系。

丰田的精益供应链体系来源于丰田的精益生产方式，其核心思想是在必要的时间生产出必要数量的必要产品，即准时制生产。与传统生产方式企业的大而全、小而全不同，丰田建立了一条由核心企业主导并统领的精益化供应链。供应链企业之间深入合作、优势互补，互为战略联盟。其优势显而易见：一方面可以确保零部件与整车高度匹配；另一方面也便于丰田控制零部件成本。

准时制生产需要实时物流作保障。在实时物流中，取消了仓库的概念，只设缓冲区临时堆料；采用全新的“拉动方式”，即在需要时由后道工序的人员去前道工序领取加工品，此种方式存在于整个生产范围（包括企业外部的零部件、原材料的供给）。实时物流还需要零配件厂商的配合。通过信息系统网络，丰田与零配件厂商形成了从需求预测、采购管理、库存管理到物流配送等多方面的信息共享，为零配件厂商的实时物流提供了保障。零配件厂商大多位于同一个工业园区，这样不仅降低了运输成本，使运送途中的损耗降到最低程度，而且降低了所需的库存量。

丰田将准时制生产体制和销售网络相结合，将日本全国经销商与丰田总公司连网，销售人员可以从容地将客户订货信息实时通知生产线，订货手续大为简化，订单当天就可以传入总公司的计算机中，交货时间就可以减少 10 天以上，而且经销商的库存也减少 70%～80%，大幅度降低了存货成本。由于建立了灵活的销售体系，所以可以将产品分成小批量以更快的速度销售出去，进一步降低了产品在流通领域的费用。

丰田的精益供应链体系使丰田的供应链体系效率一直高于美国的汽车公司，并帮助丰田实现了“零库存”，使丰田的供应链成本比美国的汽车公司低 8%左右。

（资料来源：韩爽. 丰田供应链调查. 信息产业报道，2007，(8)：64-68.）

案例 1.5　反应性供应链：ZARA 的供应链

ZARA 是属于 Inditex 集团的一个时装连锁店，Inditex 集团是西班牙最大的服装生产商和零售商。ZARA 生产并销售最新潮的服装，客户包括男人、女人和孩子。但是，ZARA 的核心客户还是 18～35 岁的女性，因为她们比其他人更重视服装。ZARA 以市场上可以承受的价格，推出最新潮的款式。在某一个产业内消费者的需求是无常的，ZARA 可以应用快速反应战略，跟上流行趋势的变化，保持高速发展。在时装界“设计到销售”

传统上的周期平均是6个多月，而ZARA把这个周期缩短为5～6个星期。这个速度可以使ZARA每个星期都推出新产品，而且其产品每3～4个星期就会更换75%。因此，ZARA的服装可以比其竞争对手更加贴近消费者口味。同时，其40%以上的成品购买和内部生产是在销售季节开始之后进行的，而传统的零售商只有不到20%的产品是在销售季节开始之后生产的。这种知晓各种潮流趋势之后的快速反应和延迟决策可以帮助ZARA减少库存和避免预测误差。其结果就是ZARA的生产更具柔性，更能适应市场的需求。

（资料来源：Chopra S，Meindl P. 供应链管理. 3版. 陈荣秋，等译. 北京：中国人民大学出版社，2008.）

1.3 供应链管理的概念与内涵

1.3.1 供应链管理的概念

供应链的概念已跨越了企业的界限，从建立合作制造或战略伙伴关系的新思维出发，从产品生命线的“源”头开始，到产品消费市场的“汇”，从全局和整体的角度考虑产品的竞争力，使供应链从一种运作性的竞争工具上升为一种管理性的方法体系，供应链管理的思想就是在这种背景下提出的。

国内外相关领域的研究人员从不同角度对供应链管理进行了定义。这里列举一些具有代表性的定义。

美国供应链管理专业协会认为：供应链管理是围绕业务外包、原材料采购与转化中所有活动的计划和管理以及物流管理，它还涵盖协调的关键成员及其与渠道合作伙伴的协同，这些合作伙伴可能是供应商、中间商、第三方物流服务商和客户。本质上，供应链管理集成了企业内和跨企业的供应与需求管理。

美国生产与库存控制协会认为：供应链管理是指设计、计划、执行、控制与监控供应链活动，其目的是创造净值、建立竞争性基础设施、平衡全球物流、同步化供应与需求、测度整体绩效。

Simchi-Levi认为：供应链管理是在满足服务水平需要的同时，为了使系统成本最小而采用的把供应商、制造商、仓库和商店有效地结合成一体来生产商品，并把正确数量的商品在正确的时间配送到正确的地点的一套方法。

马士华教授认为：供应链管理就是使供应链运作达到最优化，以最少的成本，令供应链从采购开始，到满足最终用户的所有过程，包括工作流（work flow）、实物流（physical flow）、资金流（funds flow）和信息流（information flow）等，均能高效率地操作，把合适的产品，以合理的价格，及时准确地送到消费者手上。

综合这些定义，供应链管理可以认为是一种集成的管理思想和方法，用于对供应链中从供应商到最终用户的各个节点进行协调、管理和控制，其目的是使商品（或服务）以正确的数量、在正确的地点和正确的时间递交给最终用户，以最小的系统范围成本满足最终用户的需求。

供应链管理实际上是一种基于“竞争-合作-协调”机制的、以分布企业集成和分布作业协调为保证的新的企业合作模式。供应链管理为实现其最终目标，即社会目标（满足社会就业需求）、经济目标（创造最佳利益）和环境目标（保持生态与环境平衡）的合一，需要多种运营机制的保障。供应链管理的运营机制主要包括合作机制（cooperation mechanism）、决策机制（decision mechanism）、激励机制（encourage mechanism）和对标机制（benchmarking mechanism）等。

（1）供应链的合作机制体现了战略合作伙伴关系和企业内外资源的集成与优化利用。基于这种企业环境的产品制造过程，从产品的研究开发到投入市场，周期大大缩短，而且定制化程度更高，模块化、简单化产品、标准化组建，使企业在多变的生产中柔性和敏捷性显著增强。企业集成的范围扩展了，从原来的中低层次的内部业务流程重组上升到企业间的协作，这是一种更高级别的企业集成模式。

（2）由于供应链企业决策信息的来源不再仅限于一个企业内部，而是在开放的信息物流环境下，不断进行信息交换和共享，达到供应链企业的同步化、集成化计划与控制的目的，而且随着 Internet/Intranet 发展成为新的企业决策支持系统，企业的决策模式将会产生很大的变化，因此处于供应链中的任何企业决策模式应该是基于 Internet/Intranet 的开放性信息环境下的群体决策模式。

（3）为了更好地掌握供应链管理技术，必须建立、健全业绩评价和激励机制，使我们知道供应链管理思想在哪些方面、多大程度上给予企业改进和提高，以推动企业管理工作不断完善和提高，也使供应链管理能够沿着正确的轨道与方向发展，真正成为企业管理者乐于接受和实践的新的管理模式。

（4）对标机制要求供应链企业向行业的领头企业或最具竞争力的竞争对手看齐，不断对产品、服务和供应链业绩进行评价，并不断地改进，以使企业能保持自己的竞争力和持续发展。对标机制主要包括企业内部的对标、对比竞争对手的对标、对比同行企业的对标和比较领头企业的对标。企业通过推行对标机制，可以降低成本，增加利润和销售量，更好地了解竞争对手，提高客户满意度，增加信誉，企业内部部门之间的业绩差距也可以得到缩小，提高企业的整体竞争力。

1.3.2 供应链管理的主要内容

供应链管理涉及供应链的物流、信息流、资金流和工作流。供应链管理是以同步化、集成化计划为指导，以系统工程、运筹学、管理技术、信息技术和通信技术等为支持，尤其以 Internet/Intranet 为依托，围绕供应、生产作业、物流和需求来实施。供应链管理主要包括计划、合作、控制从供应商到用户的物料（零部件和成品等）和信息。供应链管理的目标在于提高客户服务水平和降低总的交易成本，并且寻求两个目标之间的平衡（这两个目标往往有冲突）。

供应链管理可细分为职能领域和辅助领域。职能领域主要包括产品工程、产品技术保证、采购、生产控制、库存控制、仓储管理、分销管理。而辅助领域主要包括客户服务、制造、设计工程、会计核算、人力资源、市场营销。

供应链管理关心的并不仅仅是物料实体在供应链中的流动，除了企业内部与企业之间的运输问题和实物分销以外，供应链管理还包括以下主要内容。

（1）战略性供应商和客户合作伙伴关系管理。

（2）供应链产品需求预测和计划。
（3）供应链的设计（全球节点企业、资源、设备等的评价、选择和定位）。
（4）企业内部与企业之间物料供应与需求管理。
（5）基于供应链管理的产品设计与制造管理、生产集成化计划、跟踪和控制。
（6）基于供应链的用户服务和物流（运输、库存、包装等）管理。
（7）企业间资金流管理（融资、汇率、成本等问题）。
（8）基于 Internet/Intranet 的供应链交互信息管理等。

供应链管理注重总的交易成本（从原材料到最终产成品的费用）与客户服务水平之间的关系，为此要把供应链各个职能部门有机地结合在一起，从而最大限度地发挥出供应链整体的力量，达到供应链企业群体获益的目的。

1.3.3　供应链管理的特征

供应链是“横向一体化”思想的一个典型模式。“横向一体化”就是利用企业外部资源快速响应市场需求，企业只专注于核心业务，在避免自己投资带来的基建周期长等问题的同时，赢得产品在低成本、高质量、早上市等方面的竞争优势。供应链管理主要具有以下特征。

（1）面向用户需求：供应链的形成、存在、重构，都是以用户需求为导向的，用户需求拉动了供应链中物流、信息流和资金流的运作。

（2）价值增值链：供应链可以说是从原材料采购开始，经过链中不同企业的制造、装配、分销等过程直至最终产品销售到用户手中所形成的一条增值链。即供应链中的各个成员企业无论从事什么样的活动，其对产品转化过程的价值增值必须大于成本。

（3）战略性合作关系：传统的企业与企业之间的关系是短暂的“买-卖”关系，双方具有明显的竞争性和对立性。同时企业与企业之间供应关系的不确定性导致采购商方面成本和风险加大，供应商方面需求呈现不稳定性。供应链合作关系可以定义为供应商与制造商之间，在一定时期内的共享信息、共担风险、共同获益的协议关系。这样一种战略合作关系强调的是合作与信任。基于这种战略合作关系的供应链成员企业之间可以大大降低交易和管理成本；制造商协助供应商降低成本、改进质量、加快产品开发周期，从而以最快的速度响应市场需求，最终实现合作伙伴大家赢。

（4）“强强”联合：面对激烈的市场竞争，企业越来越注重培育自己的核心竞争力。供应链管理强调的是与全球范围内的合适企业建立战略合作关系，把企业的非核心业务“业务外包”给合作伙伴完成，是全球范围内企业之间的“强强”联合，通过“强强”联合达到供应链的整体效益最优，避免了企业自筹建厂带来的资金和时间的浪费，从而可以借助其他企业的资源，以最低的风险达到快速响应市场需求的目的。

（5）信息集成：通过 Internet/Intranet/Extranet 的供应链成员企业之间信息技术的有效集成，增加了供应链成员企业之间信息的透明度，实现了同步化的供应链计划和控制，使供应商和客户的联系更加紧密，从而获得快速的反应能力，提高了供应链的整体运行效率和管理效率。

供应链管理的目标都是使供应链整体价值最大化。一条供应链所创造的价值，就是最终产品对于客户的价值与供应链为满足客户的需求所付出的成本之间的差额。对于大多数供应链，它们的价值与所谓"供应链盈利"有很大关系，"供应链盈利"就是从客户那里赚取的收入与供应链的全部成本之间的差额。整条供应链的盈利性决定供应链的成功性，而不是由每一环节的盈利来衡量的，供应链盈利越高，这条供应链就越成功。

1.3.4 供应链管理的效益

1997 年 PRTM 公司进行的一项关于集成化供应链管理的调查(调查涉及 6 个行业的 165 个企业，其中化工 25%、计算机电子设备 25%、通信 16%、服务 15%、工业 13%、半导体 6%）表明，通过实施供应链管理，企业可以达到以下多方面的效益。

（1）总供应链管理成本（占收入的百分比）降低 10%以上。

（2）中型企业的准时交货率提高 15%。

（3）订单满足提前期缩短 25%～35%。

（4）中型企业的增值生产率提高 10%以上。

（5）绩优企业资产运营业绩提高 15%～20%。

（6）中型企业的库存降低 3%，绩优企业的库存降低 15%。

（7）绩优企业在现金流周转周期上具有比一般企业少 40～65 天的优势。

而戴维德·霍尔（David Hall）认为通过良好的供应链管理可以在进入新市场、开发新产品、开发新分销渠道、改善售后服务水平、提高用户满意程度、降低物流成本和单位制造成本、提高工作效率等方面获得满意效果。

1.4 供应链管理的相关概念

1.4.1 供应链管理与传统企业管理的区别

供应链管理与传统企业管理和控制有着明显的区别，主要体现在以下几方面。

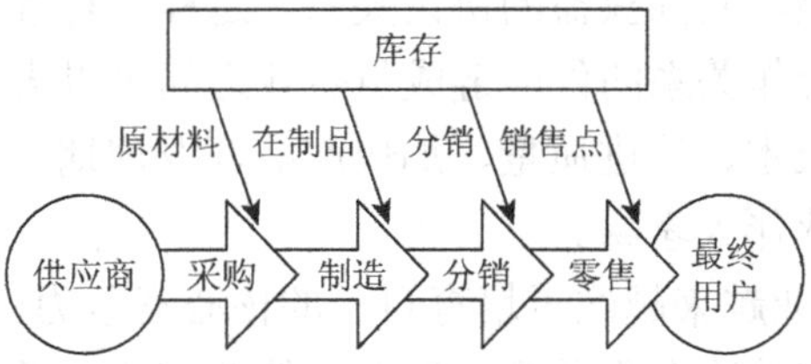

图 1.5 供应链管理的范围

（1）供应链管理把供应链中所有节点企业看成一个整体，供应链管理涵盖整个物流（从供应商到最终用户的采购、制造、分销、零售等职能）领域过程，如图 1.5 所示。

（2）供应链管理强调和依赖战略管理。"供应"是整个供应链中节点企业之间事实上共享的一个概念（任意两节点之间都是供应与需求关系），同时它又是一个有重要战略意义的概念，因为它影响或者可以认为它决定了整个供应链的成本和市场占有份额。

（3）供应链管理的关键是对所有的相关企业采用集成的管理思想和方法，而不仅仅是把各个节点企业的资源简单地连接起来，或者将业务外包。

（4）供应链管理强调在企业间建立合作伙伴关系，通过提高相互信任程度和合作水平，提高整个供应链对客户的服务水平，而不是把企业之间的业务往来仅看成一次商业交易活动。

（5）建立供应链管理的协调与激励机制是最具挑战性的任务，如果没有供应链企业之间的协调运作，以上所提及的供应链管理的目标很难实现。这种协调运作必须靠激励机制保证，这是传统企业管理不曾遇到的问题。

1.4.2　供应链与价值链

1. 价值链的概念

价值链（value chain）的概念是 1985 年哈佛大学商学院迈克尔·波特（Michael E. Porter）教授在《竞争优势》中提出的。波特认为，每一个企业都是在设计、生产、销售、发送和支撑其产品的过程中进行种种活动的集合体，所有这些活动可以用一个价值链来表明，如图 1.6 所示。企业的价值创造是通过一系列活动构成的，这些活动可分为基本活动和支撑活动两类。基本活动即一般意义上的“生产经营环节”，包括入厂物流、运营（制造）、出厂物流、营销与销售、售后服务等。这些活动都与商品实体的加工流转直接相关。支撑活动包括采购、技术开发、人力资源管理和企业基础设施（如财务、计划等）等。这里的技术开发既包括生产性技术，也包括非生产性的开发管理，如决策技术、信息技术、计划技术；采购管理既包括原材料采购，也包括其他资源投入的管理，如聘请有关咨询公司为企业进行广告策划、市场预测、法律咨询、信息系统设计和战略计划等。这些互不相同但又相互关联的生产经营活动，构成了一个创造价值的动态过程，即价值链。价值链在经济活动中是无处不在的，上下游关联的企业与企业之间存在行业价值链，企业内部各业务单元的联系构成了企业的价值链，企业内部各业务单元之间也存在着价值链联结。价值链上的每一项价值活动都会对企业最终能够实现多大的价值造成影响。

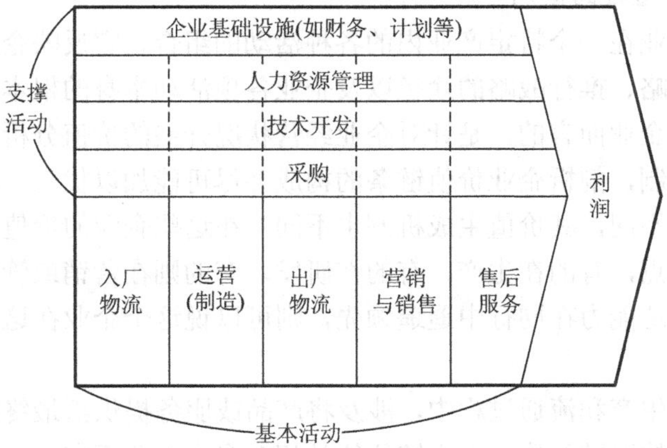

图 1.6　价值链示意图

波特的“价值链”理论揭示，企业与企业的竞争，不只是某个环节的竞争，而是整个价值链的竞争，而整个价值链的综合竞争力决定企业的竞争力。用波特的话来说：“消费者心目中的价值由一连串企业内部物质与技术上的具体活动与利润所构成，当你和其他企业竞争时，其实是内部多项活动在进行竞争，而不是某一项活动的竞争。”价值链的各环节之间相互关联，相互影响。一个环节经营管理的好坏可以影响其他环节的成本和效益。例如，多花一点成本采购高质量的原材料，就可以减少生产过程中的工序，少出次品，缩短加工时间。

价值链理论的基本观点是，在一个企业众多的价值活动中，并不是每一个环节都创造价值。企业所创造的价值，实际上来自企业价值链上的某些特定的价值活动；这些真正创造价值的经营活动，就是企业价值链的战略环节。企业在竞争中的优势，尤其是能够长期保持的优势，说到底就是企业在价值链某些特定的战略价值环节上的优势。而行业的垄断优势来自于该行业的某些特定环节的垄断优势，抓住了这些关键环节，也就抓住了整个价值链。这些决定企业经营成败和效益的战略环节可以是产品开发、工艺设计，也可以是市场营销、信息技术或知识管理。

2. 价值链管理

价值链管理就是改变作业管理策略以及将组织调整到具有有效性和高效率的战略位置，以利用产生的每一个竞争机会。在价值链管理中，最终客户掌握着权利。他们定义什么是价值以及怎样创造和提供价值。

价值链管理的目标是创造一个价值链战略，以满足和超越客户的需求和期望，达成链中成员充分的无缝整合。一个好的价值链可以使链中的各成员形成良好的工作团队，每个成员都为全部过程增加相应的价值，如快速组装、更准确的信息、更快的客户响应速度和更好的服务等。价值链中的各成员合作得越好，就能更好地为客户解决问题。

价值链管理的意义在于优化核心业务流程，降低企业组织和经营成本，提升企业的市场竞争力。它旨在帮助企业建立一套与市场竞争相适应的、数字化的管理模式，弥补企业在组织结构设计、业务流程和信息化管理方面存在的不足，从整体上降低组织成本，提高业务管理水平和经营效率，实现增值。

3. 供应链与价值链的区别

价值链是指企业在一个特定产业内的各种活动的组合，它反映企业所从事的各个活动的方式、经营战略、推行战略的途径以及企业各项活动本身的根本经济效益。价值链主要是相对于一个企业而言的，是针对企业经营状况开展的价值分析，其目的是弄清楚企业的价值生成机制，剖析企业价值链条的构成并尽可能加以优化，从而促进企业竞争优势的形成。企业不同，其价值生成机制也不同，在这些企业的价值链条构成中各有其价值生成的重要节点，有的在生产，有的在研发，有的则在营销或管理上。如果企业某一节点上的价值创造能力在同行中遥遥领先，则可以说这个企业在这方面具有了核心竞争力。

供应链是指在生产和流通过程中，涉及将产品或服务提供给最终用户活动的上游与下游企业，所形成的网链结构。供应链往往是相对多个企业而言的，除非是大型的企业集团，否则很难构建其自身的供应链，即便如此，有时也难免向集团外部延伸。因此，供应链可以说是企业之间的链条连接。供应链首先围绕物流，供应链物流管理一般是指跨企业的物流管理。但随着现代商务的发展，供应链管理的对象已不仅仅局限于物流，增加了商流和资金流的内容。供应链管理的发展得益于计算机网络与信息技术的推动，同时也是企业实施战略联盟和虚拟经营的结果。实施供应链管理的目的，一方面是降低成本，另一方面是提高反应速度，其根本目的是构筑核心竞争力。

4. 供应链与价值链的联系

价值链理论有助于了解企业的价值生成机制。它既是一个分析竞争优势的工具，同时也是建立和增强竞争优势的系统方法。但价值链并不是孤立地存在于一个企业内部，而是可以进行外向延伸或连接。如果几个企业之间形成了供应链连接并实现同步管理，则可以认为这些企业的价值链已经实现了一体化连接。因此，可以说企业辨清自身的价值链是实施供应链管理的前提。

价值链和供应链都客观存在于任何一个行业和企业中，两条链都有资金流、物流、信息流、工作流，都是依托于价值增值的过程，客观研究对象是相同的，只是各自的研究重点不同。价值链研究把企业各价值活动联系起来，把成本优势作为重要方面之一；供应链的发展也逐渐强调上述联系的重要性。在一些组织中，“价值链”和“供应链”几乎互换使用。随着价值链和供应链的不断发展，两者将在更多的方面交叉，彼此互为补充和借鉴，相辅相成，最终为企业创造竞争优势。

1.4.3　供应链与虚拟企业

1. 虚拟企业的概念

虚拟企业（virtual enterprise）是指当市场出现新机遇时，具有不同资源与优势的企业为了共同开拓市场，共同应对其他竞争者而组织的、建立在信息网络基础上的共享技术与信息、分担费用、联合开发的、互利的企业联盟体。虚拟企业的出现常常是因为参与联盟的企业追求一种完全靠自身能力达不到的超常目标，即这种目标要高于企业运用自身资源可以达到的限度。因此，企业自发地要求突破自身的组织界限，必须与其他对此目标有共识的企业实现全方位的战略联盟，共建虚拟企业，才有可能实现这一目标。

目前，虚拟企业代表了在 21 世纪构建组织以及使组织重获新生的企业模式。1991 年，美国里海大学艾科卡研究所在为美国国防部提交的《21 世纪制造业战略：一个工业主导的观点》中指出：虚拟企业的含义是，在持续多变的市场环境中，新技术出现与更迭的速度越来越快，以至于没有哪一个企业能够庞大到独自拥有这些新技术，以及独立开发、生产这些新产品的人才、资金和技术。因此面对变化，企业必须根据需要及时地将各种适当的资源集成在一起，形成一个“工程小组”。这些资源可以来自大公司的不同部门，也可以来自不同国家、不同地区的不同公司。虚拟企业中各合作方地位平等，以“共赢”为合作基础，没有上下级的控制关系。它是一种临时性的联盟，随市场机遇产生，又随市场机遇逝去而消亡，因此又称动态联盟（dynamic alliance）。通过动态联盟可以组织一个新的合作的、竞争的、动态的、互利的虚拟企业来适应持续多变、无法预料的市场变化。虚拟企业这种新型的企业组织模式是对传统企业组织模式的创新，通过它，企业能够以最快的速度、最低的成本、最小的风险跟踪市场动向，实现敏捷化的要求。

虚拟企业建立在现代通信技术尤其是互联网技术的基础上，超越企业界限甚至国界。它是为适应快速、多变的市场需求，制造商联合供应商、经销商甚至最终用户，以共同、及时地开发、生产、销售多样化、客户化的产品为目的。从资源配置的角度来看，虚拟企业是一个资源整合体，这些资源来自不同的企业成员并被整合，具有“1＋1＞2”的功效。

2. 供应链与虚拟企业的区别

供应链与虚拟企业的区别主要体现在以下几方面。

（1）目的不同。供应链是要完成由客户需求开始到提供给客户所需的产品与服务的整个过程，因此，产品与服务的最终用户对成本、质量、服务等要求，应该成为供应链中的所有参与者共同的绩效目标；而虚拟企业是要通过各种方式来借用企业外部力量，对企业外部的资源优势进行整合，实现聚变，创造出超常的竞争优势，以实现快速响应市场机遇的快速配套为目标。

（2）组织结构不同。虚拟企业是为了某种经济目的而由一些独立的经济实体组织起来的临时性的动态联盟，没有固定的组织结构和组织层次。任何一个经济实体都可根据虚拟企业的发展阶段或其他的原因，通过协商加入或离开虚拟企业。而供应链通常是相对稳定、建立在互相信任基础上的长期合作关系，具有固定的组织结构。供应链的一个重要的特点就是贯穿于现存价值链中的经过长期合作形成的信任和互相依赖的关系。

（3）协调方式不同。供应链通常是由具有优势的核心企业来负责协调整个链中的活动，同时，所有的成员都被期望共同联合，形成长期的战略合作关系。相反，虽然虚拟企业可能有一个核心企业或经纪人，但是各合作企业平等地参与协商解决整体的规划和运行。

（4）持续时间不同。供应链上的合作伙伴会签订长期的合作合同，是为了开拓更多的市场机遇形成长期的战略联盟。而虚拟企业是为了特定的商业机会组建的临时组织，在任务完成后解散，其合约只是一个简单的形式，更注重建立在互相信任基础上的合作。

（5）参与方式不同。虚拟企业的合作伙伴可以同时加盟多个虚拟企业，这是因为虚拟企业的临时性。一个企业也可以同时参加几个供应链，但供应链一般具有排他性，企业的主要力量通常集中在一个供应链上。

（6）产品生命周期不同。供应链和虚拟企业的不同之处可以从产品的生命周期中来理解，即引入、成长、成熟和退出四个阶段。虚拟企业是在开拓某个市场机遇时开始的一个项目，通常在产品生命周期的引入阶段非常有效。虚拟企业能紧抓瞬间即逝的市场机遇，将原本分散的技术资源、人力资源和管理资源快速有效地集成。供应链的组织类型更适合于已经建立好的市场（即产品生命周期的其他阶段），可以为产品提供持续的竞争力和创造力。

（7）产业创新速度不同。如果一个产业部门的生存依靠创新，那么最合适的组织形式就是虚拟企业，因为虚拟企业具备的柔性和敏捷性的特点，是产品发展过程中的关键因素。另外，产品的创新越来越依赖于更多力量的配合。例如，生命科学、计算机和信息技术、材料科学联合起来研发一种比传统芯片更小和更快的计算机芯片。相反，供应链通常适合于更一般水平的创新速度（至少产品发展中的速度），因此供应链更适合于更加稳定和传统的商品。这并不代表在这类产业中不需要创新，只是它的产品较少依赖创新。通常，供应链更适合于创新管理，如为了用较少的时间为客户提供服务而最优化设计送货渠道。

（8）供应商衡量标准不同。虚拟企业和供应链对供应商衡量标准的不同可以用“敏捷供应”和“精益供应”来区分。虚拟企业通常与敏捷供应联系在一起，要求供应商以恰当的质量和短的提前期快速响应不确定的市场需求；而供应链更强调精益供应，要求供应商以低成本、稳定的质量和提前期提供持续的供应。

3. 供应链与虚拟企业的联系

虚拟企业有产生、运营和解散的生命周期。因此，市场机遇的开拓任务完成以后，合作关系宣告解散。除了这种选择外，当最初的机遇结束后又陆续出现相同的市场机会或客户订单，虚拟企业将不会解散，但为了更好地适应新的市场机遇，虚拟企业的组织结构、一个或更多的合作伙伴将会发生改变。它们的关系逐渐由临时性和动态性转变为长期性与稳定性。这时，最初的虚拟企业合作伙伴关系完全符合供应链的特点，形成稳定的基于合同的供应链。

另外，供应链也有可能向虚拟企业转变。Christopher 和 Towill 提出了一个适合于供应链运作中的转变模型。这个转变模型考虑了四个阶段：第一阶段，产品驱动型的供应链是一种传统的刚性的供应链；在第二阶段中，供应链开始转向受市场驱动，逐渐向供应链管理的方法接近；第三阶段，市场成熟，需求多样化，供应链开始呈现敏捷性的特征，这是一个中间过程；而这之后的第四阶段，供应链将完全受客户驱动的影响而呈现柔性的特点。此时供应链最终具有虚拟企业的全部特征。在一种极端的情形下，供应链可以完全转变为一个适合特定市场机遇的动态临时组织，具有一个虚拟企业的结构。例如，耐克公司的案例就是由一个传统的网球鞋供应链转变为一个虚拟企业。

1.4.4　供应链管理与物流管理

1. 物流的概念

我国国家标准 GB/T 18354—2006《物流术语》对物流定义为：物品从供应地向接收地的实体流动过程。根据实际需要，将运输、储存、装卸、搬运、包装、流通加工、配送、回收、信息处理等基本功能实施有机结合。

物流是指为了满足客户的需要，以最低的成本，通过运输、保管、配送等方式，实现原材料、半成品、成品及相关信息由商品的产地到商品的消费地所进行的计划、实施和管理的全过程。其构成要素包括商品的运输、配送、仓储、包装、搬运装卸、流通加工，以及相关的物流信息等环节。物流活动的具体内容一般包括用户服务、需求预测、订单处理、配送、存货控制、运输、仓库管理、工厂和仓库的布局与选址、搬运装卸、采购、包装、信息的收集与处理。

现代物流的含义不仅考虑从制造商到消费者的货物时空移动，还考虑从供应商到制造商对原材料的采购，以及制造商本身在产品制造过程中的运输、保管和信息等各个方面，全面、综合性地提高经济效益和效率的问题。它是以满足客户需求为目标，把制造、运输、销售等环节统一起来考虑的一种战略措施。这与传统物流把它仅看成“后勤保障系统”和“销售活动中起桥梁作用”的概念相比，在深度和广度上又有了进一步的延伸。

2. 物流管理的概念

物流管理（logistics management）是指在社会再生产过程中，根据物质资料实体流动的规律，应用管理的基本原理和科学方法，对物流活动进行计划、组织、指挥、协调、控制和监督，使各项物流活动实现最佳的协调与配合，以降低物流成本，提高物流效率和经济效益。

物流管理就是要通过物流系统内外各环节的有机联系和相互作用，来实现整个物流系统的有效运转，通过物流功能的最佳组合，以尽可能低的物流总成本提供满足客户需要的物流服务水平。物流管理的目标具体表现为 7 个“R”，即把正确数量（right quantity）的正确产品（right product），在正确的时间（right time）和正确的地点（right place），以适当的质量（right quality）和适当的成本（right cost）提供给正确的客户（right customer）。物流管理往往需要寻求服务优势和成本优势的一种动态平衡，并由此创造企业在竞争中的战略优势。

3. 供应链管理与物流管理的区别

（1）涉及的范围不同。一般而言，供应链管理涉及制造问题和物流问题两个方面，物流管理涉及的是企业的非制造领域问题。两者的主要区别表现在：一方面，物流涉及原材料、零部件在企业之间的流动，而不涉及生产制造过程的活动，即狭义的物流管理；供应链管理则包括物流活动和制造活动。另一方面，物流涉及企业之间的价值流过程，是企业之间的衔接管理活动；供应链管理涉及从原材料到产品交付给最终用户的整个物流增值过程。

（2）运作的主体不同。供应链管理的运作主体是供应链的核心企业，即工业企业或商业企业；物流管理的运作主体一般是为工商企业提供物流服务的第三方物流企业。

（3）管理的层次不同。物流管理主要对实现物质资料实体流动的运输、仓储、配送、流通加工及相关信息等功能进行协调与管理，通过职能的计划与管理达成降低物流成本、优化物流服务的目标，着重于运作层次的管理；供应链管理聚焦于关键流程的战略管理，这些关键流程跨越供应链上所有成员企业及其内部的传统业务，供应链管理站在战略层次的高度设计、整合与重构关键业务流程，并做出各种战略决策，包括战略伙伴关系、信息共享、合作与协调等。

（4）管理手段不同。物流管理以现代信息技术为支撑，主要通过行政指令或指导，运用战术决策和计划来协调和管理各物流功能；供应链管理则以信任和承诺为基础，以资本运营为纽带，以合同与协议为手段，建立战略伙伴关系，运用现代信息技术，通过流程化管理，实现信息共享、风险共担和利益共存。

4. 供应链管理与物流管理的联系

供应链管理与物流管理既存在区别，又存在密切的联系，主要体现在以下方面。

（1）物流管理是供应链管理的重要组成部分。1998 年，美国物流管理协会对物流管理的最新定义为：供应链管理的一部分，是为了满足客户需求而对商品、服务及相关信息从原产地到消费地的高效率、高效益的正向和反向流动及储存进行的计划、实施与控制。

物流贯穿整个供应链，是供应链的载体、具体形态或表现形式。它衔接供应链的各个企业，是企业间相互合作的纽带。没有物流，供应链中生产的产品的使用价值就无法得以实现，供应链也就失去了存在的价值。因此，物流管理很自然地成为供应链管理的重要组成部分。有效地管理好物流过程，对于提高供应链的价值增值水平有举足轻重的作用。

（2）现代物流管理逐步向供应链管理延伸和扩展。美国物流管理协会从 1963 年成立时的 National Council of Physical Distribution Management（NCPDM），到 1985 年更名为 Council of Logistics Management（CLM），再到 2005 年更名为 Council of Supply Chain Management Professionals（CSCMP，美国供应链管理专业协会），标志着物流管理的发展经历了实物分销管理、物流管理和供应链管理三个层次。20 世纪 80 年代，“logistics”取代“physical distribution”作为“物流”的标志，此时物流管理的主要内容是企业之间非生产领域的运输和仓储及其相关活动的管理。90 年代以来，各大生产企业的业务外包及全球化战略对供应链管理提出了需求，而互联网技术的发展又为供应链管理提供了条件。物流、资金流和信息流是供应链的重要组成部分。在新经济环境下，需要把物流与供应链联系在一起，使物流管理的外延和内涵都发生一个飞跃，从非生产领域扩展到企业的生产过程，并且要覆盖到供应链的上下游企业。广义的物流管理不仅包括了生产过程中的物料转化过程，而且涉及信息流、商流和资金流（如物流金融）。因此，国外有人认为供应链管理是物流管理的延伸和扩展。

本章小结

本章首先分析了 21 世纪企业竞争的特点和面临的挑战，简述了供应链管理的产生与发展阶段。接着介绍了供应链的概念、结构与特征，分析了商业供应链与工业供应链及其特点、有效性供应链与反应性供应链及其特点。然后介绍了供应链管理的概念、主要内容和特征。最后辨析了供应链管理与传统企业管理、价值链、虚拟企业、物流管理等相关概念的区别与联系。

在案例方面，首先以戴尔公司的供应链管理作为引导案例，分析了供应链管理在降低成本、增强响应客户的能力、提高竞争力和效益等方面的作用。接着分别以沃尔玛和宝洁的产销联盟、风神汽车公司的供应链和宝钢集团有限公司的供应链为例阐释了商业供应链和工业供应链的结构和特征，又分别以日本丰田汽车公司的精益供应链和 ZARA 的供应链为例阐释了有效性供应链和反应性供应链的特点。最后以宝洁的供应链管理作为章后案例，介绍了整个供应链的管理策略。

➢复习思考题

（1）21 世纪企业竞争有哪些特点？面临哪些挑战？试例举其具体的体现形式。

（2）什么是供应链？供应链有何特征？

（3）简述供应链中的信息流、物流、资金流和工作流的特点及其相互关系。

（4）什么是商业供应链？什么是工业供应链？两者有何不同？

（5）什么是有效性供应链？什么是反应性供应链？两者有何不同？
（6）什么是供应链管理？供应链管理的目标是什么？供应链管理有何特征？
（7）简述供应链与价值链的区别和联系。
（8）简述供应链与虚拟企业的区别和联系。
（9）什么是物流？什么是物流管理？
（10）简述供应链管理与物流管理的区别和联系。

➢案例讨论　宝洁的供应链管理

宝洁于 1837 年在美国成立，是世界上名列前茅的日用消费品制造商和经销商，在全球 80 多个国家设有工厂及分公司，全球雇员超过 10 万人，所经营的 300 多个品牌的产品畅销 160 多个国家和地区，其中包括洗发、护发、护肤用品、化妆品、婴儿护理产品、妇女卫生用品、医药、食品、饮料、织物、家居护理及个人清洁用品。2016 年，宝洁以 787 亿美元的销售额排名《财富》杂志全球 500 强的第 86 位，并被评为业内最受尊敬的公司。

1988 年，宝洁在广州成立了在中国的第一家合资企业——广州宝洁有限公司，从此开始了其中国业务发展的历程。宝洁大中华区总部位于广州，目前在广州、北京、上海、成都、天津、东莞及南平等地设有多家分公司及工厂，员工总数超过 7000 人，在华投资总额超过 17 亿美元。

在市场竞争日益激烈的今天，供应链管理已成为制约企业发展的关键因素。在从小到大、缔造品牌王国的过程中，宝洁一直致力于通过优化供应链，不断提升自己的核心竞争力。

1. 全面压缩供应链时间与库存

宝洁供应链优化总体思路就是通过压缩供应链时间，提高供应链反应速度，来降低运作成本，最终提高企业竞争能力。宝洁从供应链上下游之间的紧密配合方式进行分析，寻找可以压缩时间的改进点，从细节入手，以时间的压缩换取更大的市场空间。下面以宝洁的香波产品供应链优化为例，详细剖析宝洁供应链的优化方法。

（1）根据不同的材料确定不同的管理时间。香波生产原材料供应最长时间 105 天，最短 7 天，平均 68 天。根据原材料的特点，宝洁将其分为 ABC 三类分别进行管理：A 类品种占总数 5%～20%，资金占 60%～70%；C 类品种占总数 60%～70%，资金占 15% 以内；B 类介于二者之间。对不同的材料管理策略分为全面合作、压缩时间和库存管理三类。

对材料供应部分的供应链进行优化，将时间减少和库存管理结合起来。例如，原材料 C1 供应提前期 105 天，但是订货价值只占总价值 0.07%，不值得花费很多精力讨论缩短提前期。而原材料 A1 虽然提前期只有 50 天，但是年用量却高达总价值的 24%，因此对这样的材料应该重点考虑。

（2）原材料的库存由供应商管理。宝洁的材料库存管理策略是供应商管理库存。对于价值低、用量大、占用存储空间不大的材料，在供应链中时间减少的机会很少，这类材料占香波材料的 80%，它们适合采用供应商管理库存的方式来下达采购订单和管理库存。库存状态的透明性是实施供应商管理库存的关键。首先双方一起确定供应商订单业务处理过程所需要的信息和库存控制参数；其次改变订单处理方式，建立基于标准的托付订单处理模式；最后把订货交货和票据处理各个业务处理功能集成在供应商一边。

以广州黄埔工厂为例，黄埔工厂将后面 6 个月的销售预测和生产计划周期性地和供应商分享。供应商根据宝洁的计划制订自己的材料采购计划，并根据宝洁生产计划要求提前 12 天送到宝洁工厂。宝洁使用材料之后付款。对供应商来说，不必为宝洁生产多余的安全库存，自己内部计划安排更有灵活性；对宝洁来说，节省了材料的下单和采购成本，实际的材料采购提前期只是检测周期。

（3）压缩材料库存的时间。对于价值不高、用量大且占用存储空间很大的材料适合采用压缩供应链时间的方法来管理。这类材料约占所有材料的 15%。这类材料不宜只采取传统的库存方法，因为高频率、小批量、多变的生产方式对材料供应的要求更高。如果供应时间长，则要求工厂备有很大的安全库存。只有通过压缩时间的方法，才能保持材料的及时供应和库存不变或者降低。

对价值高、用量大但存储空间不大的材料也适宜采取压缩供应时间的管理方式，以消除无价值时间，改进有价值时间。例如，材料 AE03 由国外供应商提供原料，在北京生产，再运到广州，采购提前期为 72 天。供应链活动分为五种，活动及时间分别为：T—运输 34.9 天、S—存储 12.5 天、P—生产 2.0 天、I—检测 7.8 天、D—延迟 14.6 天。真正有价值的时间只有生产和运输两种，检测、存储和延迟都是无价值时间。通过考察供应商的质量方面的日常表现，对材料实施免检放行。相应地改变存储时间和运输时间，减少延迟时间和检测时间，总时间最后减少了 18 天。材料库存从 30 天减少到 20 天，库存费用每个月减少了 2 万美元。

（4）与供应商的全面合作。在香波供应链中，总会有一两个供应商供应用量大、材料占据空间大、价值高的 A 类材料，如黄埔工厂的香波瓶供应商。这类供应商供应提前期已经很短，已经找不到时间压缩空间，所以宝洁和供应商一起同步进行供应链优化，寻找在操作和管理系统中存在的机会。

首先是供应商内部改进。例如，瓶形之间转产时间需要 1 小时，宝洁与供应商一起为不同品种的香波瓶制定不同的生产周期，以缩短瓶形之间转产的时间。对于个别品种，以建立少量库存的方式保证供货，在生产能力有闲暇的时候生产这些品种补充库存。

其次宝洁对材料要求做出适当调整。将 100 多种印刷版面合并成 80 多种，减少了转产频率。在材料送货方面，为适应多品种小批量的要求，宝洁雇佣专门的运输商每天将同一区域的材料收集运送到宝洁。与供应商各自进行运输相比，运输成本明显降低，更好地满足了客户要求。

（5）压缩内部供应链时间。除了加强与供应商的紧密合作和共享信息，宝洁还加强压缩企业内部供应链时间。主要包括推行产品标准化设计，减少包装车间转产次数；将每周制订下周的生产计划变为每日制订第二日的生产计划，加快产品对市场变化的反应；改进生产工艺，压缩生产时间；缩减不增值过程以缩短包装时间；优化仓储管理，缩减货物存取时间等。

（6）优化下游供应链。在运输环节，宝洁采用第三方物流将产品从工厂运送到全国仓库。宝洁与物流供应商签订详细的运输协议，衡量运输商的可靠性和灵活性。每天跟踪运输业绩，考察由运输商造成的货物损坏率，以及由于运输不及时造成的客户订单损失。利用统计模型分析不同类型产品的运输调货频率，进行最优化设计，找到保留库存、卡车利用率和满载率的平衡点。

宝洁与大客户建立电子订单处理系统，比传统的电话传真更快捷。与个别客户统一产品订货收货平台，及时了解客户的销售活动信息，如开店促销等，并反馈回工厂，保证客户有新的市场活动时，宝洁有充足的产品供应。

宝洁通过与供应链上下游伙伴的合作，不断挖掘自身生产过程中的时间压缩机会，以实现对客户需求的快速响应，不断夯实作为公司竞争力的供应链反应速度。

2. 客户导向的供应链战略

几年前，宝洁出现了库存量居高不下和零售店中时常有产品脱销的现象。这一矛盾成为困扰宝洁高层的头等问题。虽然公司制订过多种方案，但小修小补效果不尽如人意。如何从根本上打破库存堆积如山，而客户又难以买到宝洁产品的局面？

为此，宝洁的经理人频繁接触研究人员和咨询顾问，寻求供应链管理创新。咨询及软件开发公司Bios Group的研发人员创建了一个理想的供应链模型，并引入真实世界中消费者行为、货架状态等不稳定因素，展示了当宝洁供应链的各部分变动时，整个系统会如何表现。通过操纵这一虚拟世界，宝洁比以前更准确地测量到了各种需求变化和分销决策的影响。

在此基础上，宝洁开始建立客户导向、按需生产的供应战略。主要表现在以下两个方面。

（1）建立实时需求启动装置，从零售商的条码扫描器上直接获取销售点的信息。宝洁99%的美国客户使用电子订货，这使宝洁能在销售发生后5～7天获得实际的销售数据。为寻求更快地得到这一关键数据的方法，宝洁成为了产品电子条码的创始赞助人。基于无线射频识别技术的产品电子条码将出现在运货台、装货箱和每个消费商品上，商店内的条码扫描器将此信息传送到一个无线传感网络，制造商能随时了解消费者何时购买了产品。

（2）改变规划和生产方式。通过与软件商SAP公司共同开发具有适应性的资源规划模型，宝洁可以在得到实时或接近实时信息的情况下每天2～3次更新规划，而不是每天进行一次批量规划。目前，宝洁已在其最大量的库存单位SKV中实现了30%的按需生产系统。

事实证明，客户需求信息的及时反馈带来了更好的产品流动和更少的库存。宝洁尝到了这一变化带来的甜头，目前正与Bios Group展开新一轮项目合作，并将斥资致力于生产方式变革、缩短生产周期，以保持其在行业内的领导者地位。宝洁的努力赢得了中国连锁经营协会颁发的“2009零售创新奖”，以奖励宝洁在引领零售业数据同步方面作出的卓越贡献。

宝洁积极贯彻客户导向、按需生产的供应战略。宝洁近年来充分利用互联网，积极开展在线消费者研究和理念调查，以期将更多消费者愿意购买的产品推向市场。此外，宝洁采用了一个由思科公司提供的名为“网络订购管理”的在线系统，实时完成零售终端的订货请求。通过对成千上万家零售终端的订单进行分析，宝洁可以发掘某个地区、某个时间段最受消费者欢迎的产品类型。通过该系统，零售商能全面访问宝洁的促销、库存和日程安排信息。

3. 供应链协同管理

事实上正是宝洁与沃尔玛在 20 世纪 80 年代的那场轰轰烈烈的合作，使供应链管理进入人们的视野。

之前，美国零售商和制造商分享的信息很少，双方总是围绕着商品价格和货架位置争夺控制权。而随着宝洁与沃尔玛的供应链协同管理模式的确立，美国零售商和供应商的目光开始转向如何加强供应链管理以降低综合运营成本，如何提高客户的满意度，而不再仅仅盯住渠道控制权。

起初，宝洁开发并给沃尔玛安装了一套"持续补货系统"，借助于此信息系统，宝洁能迅速知晓沃尔玛店铺内的纸尿裤的销售量、库存量、价格等数据。这样不仅能使宝洁及时制订出符合市场需求的生产和研发计划，同时也能对沃尔玛的库存进行单品管理，防止滞销商品库存过多，或畅销商品断货。此项措施很快在客户服务水平的提升和双方库存的下降方面取得了显著的效果。

在持续补货的基础上，宝洁和沃尔玛合力启动了协同计划、预测与补货（CPFR）流程。它让双方从共同的商业计划开始，到市场推广、销售预测、订单预测，再到最后对市场活动的评估总结，构成一个可持续提高的循环。流程实施的结果是使双方的经营成本和库存水平都大大降低，沃尔玛分店中的宝洁产品利润增长了 48%，存货接近于 0；而宝洁在沃尔玛的销售收入和利润也增长了 50%以上。与此同时，协同计划、预测与补货理念也演变成供应链管理的新标准。此后，宝洁和沃尔玛再接再厉，在信息管理系统、物流仓储体系、客户关系管理、供应链预测与合作体系、零售商联系平台以及人员培训等方面都进行了全面、持续、深入而有效的合作。

宝洁与沃尔玛合作方式的改变导致两家公司关系的改变，两家建立了长期稳定的合作伙伴关系，由非赢即输的竞争关系变成了力促双方成本下降、收益增加的双赢关系。

（资料来源：葛星. 压缩时间：宝洁供应链优化. 物流时代，2006，（2）：63-65；王琳琳. 宝洁：供应链管理的领跑者. 石油石化物资采购，2009，（12）：70-72.）

问题讨论

（1）宝洁采用了哪些策略来压缩供应链时间与库存？取得了什么样的效果？

（2）宝洁与沃尔玛的合作中，采用了哪些供应链协同管理手段？取得了什么样的效果？

第2章

供应链战略

➢引导案例：香港利丰集团的全球供应链战略

香港利丰（Li&Fung）集团（简称“利丰”）是全球供应链管理中著名的创新者。它地处香港，为全世界约26个国家（以美国和欧洲为主）的350个经销商生产制造各种服装。说起“生产制造”，利丰却没有一个车间和生产工人，但它在多个国家和地区［主要是中国（包括台湾）、韩国、马来西亚等］拥有7500个生产服装所需要的各种类型的生产厂家（如原材料生产运输、毛线生产、织染、缝纫等），并与它们保持非常密切的联系。利丰最重要的核心竞争力之一，就是它在长期的经营过程中所掌握的、对其所有供应厂家的制造资源进行统一集成和协调的技术，它对各生产厂家的管理控制就像管理自家内部的各部门一样熟练自如。

下面以利丰接受欧洲零售商10 000件服装的订单为例来说明它处理订单的管理过程。为了这个客户，利丰可能向韩国制造商购买纱，而在中国的台湾地区纺织和染色。由于日本有最好的拉链和纽扣，但大部分在中国的其他地区制造，因此利丰就找到YKK（日本最大的拉链制造商），向其在中国的工厂订购适当数量的拉链。考虑到生产定额和劳动力资源，利丰选择泰国为最好的加工地点，同时为了满足交货期的要求，利丰在泰国的5个工厂加工所有的服装。5周以后，10 000件服装全部达到欧洲，如同出自一家工厂。在这个过程中，利丰甚至还帮助该欧洲客户正确地分析市场消费者的需要，对服装的设计提出建议，从而最好地满足订货者的需要。

现在，人们在服装上越来越爱赶时髦，一年好像有六七个季节似的，衣服的式样或颜色变化很快。订货者从自身的利益出发，常常是先提前10周订货，但很多方面如颜色或式样还事先定不下来。因此只能在交货期前5周订货者才告诉利丰衣服的颜色，而衣服的式样甚至在前3周才能知道。面对这些高要求，利丰能靠着它与其供应商网络之间的相互信任以及高超的集成协调技术，可以向纱生产商预订未染的纱，向有关生产厂家预订织布和染色的生产能力。在交货前5周，利丰从订货者那里得知所需颜色并迅速告之有关织布和染色厂，然后通知最后的整衣缝制厂：“我还不知道服装的特定式样，但我已为你组织了染色、织布和裁剪等前面工序，你有最后3周的时间制作这么多服装。”

最后的结果当然是令人满意的。按照一般的情况，如果让最后的缝纫厂自己去组织前面这些工序，交货期可能就是 3 个月，而不是 5 周。显然，交货期的缩短，以及衣服能跟上最新的流行趋势，全靠利丰对其所有生产厂家的统一协调控制，像同一个公司那样行动一致。总之，利丰所拥有的市场和生产信息、供应厂家网络以及对整个供应厂家的协调管理技术是其最重要的核心竞争力。这种能力使它能像大公司一样思考和盈利，而像小公司一样灵活自如。

（资料来源：陈国权. 供应链管理. 中国软科学，1999，(10)：101-104.）

行业领先的企业专注于自己的核心竞争力，将非核心业务外包给合作伙伴，从而形成以自己为核心的供应链已成为一种趋势，那么，什么是企业的核心竞争力？怎样进行业务外包？企业应该选择和实施什么样的供应链战略呢？

2.1　企业核心竞争力与业务外包

供应链管理强调企业把主要精力放在关键业务（核心竞争力）上，充分发挥其优势，同时与全球范围内合适的企业建立战略合作关系，企业的非核心业务由合作企业完成，即业务外包（outsourcing）。实施供应链管理的企业可以通过业务外包，获得比单纯利用业务内包（insourcing）更显著的竞争优势。

2.1.1　企业核心竞争力的概念与特征

核心竞争力的概念最早是由普拉哈拉德和哈默（C. K. Prahalad 和 G. Hamel）于 1990 年在其 *The core competence of the corporation*（“公司的核心竞争力”）一文中提出的。他们将核心竞争力定义为“能使公司为客户带来特别利益的一类独有的技能和技术”，并指出，组织中的积累性知识，特别是关于如何协调不同的生产技能和有机结合多种技术流派的知识是核心竞争力的主要来源。此后，一批企业理论和企业战略研究人员提出必须重新认识和分析企业。他们把研究的视角投向了企业拥有的特殊能力：企业的核心竞争力。通过对许多大公司的研究分析得出：企业的核心竞争力是企业在市场竞争中建立竞争优势的基础，是企业成败的关键。

1. 企业的能力和竞争力

企业的能力（capability）是指企业在生产、技术、销售、管理和资金等方面力量的总和。企业的竞争力（competence）就是企业和企业家设计、生产和销售产品与服务的能力，其产品和服务的价格和非价格的质量等特性比竞争对手具有更大的市场吸引力。也就是说，是企业和企业家在适应、协调和驾驭外部环境的过程中成功地从事经营活动的能力。

竞争力和能力代表了两种不同的但相互补充的企业战略的新范式，前者强调价值链上特定技术和生产方面的专有知识，后者含义更为广泛，涵盖了整个价值链。对于企业，能力是企业某项业务运营的前提条件，是生存发展的基础，是进入竞争舞台的门票；而竞争力则是企业在竞争舞台上脱颖而出、获得竞争优势的关键。

但竞争力的形成又依赖于企业所拥有的诸多能力。若把企业竞争力看成一个层次结构，其能力结构便可以分为三个层次。第一个层次是企业竞争力的表层，是企业竞争力大小的体现，主要表现为一系列竞争力衡量指标；第二个层次是企业竞争力的中层，是企业竞争优势的重要来源，决定了竞争力衡量指标的分值；第三个层次是企业竞争力的深层，是企业竞争力的深层次土壤和真正的源泉，决定了企业竞争力的持久性。

从另一个角度来说，企业竞争力可以看成企业的持续发展、后劲增长、资产增值和效益提高的能力。因此，就企业本身来说，竞争力因素大体上包括以下五个方面。

（1）采用新技术的速度和技术改造的进度。

（2）新产品、新技术研究和开发的状况。

（3）劳动生产率的提高。

（4）产品的质量优势。

（5）综合成本的降低和各种开支的节约。

此外，宏观方面的金融政策、税率高低、法制情况、知识产权的保护等，对企业竞争力都有重要的影响。

可以说，竞争力是特定企业个性化发展过程中的产物，它并不位于公司的某一个地方，而是充斥于公司的研发、生产、采购、物流和市场营销等部门。它往往体现了隐性知识的积累，对于竞争对手，既无法完全模仿，也无法完全交易。它是根植于企业中的无形资源，不像实物资源会随使用而折损；相反，它是组织中集体学习的结晶，将在不断的应用和分享过程中得到改进和精炼。

2. 企业核心竞争力的概念

企业核心竞争力（core competence）是企业借以在市场竞争中取得并扩大优势的决定性力量，它具有使一项或多项业务达到竞争领域一流水平的能力，是企业可持续竞争优势和新事业发展的源泉。

企业核心竞争力的载体是企业整体，而不是企业的某个业务部门、某个行业领域。核心竞争力是企业内生的，而不是外生的，是通过内部累积性学习形成，体现在业务流程和活动的管理中，而且能够帮助企业制定出在竞争中的占优策略。

企业核心竞争力的表现形式多种多样，这些不同形式的核心能力，存在于人、组织、环境、资产/设备等不同的载体之中。由于信息、专长、能力等在本质上仍是企业/组织内部的知识，而组织独特的价值观和文化，属于组织的特有资源，所以，企业的核心竞争力本质是企业特有的知识和资源。例如，微软公司的知识管理、戴尔公司的直销模式、丰田公司的精益生产、波音公司的技术创新、海尔公司的客户服务，都使它们在本行业及相关行业的竞争中立于不败之地。

企业核心竞争力不是资产，不会出现在资产负债表上；也不局限于个别产品，而是可以打开多种产品潜在市场大门的能力；不是企业可以用来生产中间产品或最终产品的另一种资源；不是企业创造价值的充分条件；不是已经普及的能力，也不易为某个人或某小组完全掌握。企业核心竞争力不是固定不变的，企业在某阶段的核心竞争力到后阶段可能成为一般能力。

企业核心竞争力由洞察预见能力和执行能力构成。其中洞察预见能力主要来源于科学技术知识、独有的数据、产品的创造性、卓越的分析和推理能力等。执行能力产生于这种情形，即最终产品或服务的质量会因工作人员的工作质量而发生改变。

3. 企业核心竞争力的特征

核心竞争力是企业的特殊能力，具有如下特征。

（1）价值优越性。核心竞争力是企业独特的竞争能力，应当有利于企业效率的提高，能够使企业在创造价值和降低成本方面比竞争对手更优秀。同时，它也给用户带来独特的价值和利益。以海尔和格兰仕为例，两者同属电器企业，海尔的核心竞争力是其五星级的销售和服务体系，而格兰仕的核心竞争力则是它的低成本和规模优势。当用户注重购买方便和售后服务时，就会倾向于购买海尔电器，而当价廉物美成为首要选择时，就会倾向于格兰仕。

（2）异质性。又称独特性。一个企业拥有的核心竞争力应该是独一无二的，即其他企业所不具备的（至少暂时不具备），是企业成功的关键因素。核心竞争力的异质性决定了企业之间的异质性和效率差异性。例如，本田公司的核心竞争力之一是引擎、牵引动力技术，而英特尔（Intel）在芯片研制技术方面具有强大的核心竞争力。

（3）难模仿性。一个企业的核心竞争力是在长期的生产经营活动过程中积累形成，深深地打上了企业特殊组成、特殊经历的烙印，其他企业难以模仿。丰田公司的精益生产方式使其能够提供满足多样化客户需求、价廉物美的汽车，而竞争对手难以模仿，使丰田公司在汽车行业保持了 20 多年的竞争优势。

（4）不可交易性。核心竞争力与特定的企业相生相伴，虽然可以为人们所感受到，但无法像其他生产要素一样通过市场交易进行买卖。例如，联想虽然收购了 IBM 的微机和笔记本电脑业务，但却无法购买到 IBM 的品牌价值与客户服务等核心竞争力。

（5）难替代性。核心竞争力必须是难以被替代的，它应该没有战略性的等价物。所谓战略性等价物是指如果两种不同的资源或竞争力可以分别用于实施同一种战略，那么这两种资源或竞争力在战略上讲就是等价的。通常来说，一项竞争力越是来源于知识与技能的结合，就越难找到战略上的替代物。

（6）延展性。企业能够从核心竞争力衍生出一系列的新产品和新服务以满足客户的需求。企业核心竞争力包含着一项或几项核心技术，而这些核心技术相互配合形成一个或多个核心产品，再由核心产品衍生出一系列的最终产品。如日本夏普公司的液晶显示技术使其在笔记本电脑、袖珍计算器、大屏幕显像技术等领域都具有竞争优势。

北京大学张维迎教授认为企业核心竞争力具有“偷不去，买不来，拆不开，带不走，溜不掉”等特点。“偷不去”是指别人模仿你很困难，如你拥有的自主知识产权——品牌、文化。“买不来”是指这些资源不能从市场上获得。“拆不开”是指企业的资源、能力具有互补性，分开就不值钱，合起来才值钱。“带不走”是指资源的组织性，拥有身价高的人才并不意味着有核心竞争力，整合企业所有资源形成的竞争力，才是企业的核心竞争力。“溜不掉”是指提高企业的持久竞争力，即企业及企业家需要不断创造新的竞争力。

企业核心竞争力与一般的企业竞争力是有区别的。企业只要在资源、知识和技术等方面具有一定的优势都可以具有竞争力。然而，企业核心竞争力的形成又依赖于企业所拥有的各种竞争力。企业核心竞争力构建的过程就是以企业的一般竞争力为基础，并对其进行整合，使其上升为更高级的竞争力的过程。所以核心竞争力的形成要经历企业内部资源、知识、技术等的积累和整合过程。

2.1.2 企业核心竞争力的识别与培育

供应链节点企业在供应链管理环境下，要想在竞争中获得竞争优势，就必须在供应链中具有独特的核心竞争力。企业必须在诊断分析的基础上找到企业的核心竞争力所在，并通过不断培育使之得到持续发展。

1. 企业核心竞争力的识别

企业应根据核心竞争力的特征以及与行业内其他企业的比较，识别出自己的核心竞争力。首先从外部环境开始，分析企业是否在一定的市场环境下有核心产品，然后对企业进行核心竞争力分析。分析的主要内容包括：支持企业核心产品和主营业务的技术优势与专长是什么？这种技术和专长的难度、先进性及独特性如何？企业是否能够巩固和发展自己的专长，能为企业带来何种竞争优势？竞争力强度如何？企业核心竞争力的独特性和持久性在很大程度上由它存在的基础来决定。一般来说，那些具有高技术难度或内化于企业整个组织体系、建立在系统学习经验基础上的专长，比建立在一般技术难度或个别技术骨干基础上的专长，具有更显著的独特性。

为了使企业具有长久的竞争优势，必须不断保护和发展自己的核心竞争力，包括对现有核心竞争力的关注和对新的核心竞争力的培育。对企业核心竞争力的诊断和分析，还应涉及企业发展核心竞争力的能力分析，主要包括企业对现有技术和专长的保护与发展、对新技术信息及市场变化趋势的追踪与分析、高层领导的进取精神与预见能力等。

2. 企业核心竞争力的培育

企业核心竞争力的培育过程是一个动态过程，应着重从以下三方面入手。

（1）锁定目标。要想培育独特的核心竞争力，企业必须明确自身努力的方向和目标。由于核心竞争力的形成所花的代价较大，会影响企业较长时期的经营运作，所以，企业在选择核心竞争力培养方向时都较慎重，常常将目标锁定在最能影响行业发展前景的领域，以使企业掌握更大的竞争主动权。

（2）集中资源。将资源集中于企业选定的一项或某几项目标业务领域，以发挥最大资源效用，增强特定的竞争优势，形成核心竞争力。在市场竞争日益激烈、创新成本与风险越来越大的当今时代，任何一个企业很难在所有业务活动中都成为世界上最杰出的。事实上，相对于复杂多变的外部环境而言，任何企业的资源都是有限的。只有将资源集中起来，形成合力，才有可能在目标领域取得突破，建立核心竞争力。

（3）动态学习。坚持动态持续地学习、提高知识技能的积累和储备，是培养和增强核心竞争力的关键。企业员工及组织所拥有的知识技能是重要的无形资产，是核心竞争力中的主要因素。在科技飞速发展、知识更新周期大大缩短、企业外部环境不断变化的情况下，职工个人和企业原有的知识都会在不断变化中落伍，必须进行持续动态地学习，不断地更新、重组知识技能要素与结构，才能维持和增强企业的核心竞争力。

2.1.3　供应链环境下的业务外包

企业确定其核心竞争力后，即可设计一条供应链来支持它的竞争战略、价值取向和开发能力。企业集中有限资源发展核心竞争力的同时，必然依赖供应链上的合作伙伴来完成其他方面的价值创造。这就涉及业务外包问题。

1. 业务外包的内涵

业务外包，也称资源外取，它是指企业整合利用其外部最优秀的专业化资源，从而达到降低成本、提高效率、充分发挥自身核心竞争力和增强企业对环境的迅速应变能力的一种管理模式。企业为了获得比单纯利用内部资源更多的竞争优势，将其非核心业务交由合作企业完成。

业务外包是最近 20 年发展起来的一种新的经营策略，是以长期合同的形式，将企业的一部分业务交由外部业务提供者（合作伙伴）去完成，并与这些合作伙伴保持紧密的合作关系，以便企业集中资源于经过仔细挑选的少数具有竞争力的核心业务，即集中在那些使它们真正区别于竞争对手的技能和知识。

业务外包的意义在于使企业重新定位，重新配置企业的各种资源，将资源集中于最能反映企业相对优势的领域，塑造和发挥企业独特的、难以被其他企业模仿或替代的核心业务，构筑竞争优势，获得使企业持续发展的能力。

2. 业务外包的原因

业务外包推崇的理念是，如果在供应链上的某一环节不是世界上最好的，如果这又不是我们的核心竞争优势，如果这种活动不至于与客户分开，那么可以把它外包给世界上最好的专业公司去做。也就是说，首先确定企业的核心竞争力，并把企业内部的智能和资源集中在那些有核心竞争优势的活动上，然后将剩余的其他企业活动外包给最好的专业公司。供应链环境下的资源配置决策是一个增值的决策过程，如果企业能以更低的成本获得比自制更高价值的资源，那么企业选择业务外包。以下是促使企业实施业务外包的原因。

（1）降低和控制成本，节约资本资金。许多外部业务提供者都拥有能比本企业更有效、更便宜地完成业务的技术和知识。它们可以实现规模效益，并且愿意通过这种方式获利。企业通过向它们外包业务，能够以更低成本获得产品、零部件或服务，同时避免在设备、技术、研究开发上的巨额投资。

例如，2001 年世界手机业巨头爱立信将手机生产制造业务外包给中国的公司，使爱立信通过成本节约增加收益 6%～8%。又如，据美国 Forrest 调查公司估计，美国企业依靠自身力量建立并维护一个 Web 网站，第一年的费用是 22 万美元，而将此工作外包给专门的公司，开销仅为 4.2 万美元。

（2）使用企业不拥有的资源。如果企业没有完成业务所需的资源（包括所需现金、技术、设备），而且不能盈利，企业也会将业务外包。这是企业临时外包的原因之一，但是企业必须同时进行成本/利润分析，确认在长期情况下这种外包是否有利，由此决定是否应该采取外包策略。

美国 Altera 与 Intel 的合作就是通过业务外包利用资源的最好例证。Altera 是一个高密互补金属氧化物半导体（complementary metal oxide semiconductor，CMOS）逻辑设备的领头企业。当时它有一个新的产品设想，但是没有其中硅片的生产能力，而作为其竞争者的 Intel 能生产。因此，它们达成一个协议：Intel 为 Altera 生产这种硅片，而 Altera 授权 Intel 生产和出售 Altera 公司的新产品。这样两家公司都通过合作获得了单独所不可能获得的竞争优势，Altera 获得了 Intel 的生产能力，而 Intel 获得了 Altera 新产品的相关利益。

（3）加速重构优势的形式。企业重构需要花费企业很多的时间，并且获得效益也要很长的时间，而业务外包可以利用其他公司的生产技术，让新产品迅速进入市场，因此是企业重构的重要策略，可以帮助企业很快解决业务方面的重构问题。

例如，IBM 在 20 世纪 90 年代末就将部件分包出去制造，它们向销售商提供只有一个空架子的机器，让销售商在接到订单之后再进行组装。部件制造业务外包使 IBM 能够将主要资源和精力用于发展客户服务，形成了 IBM 独特的竞争优势和灵活的重构能力。

（4）分担风险。企业可以通过资源外向配置分散由政府、经济、市场、财务等因素产生的风险。企业本身的资源、能力是有限的，通过资源外向配置，与外部的合作伙伴分担风险，企业可以变得更有柔性，更能适应变化的外部环境。

例如，现在的汽车制造商在开发一个新车型时，往往要求供应商同步进行主要零部件的开发并承担相应的开发费用，这样既能够大大减少汽车制造商的开发投入，又能使以前漫长的新产品开发周期大大缩短，可以有效地降低汽车制造商的新产品开发风险与市场风险。

（5）剥离企业难以掌控的辅助业务。企业可以将在内部运行效益不高的业务职能外包。把原来自己做不好的辅助业务交给提供商去做，目的是让更专业的人去做得更好。

例如，企业把自己原来管理不好的物流委托给专业化的第三方物流公司，使公司管理层有更多的时间和精力，将更多的资源投入核心业务上。而在辅助业务管理上，作为业务承揽方的外部专业化公司，对其承揽项目的服务等级、成本构成、质量检测等有着明确的标准和承诺，这样公司就可根据合同的履行情况实行对辅助业务的质量控制，实现预期目标。

3. 业务外包的问题

成功的业务外包策略可以帮助企业降低成本、提高业务能力、改善质量、提高利润率和生产率。但是它也同时会遇到一些问题。

（1）合作伙伴选择与控制问题。企业对于业务外包有许多种选择，挑选了错误的外包者可能导致关键技术发展的失败，从而失去竞争的领先地位。另外，企业也无法阻止供应商与其竞争者合作或自行进入市场。当供应商要同时应付几家买主企业，遇到不可预知情况（如需求突然增加导致的供应能力不足）时，供应商可能会更关注短期利益，优先保证出价最高的买主企业而不是长期合作的买主企业。例如，1980 年 IBM 将个人计算机的 DOS 操作系统业务外包给微软，微软在 DOS 操作系统的基础上发展了 Windows 操作系统并与其他的个人计算机制造商广泛合作，而逐步成为全球最大的软件企业。

（2）可能会增加企业责任外移。首先，业务外包一般可以减少企业对业务的监控，但它同时可能增加企业责任外移的可能性。企业必须不断监控外企业的行为并与之建立稳定长期的联系。例如，制药企业对业务外包采取的是较为审慎的态度。正如英国葛兰素威康公司（Glaxo Wellcome）负责策划的副总裁曼尼•席尔瓦（Manny Silva）所指出的那样，“如果你将业务分包出去的话，主管部门和其他机构会更加密切地注意你。他们的假设是，你在设法减少成本，可能会降低产品的可靠性和安全性”。结果，一些大的制药公司只让外部公司分包服务甚至灌装和包装之类的业务，而坚持自己进行生产。因为质量出了差错断送的不仅仅是销售。

（3）知识产权问题。特别是研究与开发之类的业务外包。外包者所开发技术的专利、版权的归属问题通常是由企业与外包厂商双方协议达成而非法律规定，这就给错误和陷阱留下了很大的空间。一般来说，花了钱的公司希望保留对知识产权的控制。因此对于谁保留什么的问题，要非常谨慎。

（4）员工担心失去工作的问题。随着更多业务外包，企业部分职工会担心失去工作。如果他们知道自己的工作被外包只是时间问题，就可能会使剩下职工的职业道德和业绩下降，因为他们会失去对企业的信心，失去努力工作的动力和敬业精神，导致更低的业绩水平和生产率。

（5）信息系统的问题。信息滞后仍是影响企业业务外包的重要因素。企业必须建立良好的信息系统，特别是基于互联网的供应链管理系统，才能为业务外包创造良好的条件。

2.1.4 外包业务的选择与常见类型

1. 外包业务的选择

企业在选择外包业务时，应该基于核心竞争力分析和交易成本，综合考虑以下问题。

（1）业务的专用性程度。如果该业务为本企业专用，则通常会存在高昂的市场交易成本，这不仅会提高企业自身的成本，还将影响整条供应链的效益，因此外包这样的业务是得不偿失的。专用性较低的业务，因市场规模大，交易成本较低，而成为企业考虑进行外包的首选。

（2）业务的战略重要性程度。在某些情况下，即使一些专用性业务交易成本较低，但对企业在供应链中的生存起着至关重要的作用，这些业务也不适宜外包。因此，必须深刻了解业务的战略重要性。

例如，当惠普中国公司接到客户订单后，往往将具有定制需求的计算机留给自己生产，而将通用的计算机外包给华硕、富士康等代工企业生产。由于定制化产品的技术要求与生产管理难度高，惠普选择这种外包业务方式，一方面能够有效地控制定制化产品的成本和质量，另一方面也能保持核心竞争力。当这些定制化产品逐步成熟且需求形成规模时，即转化成为通用产品，其生产则由内部转为外包。

（3）是否是企业竞争优势的核心部分。从这一角度来讲，那些对企业核心竞争力贡献不大，不影响企业参与供应链合作与竞争的业务是被外包出去的首选。但同时应看到，在企业动态发展的过程中，如果某些业务的竞争力对企业的战略重要性作用越来越大，甚至成为企业的核心竞争力，那么它们也应该由外包变为内部资源利用。

例如，全球领先的企业管理软件商 SAP 与商务智能软件商 Business Objects、数据库提供商 Sybase 一直是战略合作伙伴，Business Objects 的商务智能软件与 SAP 的企业资源计划软件相互配合，Sybase 帮助 SAP 为其客户关系管理和销售团队自动化应用系统添加移动性功能。但随着商务智能和移动商务业务的重要性日渐突显，SAP 于 2007 年 10 月斥资 68 亿美元收购了 Business Objects，将其商务智能产品融入 SAP 的整个解决方案中；SAP 又于 2010 年 5 月斥资 58 亿美元收购了 Sybase，从而拥有了适合移动互联网应用的数据库技术。SAP 认为，移动商务软件未来的市场规模将数十倍于桌面端管理软件，特别是在以中国和印度为代表的新兴市场。

（4）能否与供应商形成强强联合。企业进行业务外包不仅是为了降低成本，还是为了与供应商形成具有竞争力的供应链。因此在业务外包后，企业应通过加强组织内外部的管理来更好地参与到供应链中，与供应链中的合作伙伴共同采取最优价格策略来达到供应链整体利润最优，实现双赢的目标，并且借助信息技术与电子商务等手段发掘企业之间新型的关系管理方法，通过与合作伙伴之间交易成本和核心竞争力的互补与促进来推动供应链整体的发展。

2. 外包业务的常见类型

（1）生产业务外包。在竞争日益激烈和多变的市场中，企业为了降低成本，常常将生产业务外包到劳动力水平较低的国家。目前，越来越多拥有名牌产品或商标的企业不再拥有自己的生产厂房和设备，不再在生产过程中扮演过多的角色。

例如，著名的计算机网络设备公司思科现在没有任何生产能力，其产品均由东南亚的制造商完成；著名的运动鞋制造商耐克公司也不设工厂，所有产品的生产由分散在世界各地的 40 多家合同制造商来完成，然后贴上耐克的商标就行了。

（2）物流业务外包。物流外包不仅降低了企业的整体运作成本，更重要的是使买卖过程摆脱了物流过程的束缚，企业摆脱了现存操作模式和操作能力的束缚，使供应链能够在一夜之间提供前所未有的服务。现在许多公司开始将自己的货物或产品的存储和配送外包给专业性的货物配送公司来完成。

例如，惠普在美国的 11 家工厂，原来各自处理自己的进货和产品的存储与配送工作，供应路线混乱，协调复杂，经常造成运输车辆空驶，效率低下。1993 年，惠普将上述业务外包给专业从事货物配送的美国莱德物流公司，精简了自己的仓库和卡车运输业务。后者把工厂的物流工作统一起来。结果在 1994 年，惠普原材料运送到工厂所需的费用，就比过去减少了 10%以上。由于降低成本的效果显著，外包仓储配送近年来在制造企业中也成为一种时尚，整个物流服务行业也因需求渐旺而得到发展。

（3）研究与开发（R&D）外包。研究与开发虽然是企业的核心业务，但也已成为外包的对象。许多企业在设有自己的研发部门和保持相当的研发力量的前提下，为了弥补自己开发能力的不足，有选择地和相关研究院所、大专院校建立合作关系，将重大技术项目“外包”给它们攻关。另外，企业也可以到科研机构购买先进的但尚未产业化的技术。

例如，MCI 认识到自己不可能总是站在整个技术的前沿，因为它支付不起也不可能把最好的天才都吸引到自己麾下。然而，它已经建立起众多的外部关系，并且从中确定了技术最好的一个，使 MCI 从技术外包中获得的开发项目 20 多倍于本机构的开发项目。

（4）信息服务外包。以前，各公司都是自己设计网络、购置硬件和软件，然后再由各供应商分别提供服务，将这些东西拼凑起来。由于这项业务专业性强，技术要求高，所以实施起来难度大，且很难达到先进、合理的要求，成本也是比较高的。随着互联网的逐步普及，大量的基于 Web 的解决方案不断涌现，远程的应用方案成为可能。因此，许多企业已经普遍将信息系统业务外包给应用服务提供商（ASP），由其管理并提供用户所需要的信息服务。

例如，1988 年柯达公司宣布将其所有的信息系统职能外包给 IBM 和 DEC 等公司，自此以后许多大公司纷纷效仿，信息系统业务外包在国际上蔚然成风，各大系统解决方案供应商也针对这种需求争相提供这方面的服务。

（5）其他服务外包。例如，战略策划、咨询与诊断、物业管理、法律、会计、金融、人力资源管理与培训等。

案例 2.1　波音公司的业务外包

波音（Boeing）公司是美国最大的飞机制造商，雇佣 15.8 万工人，每年为全世界提供价值数百亿美元的商务喷气飞机和国防系统。但仅仅是生产波音 737 这种最小、最流行的喷气飞机，就要依靠数百家供应商，提供从引擎、机身到座位和出口标志的各种部件。

波音 737 项目制造部副总裁迈克说：“我们不是万事通。”波音公司把自己看作从正确的地方、在正确的时间拿到所有部件，然后快速组装起来的专家。波音 737 项目总工程师汉密尔顿说：“我们是大系统合成专家，我们以此为傲。”

波音 737 由 36.7 万个部件组成，在华盛顿州西雅图南面的雷顿工厂组装。波音公司 2009 年交付客户 372 架 737 飞机，而它的主要竞争对手——欧洲空中客车当年同类飞机 A320 的交货为 402 架。

为了吸引航空公司并同空中客车竞争，只要省钱，波音公司毫不犹豫地转向外包。实际上，几十年前波音公司就开始进行生产外包的运作。当时，波音公司在日本第一次试销飞机，为了成功地向日本航空公司推销自己的产品，附加条件是波音公司必须把某些有关的零件制造业务转包给日本的公司。为了打开和占领日本市场，波音公司的管理者接受了这种条件。经过多年的合作与发展，日本的零部件制造商已经成为全球技术最先进、生产产品质量最有保障的飞机零部件供应商，波音公司在日本的采购份额也占到了很大的比重。

20 世纪 90 年代，波音公司开始向中国采购飞机零部件。全球现役 1 万多架波音商用飞机中，有 30%的飞机配备有在中国生产或组装的配件。中国的高科技人才和低廉的劳动力成本是降低生产成本的关键，也是波音公司全球化战略得以在中国实施的重要因素。但波音公司的着眼点并非仅限于降低生产成本，而是扩大中国的销售市场。目前中国的西安飞机工业（集团）有限责任公司、成都飞机工业（集团）有限责任公司、沈阳飞机工业（集力）有限责任公司和上海飞机工业（集团）有限责任公司等承担了波音737/300、737/700、757、MD82、MD90等各机种的水平尾翼、垂直尾翼、舱门、机身、机头和翼盒等零部件的转包生产业务。

2004年，波音公司又在南非、罗马尼亚和土耳其开设了多家专门从事零部件生产的工厂，将其位于美国和中国的生产设备运至当地，并选派美国技工对当地工人进行设备操作等培训。

业务外包在财务上更有意义，但太依赖别人也有严重的风险。例如，在波音787项目中，波音公司想通过广泛依靠外界设计与部件合成来降低融资负担，但过度依靠别人导致波音787测试飞行比原计划推迟两年。航空航天分析师阿布拉菲亚称，787失败的教训就是不仅要知道外包，还要知道如何外包。

（资料来源：美国中文网. 波音公司屹立不败要诀：外包. http://www.sinovision.net/portal.php?mod=view&aid=133411[2010-4-28].）

2.2 供应链战略及其影响因素

当一个企业确定了自己的竞争战略、核心竞争力和准备实施业务外包后，下一步工作就是组建以自己为核心企业的供应链。组建供应链首先需要从战略层次来考虑问题，即制定供应链战略，以决定供应链在提高用户服务水平（响应性）和降低总交易成本（效率）两个目标之间的平衡，以及与企业核心竞争力的战略匹配。接着在供应链战略指导下配置供应链的驱动要素，评价与选择合作伙伴。

图2.1给出了一个供应链的决策框架。大部分核心企业先制定竞争战略，再决定供应链战略应该是什么样的。供应链战略决定了供应链在响应性和效率方面如何运作。然后供应链必须运用三个生产与物流驱动要素和三个跨职能驱动要素以达到供应链战略规定的绩效水平，并使供应链利润最大化。虽然此模型一般是自上而下地考虑，但在这六个驱动要素的配置过程中可能会有必要改变供应链战略甚至核心企业竞争战略。

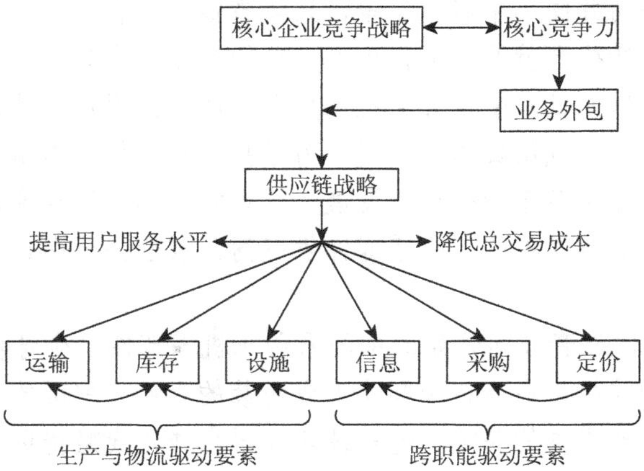

图2.1 供应链的决策框架

2.2.1　企业竞争战略与供应链战略概述

1. 企业竞争战略概述

一个企业的竞争战略界定了该公司相对其竞争对手而言，需要通过本公司的产品和服务满足的客户需求组合。竞争战略建立在客户是优先选择产品价格、交货时间、产品多样性还是质量的基础上。基于迈克尔·波特的竞争战略理论，企业的基本竞争战略分为三种：总成本领先战略（overall cost leadership）、差异化战略（differentiation strategy）和专一化战略（focus strategy）。

（1）总成本领先战略。也称低成本战略，是指企业通过有效途径降低成本，使企业的全部成本低于竞争对手的成本，甚至是在同行业中最低的成本，从而获取竞争优势的一种战略。它要求企业必须建立起高效、规模化的生产设施，全力以赴地降低成本，严格控制成本、管理费用及研发、服务、推销、广告等方面的成本费用。为了达到这些目标，企业需要在管理方面对成本给予高度的重视，确保总成本低于竞争对手。例如，沃尔玛为消费者提供多种多样质量适中、价格低廉的产品，是典型的总成本领先战略。

（2）差异化战略。即提供差异化的产品或服务，树立起一些全产业范围中具有独特性的东西。实现差异化战略可以有许多方式，如设计名牌形象，保持技术、性能特点、用户服务、商业网络及其他方面的独特性等。最理想的状况是公司在几个方面都具有差异化的特点。例如，戴尔以合理的价格向最终用户提供个性化、多品种的产品，采取的就是差异化战略。

（3）专一化战略。也称集中化战略或目标聚集战略。它是指主攻某个特殊的客户群、某产品线的一个细分区段或某一地区市场。低成本与差异化战略都是要在全产业范围内实现其目标，而专一化战略的前提思想是：企业业务的专一化能够以较高的效率、更好的效果为某一狭窄的战略对象服务，从而超过在较广阔范围内竞争的对手。企业或者通过满足特殊对象的需要而实现差异化，或者在为这一对象服务时实现低成本，或者二者兼得。这样的企业可以使其盈利的潜力超过产业的平均水平。例如，珠海格力电器公司专注于家用和商用空调领域，成为国内规格最齐全、品种最多的空调生产商，其竞争战略就是专一化战略。

竞争优势是所有战略的核心，企业要获得竞争优势就必须做出选择，必须决定希望在哪个范畴取得优势。全面出击的想法既无战略特色，也会导致低于水准的表现，它意味着企业毫无竞争优势可言。

2. 供应链战略概述

供应链战略确定原材料的获取及进出企业的运输、产品的制造或提供服务的运作以及产品分销和售后服务等的方式（自营还是外包）与特点，以实现供应链在响应性和效率方面的目标。

例如，沃尔玛所出售的大部分产品都是日常用品，这些产品随处都可以买到。沃尔玛面对的是所有的用户，并承诺最便宜的价格。因此，沃尔玛的供应链战略是确保各种价格低廉、质量可靠的产品供给。McMaster-Carr 公司面向企业用户，通过产品目录及网站销售 40 多万种不同工业用品。它的供应链战略是以响应性为核心，更强调产品品种和响应时间，而不是成本。瑞典的家具销售商宜家公司则关注资源和环境问题，其战略是建立家具的绿色供应链，要求供应商采取利于环境的经营方式。

又如，戴尔提供满足用户个性化需求的定制产品，但用户要等上大约 1 周才能得到其产品；而用户在惠普康柏的零售店可以买到标准化的康柏计算机，并且马上提货。因此，戴尔的供应链战略采用直销模式和 B2C（企业对消费者）电子商务以获得最终用户的个性化需求，并委托第三方物流配送到最终用户；而惠普康柏的供应链战略采用稳定的分销渠道以保证较高的用户需求满足率。

供应链战略不仅界定哪些流程应在公司内部处理为好，而且界定每个供应链参与实体所应当起到的作用。例如，思科公司的供应链战略要求外包大部分的零部件生产及组装，在这种情况下，思科公司的供应链战略不但要确定公司应该做好哪些工作，而且要确定承担供应链中外包任务的提供商的作用。

供应链战略要求生产经营、分销和服务这些职能，无论是自营还是外包，都要做得尤其出众。供应链战略包括对供应链主要结构的说明，以及传统称为“供应战略”、“运作战略”和“物流战略”的内容。例如，戴尔公司的直销决策、思科公司使用合同制造商的决策，这些都界定了它们供应链的主要结构，而且都是它们供应链战略的组成部分。供应链战略还要包括关于运作设施、库存、运输、信息、采购和定价等供应链驱动要素的设计决策。例如，亚马逊公司在修建仓库来储存某些产品而同时又继续雇佣分销商来进行另一些产品供应的决策，是其供应链战略的一部分；丰田公司决定在其每个主要市场区域内都建立生产厂这样的决策，也是其供应链战略的一部分。

2.2.2 供应链的驱动要素

实施供应链战略需要恰当地配置设施、库存、运输、信息、采购和定价等供应链的驱动要素。这些要素相互作用，决定供应链的响应性和效率，其结构决定了在供应链中能否达到战略匹配及如何实现战略匹配。

（1）设施。供应链的设施主要包括生产设施和仓储设施，是产品储存、组装或加工的场所。关于设施选址、产能和柔性的决策对供应链运作有着显著影响。例如，制造商为了提高客户服务水平，可以建设许多靠近客户的生产或仓储设施，但这样做会增加成本。相反，减少设施的数量可以降低成本，但却可能降低客户服务水平。管理者需要在设施数目、布局区位及类型（效率）所决定的成本与对客户的快速响应之间做出选择。例如，丰田公司和本田公司在它们所进入的各主要市场都建立生产设施，目的是以更快的速度响应客户。

（2）库存。库存包括供应链上所有的原材料、在制品和成品。改变库存政策能大大改变供应链的响应性和效率。例如，一个零售商可以通过提高库存水平来提高客户服务水平。由于库存量大，零售商依靠自身能力及时满足客户需求的可能性大大增加。然而，库存量大将增加零售商的成本，从而降低其盈利水平。减少库存可以降低成本，但又会降低客户服务水平。管理者需要在通过保持足够的库存来及时响应客户与降低库存成本之间做出选择。例如，诺德斯特姆公司的目标是要对高端客户的需求做出快速响应，这些客户愿意为及时获得需要的产品而支付高价，因此，诺德斯特姆公司储存了大量的多种产品，以确保产品高度可获性。

（3）运输。运输是指将物料或产品从供应链中的一处转移到另一处。运输可采取多种方式与路径的组合，它们拥有各自的运作特点。运输方式选择对供应链的客户服务水平和交易成本有很大影响。例如，通过准时制供应可以提高客户服务水平，但是准时制供应将增加运输的次数，从而增加运输成本。如果采用经济的运输方式和批量，又会降低客户服务水平和增加库存量。管理者需要寻求运输成本与响应时间以及库存成本之间的平衡。例如，惠普在个人计算机部件运输中，对于体积大而价值相对较低的机箱、电源、显示器、键盘等采用海运或陆路运输以降低运输成本，而对于体积小而价值相对较高的中央处理器、内存、显卡、硬盘等则采用空运以提高响应速度和降低存货风险。

（4）信息。信息包括整个供应链中关于设施、库存、运输、成本、价格、客户等资料及分析。信息有可能是供应链运营中最重要的驱动要素，因为它直接影响其余各个要素。信息为管理层提供了使供应链更灵活、更有效率的机会。例如，利用直接来自零售商的客户需求信息，制造商通过预期客户需求来生产产品，这样客户可以在需要的时候马上得到这些产品，而制造商能够更好地预测需求从而只生产所需要的数量。信息也可以帮助管理者选择更有效的运输方式，使他们在满足客户服务水平的前提下使成本最低。例如，沃尔玛与宝洁基于实时的信息共享建立了快速响应和持续补货策略，在降低存货成本和缺货率两个方面都取得了显著的效果。

（5）采购。采购是选择由谁来从事特定的供应链活动，如生产、储存、运输或信息管理。在战略层次上，这些决策确定哪些职能由公司自己履行，哪些职能寻求外包。对于每个外包任务，还必须决定是外包给单一的供应商还是多个供应商的组合。另外，还需要界定供应商的角色和评价标准。采购决策同样会影响供应链的响应性和效率。例如，虽然思科公司几乎所有的制造都选择了外包，但不同种类的产品有着不同的外包策略。低端产品（如家庭网络的路由器）在中国生产、包装后大量运送到美国销售，旨在降低成本；而高端产品则外包给美国的合同制造商，以便能快速响应并满足高端市场迅速发展的需求。

（6）定价。定价是企业决定为其产品或服务向客户收取多少费用的过程。定价决策的目标是增加企业的利润。定价影响选择购买此产品的客户群和客户期望，从而直接影响供应链的响应性水平及努力满足需求的情况。定价也是调整供需的杠杆。短期折扣可以用来消除供给过剩或减少需求前移带来的季节性需求高峰。总之，定价是供应链将面临的影响需求程度和类型的要素之一。例如，美国的会员制批发商 Costco 在其仓储式商店实行每日低价，并维持价格长期稳定，其供应链的目标是效率而非响应性。相比之下，大部分超市实行高-低定价，每周都会为某种产品提供大幅度折扣以吸引消费者。不同的定价策略会导致不同的需求状况，而这些需求都必须由供应链来满足。

2.2.3 供应链战略匹配的障碍

在实现供应链战略与企业竞争战略的匹配时也面临着重重障碍。一方面，这些障碍使供应链平衡响应性和效率的难度加大；另一方面，它们也提供了更多改善供应链管理的机会。如果能够理解和克服这些障碍的影响，则对供应链获得更大利润的意义重大。

1. 产品品种的增加

消费者需求的多样化和个性化导致了产品的多样化。厂商需要通过大规模定制来响应，甚至做一对一的市场（将每个客户视为一个独立的细分市场），对市场实行专一化细分。原先十分普通的产品现在为每一位特定消费者提供定制。例如，20 世纪 80 年代初的个人计算机市场还是统一的大市场，到 80 年代末逐渐分解为工业控制、科学计算、办公和家庭、便携式等多个细分市场；到 90 年代又进一步细分，办公和家庭计算机市场分解为日常办公、辅助教学、家庭娱乐等细分市场，便携式计算机市场分解为笔记本、掌上机、可穿戴式等细分市场，并且又可分为高端、中端和低端等更细小的市场；在每个细小的市场，还有不同品牌和不同配置的计算机。客户可以在戴尔订购一台个人化的个人计算机，它是从数以百万计的各种型号中挑选组装而成的。又如，美国销售的跑鞋类型从 70 年代初的 5 种增加至 90 年代末的近 300 种。

市场的不断细分和产品种类的增多，大大增加了市场预测和满足需求的难度，从而使供应链复杂化。产品种类增加带来了需求不确定性，这通常会导致供应链成本上扬，利润下降。

2. 产品生命周期的缩短

不稳定的个性化需求和细分市场会造成产品生命周期的缩短。新的替代产品的迅速推出也加速了老产品生命周期的终结。现代消费者不但要求产品的样式选择多样化，同时其需求的变化速度之快更令人吃惊。一些产品的生命周期过去以年计算，现在却用月来计算。例如，个人计算机现在的生命周期只有几个月；一些汽车制造商把它们的产品生命周期从 5 年多降到 3 年。许多受市场欢迎的新产品推出后，往往“蜜月期”还没度完，就在众多更新型竞争品牌的攻击下被迫降价。例如，过去女装主要分为夏季、冬季和春秋季。随着时尚意识的增强和有更多的钱，女士们需求变化也越来越快。为了响应需求变化，制衣业和零售业增加了一年中的额外“季节”，现在又进一步把一年划分成六到八个时间段，每个时间段都有相应的服装系列。像 The Limited 这样的公司，要对每个新季节的前一两个星期什么产品好卖什么产品不好卖进行预测，然后修改公司的生产计划，以便紧跟潮流。

产品生命周期的缩短增加了战略匹配的难度，因为供应商除了要应付产品需求的不确定性，还必须时常调整以适应制造商并制造出新产品。产品生命周期的缩短也减少了供应链能够获得战略配合的机会。不确定性的增加和机会的减少还给供应链的协调配合及良好供求关系的形成带来了更大的压力。

3. 客户要求不断增加

客户不断要求改善交货时间、成本及产品性能。如果得不到这些改进，他们将选择新的供应商。过去，许多厂商都采用定期提高产品标准价格的销售方式，但现在，人们发现价格上涨必然会丧失市场份额。例如，在汽车行业，年复一年的降价要求以及不断、频繁的送货要求蚕食着供应商的利润空间，但如果不答应这些要求又将丧失市场份额甚至整个市场。

现在的客户为商品支付与几年前相同的价格，却要求更快的服务、更好的质量和性能更好的产品。客户要求更高（未必是必需的），意味着供应链必须提供更好的产品和服务，以维持运营。

4. 供应链所有权的分散

过去几十年，企业的纵向一体化越来越少。公司通过外包非核心职能，能够利用自己不具备、属于供应商或客户的能力。然而，这种新的所有权结构也使供应链管理更加困难。由于供应链属于多个所有者，每个所有者各有政策和利益，所以供应链较难协调。这个问题可能使供应链的各环节为各自的目标而非整条供应链的目标而运作，导致供应链整体利润的降低。

5. 全球化

现在的供应链比过去任何时候都趋向于全球化。建立全球供应链会带来许多好处，如可以从全球范围的供应商处获取原材料或产品，比本土的供应商更好、更廉价。然而，全球化也给供应链增加了压力，因为供应链设施相距较远，协调更困难。

全球化还使竞争更加激烈，曾经受保护的国内厂商必须与来自世界各地的公司竞争。在过去，较少公司能满足客户的需要，客户也愿意容忍较长的响应时间。但现在，大部分行业都有更多的企业积极地角逐其竞争对手的生意。这一竞争局面使供应链绩效成为维护和促进销售增长的关键，同时也给供应链施加了更大的压力，从而迫使它们做出更为精确的取舍。

6. 执行新战略的困难

制定一项成功的供应链战略并不容易，然而即便制定了好的战略，实际执行起来可能更加困难。许多好的供应链战略不是没有人想到过，而是在执行该项战略时遇到了困难。例如，丰田的生产体系就是一种好的供应链战略，这一战略作为丰田稳定的竞争优势一直持续了 20 多年。丰田的卓越战略实际上已被广泛认识和理解。但其他公司效仿和实施时，在战略的执行上却遇到了困难。在企业的各个层级都拥有众多高素质的员工，是成功执行供应链战略的必备条件。

案例 2.2　苹果公司的供应链战略

作为全球最赚钱的公司，苹果以盈利 534 亿美元的骄人战绩在 2016 年《财富》世界 500 强中居首位。然而 20 年前的苹果却是另外一番景象。

1997 年，乔布斯重回苹果时，苹果内外交困，当年亏损 10 多亿美元。苹果在产品线上复杂度太高，产品型号泛滥；生产和供应链效益低下，成本居高不下。乔布斯推出了两大举措，一是整合、精简产品线；二是力抓供应链管理。

1998 年初，乔布斯从康柏挖来了蒂姆•库克。当时的苹果供应链是这样一个局面，零部件供应商在亚洲，组装厂在爱尔兰，有很多库存，却短料连连，千呼万唤从亚洲催料到欧洲，组装成品又得加急发往亚洲销售；仓库里放着数亿美金的产品，但需求量还是没有提升；另外，苹果还在独立承担着零部件的生产和装配工作，这又带来大量的库存和资金占用。

蒂姆•库克用一两年的时间理顺了苹果的生产和供应链。他开始大规模裁剪公司的制造资产，关掉众多的生产设施，建立准时制库存系统，将生产交给亚洲的合同制造商来完成。这样，苹果能够将自己最擅长的设计和营销的价值发挥到极致。

苹果的供应链管理成功之处还在于和产品战略的完美结合。一直秉持产品差异化战略的苹果需要供应链的敏捷响应。在其他个人计算机商还依赖海运的时候，苹果就大面积用空运。坊间常有传闻，说苹果在圣诞节前买断大批飞机舱位，确保自己需要的同时影响竞争对手。再如，苹果手机的触摸屏等关键零部件，苹果在供应商建厂时投入巨资，买断产能6～36个月。等到成了大众商品，竞争对手可以买了，苹果又利用早已谈好的合同，拿到供应商的优惠价，其实是由竞争对手补贴，来与竞争对手打价格战。

一部苹果手机包含约500个元器件，由上游200余家供应商提供。元器件通常看作一个不能打开的黑盒子，即只考虑界面和功能，不考虑内部结构和内部特性。与其他厂商“只要交给我符合要求的元器件即可”的思路不同，苹果不允许供应商对它产生任何“黑盒”，所有元器件对它而言必须是“白盒”。为此，苹果将大量手机工程师下派到元器件工厂，共同开发。苹果渗透到上游所有元器件的研发、生产和测试等过程，此举让苹果实现了手机技术始终领先市场两年的奇迹。对供应链的无缝把控，意味着对成本的严格审核，而这也是苹果利润的来源。

采购量历来是议价的筹码。根据著名咨询公司Gartner的相关数据，2012年苹果手机全年出货量至少在1亿部。1亿部手机的元器件采购，足以让苹果获得比其他手机厂商低的价格。随着技术的成熟和市场的变化，手机产品以及元器件的价格也日趋下降。苹果每个季度会与元器件供应商总结上一季度的合作，并谈判新的价格。所以，苹果手机的成本每个季度都会下降，从而保证苹果手机的利润率。

（资料来源：刘宝红．苹果的供应链可以复制吗．IT经理世界，2012，(10)：90-91；李瀛寰．揭秘苹果神话核心：苹果供应链的秘密．大经贸，2012，(9)：80-82.）

2.3 供应链战略的匹配

任何企业要获得成功，其供应链战略和竞争战略一定要相互匹配。战略匹配意味着竞争战略和供应链战略要有共同目标。共同目标是指竞争战略所要满足的“客户至上”理念和供应链战略旨在建立的供应链能力之间的一致性。战略匹配问题是贯穿供应链战略的重中之重。

2.3.1 供应链战略匹配的要点

供应链战略强调企业内部所有职能战略之间的密切联系，其成败与以下因素密切相关。

1. 竞争战略与职能战略的匹配

竞争战略要和所有的职能战略相互匹配以形成协调统一的总体战略。任何一个职能战略必须支持其他的职能战略，帮助企业实现竞争战略目标。

例如，戴尔的竞争战略是以合理价位提供多种定制化的产品。与竞争战略相匹配，戴尔的新产品开发战略强调面向大规模定制的产品设计，即设计产品平台及采用通用的零部件，使戴尔可以针对客户订单快速组装出个性化的产品。为了在提供个性化配置的同时保持低库存，戴尔的供应商和物流服务商的响应性就至关重要。例如，物流服务商有能力把戴尔的计算机和索尼的显示器快速组合在一起，戴尔就不用持有索尼显示器的库存。

2. 流程与资源的有效配置

企业的不同职能部门必须合适地配置本部门的流程及资源以能够成功执行这些战略。一家公司可能因为缺乏战略匹配而失败，也可能因为其整体供应链的设计、流程和资源没有能力支持所期望的战略匹配而失败。例如，一个公司的营销部门正在宣传公司能够快速地供应很多不同产品，而物流部门却把降低运输成本作为目标。在这种情况下，物流部门会把多个订单组合起来运输或者用相对便宜但较慢的运输方式以节约运输成本，但却延缓了订单执行的速度，使公司无法成功实施快速响应客户的战略。

3. 整体供应链的协调一致

整体供应链战略的设计和各阶段的作用必须协调一致，以支持供应链战略。例如，沃尔玛和宝洁为了实施快速响应的供应链战略，沃尔玛总部、沃尔玛的连锁店、宝洁总部和宝洁的配送中心之间协调一致，建立了实时信息共享机制，构筑准时制自动订发货系统，由宝洁的配送中心向沃尔玛的连锁店进行持续补货，就像同一个企业一样同步。

2.3.2　供应链战略匹配的步骤

企业要赢得供应链与竞争战略之间的匹配，必须保证其供应链能力能够支持其满足目标客户群的需求。赢得这种战略匹配有以下三个基本步骤。

1. 理解客户和供应链不确定性

首先，一家公司必须理解每个目标客户群的需求，以及在满足这些需求过程中，供应链所面临的不确定性。理解这些需求可以帮助企业决定满足需求的成本和服务要求。理解供应链的不确定性可以帮助公司确定供应链必须面对的需求量变化、中断和延迟等不可预知性。

一个企业可能面临常规订货和紧急订货两种不同的需求。常规订货一般订货量较大且需求稳定，客户也愿意等待较长的响应时间，但要求价格低；而紧急订货则订货量较小且需求不稳定，客户要求及时响应并愿意支付较高的价格。例如，一个集成线路板供应商，它的客户包括两类不同的计算机制造商。一类是像戴尔一样的按订单生产的计算机制造商，需要当天交货。在这种情况下，供应商或者需要建立库存，或者需要制订灵活生产计划来为戴尔某天可能的任何需求做好准备。预测误差和供应商库存将很高，鉴于以上因素，边际收益可能较高。另一类制造商生产品种单一的计算机，并且提前确定要生产的计算机的数量和品种。这样的信息给了供应商较长的交货期，降低了预测误差和库存。这样，该供应商从第二类制造商那里获得的边际收益会较小。

在考虑需求不确定性的同时，供应链能力所带来的不确定性也是需要特别重视的问题。例如，当一种新型元件引进计算机产业时，生产工艺的优质率会较低并且经常停产。结果，公司按预定计划交货会有困难，最终造成计算机制造商的隐含供应不确定性增加。随着生产技术成熟和产出率改善，公司能够按预定计划交货，使供应链的不确定性降低。供应不确定性也受到产品所处生命周期的影响。由于新产品的设计和生产工艺仍在不断改进，所以新引进产品的供应不确定性较高。相反，成熟产品供应不确定性较低。

2. 理解供应链能力

理解了公司面临的不确定性后，下一步的工作是建立一个供应链战略，使企业在面临不确定性时，能最好地满足其设定的需求目标。供应链有很多种形式，每一种都根据不同的工作要求设计。企业必须了解它的供应链在哪些方面表现卓越。

如果一个供应链的客户需求的不确定性越高，则需要供应链响应性越强。供应链响应性包括：对大幅度变动的需求量的响应；满足短期交货；经营品种繁多的产品；生产有高度创新性的产品；满足高服务水平；处理供应不确定性。一个供应链具备这些能力越多，其响应性越强。例如，日本 7-Eleven 便利店清晨补充早餐，中午补充午餐，下午补充晚餐，其结果是所供应的产品花色品种在不到一天的时间内就产生了变化。7-Eleven 对订单的响应速度极快，门店经理发出的补货订单在 12 小时内就能收到供货。

然而，响应性的获得是要付出成本的。若要想对大幅度变动的需求量做出响应，必须提高生产能力，这将增加成本。相反，有效性供应链通过降低几种响应性来降低成本。例如，麦德龙的现购自运仓储式商场以大包装商品为专业客户提供自选商品、现金支付和自己提货的批发业务，其供应链是利用标准化的供应链管理流程保证稳定性高的产品质量和供货能力，并且通过大批量供应与销售提高效率和降低成本。

3. 赢得战略匹配

在理解客户需求和供应链不确定性以及供应链能力之后，接下来就是选择设计什么类型的供应链。供应链响应性和效率与需求不确定性和允许成本的匹配关系如图 2.2 所示。需求不确定性高和允许成本高的匹配响应性供应链；需求不确定性低和允许成本低的匹配有效性供应链。更多的供应链面临的需求不确定性和允许成本介于高与低之间，需要在响应性和效率之间寻求平衡。

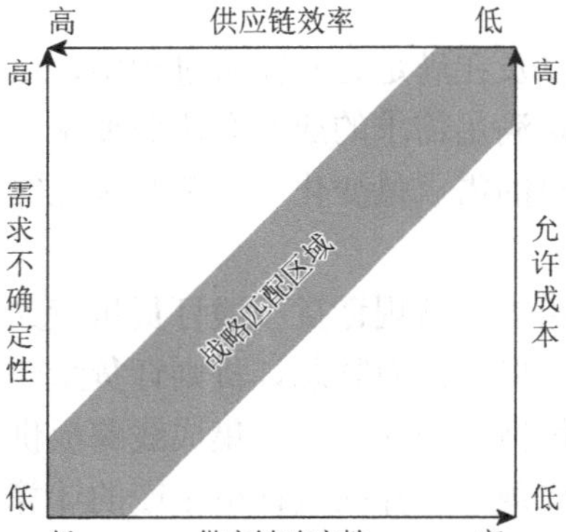

图 2.2 供应链类型的匹配关系

要想获得完整的战略匹配，企业要保证所有职能部门维持一贯的可以支持竞争战略的各种战略。所有职能战略都要支持竞争战略的目标。所有供应链内的下一级战略，如制造、库存和采购，都要与供应链的响应性水平保持一致。

赢得战略匹配的下一步是给供应链的不同环节分配不同的角色，以保证适度的响应性和效率水平。通过调整供应链各个环节的作用，供应链可以获得指定水平的响应性。增加供应链某一环节的响应性，可以使其他环节致力于提高效率。各种作用的最佳组合取决于每个环节可以利用的效率和柔性。核心企业可以通过给供应链不同环节（合作伙伴）分配不同的作用和不确定性水平获得预定水平的响应性。合作伙伴面对不同的不确定性水平，必须设计不同的公司战略和职能战略以支持各自的响应性。

如果供应链运行出色的方面与期望的客户需求仍然存在不匹配，公司要么需要重新配置供应链以支持竞争战略，要么需要调整竞争战略。

案例 2.3 两个家具公司供应链不同的战略匹配

瑞典宜家公司是全球著名的家具零售企业，在 40 个国家建立了 260 多家宜家超市，产品销往世界 100 多个国家和地区，2008 年营业额达 200 多亿欧元。宜家公司的目标客户群需要合理价位的时尚家具。宜家公司对每个商场销售的家具款式和品种加以限制以降低供应链面临的不确定性。宜家公司持有所有款式的库存，以现货服务客户。这样，供应链所面临的所有不确定性通过库存方式被吸收。因为库存的存在，宜家公司各商场向制造商发出的补货订单就更加稳定和容易预测。其结果是宜家公司向其制造商传递的不确定性微乎其微，而这些制造商通常位于低成本国家，专注于效率。宜家公司在供应链里提供了响应性，商店吸收了大部分的不确定性并且响应迅速，而供应商吸收了很少的不确定性并且提高了效率。

相反，另一种对待响应性的方式就是零售商持有的库存微乎其微。在这种情况下，零售商对供应链响应性的贡献不大，大部分的需求不确定性都传递给制造商。此类供应链要增加响应性，就需要制造商灵活应对并且缩短响应时间。例如，位于美国田纳西州的家具制造商英格兰公司每个星期都要按订单生产数千件沙发和椅子，并在三周内送到全国各地的家具商店。英格兰公司的零售商们让客户从众多的款式中进行选择，并保证较快送货。这种情况给供应链带来很高的不确定性。然而由于零售商并不持有太多库存，因此将大部分不确定性传递给英格兰公司。正因为大部分不确定性由英格兰公司通过灵活的制造过程所吸收，零售商才可以表现得高效率。

（资料来源：Chopra S，Meindl P. 供应链管理. 3 版. 陈荣秋，等译. 北京：中国人民大学出版社，2008.）

2.3.3 战略匹配中的核心企业和非核心企业

在供应链中，企业的角色不同，其战略匹配的方式也不同。供应链战略需要与核心企业的竞争战略相匹配；非核心企业的战略需要与供应链战略相匹配。

1. 核心企业的战略匹配

供应链的构建必须符合核心企业战略的要求。供应链管理强调合作企业整体最优，整体最优的标准由核心企业制定，所以供应链应该符合核心企业的战略要求。合作伙伴的选择标准就是看是否符合核心企业的战略，供应链内的信息控制、物流规划、资金流动等要在核心企业总体战略指导下设计。

核心企业应根据自身的核心竞争力制定供应链战略。首先分析规划核心竞争力，确定核心竞争力的提高与维护战略，然后制定供应链战略。供应链战略应解决以下问题。

（1）供应链的战略展望，指明供应链建设前进的目的地，从而提出一个长期的发展方向，清晰地描绘出供应链的未来前景。

（2）建立目标体系，将展望转换成供应链要达到的具体业绩标准。

（3）制定战略、达到期望的效果。

（4）高效、有效地实施和执行选择的具体战略。

（5）评价供应链的经营业绩，调整战略展望、发展方向以及对战略的执行。

2. 非核心企业的战略匹配

中小企业由于其规模、管理、市场控制能力等方面较弱，以自身为主建设供应链的可能性很小，所以应纳入先进的供应链体系。

在制定加入供应链的选择战略时，应考虑以下问题。

(1) 供应链的形象是否与本企业一致?

(2) 最终产品的市场寿命周期与规模，确定本企业的投入与退出成本。

(3) 双方信用机制是否建立? 确定合理的支付方式与货物运输方式。

(4) 双方信息沟通方法如何建立与运行? 是否采用电子订货系统? 可否获得最终产品的销售信息? 以决定本企业的物流方式。

(5) 物流与配送能否满足要求? 特别是小批量、多批次与柔性化产品的配送经济效益分析。

(6) 供应链的稳定性。稳定性既取决于供应链产品，又取决于供应链核心企业领导层的管理方式与理念，稳定的供应链能为中小企业提供更好的发展机会。

2.3.4 面向产品生命周期的供应链战略

产品从进入市场到最后退出市场会经历不同的阶段。一般来说，产品的生命周期可以分为四个阶段，即引入阶段、成长阶段、成熟阶段和衰退阶段。在产品生命周期的不同阶段需要有不同的供应链战略。以下分别讨论在产品生命周期的不同阶段中的供应链战略以及在分销、采购、生产、库存和物流等方面的策略。

1. 引入阶段

在产品的引入阶段，产品的需求非常不稳定，边际收益比较高。由于需要及时占领市场，产品的供给能力非常重要，相对而言产品成本是一个次要考虑的因素。在这一阶段的供应链战略是一种反应性供应链战略，也就是需要对不稳定的需求做出快速反应。

(1) 分销策略。为了提高对不确定性需求的反应能力并及时占领市场，需要建立足够的零售网络，保证高度的产品可获得性并尽量避免缺货。另外，企业需要与客户进行良好的沟通，使企业更好地了解客户需求。

(2) 采购策略。企业难以准确预测市场的需求量，因此对于原材料和零部件应该采取小批量采购的策略。

(3) 生产策略。企业需要减少零件的变化，提高生产系统的柔性，进而提高生产效率，保证产品生产能够快速满足市场的需求。

(4) 库存策略。企业需要维持弹性库存，以满足非预期需求。

(5) 物流策略。企业的物流较多依赖于快捷的运输方式，实现物流的灵活性。这样不仅实现了小批量、频繁送货的方式，还可以有效地控制物流成本。

2. 成长阶段

在成长阶段，产品的销售迅速增长，与此同时新的竞争者开始进入市场。企业所面临的一个主要问题是需要最大限度地占有市场份额。在这一阶段中，供应链战略需要逐步从反应性供应链战略转变成为有效性供应链战略，也就是需要开始降低成本，以较低的成本来满足需求。

（1）分销策略。企业需要提供合理的服务，吸引更多的客户购买产品；建立密集的分销渠道，保证客户能够方便地购买到企业的产品，进而扩大产品的市场份额；进行适当的促销，通过扩大市场份额降低单位产品的成本，以较低的成本来满足客户的需求，并保证企业获得一定的利润。

（2）采购策略。由于需求趋于稳定，企业的重点需要转向巩固产品的市场地位，采购应该由小批量采购原材料和零部件转变成为批量采购。

（3）生产策略。由于销售增长迅速，所以生产策略应该是一种批量生产策略，以实现企业最大限度占有市场份额的目标。

（4）库存策略。为了避免断货，最大限度地占有市场份额，企业应当维持适当的库存水平。为了降低成本，企业同样需要优化安全库存，在向客户提供高水平的产品供给的同时，保持一个较低水平的安全库存。

（5）物流策略。为了降低成本，企业应该开始从依赖快捷的运输方式转向较多使用低成本的运输方式。

3. 成熟阶段

在成熟阶段中，产品的销售增长放慢，需求变得更加确定，市场上竞争对手增多并且竞争日益激烈，价格成为左右客户选择的一个重要因素。企业需要建立有效性供应链战略，即在维持可接受服务水平的同时使成本最小化。

（1）分销策略。企业需要建立更为密集的分销渠道以扩大产品销售，降低单位产品的成本，获取最大的利润。另外，还可以创建新电子商务销售渠道以降低销售成本并扩大销售。

（2）采购策略。在成熟阶段，企业应采用准时制采购的策略，降低供应链总成本。

（3）生产策略。企业需要在实现大批量生产的同时不断提高设备的利用率，实现规模生产，降低单件产品的生产成本，实现成本领先。

（4）库存策略。实现最小库存，以降低成本。通过持续的库存改进和优化，不断降低库存水平，达到降低成本的目的。

（5）物流策略。尽量利用第三方物流等先进的物流技术和方式，降低供应链成本并为客户增加价值。

4. 衰退阶段

大多数产品的销售最终会衰退，并可能退出市场。在衰退阶段，销售额下降，产品利润也会降低，企业需要评估形势并对供应链战略进行调整。首先，企业需要对产品进行评估以确定是退出市场，还是继续经营。如果继续经营，企业需要调整或重构供应链，对供应商、分销商和零售商进行评估并进行调整，终止与那些不能为供应链增加价值或增值很少的供应商、分销商和零售商的合作，将合作伙伴的数量减少到合适的数量。通过调整或重构供应链，在保证一定服务水平的前提下不断降低供应链总成本。同时，积极开发新产品，重新组建或调整供应链。

案例 2.4　惠普基于产品的供应链模式

作为全球最大的计算机公司，惠普拥有 30 多家制造商、90 多家分支中心、700 多家供应商和 120 多家物流合作伙伴，惠普针对如何有效管理供应商关系、战略部件、原材料供应链、突发风险等问题，构建了一系列供应链管理的“利器”。

惠普产品种类繁多，因此不存在一种适用所有产品生产和配送的万能供应链。合并康柏之后，基于所提供的产品和服务，惠普整合出五种供应链管理模式。

（1）合同制造模式。对于低端产品，惠普采用“无接触”或“低接触”的合同制造模式。“无接触”方式是惠普为供应商提出设计目标，然后供应商根据设计要求自行采购、制造和完成生产；“低接触”方式为以较低成本介入某些制造业务，惠普从分销中心拿出未完全装配的产品，迅速进行客户化定制，然后快速交给客户。

（2）纵向整合高速供应链模式。在一些独家高端产品方面，惠普采用纵向整合高速供应链模式，从设计、制造到销售全部由惠普来完成。典型的例子是惠普为证券交易所提供的高端的、大型的计算机，一台可能是数百万、数千万这样的价格。这种高端的计算机是一种无间断操作的、利用 Alpha 处理器的计算机。惠普的竞争对手不生产这样的产品，这是惠普独家的产品。从设计到生产再到销售基本上由惠普独家完成，而不需要太多外部的合作伙伴介入。

（3）增值系统解决方案模式。增值系统解决方案完全根据客户需求，把服务器、工作站、网络设备等进行搭建并测试，从而为客户提供高附加值服务。例如，根据客户的具体订单专门制造一台或多台计算机。客户可以自己决定选用多大的硬盘、哪种处理器，惠普把这样的订单转交给协同伙伴，由他们根据客户的具体要求定制。具体的应用主要体现在包括台式机、笔记本电脑、有特殊用途的服务器、根据客户要求定制的大型数据储存装置。惠普通过增值服务为客户提供整体解决方案。

（4）服务供应链模式。为迎接分销网络分散、退货缓慢、现场备件缺乏可见度和按时交付等诸多挑战，惠普在天地快运（TNT）的帮助下，在全球范围内共同实现高效的备件管理和售后服务支持。

（5）直销模式。惠普把将产品送到客户手中的直销模式称为“高速公路”。客户可以通过电话，或登录惠普的网站，订购惠普的产品。惠普与伙伴公司合作，根据订单配置产品。供应商直接向合同生产商或合作伙伴提供零部件，使惠普公司避免参与原料管理作业，同时又不会失去资金流的控制权。

（资料来源：李娟，黄培清. 惠普的供应链创新. 企业管理，2007，（8）：48-49；康健，汪若菡. 惠普五套供应链 VS 戴尔直销五诀. http://finance.sina.com.cn/roll/20031205/0915549146.shtml[2003-12-5].）

2.4 供应链合作伙伴关系

当供应链核心企业准备实施其供应链战略时，就需要与供应链上下游企业建立合作伙伴关系。供应链合作伙伴关系是供应链战略的重要组成部分，也是各种供应链管理策略实施的前提。

2.4.1 供应链合作伙伴关系的概念与类型

1. 供应链合作伙伴关系的概念

供应链合作伙伴关系（supply chain partnership，SCP）是指供应链内的两个或两个以上企业（或组织）之间、在一定时期内的共享信息、共担风险、共同获利的协议关系。

供应链合作伙伴关系在工业供应链中表现为制造商（核心企业）与供应商、分销商、零售商、客户企业等的合作关系；在商业供应链中表现为销售商（核心企业）与供应商、客户企业等的合作关系。现在，这种合作关系进一步拓展到设计伙伴、第三方物流、ASP（应用服务提供商）、咨询机构等服务提供商。

2. 供应链合作伙伴的类型

供应链企业间紧密的合作关系有利于提高客户响应性和降低成本，但供应链同时也需要具有柔性和快速重构的能力，这又要求企业间的关系保持一定的松散程度。因此，供应链核心企业并非与所有的合作伙伴都保持同样紧密的关系，一般可以根据合作关系的竞争和增值率将它们分成三个层次四种类型，如图 2.3 所示。其中，最为重要的是战略合作伙伴，为紧密层；较为重要的是有影响力的合作伙伴和竞争性/技术性合作伙伴，为半紧密层；普通合作伙伴较为次要，为松散层。

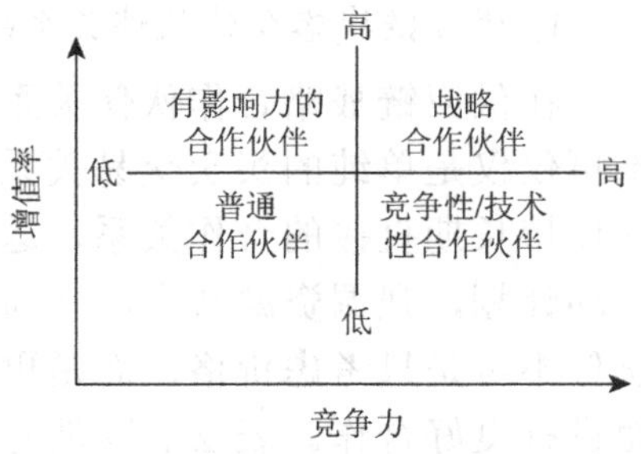

图 2.3 供应链合作伙伴的分类矩阵

（1）战略合作伙伴。此类合作伙伴的竞争力强，对产品的增值率高，它们的努力对供应链的成败起关键作用。战略合作伙伴少而精（甚至是唯一的），与核心企业关系密切。例如，微处理器（CPU）是计算机的核心组件，其核心技术掌握在 Intel、AMD 等少数巨头手中。微处理器供应商对计算机制造商来说是竞争力和增值率双高的战略合作伙伴。

（2）有影响力的合作伙伴。此类合作伙伴对产品的增值率高，它们的努力对供应链的利润起重要作用，但其在营销、技术和管理等方面的竞争力不够强，并非不可替代。核心企业可以选择适当数量的同类合作伙伴，与它们保持较为密切的合作关系以提高供应链的利润；同时又保持它们之间一定程度的竞争，以使大部分利润能够被核心企业所拥有。例如，液晶显示器对于计算机增值率较高，但也有较多可供选择的供应商。计算机制造商可以将液晶显示器供应商作为有影响力的合作伙伴。

（3）竞争性/技术性合作伙伴。此类合作伙伴拥有核心企业某类产品或重要组件重要的关键因素，如知识产权、核心技术、设计能力、核心工艺、关键设备、营销能力等，具有很强的竞争力。但此类产品往往是革新型产品，由于市场需求尚未形成规模或不稳定，因此还不能够给供应链带来丰厚的利润。核心企业需要与竞争性/技术性合作伙伴保持较为密切的合作关系，其目的是与它们一起开拓市场，提高增值能力。在此类产品转化为高盈利产品时，它们也转变成为战略合作伙伴。例如，Intel 与 Altera 合作研制可编程嵌入式芯片，用以开拓医疗设备和其他嵌入式应用的市场，就是一种竞争性/技术性合作伙伴关系。

（4）普通合作伙伴。此类合作伙伴提供普通的组件或服务，竞争力和增值率都较低。核心企业与它们保持相对松散的合作关系。采购方式主要为招标，注重低价格。例如，计算机机箱、电源、线束、包装物等供应商。

2.4.2 供应链战略合作伙伴关系

供应链战略合作伙伴关系形成于供应链中为了特定的目标和利益的企业之间。形成的原因通常是为了降低供应链总成本、降低库存水平、增强信息共享、改善相互之间的交流、保持战略伙伴相互之间操作的一贯性、产生更大的竞争优势，以实现供应链节点企业的财务状况、质量、产量、交货期、用户满意度、业绩的改善和提高。显然，战略合作关系必然要求强调合作和信任。

1. 供应链战略合作伙伴关系的特点

在供应链战略合作伙伴关系下，核心企业与供应商、分销商以及零售商的关系不再仅仅是单纯的买卖交易关系、对手关系，而是一种更为紧密的合作关系。企业间保持长期直接的合作关系，达成一致观念、建立相互间的信任，确定共同目标和行动计划，强调资源共享，共同制定决策，共同努力解决问题。核心企业选择合作伙伴不再是只考虑价格，而是更注重选择能在优质服务、技术革新、产品设计等方面进行良好合作。表 2.1 以供应商为例，比较了供应链战略合作伙伴关系与传统的企业关系的区别。

表 2.1 供应链战略合作伙伴关系与传统的企业关系的比较

比较项目	传统的企业关系	供应链战略合作伙伴关系
供应商数量	很多	少而精（甚至是唯一）
稳定性	变化频繁	长期、稳定、紧密合作
可靠性	不确定	高
信息交流	单向、封闭的递阶传递	各个方向的信息透明与共享
柔性	低	高
质量保证	输入检查控制	为实现零缺陷而共同努力
选择基准	基于价格的竞争	各项综合且为长期绩效
地理位置	分散	尽可能集中
采购量	小	大
交易频率	低、零星	高、连续
交流方式	采购单	电子数据交换
研发	供应商不介入	供应商介入共同研发
配送计划	每月	每周或每天
库存	大、形成存货资产	小、适时供应、减少库存

2. 供应链战略合作伙伴关系的意义

通过建立战略合作伙伴关系，可以达到以下目标。

1）对于需求方

（1）降低成本（降低合同成本）。

（2）实现数量折扣、稳定而有竞争力的价格。

（3）提高产品质量和降低库存水平。

（4）改善时间管理。

（5）缩短交货提前期和提高可靠性。

（6）提高面向工艺的企业规划。

（7）更好的产品设计和对产品变化更快的反应速度。

（8）强化数据信息的获取和管理控制。

2）对于供应方

（1）保证有稳定的市场需求。

（2）更好地了解或理解用户需求。

（3）提高运作质量。

（4）提高零部件生产质量。

（5）降低生产成本。

（6）提高对需求方交货期改变的反应速度和柔性。

（7）获得更高的利润（相比非战略合作伙伴关系）。

3）对于双方

（1）改善相互之间的交流。

（2）实现共同的期望和目标。

（3）共担风险和共享利益。

（4）共同参与产品和工艺开发，实现相互之间的工艺集成、技术和物理集成。

（5）减少外在因素的影响及其造成的风险。

（6）降低投机思想和投机概率。

（7）增强矛盾冲突解决能力。

（8）订单、生产、运输上实现规模效益以降低成本。

（9）减少管理成本。

（10）提高资产利用率。

2.4.3 供应链合作伙伴的合作策略

要在供应链企业间建立成功的合作伙伴关系，需要做到以下几点。

（1）重视合作伙伴的选择。合作伙伴的评价选择是供应链运行的基础，核心企业必须考虑如何选择最优的供应链合作伙伴，使之成为相互关联的整体。在选择供应链合作伙伴时，合作方要拥有各自可利用的核心竞争力，并将核心竞争力相互结合，以提高供应链的运作效率；合作方要拥有相同的价值观及战略思想。具体要考虑到合作企业的 3C 原则：兼容（compatibility），即硬件方面（组织、生产、销售、财务和物流等）和软件方面（战略、相互的信任、企业文化等）的兼容；能力（capability），即活跃程度、市场实力、技术水平、生产能力、销售网络等；投入意识（commitment），即看联盟的业务是否属于合作对方的核心产品范围或核心业务范围。

（2）采取基于目标和资源共享的合作策略。供应链上的企业采取基于目标的合作策略，并根据不同的目标选择不同的合作伙伴。从长期需求来说，这关系企业的长期生存问题，因而应选战略性合作伙伴。供应链上的企业采取基于资源（资金、物资、信息、销售渠道、员工技能等）共享的合作策略，使整个供应链各个环节都能清楚地共享各种资源，以更好地协调各企业，降低成本和各环节的延迟时间。

（3）建立信用评价体系。一方面，各个节点企业要自觉建立起高度的信用，以赢得合作伙伴的信任；另一方面，在整个供应链中倡导"诚信是最好的竞争手段"等信用理念，并辅之以建立信用记录，加大对失信者的惩罚力度等措施，逐步建立起适应于供应链企业间有效合作的信用评价体系。

（4）建立供应链合作控制系统。在充分考虑影响合作和变革不确定因素的同时，由供应链核心企业建立合作监测和控制系统，跟踪合作与变革的全过程，及时发现问题并采取有效措施加以解决，以确保合作与变革的顺利进行。

（5）建立有效的绩效评估体系。供应链上各成员企业是独立的利益主体，因而会发生冲突，进而影响企业之间的协作关系。为此，应建立绩效评估体系，清楚认识供应链中利益与风险分配的作用，正确分辨各企业对整个供应链获利过程中所作出的贡献。尽可能采用实时分析与评价的方法，把绩效度量的范围扩大到能反映供应链联盟实时运营的信息上去；通过采用价格、补贴、订单等激励手段来促进联盟企业间的亲密合作，达到整个供应链畅通无阻的高效运行。

案例 2.5 苹果公司与供应商"爱恨交加"的合作关系

"苹果的要求太高了，而且苹果不讲情面，能做你就做，不能做就换人。"一位不愿透露姓名的苹果元器件供应商主管如此说道。根据保密协议，苹果要求供应商保持绝对的沉默，如果发生产品泄露事件甚至会遭到财务上的惩罚。

苹果手机领先市场，苹果手机的元器件自然同样超出了供应商企业的能力。"iPhone会比其他同类智能手机领先两年，这些元器件需要我们研发并试产。"据这位主管描述，初期既需要大量的研发投入，而且良品率很低，通常只有20%左右，就算能被苹果认可，良品率也只有80%。苹果不会与供应商联合投资一项新技术，苹果只会强迫供应商"必须如此"。

面对苹果如此的"刁难"，投入还很大，为何还有众多供应商响应召唤，乐此不疲？

"原因有二，一是苹果的要求虽然高，但让企业能够以领先市场的优势实现技术发展；二是苹果的采购量足够大，而且是一款产品。只要在一个产品上符合了苹果的要求，我们既有出货量上的目标实现，同时管理上反而更简单，更清晰。"这位主管说道。

相比之下，如果给三星供应元器件产品，三星的手机型号众多，每款产品的市场反应各不相同，三星随时调整每款产品元器件的供应，这对供应商的生产管理并不利。有不少元器件供应商，从开始给苹果、三星、HTC供货，到最后变成只给苹果一家供货。

单一产品，大量采购，供货稳定，而且技术超前。在供应商领域，能成为苹果供应商已经是元器件厂商"鲤鱼跃龙门"的法宝。甚至在资本市场，每当苹果推出新产品之际，"苹果概念"也成为部分上市元器件厂商股价大涨的原因。毋庸置疑，能够进入苹果的全球供应链，意味着将有机会从苹果明星产品销售中，获得充足订单和稳定持续的收入。苹果要求手机元器件质量标准超出行业的五倍以上，所以苹果市场开发周期长达三年，其中两年给元器件供应商，慢慢“催熟”尚未普及的技术。

“苹果的供应链网络恐怕是世界上最复杂的供应链。”硅谷咨询公司 Creative Strategies 总裁蒂姆·巴加林说道。虽然苹果的供应链如同苹果产品一样，品质要求极高，但一旦进入“豪门”之后，因苹果的单一产品以及采购量巨大，一切也变得相对简单，相比之下，供应商更愿意跟随苹果。“如果它们是苹果的供应商，那么它们就会被看作是业界一流的厂商。”

事实上，苹果与供应商之间已经建立起了一种“爱恨交加”的关系。“我们只是机器上的一颗小小的螺丝，但关于苹果的事宜我们从不含糊。”这位主管如此说道。

（资料来源：李瀛寰. 揭秘苹果神话核心：苹果供应链的秘密. 大经贸，2012，(9)：80-82.）

本章小结

本章首先介绍了企业核心竞争力的概念、特征、识别与培育、供应链环境下的业务外包及原因、外包业务的选择与常见类型。接着介绍了供应链战略及其驱动要素和障碍。然后阐述了供应链战略匹配的要点、步骤、战略匹配中的核心企业和非核心企业以及面向产品生命周期的供应链战略。最后介绍了供应链合作伙伴关系的概念与类型、供应链战略合作伙伴关系以及供应链合作伙伴的合作策略。

在案例方面，以香港利丰集团的全球供应链战略作为引导案例，分析了行业领先的企业专注于核心竞争力及实施业务外包和供应链战略的情况。接着，为了阐释业务外包、供应链战略及其匹配、供应链合作伙伴关系，分别介绍了波音公司的业务外包、苹果公司的供应链战略、宜家公司和英格兰公司不同的战略匹配、惠普基于产品的供应链模式以及苹果公司与供应商“爱恨交加”的合作伙伴关系。最后，以日本 7-Eleven 的供应链战略作为章后案例，介绍了供应链战略的实施及其驱动要素的配置。

➢复习思考题

（1）什么是企业核心竞争力？它有何特征？

（2）业务外包的含义是什么？企业采取业务外包有哪些主要原因？业务外包又会带来哪些问题？

（3）怎样选择适当的外包业务？举例说明外包业务的常见类型？

（4）供应链战略的内涵是什么？供应链有哪些驱动要素？它们对供应链战略的实施有什么作用？

（5）供应链战略的实施存在哪些障碍？怎样克服这些障碍？

（6）简述供应链战略匹配的要点和步骤，并举例说明。

（7）作为供应链的核心企业和非核心企业，应该怎样实施战略匹配？

（8）针对产品生命周期不同阶段的变化，应该怎样调整供应链战略以适应这个变化？

（9）什么是供应链合作伙伴关系？简述供应链合作伙伴的主要类型及其与核心企业的关系。

（10）简述供应链战略合作关系的含义和特点。

（11）简述供应链合作伙伴的合作策略。

➢案例讨论 日本7-Eleven的供应链战略

1927年，7-Eleven便利店创立于美国得克萨斯州，由伊藤洋华堂于1974年将其引入日本。7-Eleven在全世界18个国家和地区开设了37 000多家门店，成为全球店铺最多的连锁企业，每天光顾7-Eleven的客户超过2000万人次。7-Eleven在日本的门店最多，为12 000多家；其次是美国，为6000多家。

相比沃尔玛、家乐福等大型连锁超市，7-Eleven便利店在商品种类和价格上没有任何优势，但消费者宁愿出高一些的价格，就是想要得到更加便捷和特别的服务。差异化竞争战略以及对供应链驱动要素的有效配置是7-Eleven取得成功的关键。

1. 店铺选址与店面布置

便利店在整个供应链中离最终消费者最近，因此首先需要考虑店铺的选址问题。7-Eleven的一个基本出发点就是便捷，即在消费者日常生活行为范围内开设店铺，通过各个方面的比较，找出差异。通常7-Eleven关注的焦点是，周边道路是否畅通、停车场的大小、店铺门前的道路入口是否宽敞以及人流量大小等因素。

连锁便利店是一间间邻居便利店，其特色在于方便快捷，全年365天，每星期7天，每天24小时不停营业。日本7-Eleven便利店一般在100平方米左右。商店内部的陈列布局，由总部统一规定、设计。商品构成为食品占75%，杂志、日用品占25%。商店的服务半径为300米，经营品种达3000种，都是比较畅销的商品。除便捷性外，在日本，人们进入便利店的很大一部分原因是为了购买不断推出的新产品。7-Eleven总部每月向分店推荐80个新品种，每年更换70%的品种，给客户以新鲜感。另外，日本7-Eleven还在便利店增加了代缴电费、煤气费、保险费和电话费以及复印、售票和快递暂存等便民服务以吸引更多的客户。

2. 采购与供应商关系

在供应链中，便利店与供应商的利益是紧密相关的。在讲求成本节约和双赢的今天，与供应商紧密合作是必然的选择。7-Eleven与供应商、批发商以及其他大型零售商结成联盟，共同开发新产品。例如，2004年2月日本一共有290家供应商专门为7-Eleven便利店生产快餐食品。7-Eleven利用数量可观的店铺收集客户反映的信息，由总公司及时地统计汇总后反馈给供应商，以达到让小小的店铺摆满“热销”商品，吸引更多客户的目的。这样，一方面能保证产品在终端的接受程度，另一方面也能保证产品在源头上的供应，使供应链能够在整体上顺畅地运作。

7-Eleven与供应商和物流服务提供商共同建立了强大的合作网络。例如，高效率的共同配送体系，将商品库存和进货价格减少到最低，而且在不必担心缺货的同时，节约了大量的时间、精力和空间。其物流系统极为灵活，可以一日三次向各店输送那些鲜活但不宜保存的产品。

在商品调配方面，7-Eleven总部的计算机与各供应商已实现连接，供应商可以根据订单的各项要求来进行生产，在最短的时间内提供商品。同时供应商可以通过7-Eleven店的销售点信息（point of sale，POS）系统了解其产品的销售情况，有效地获取反馈信息来调整生产和产品开发。

3. 物流配送体系

7-Eleven 便利店的配送系统与所有产品的供应链紧密联系在一起，配送中心和信息网络起了关键的作用，主要目标是跟踪产品的销售情况，提供短期补货时间。

便利店的米饭（快餐食品中销量最大的部分）一天进货三次，面包和其他食品一天进货两次。配送系统具有足够的灵活性以根据客户需求的变化来调整进货次数。例如，在夏天，冰淇淋按日来进货，其他季节是一周进货三次。对新鲜食品和快餐食品的补货缩短到 12 小时以内。商店在早上 10 点之前预订饭团，在晚餐高峰期前即可送达。

7-Eleven 还将物流路径集约化转变为物流共同配送系统，即按照不同的地区和商品群划分，组成共同配送中心，由该中心统一集货，再向各店铺配送。地域划分一般是在中心城市商圈附近 35 千米，其他地方市场为 60 千米，各地区设立一个共同配送中心，以实现高频度、多品种、小单位配送。实施共同物流后，其店铺每日接待的运输车辆数量从 70 多辆下降为 12 辆。另外，这种做法令共同配送中心充分反映了商品销售、在途和库存的信息，7-Eleven 逐渐掌握了整个产业链的主导权。在连锁业价格竞争日渐激烈的情况下，7-Eleven 通过降低成本费用，为整体利润的提升争取了相当大的空间。

7-Eleven 的配送中心有一个计算机网络配送系统，分别与供应商及 7-Eleven 便利店相连。配送中心的计算机系统每天会定期收到各个店铺发来的库存报告和要货报告，配送中心将这些报告集中分析，最后形成一张张向不同供应商发出的订单，由计算机网络传给供应商，而供应商则会在预定时间之内向配送中心派送货物。配送中心在收到所有货物后，对各个店铺需要的货物分别组合打包，装上温控车送到自己区域内的店铺。配送中心需要配送冷冻食品、冷藏食品、常温加工食品和熟食品。7-Eleven 将不同温度的商品分组管理，用四种不同的温控车分别装运配送。这样不仅有利于物流效率的提高，也满足了客户对商品新鲜度和高质量的要求。

4. 信息系统与电子商务

信息技术是便利店提高运营质量的必要条件。7-Eleven 建立了一套高效完善的网络化综合信息系统，主要包括订货、销售信息记录分析、货架管理、订单处理的信息化。先进的信息系统可以极大地提高供应链和便利店运营效率。综合信息系统在业务经营中主要有以下作用。

（1）搜集商品的销售信息，根据商品的销售情况来预测未来的需求，并决定订货，定期发布订货数据。

（2）连锁店总部通过 POS 系统分析众多连锁店的订货信息，自动将其传给供应商和批发商。

（3）供应商根据接受的商品订货信息，开始生产商品，而批发商筹集订货商品。

（4）配送中心接受来自连锁店总部和供应商、批发商传来的商品明细表，包括各供应商的各种商品的交货明细表，以及不同配送路线的交货传票等。配送中心根据这些指示单，对各连锁店的配送进行决策。

强大的综合信息系统为 7-Eleven 各部门有效沟通和紧密配合提供了强有力的保障。为准确、迅速地掌握客户需求和提供优质服务，7-Eleven 不惜投巨资构筑生产-物流-销售综合信息网络，在销售、订货、进货、商品检验和会计核算等方面得到了充分利用，从接受订货到数据处理，从传票发行到货款结算以及赊销管理等，均采用信息系统自动处理；使供应商、批发商、配送中心、店铺以及总部各部门等各环节在商品信息上实现共享，形成信息上的互动，真正意义上实现了业务处理的自动化，工作效率因此而大幅度提高。

随着互联网的广泛应用，2000 年 2 月，7-Eleven 联合日本索尼、NEC 等 7 家公司建立了自己的电子商务网站“7dream.com”。

“我们卖的就是‘便利’”，7-Eleven 管理及信息部门负责人说道：“将互联网与现存的零售管理系统整合到一块儿是关键所在。哪家企业走在前头，就会赢得消费者的支持。”

基于这样的认识，“7dream.com”建站伊始，就首先抓住技术核心，开发了一种可自由使用的多媒体终端（Dream Navi）以区别于以往的在线零售系统。例如，作为吸引客户的手段，Dream Navi 可提供音乐下载服务，可出售音乐会门票、书籍等，这成为一种其他企业无法比拟的优势。网站不但功能强大，最高能承受 50 万次的日点击率，而且消费者能在网上对音乐、旅游休闲、商品、摄影、计算机和汽车零部件等 6 个分类多达 10 万种的商品进行挑选订购，然后可到全日本各地 24 小时营业的 12 000 多家门店中的任何一家付款提货。

日本 7-Eleven 便利店凭借高效的供应链管理，成功地实现了其差异化竞争战略，在同行业的竞争中处于优势地位。2004 年，除 7-Eleven 外的日本四家最大的连锁便利店平均日销售额是 48.4 万日元，而 7-Eleven 的日销售额达到了 64.7 万日元，比它的竞争对手加起来还多 30%以上。2004 年，日本 7-Eleven 以 1657 亿日元的运营收入成为了便利店行业和整个日本零售业的领头羊。2016 年，7-Eleven 的母公司 7&I 控股以 501 亿美元的营业收入，在《财富》世界 500 强公司中排名第 179 位。

（资料来源：张晓燕. 7-Eleven 便利店的供应链物流系统. 中外物流，2007，(1)：47-49；Chopra S, Meindl P. 供应链管理. 3 版. 陈荣秋，等译. 北京：中国人民大学出版社，2008；刘宁. 浅析日本 7-Eleven 公司的成功之道. 江苏商论，2003，(6)：61-63.）

问题讨论

（1）为了实现其竞争战略，日本 7-Eleven 是怎样配置其供应链驱动要素的？

（2）日本 7-Eleven 供应链的驱动要素之间有哪些相互联系与促进？

第3章

供应链的构建与优化

➢引导案例：戴尔公司面向大规模定制的供应链构建

戴尔公司（简称“戴尔”）创立之初是给客户提供计算机组装服务，先天在研发能力和核心技术方面与业界的IBM、惠普等公司有着一定差距。如果想在市场竞争中占据一席之地，必须进一步分析计算机价值链，依靠管理创新获取成本优势。戴尔通过实施面向大规模定制的供应链形成了核心竞争力。

戴尔在建立过程中，将管理重心放在成本控制和制造流程优化等方面，尤其是创造了直销模式，将传统的五级供应链模型进行了改进，改造为由供应商、制造商（主体企业）和客户组成的三级供应链模型，如图3.1所示。这种模式减少中间渠道成本，直接面对最终消费者，达到降低成本的目的。

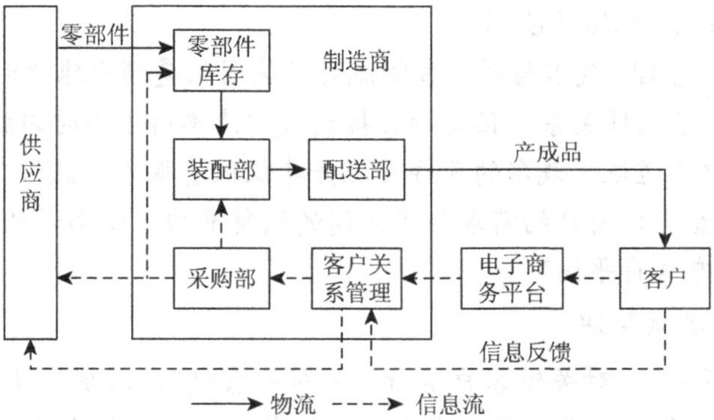

图3.1　戴尔面向大规模定制的供应链体系结构

戴尔利用先进的信息手段与客户保持信息的畅通和互动，了解每一个客户的个性化需求。为了适应客户驱动的生产和企业联盟的需要，戴尔通过电子商务平台或电话等方式直接与客户联系，了解客户需求，并且采用直销模式把产品送达客户。这种模式的核心是直销背后包括采购、生产、配送等一系列环节在内的供应链快速响应能力。可见，戴尔的直销模式是以直接订购为手段，凭借其高效的供应链管理对市场快速做出响应，为客户提供多样化的产品和服务。这种模式也使分销商、零售商的作用不断减弱甚至消失，导致供应链的结构逐渐转变为由原材料零部件供应商、制造商和客户组成的开放式的网络结构。

随着互联网的发展和电子商务的普及，电子商务平台已经取代了分销商和零售商成为戴尔和客户联系的桥梁。客户通过电子商务平台向戴尔提出定制要求，戴尔通过数据挖掘等先进技术从中进行信息采集和整理，而后通过客户关系管理对客户订单进行分解。分解后的订单信息成为企业采购的重要依据，而通过采购也使戴尔与零部件和原材料供应商紧密联系在一起。由于供应商在一开始是以需求预测来决定其库存的，戴尔将通过电子商务平台采集到的客户信息及时传递给供应商，以使他们的库存尽可能地降低。最后，当戴尔将客户的定制产品送交客户手中后，还要将客户的反馈信息传递到客户关系管理系统中，以期更好地与客户进行沟通。

在构建供应链体系的基础上，戴尔进一步完善以下工作。

1. 严格挑选供应商

（1）建立了一套供应商遴选与认证制度。供应商应在成本、技术、服务和持续供应能力等四个方面具有综合的比较优势，特别是供应能力必须长期稳定。

（2）采取了“安全量产投放（safe launch）”方法。根据对供应商的考核结果，分阶段地逐步扩大采购其产品的规模，降低新入选企业供应能力不稳定的风险。

（3）与供应商虚拟组合。仅保留组织中能代表企业特征的关键性功能，将组织中非核心业务外包给擅长于这些功能的专业性企业。把零部件的生产外包给那些实力雄厚的大型供应商，与对方结成联盟。

2. 高效的物流与库存管理

（1）物料的低库存与成品的零库存。戴尔的平均物料库存仅为 5 天，在 IT 业界，与戴尔最接近的竞争对手有 10 天的库存，业内的其他企业平均库存多是达到 50 天左右。（材料成本每周都会有 1%的贬值。）

（2）高水平物流管理。戴尔与第三方物流公司美国伯灵顿全球货运物流有限公司（简称“伯灵顿”）建立了伙伴关系。伯灵顿在接到戴尔清单后 1 小时内就能把货迅速配好，不到 20 分钟就能把货送达。戴尔的库存管理并非仅仅着眼于“低”，而是通过对其供应链的双向管理，全盘考虑用户的需求与供应商的供货能力，使两者的配合达到最佳平衡点，进而实现“动态库存平衡”。

3. 有效的客户关系管理

（1）“一对一营销”。对关键客户实行“一对一营销”，准确快速地把握客户的个性化需求。生产企业不再仅为争取客户满意，为使客户忠诚而主动提供产品（服务）的一方；消费者也不是传统的商品被动接受方。面向大规模定制的客户关系管理要求生产企业和客户互动，相互融合。

（2）精准的售后服务。销售结束后，对客户的了解并没有结束，销售人员还会通过电话、互联网或者面对面的交流方式建立客户的信息档案，进行质量跟踪服务，继续发掘客户的新需求。了解客户与了解自己同等重要，为客户创造完整的消费体验，公司更应该立足于客户的角度去研发新产品。

（资料来源：汪旭晖. 面向大规模定制的供应链管理：基于“戴尔”的案例分析. 经济与管理，2007，21（7）：42-46.）

从案例中可以看出，企业建立之初首要解决的问题就是供应链的构建与优化，这也是当今企业在不断做大做强的过程中面临的共同难题，在一定程度上决定着企业的成败。因此，供应链设计与优化是供应链管理中极其重要的问题之一。

3.1　供应链系统规划

供应链系统规划决定了供应链的体系结构，并直接决定着供应链的响应能力与盈利水平，也决定了供应链本身的价值。优良的供应链系统能够加速产品流通，在满足客户需求的同时实现供应链增值。相反，没有一个科学、合理、优化的供应链体系结构，即使管理工作人员使出浑身解数，也无法达到预期的效果。

供应链的规划是一项复杂而艰巨的工作，也是供应链管理的重要环节，它涉及供应链的组织机制、供应链成员的选择、供应链成员之间的相互关系、物流网络、管理流程的设计与规划，以及信息支持系统等多方面的内容。供应链的规划必须遵循一定的设计原则，运用科学合理的方法和步骤才能完成。

3.1.1　供应链系统的规划问题

供应链系统的规划目的就是要建立以一个重要的企业为核心、联盟上游和下游企业的协调系统。要想提高供应链管理的运作绩效，除了要有一个高效的运行机制外，建立一个优化的供应链系统也是极为重要的一环。

供应链的构成不是一成不变的，但是在实际经营中，不可能像改变办公室的桌子那样随意改变供应链上的节点企业。因此，作为供应链管理的一项重要工作，无论是理论研究人员还是企业实际管理人员，都非常重视供应链的构建问题。

（1）供应链规划与环境因素。一个设计精良的供应链在实际运行中并不一定能像预想的那样完美，甚至无法达到设想的要求，这是主观设想与实际效果的差距。原因并不一定是规划或构想得不完美，而是环境因素在起作用。因此，构建一个供应链，不仅要考虑供应链的运行环境（地区、政治、文化、经济等因素），同时还应考虑未来环境的变化对实施供应链的影响。必须用发展的、变化的眼光来设计供应链，无论是信息系统的构建还是物流通道设计都应具有较高的柔性，以提高供应链对环境的适应能力。

（2）供应链规划与企业流程重构。从企业的角度来看，供应链的规划是企业内部管理的改造。由于供应链管理引进的是一种新的思想，要按照这种思想重构企业的运作框架和战略系统，就要对原有的管理架构进行反思，必要时要进行一些革命性的变革，所以供应链系统的建设过程也就是企业或者企业群体进行业务流程重构的过程。要从管理思想革新的角度，以创新的观念武装企业（如动态联盟与虚拟企业、精益生产等）。

（3）供应链规划与先进制造模式的关系。供应链规划既是从管理新思维的角度去改造企业，也是先进制造模式的客观要求和推动的结果。如果没有全球制造、虚拟制造这些先进制造模式的出现，供应链的管理思想是很难得以实现的。正是先进制造模式的资源配置沿着“劳动密集→设备密集→信息密集→知识密集”的方向发展才使企业的组织模式和管理模式发生相应的变化，从制造技术的技术集成演变为组织和信息等相关资源的集成。供应链管理适应了这种趋势，因此，供应链的规划应把握这种内在的联系，使供应链管理思想成为适应制造模式发展的先进管理思想。

3.1.2 供应链系统规划的指导思想和原则

1. 供应链系统规划的指导思想

供应链系统规划的指导思想包括以下几点。

（1）面向不同客户群体的需求。为了设计一个高效运转的供应链系统，首先需要准确识别出潜在的客户，并根据不同的需求划分客户群体。然后分析不同群体客户的购买动机和购买行为，使供应链系统能够满足不同客户群体的需求，确保供应链企业能够盈利。

（2）保证资源的最优配置。根据市场动态使整个供应链需求计划成为一体，保证资源的最优配置。上下游企业的计划应该根据市场需求动态协调编制，保证需求与供给之间在时间、品种、数量上满足配套要求。一方面保证生产能力的有效利用，另一方面减少由于不协调而产生的库存量。

（3）实现快速响应。客户订单分离点应该尽量靠近最终用户，并通过供应链的构建实现快速响应。供应链系统如果能够对市场需求快速响应，实现产品的快速开发，缩短交货提前期以及组建柔性的生产系统，则可在基于时间的竞争中抢占先机。

（4）减少物流与服务的成本。随着市场竞争的加剧和客户对物流与服务要求的提高，企业需要以更高效的方式将产品交付给用户，并提供恰当的服务。供应链系统的规划将直接决定企业库存成本、运输成本和服务成本。

（5）技术开发支持多层决策。在大多数情况下，供应链是围绕核心企业形成的。核心企业往往是供应链中增值最大的环节，也是物流的集散地和供应链中前馈的信息源。核心企业在供应链的决策中起核心作用，处在最上层。其他的上游和下游企业均处在下层，是相对独立的决策者，有各自的目标函数与决策变量，这就使整个供应链的决策系统呈分散递阶层次。因此，在进行供应链规划时应实施整个供应链系统的技术开发战略，以支持多层决策，清楚掌握供应链的物流、服务流、信息流。

（6）供应链绩效测量。在规划供应链时需要针对供应链上的关键点和关键环节设定绩效考核指标，以便有效监控供应链运行情况，度量满足最终用户需求的效率与效益。

2. 供应链系统规划的原则

除供应链系统规划的指导思想外，还有一些供应链系统规划的原则。遵循这些基本的原则，就可以减少供应链系统设计中的失误，节省时间，并且保证供应链的规划和重建能满足供应链管理的战略目标。

（1）自顶向下和自底向上相结合的原则。在系统规划方法中，有两种方法，即自顶向下的方法和自底向上的方法。自顶向下的方法是从全局走向局部的方法，自底向上的方法是从局部走向全局的方法；自上而下是系统分解的过程，而自下而上则是集成的过程。在规划一个供应链系统时，往往是先由主管高层做出战略规划与决策，规划与决策的依据来自市场需求和企业发展规划，然后由下层部门实施决策过程，因此，供应链系统的规划是自顶向下和自底向上的综合。

（2）简洁性原则。简洁性是供应链系统规划的一个重要原则，为了能使供应链具有灵活快速响应市场的能力，供应链的每个节点都应是简洁的，具有活力的，能实现业务流程的快速组合。例如，供应商的选择就应遵循少而精的原则：通过和少数几个供应商建立战略伙伴关系，有利于减少采购的成本和实施准时制生产。

（3）互补性原则。供应链各个节点的选择应遵循强强联合的原则，达到实现资源外用的目的，每个企业只集中精力于各自的核心业务流程，就像一个独立的制造单元，这些所谓单元化企业具有自我组织、自我优化、面向目标、动态运行和充满活力的特点，能够实现供应链业务的快速重组。

（4）协调性原则。供应链业绩的好坏取决于供应链合作伙伴关系和谐与否，因此，与合作企业建立战略合作伙伴关系是实现供应链最佳效能的保证。只有和谐而协调的系统才能发挥最佳的效能。

（5）动态性原则。不确定性在市场中随处可见，供应链运作效率也会受到不确定性的影响。不确定性的存在，导致需求信息的扭曲，因此，要预见各种不确定因素对供应链运作的影响，减少信息传递过程中的信息延迟和失真，增加透明性，减少不必要的中间环节，提高预测的精度和时效性。这些对降低不确定性的影响都是极为重要的。

（6）战略性原则。供应链的建模应有战略性观点，通过战略的观点考虑减少不确定性的影响。从供应链的战略管理的角度考虑，我们认为供应链规划的战略性原则还体现在供应链发展的长远规划和预见性上，供应链的系统结构发展应和企业的战略规划保持一致，并在企业战略指导下进行。

3.1.3　基于产品的供应链规划步骤

在上述供应链规划指导思想和原则的指引下，按照如下步骤规划供应链系统。

（1）分析市场竞争环境。本步骤的目的在于找到针对哪些产品市场开发供应链才有效，为此，必须知道现在的产品需求是什么，产品的类型和特征是什么。分析市场特征的过程要向卖主、用户和竞争者进行调查，提出诸如“用户想要什么”“他们在市场中的份额有多大”之类的问题，以确认用户的需求和因卖主、用户、竞争者产生的压力。这一步骤输出的是每一产品按重要性排列的市场特征。同时对于市场的不确定性要有分析和评价。

（2）总结、分析企业现状。主要分析企业供需管理的现状（如果企业已经有供应链管理，则分析供应链的现状），这一个步骤的目的不在于评价供应链规划策略的重要性和合适性，而是着重于研究供应链开发的方向，找到、分析、总结企业存在的问题以及影响供应链规划的阻力因素等。

（3）提出供应链规划项目。针对存在的问题提出供应链规划项目，分析其必要性。

（4）提出供应链规划的目标。根据面向产品生命周期的供应链战略提出供应链规划的目标。主要目标在于提高客户服务水平和降低总交易成本两个目标之间的平衡（这两个目标往往有冲突）。

（5）提出供应链的基本框架。分析供应链的组成，提出组成供应链的基本框架。供应链中的成员组成分析主要包括制造工厂、设备、工艺和供应商、制造商、分销商、零售商及用户的选择及其定位，以及确定选择与评价的标准。

（6）分析和评价供应链规划的技术可能性。这不仅是某种策略或改善技术的推荐清单，也是开发和实现供应链管理的第一步，它在可行性分析的基础上，结合本企业的实际情况为开发供应链提出技术选择建议和支持。这也是一个决策的过程，如果认为方案可行，就可进行下面的规划；如果不可行，就要重新进行规划。

（7）设计和产生新供应链。主要解决以下问题。

①供应链的成员组成（供应商、设备、工厂、分销中心的选择与定位、计划与控制）。

②原材料的来源问题（包括供应商、流量、价格、运输等问题）。

③生产规划（需求预测、生产什么产品、生产能力、供应给哪些分销中心、价格、生产计划、生产作业计划和跟踪控制、库存管理等问题）。

④分销任务与能力设计（产品服务于哪些市场、运输、价格等问题）。

⑤信息管理系统设计。

⑥物流管理系统设计等。

在供应链规划中，要广泛地应用到许多工具和技术，包括归纳法、集体解决问题、流程图、模拟和设计软件等。

（8）检验供应链。供应链设计完成以后，应通过一定的方法、技术进行测试检验或试运行。若不行，则返回第四步重新进行设计；如果没有什么问题，就可实施供应链管理。设计好一个高效精简的供应链之后，就可以进行具体的实施。在实施过程中，不仅需要核心企业的管理和协调，还需要信息技术的支持（如一些供应链管理软件，特别是基于互联网的）。现在的市场竞争是供应链之间的竞争，而要成功地实施对供应链的管理，需要供应链的领导者，即供应链的核心企业来对整个供应链进行管理和协调，使所有的供应链成员能作为一个整体来运作。

3.1.4 供应链网络的设施布置

供应链网络设计是一个富有挑战性的问题。供应链网络结构设计的中心是保证网络能合理利用和分配资源，提升物流效率，从而达到提高供应链整体价值的目的。

1. 供应链设施选址

供应链网络结构涉及供应商、制造商、零售商、最终用户等各种不同的单位以及生产设施（工厂）、仓储设施和配送中心等，如图 3.2 所示。所谓供应链网络结构设计，就是确定产品从供货点到需求点流动的结构，包括决定网络中的节点与设施的位置布局、所使用的设施种类、所需各类设施的数量、各地设施中产品到客户的分拨方式、设施之间应使用什么样的运输服务和如何进行服务等内容。其中，供应链结构中的选址决策是最为重要的。因为供应链网络各个节点设施的建设是一项巨大的永久性投资，一旦工厂、仓储设施或配送中心建成，再发现地址选择错误则为时已晚，难以补救。如果新建的厂房不利于经营，那么出售亦必少人问津；将厂房移动是不可能的，将设备搬迁或易地重建则耗资巨大；如果继续维持下去，投资大、成本高、职工队伍不稳，企业将长期处于不利地位，一旦发生市场冲击，则很可能倒闭。因此可以说，选址不当将“铸成大错”，从而决定了供应链失败的命运。

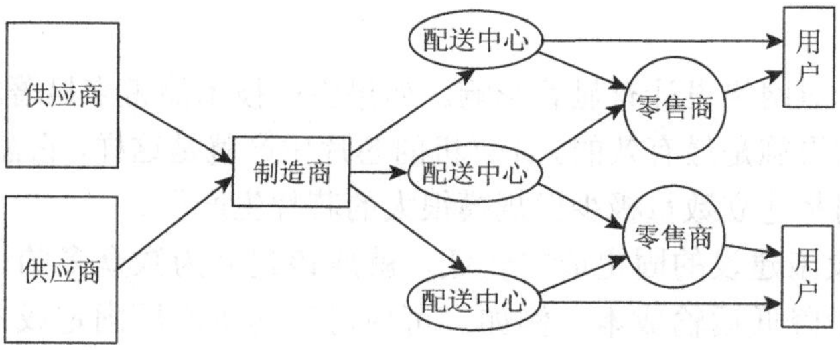

图 3.2　供应链网络结构

除了上述直接影响外，选址决策的正确与否还影响供应链运作的机会成本。机会成本不是账面上反映出来的费用，它是一种隐性的但是对收益有重要影响的费用。因此，在供应链选址时，不仅要考虑直接的、显性的成本，而且要考虑隐性成本及机会成本。

从图 3.2 中可以看出，一个供应链的选址决策与供应商、制造商、零售商、最终用户及其他相关因素有密切关系。从理想的目标出发，一个企业做出的选址决策应使企业的利润最大化，至少应使供应链中的物流处于控制之中。从供应链系统的观点出发，就是要综合考虑所有的因素，使供应链达到整体最优。然而实际上供应链上的大多数企业只考虑了很小一部分，或者没有办法影响其他企业的选址决策，从而破坏了选址的系统性，使供应链成为支离破碎的离散体，这显然会影响供应链整体的竞争力。

2. 供应链网络选址的影响因素

影响供应链的网络选址的因素有战略性因素、技术因素、宏观经济因素、政治因素、社会因素、自然与基础设施因素、竞争性因素、客户响应时间以及物流与设施成本等。

1）战略性因素

一个企业的竞争战略对供应链的网络设计决策有重要影响。

强调生产成本的企业，趋向于在成本最低的区位布局生产设施，即使这样做会使生产配送中心远离其市场区。例如，20 世纪 80 年代前期，许多服装生产厂为了降低成本而将生产迁到了欧美以外的其他国家，那里的劳动力比较低廉。

强调响应能力的企业，趋向于在市场区附近布局生产设施。如果这种布局能使它们对市场需求变化迅速做出响应，它们甚至不惜以高成本为代价。例如，意大利的一些服装生产厂家已经开发了弹性生产设施，使它们能够迅速提供种类繁多的服装。注意响应能力的公司不惜以较高的成本，来购进意大利生产厂家的服装。

便利连锁店力求接近消费者，这是其竞争战略的一部分。因此，便利店网络在某区域范围内往往开有很多家商店，尽管每家商店都不大。相反，像联华超市之类的大型零售超市，实施的是提供廉价商品的竞争战略。因此，会员店往往比较大，客户要找到一家会员店往往要走一段距离。一家联华超市会员店的服务区内常有许多家便利店。

全球化的供应链网络，通过在不同国家布局不同职能设施，能更好地支持其战略目标的实现。例如，耐克公司在亚洲的很多国家都有生产厂，在中国和印度尼西亚的厂家则注意成本节约，而在韩国和中国台湾地区的厂家则着眼于价格较高的新型号产品的生产。这些区别使耐克公司能够满足多种变化的市场需求并获得高额利润。

2）技术因素

产品技术特征对网络设计有显著影响。如果生产技术能带来显著的规模经济效益，布局少数大容量的设施是最有效的。计算机的芯片生产就是这样，它需要很大一笔投资。因此，大多数公司都建立数量极少但规模很大的芯片生产厂。

相反，如果设施建设的固定成本较低，就应该建立为数众多的地方性生产设施，因为这样做有助于降低运输成本。例如，可口可乐的生产厂固定成本较低，为了减少运费，可口可乐在世界各地都建有可口可乐的生产厂，每一生产厂能满足周围地区的市场需求。

生产技术的灵活性影响网络进行联合生产的集中程度。如果生产技术很稳定，而且不同国家对产品的要求不同，产品就必然在每一个国家建立地方性基地为该国的市场服务。相反，如果生产技术富有灵活性，在较少的几个大基地进行集中生产，就显得简单易行。

3）宏观经济因素

宏观经济因素包括税收、关税、汇率和其他一些经济因素，这些因素是独立于单个企业的外部因素。随着贸易的增长和市场的全球化，宏观经济因素对供应链网络的成败产生了很大影响。因此，这迫使企业在进行网络设计决策时必须考虑这些因素。

关税对供应链网络布局决策有很大影响。如果一个国家关税高，企业要么就放弃这个国家的市场，要么就在该国建设生产厂以规避关税。而关税的下降可以使企业集中布局其生产和配送基地以满足多个国家和地区的市场需求。

税收减让是指国家、州（省）和城市的关税或税收的削减，以鼓励企业布局于某一特定区域。这种减让往往是布局决策的主要因素。例如，中国改革开放后提供了优厚的减税政策，世界上很多制造企业纷纷涌入进来，同时它们也看重这里较低的劳动力成本。

汇率波动对服务世界市场的供应链的利润有显著影响。近年来，人民币升值使在中国生产外销产品的企业面临生产成本的增加和收益减少的风险。20世纪80年代，日元升值时许多日本厂商面临着同样的问题，迫使它们在世界各地建立生产基地。这也正是中国政府在加入世界贸易组织后不断呼吁和鼓励有实力的企业实施走出去战略的原因之一。

公司还必须考虑到经济波动而导致的需求波动。当某个地区经济增速放慢时，如果供应链网络中毫无灵活性，那么这个地区的大量生产基地就会闲置。企业生产基地应具有应付需求波动的灵活性。例如，1997年之前丰田在亚洲的装配线只为当地市场提供产品，而亚洲金融危机促使丰田让自己的生产基地能用来满足别的地区的市场需求。

4）政治因素

政治因素的考虑在布局中起着重要作用。企业倾向于将企业布局在政局稳定的国家，这些国家的经济贸易规则较为完善。拥有独立和明确法制的国家使企业觉得，一旦它们需要就能在法庭获得帮助。这容易使公司在这些国家投资建厂。政治稳定很难量化，所以企业在设计供应链时只能进行主观的评价。

5）社会因素

投资建厂要考虑的社会因素包括居民的生活习惯、文化教育水平、宗教信仰和生活水平。不同国家和地区、不同民族的生活习惯不同。在文化教育水平高的地区设厂，不仅有利于招收受过良好教育和训练的员工，而且文化教育水平高的地区的氛围也有利于吸引更多的优秀人才，这对企业的发展至关重要。建厂地方的生活条件和水平决定了对职工的吸引力。人们的住房、交通工具、饮食、衣着和能耗，反映了人们的生活水平。但生活水平高的地区，企业付给员工的工资也高，从而产品的成本也高。到贫困地区设厂，人工费用低，如果产品的科技含量不高，对劳动力素质要求不高，则是可行的。

6）自然与基础设施因素

自然因素主要是气候条件和水资源状况。气候条件将直接影响职工的健康和工作效率。根据美国制造业协会的资料，气温为 15～22℃，人们的工作效率最高。气温过高或过低都会影响工作效率。气温的高低关系厂房和办公室的建筑设计。通过空调来保持适宜的温度，不仅作用范围有限，而且会耗费能源、增加成本。有的产业对气候条件的要求较高。例如，英国的曼彻斯特是世界著名的纺织业区，温度和湿度合适是一个主要原因。电影制片厂之所以集中在好莱坞，是因为该地终年温和而干燥，适于室外拍片活动。有些企业耗水量巨大，应该靠近水资源丰富的地区，如造纸厂、发电厂、钢铁厂、化纤厂等。水资源短缺，是世界性问题。我国北方缺水，不仅影响了工业生产，而且影响了人民生活。耗水量大的企业给水质造成的污染也大，选址时，要同时考虑当地环保的有关规定，并要安装治理污染的设施，这又会增加投资。有些企业，如啤酒厂，对水质要求高，则不仅要靠近水源，而且需考虑水质要求。

良好的基础设施是在特定区域进行布局的先决条件。糟糕的基础设施使在这一区域进行商务活动的成本增加。全球化的大企业在中国上海、天津和广州附近安家，尽管这些地区的劳动力成本不菲、地价较高，但是这里基础设施较为完善。关键的基础设施因素包括场地的供给、劳动力的供给、靠近运输枢纽、铁路服务、靠近机场和码头、高速公路入口、交通密集和地方性公用事业等。

7）竞争性因素

设计供应链时，公司必须考虑到竞争对手的战略、规模和布局。一项基本的决策便是，企业是临近还是远离竞争对手布局。决定这一决策的因素包括企业如何进行竞争以及诸如原材料和劳动力等外部因素是否迫使其相互靠近等。

企业间的积极外部性促使企业相互靠近布局。例如，零售店与加油站倾向于靠近布局，因为这样做增加了总需求，使双方都受益。又如，在一条商业街上集中布局相互竞争的零售店，客户只需要驾车到一个地方，就可以买到他们所需要的所有东西，那么这条商业街客户到访的人数就会增加，从而增加了所有布局在这里的商店的总需求。

另一个积极外部性的例子是，在一个待发展地区，一个竞争者的出现使基础设施得到发展。例如，在印度，铃木公司是第一家在此设立生产基地的汽车厂商，这家公司费了很大的努力才建立了地方性供应网络。考虑到铃木公司在印度建设的良好供应基础，其竞争对手在印度也建立了装配厂，因为他们发现在印度生产汽车比从国外进口更合算。

在积极外部性不存在时，企业也可以集中布局，以攫取最大可能的市场份额。当企业不能控制价格，而只是在与客户距离的远近上相互竞争时，它们就能通过相互接近的布局获取最大的市场份额。

8）客户响应时间

设计供应链网络时，企业必须考虑到客户要求的响应时间。企业的目标客户若能容忍较长响应时间，则企业就能集中力量扩大每一设施的配送能力。相反，如果企业的客户群认为较短的响应时间很重要，则它就必须布局在离客户较近的地方。这类企业就应当增加供应链中设施的数量，设有许多生产基地，每个基地的配送能力较小，由此来缩短对客户需求的响应时间。例如，便利店离客户较远，客户可能就不会光顾。因此，便利店最好能在区域内分散布局，以便让更多的人靠近。相反，购买较多东西的客户可能会上超市，尽管需要走很长一段路才能找到一家。因此，超市一般比便利店规模要大，而分布上也不那么密集。

9）物流与设施成本

当供应链中的设施数量、设施布局和配送能力配置改变时，就会发生物流和设施成本。进行供应链网络设计时，企业必须考虑库存成本、运输成本和其他成本。

（1）库存成本。当供应链中设施数目增加时，库存及由此引起的库存成本就会增加。为减少库存成本，企业经常会尽量合并设施以减少设施数量。

（2）运输成本。包括进货和送货运输成本。进货运输成本是指向设施运进原材料时发生的成本；送货运输成本是指从设施送出货物时发生的成本。单位送货成本一般比单位进货成本高，因为进货量一般比较大。例如，在进货方面，亚马逊公司收到整车装运的书，但送货时却只向客户寄出一个小包裹，一般只有几本书。增加仓库数量能更接近客户，从而减少送货距离和运输费用。随着自身的发展，亚马逊网上书店已经在其供应链网络中增加了仓库的数量，以便节省运费，缩短响应时间。

（3）设施（建设和运营）成本。企业在设施上消耗的成本可以分为两类：固定成本和可变成本。建设成本和租赁成本当作固定成本，因为短期内它们并不随着通过设施的物流量的改变而改变。与设施运营相关的成本随加工数量的变化而变化，因此看成可变成本。设施成本一般随着设施数量的减少而减少，因为基地的合并能使企业在固定成本和可变成本两方面获取经济规模效益。

案例 3.1　李宁公司打造“敏感”供应链

李宁公司（简称“李宁”）一直以来都是外包型企业，原材料通过合作伙伴生产成产品再由李宁销售出去，基本上没有自己的工厂。2006 年，李宁还打算把自有的加工厂也分拆出去，将自己的主要工作方向完全集中到管理性工作上来，对供应链上的所有资源进行管理和分配。

对李宁来说，对供应链的管理，其实就是对需求的管理。李宁的经营模式很像做期货：产品设计出来后，先开订货会，经销商来下订单。订单来了之后，由李宁发给加工厂，加工厂进行统计、合并、编号和计算成本后，再发给材料供应商和辅料商，然后由物流服务商配合流通工作。“这里面很多交接过程实际上是在浪费时间，”李宁的首席运营官郭建新说，“需求管理得好的公司，有一个基础平台，经销商可以直接登录到平台上自己去拿订单。”

服装鞋类市场流行趋势变化快，生命周期短，很少有一种产品是今年卖了明年还能接着卖的。李宁现在已有 2 万种不同款式和色码的服装、鞋、帽、便装、套服等产品，在国内市场上推出新品的频率非常高。而且现在消费者的要求越来越高，可选择性也越来越多。因此，几经权衡之下，市场敏感型的供应链成为李宁供应链管理的核心。

要打造市场敏感型的供应链，其核心要素在于响应速度，这也一直是李宁所追求的。而李宁现有的响应速度在业内被认为是比较快的，这在李宁的物流体系中有清晰的反映。

李宁在全国有三个生产基地，分别位于北京、上海和广州，而三个配送中心也相应地设在长三角、珠三角和北京周边三个大区。产品生产出来后，李宁的物流部门两小时内就能将产品放入本大区的配送中心，由配送中心进行货物的检配，然后根据经销商的需求，由区域的物流公司进行配送。

在不同的地区，李宁选择不同的合作运输公司和仓储公司来承担局部配送工作。李宁的物流供应商都是中等规模的物流公司，这主要是从受重视程度方面来考虑的。大规模的物流公司操作上欠灵活，而且层层管理，敏捷程度不够，费用也较高，而且李宁期望的受重视程度也不尽如人意。选择中等规模的物流公司，李宁就可以理直气壮地要求货物的首发地位。现在李宁的物流分拨时间是 3 天，速度快在业内相当有名。

配送等几个单一环节的高效率显然不能让李宁满意。库存周转率方面与国际知名品牌的巨大差距让致力于全球市场的李宁心有不甘。耐克、锐步等国际知名品牌的平均库存周转天数为 70～90 天，而李宁 2004 年中期业绩显示的平均存货周转天数为 124 天。这不仅反映了李宁的后台运营能力不足，库存周转率低也意味着占用资金多，降低了资本回报率。

因此，随着与 NBA 签约等国际营销项目运作的开始，李宁在供应链管理上的变革也在进行中。李宁认为，比较理想的状态，是将物流外包给一家强有力的物流公司，由原材料厂商跟物流公司直接配合，而李宁只是作为需求的管理者负责发放资源，将采购、生产、加工、销售、物流等各个环节统一调配管理起来。但是由于目前还没有合适的物流公司能够承担全国配送的业务，李宁现在所做的是逐步收集现有物流体系的数据，以作为将来供应链管理的依据。

在现有的系统基础上，李宁正在寻求一种新的供应链管理系统的思路，实现包括原材料供应商、加工厂、辅料工厂以及物流服务商在同一个网络平台上交流信息的构想。需求管理带有预测的性质，不可能做到 100%准确，因此对需求变化的管理就非常重要。这一平台搭建起来后，李宁就可以更加有效地管理需求及其变化，并通过整合资源提高供应链对市场的响应速度。

（资料来源：王琰. 看李宁如何打造“敏感”供应链. http: //www.efu.com.cn/data/2006/ 2006-01-23/ 135685_2.shtml[2006-01-23].）

3.2　供应链的协调与激励

3.2.1　供应链运作的协调管理

1. 供应链协调问题的几种表现形式

1）供应链中的“牛鞭效应”

“牛鞭效应（bullwhip effect）”即“需求变异放大”现象，是对需求信息在供应链中传递时被扭曲了的现象的一种形象描述。其基本含义是：当供应链的各节点企业只根据来自其相邻的下级企业的需求信息进行生产或供应决策时，需求信息的不真实性会沿着供应链逆流而上，使订货量产生了逐级放大的现象，到达源头供应商时，其获得的需求信息与实际消费市场中客户的需求信息发生了很大的偏差，需求变异将实际需求量放大了。由于这种需求放大效应的影响，上游供应商往往维持比下游供应商更高的库存水平。这种现象反映了供应链上需求的不同步，它说明供应链库存管理中的一个普遍现象："看到的是非实际的"。

"牛鞭效应"在供应链中普遍存在。例如，宝洁在一次考察本公司最畅销的产品一次性纸尿裤的订货规律时，发现零售商销售的波动性并不大，但当他们考察分销中心向宝洁的订货时，吃惊地发现波动性明显增大了。当他们进一步考察宝洁向其供应商（如 3M 公司）的订货时，发现其订货的变化更大。其他公司如惠普在考察其打印机的销售状况时也发现这一现象。

2）曲棍球棒现象

在供需过程中存在一种现象，在某一个固定的周期（月、季或年）内，前期销量很低，到期末销量却有一个突发性的增长，而且在连续的周期中，这种现象会周而复始，其需求曲线的形状类似于曲棍球棒，所以形象地称为"曲棍球棒（hockey-stick）现象"。在许多公司里，这种现象非常明显，其管理者甚至认为这是他们的供应链所面临的最大问题。这种现象对公司的生产和物流运作都非常不利，在期初生产和物流能力被闲置，但是在期末又会形成能力的紧张甚至短缺。

在快速消费品行业，"曲棍球棒现象"非常普遍和明显。在这个行业，销售人员一般负责某个指定区域的销售工作，区域内有几个到十几个经销商。公司为了促使经销商长期更多地购买，普遍采用一种称为总量折扣（volume discounts）的价格政策，这种促销政策是造成"曲棍球棒现象"的根源。在营销战略中，价格折扣往往被公司用来作为提高分销渠道利润和抢占市场份额的利器，在较长的时期，公司主要采用基于补货或订单批量的折扣方式（quantity discounts）。但是在最近十几年，基于买方在某一固定周期（月、季、年）的累计购买量的折扣方式，亦即总量折扣开始流行。在快速消费品行业，为了激励经销商长期更多地购买，公司主要采用总量折扣的价格政策。

"曲棍球棒现象"的存在给公司的生产和物流运作带来很多负面的影响。在这种情况下，公司在每个考核周期的期初几乎收不到经销商的订单，而在临近期末的时候订货量又大幅增加。运用面向库存的制造生产模式的公司为了平衡生产能力，必须按每期的最大库存量而非平均库存量建设或租用仓库，从而使公司的库存费用比需求均衡时高很多。而且，这种现象使公司大量的订单处理、物流作业人员和相关设施、车辆在期初闲置，而在期末工作又太多，大家拼命加班也处理不完，厂内搬运和运输的车辆不停运转，但有时还是短缺，又不得不从外部寻求支援。这种情况不仅使公司增加更多的加班和物流费用，而且使工作人员的差错率增加，送货延误的情况也时有发生，公司的服务水平显著降低。对于运用面向订单的制造和准时制生产模式的公司，"曲棍球棒现象"的危害更大，其生产能力在期初由于没有订单而闲置，而在期末，又由于生产能力的限制而出现需求短缺，甚至会影响部分经销商对某些产品的正常需求，从而导致部分终端客户的流失。

此外，基于总量折扣的价格政策并不能够增加终端客户的实际需求。经销商增加的订货量大部分被积压在渠道中，延长了终端客户购买产品的货龄，从而使消费者的福利受损，并增加了供应链的总成本及供应链成员的经营风险。而且，如果经销商的库存太多，或者产品临近失效期，通常采取两种措施：一种是折价销售，这种方式会对市场造成冲击；另一种是迫使公司退货或换货，从而形成逆向物流，增加公司与经销商处置产品的费用。从长远来看，这两种结果对公司和经销商的正常经营和利润都不利。

3）双重边际效应

"双重边际效应（double marginalization）"是供应链上下游企业为了谋求各自收益最大化，在独立决策的过程中确定的产品价格高于其生产边际成本的现象。如果下游企业的定价过高，必然会造成市场需求的萎缩，导致供应链总体收益下降。"双重边际效应"早在 1950 年就有学者发现了。1950 年，Spengler 发表了一份研究报告，指出零售商在制定库存订货决策时并不考虑供应商的边际利润，因此导致批量很小而达不到优化的水平。

企业个体利益最大化的目标与整体利益最大化的目标不一致，是造成"双重边际效应"的根本原因。为了减弱这种效应，就要努力实现供应链的协调性，尽可能消除不协调因素的影响。

另外，自 20 世纪 90 年代以来，信息技术的广泛运用，客户对产品和服务的需求更加多样化，以及服务竞争和基于时间的快速响应竞争日益加剧，导致企业之间的依存度不断增加。企业单打独斗的局面发生了巨大转变，由众多企业组成的供应链已经成为竞争的主体。

实现供应链的协调是供应链成功的关键。然而，供应链的协调并不是以牺牲某一个体的利益去提高其他个体或系统的利益，而是以实现双赢甚至多赢为目标，即至少要使改变后的个体或者系统的利益不低于以前的利益，也就是所谓的帕累托改善。

作为一种能够实现供应链协调的有效机制，供应契约（supply contract）得到了广泛的研究和应用。Pasternack 最早提出了契约的概念，他使用单周期报童模型研究了回购契约，指出当供应商允许零售商以部分退款返回所有过剩产品时，可以在一定程度上实现渠道的协调。

随着对契约关注程度的日益增加，越来越多的学者以 Pasternack 的研究为基础，希望在供应链上下游之间通过协商达成最佳（或满意）的契约参数，设计合理的供应契约形式，实现供应链的协调，从而有效地解决"双重边际效应"和"牛鞭效应"等现象，在最大化供应链的整体利润的同时，优化供应链绩效。

4）物料齐套比率差的现象

在加工-装配式行业中，制造商的上游供应商很多且分布很散，外购件的"齐全配套率"的高低对于制造商是一件非常重要的事情。

为了能够保证对制造商的准时化供应，有的原材料或零部件供应商采用"就近设厂"的模式，而有的采取其他多种不同的库存运作方式，如租用第三方的仓储设施自己管理的方式，或完全外包给第三方物流的方式等。从供应链整体角度来看，这种分散运作的模式不仅投资巨大，而且后期运营管理成本非常高，不利于供应链整体绩效的提高和竞争力的提升。特别是，这种运作模式的形成往往是基于下游制造商或装配厂商的要求，各供应商处于被动的位置，容易导致供需之间的紧张矛盾关系。尤其是对于生产和提供核心零部件但规模又不大的供应商，在下游制造商或装配厂商要求就近设厂的情况下，更是会处于两难的困境。

此外，在实际工作中经常出现供应商各自为政而导致严重缺料的现象。由于供应商之间缺乏共享某些关键信息，容易出现一个供应商的零件到达了制造商处，而另一个供应商的零件由于某种原因延误了，这时会给制造商的装配工作造成不良影响，甚至会延迟订单交付。这就是人们说的物料齐套比率差的问题。物料齐套比率差也是一种不协调现象。

2. 改善供应链协调问题的方法

1）缓解“牛鞭效应”的方法

（1）提高供应链企业对需求信息的共享性。需求扭曲来源于多级供应链需求信息的传递失真，每一个节点企业的预测需求“偏差”均成为上游节点企业订货决策的放大因子，并具有积累效应。消除需求信息扭曲的方法是供应链上的每一个节点企业必须在自身的需求中排除下游节点企业订货决策对上游企业的影响，这就要求供应链上的每个节点企业只能根据最终产品市场的实际需求进行自身的需求预测，且消费者市场的实际需求信息必须被供应链的每一个环节所共享。

（2）科学确定定价策略。解决由价格下降导致的“牛鞭效应”，要求供应商采取每天低价策略和分期供货契约策略，前者通过价格的持续性，后者通过供货的阶段性来共同抑制市场价格的波动，减少“牛鞭效应”对上游企业的影响。

（3）提高运营管理水平，缩短提前期。企业在传统运作方式下通过确定经济订货量来降低成本，而与库存相关的成本被认为是不能减少的。要缓解因批量订购而出现的“牛鞭效应”的影响，降低订货成本与运输成本是关键。这就对供应链管理提出了新的要求，一是要求需求方通过增加订货次数，以最低的订货成本快速地将需求传递给供应商，通常可以通过电子数据交换、电子订货系统或订货看板等技术来实现，但应用这些技术的前提条件是组成供应链系统的企业具有基于网络信息伙伴关系，且供应链是稳定的战略联盟；二是要求小批量的物流传递可以通过低成本来完成，实现的方法只能是通过第三方物流的配送优化系统。而在引入第三方物流企业后，存储成本可以减少甚至消除。第三方物流企业通过供应链及时、准确、高效的配送体制，使供应链节点企业得以实现最低库存，甚至零库存，从而大大降低成本。

（4）提高供应能力的透明度。现代供应链企业应通过共享生产能力与库存信息、风险共担、利益共享的策略来应对供应短缺所导致的“牛鞭效应”。实际上这种策略最终导致联合库存管理的出现。联合库存管理强调多方同时参与，共同制订库存控制计划，使供需双方能相互协调，使库存管理成为供需双方连接的桥梁和纽带，从而降低“牛鞭效应”。

2）缓解“曲棍球棒现象”的方法

为了消除价格折扣导致的“牛鞭效应”，Hau L. Lee 等建议的最好办法就是天天低价。

然而，由于商业模式的惯性和市场不成熟，目前在快速消费品行业，基于总量的价格折扣方式仍然盛行，很少有公司运用天天低价的政策。在快速消费品行业，公司通常会经营不同品牌和不同包装规格的多种产品。

为了消除“曲棍球棒现象”，平衡物流，可以采用总量折扣和定期对部分产品降价相结合的方式。假定公司向经销商提供两种规格的产品，当经销商的两种产品月累计进货量达到一定的数量以后，公司可根据该数量向经销商提供一定的返利，即数量折扣的价格折扣政策。在具体运用该项政策时，公司可以适当降低返利率，然后在考核周期的初期降低其中一种产品的转让价格，在期中再将其价格调高。在这种政策下，经销商为了投机，会在初期多订降价产品，而在期末为了拿到返利而增加另一种产品的进货，期中则进行正常补货，其订货量将变得相对均衡，从而缓和公司出库中的周期性“曲棍球棒现象”，使其销售物流更为平稳，以减轻公司库存和物流能力的压力，提高物流运作的效率和效益。这种方式还能够使经销商在不同时期的订货比较单一，可以减少双方订单处理的工作量，并增加公司单项产品的生产批量，从而提高企业的规模效益，减少转产的频次。

除以上方法外，公司可以对不同的经销商采用不同的统计和考核周期，从而让经销商的这种进货行为产生对冲，以缓和公司出货中的“曲棍球棒现象”。公司通过延长考核周期可以减少“曲棍球棒现象”出现的频率，而通过缩短考核周期可以减小出库波动的幅度。此外，通过与经销商共享需求信息和改进预测方法，公司能够更准确地了解经销商的外部实际需求，从而在设计折扣方案时，尽可能让折扣点与经销商的外部需求一致或略高，也能够缓和“曲棍球棒现象”。当然，最好的方法是公司能够根据每期经销商的实际销量提供折扣方案，但由于信息不对称，公司很难了解经销商的实际销售情况，或需要付出很大的人力和物力去调查和统计数据，可能会得不偿失。

3）缓解“双重边际效应”的方法

解决“双重边际效应”需要供应链企业间的合作和信息共享。然而，由于在供应链成员间缺乏组织机构进行有效的监督，传统的控制机制无法在供应链管理中发挥作用，不能通过行政手段解决“双重边际效应”问题。在这种情况下，只能通过在供应链企业间建立激励机制（即供应链协调契约），并通过机制来保证成员企业间形成更紧密的战略伙伴式的联盟，使合作伙伴共同分担风险，共同分享收益，各企业利益与供应链的整体目标协调一致，从而提高供应链的整体效益。具体方法将在 3.2.2 节中详细介绍。

4）缓解物料齐套比率差的供应链协调运作模式

随着越来越多的国际型大企业在供应链管理实践过程中围绕供应协调问题不断探索，也正是由于分布式的供应商供应模式存在投资巨大、运营管理成本高以及容易导致供需关系紧张等问题，管理人员开始考虑将分布式供应商供应模式的仓库进行资源整合和优化组织管理，将原先的分散运作管理整合为集中管理，不仅有助于降低供应链整体的投资成本，而且能大大降低供应链的整体管理成本。实践中也逐渐出现了许多专注于物流集配服务的第三方物流集配商，或称集配中心（supply-hub），如伯灵顿公司就专注于 IT 行业，负责苹果、戴尔和 IBM 在东南亚的物流集配服务。国内的上海大众、武汉神龙等企业也在采用集配中心的运作方式以有效地支持其多品种、小批量混流生产的零部件准时制直送生产工位，如图 3.3 所示。

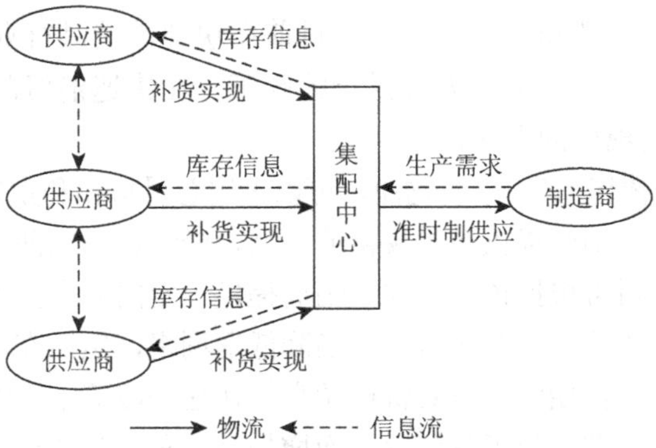

图 3.3 基于集配中心的供应链协调运作模式

集配中心模式作为供应链物流协调运作的新方式，也是供应驱动管理方式的典型运作模式，在物流协调运作中，通过整合库存、多方协调、匹配供应、直送工位等驱动力促进供应链上游资源整合与物流协调，从而更好地满足了制造商对齐套率的要求。

3.2.2 常见的供应链协调契约

前面提出了缓解“牛鞭效应”、“曲棍球棒现象”和齐套率低的问题。这些解决供应链不协调的主要措施对提高供应链运作的协调性具有重要的意义。但是，供应链管理的实践与理论研究证明，即使减少了“牛鞭效应”或者“曲棍球棒现象”对供应链的不利影响，也并不能保证供应链整体绩效实现最佳。在大多数情况下，供应链成员总是首先关心如何优化企业自身的绩效，再去考虑供应链的整体绩效，这种自我优化意识导致了供应链的低效率与不协调，即供应链“双重边际效应”。因此，如何消除“双重边际效应”的影响，就成了在解决了“牛鞭效应”和“曲棍球棒现象”基础上的又一重要任务。

考查一个简单的供应链系统。该供应链系统由一个制造商和一个零售商组成。制造商生产的产品批发给零售商，如果零售商订货过多，没有卖出去的产品只能按残值价格处理掉。从上述制造商与零售商之间的交易方式不难看出，当制造商以一定批发价将产品交付零售商后，制造商的收益就保证了，因为一旦产品出厂以后，所有权就属于零售商了，至于是否能够销售出去，制造商是不会关心的。由于这种批发价交易机制只能保证供应链上游企业的利益，风险都集中到了零售环节，所以，零售商为了保证自己的利益，在他向制造商订货时，就会按照最有利于自己的订货策略发出订单。站在制造商的角度，他一定希望零售商尽可能多地订货，但是在传统合作机制下，零售商没有任何动力会自己冒着承担整个供应链的风险增加订货量。制造商应该如何说服零售商尽可能多地增加订货量呢？这就需要有对零售商进行激励的机制，即供应链协调运作的激励问题。

供应契约又称为供应合同，是供应链激励机制中最为有效的措施之一。供应契约是指通过合理设计契约，减少合作双方的机会主义行为，促进企业之间的紧密合作，确保有效完成双方的订单交付，保证产品质量，提高用户满意度，降低供应链成本，提高整条供应链的绩效及每一个成员企业的绩效。设置了相应的契约参数之后，供应契约通过调整供应链成员之间的关系来协调供应链，使分散控制的供应链整体利润与集中系统下的利润尽量相等。即使达不到最好的协调，也要尽可能使每一方的利润至少不比原来差。

一般而言，判断一种契约是否有效，除了考虑它是否拥有良好的协调条款和利润分配条款，能否提高供应链的利润之外，还需要分析该契约是否易于管理和操作。如果契约的设计非常复杂，其执行的复杂性造成了管理费用的增加，甚至超过了利益的增加值，执行成本相当高，那么即使这种契约能够实现利益的最大化，这种契约也并不适用。与之相比，管理者宁愿选择一种简单的契约，尽管简单的契约并不能使供应链达到最优，但是只要供应链的运作水平比较高，这种简单的契约也是值得采用的。

按照供应链中节点企业的合作程度，可以将供应契约分为单方决策型和联合决策型供应契约。在单方决策型供应契约中，买卖双方之一处于主导地位，某一方在决策时可以不考虑或者较少考虑另一方的利益，双方之间还没有完全摆脱对立关系。在市场需求确定的情况下，没有完全实现信息共享时，买方的库存、促销策略等是形成卖方风险的主要原因；在市场需求不确定的情况下，除上述原因外，卖方的风险还来自于变化莫测的市场。单方决策型供应契约的问题在不同需求模式下采用的研究方法有本质的差别。在联合决策型供应契约中，某一方在决策时需考虑另一方的利益，而双方抛开对立关系，强调提高供应链合作伙伴关系的整体运作绩效。在市场需求确定的情况下，联合决策可以减少买方的库存；在市场需求不确定的情况下，联合决策可以对来自市场需求的变化形成快速响应，减少供应链的风险损失。

按照需求的特点，可以将供应契约分为需求确定型和需求不确定型供应契约。需求确定型供应契约指的是在市场需求比较稳定的情况下制订的契约。在该环境下，制订供应契约时主要采取数量折扣、合理定价、货物分配、减小提前期等协调手段。通常将买卖双方就新增利润的分配方式达成共识时的协调手段，称为有效的协调手段。需求不确定型供应契约则是指当市场需求波动幅度较大时制订的契约。由于市场需求不稳定，这种形式的契约发生变化的频率比较快，契约的协商容易受到市场变化的影响。通常可以使用随机函数来描述不确定性需求，从而来研究“平均”意义下供应链的总体特性。当然，描述不确定性时往往会选择正态分布、伯努利分布或泊松分布等相对容易处理的分布形式。随着市场需求的变化，供应链中的节点企业会重新进行协商，对契约参数做出相应调整，以降低需求变化带来的风险。

较为常见的供应契约包括以下几类。

（1）批发价格契约（wholesale price contract）。批发价格契约是最常见的供应链契约之一。通常所说的批发价格契约也称为纯价格契约（price-only contract）。在该契约下的供应链运作机理是：供应链和销售商相互签订批发价格契约，销售商根据市场需求和批发价格做出订货决策，供应商根据销售商订货量组织生产。单纯的批发价格契约一般不能实现供应链协调，因此许多学者会将批发价格契约同其他契约结合使用，实现供应链协调。尽管如此，批发价格契约仍有其可取之处，例如，当协调契约额外增加的管理负担超过供应商潜在利润增加时，由于其容易管理和契约成本低，供应商将更偏好于批发价格契约。

（2）收入共享契约（revenue-sharing contract）。在这种契约中，供应商拥有货物的所有权，决定批发价格，而收入共享的比例则由零售商决定。对于每一件卖出的产品，零售商根据事先确定的收入共享百分比，从销售收入中扣除自身应当享有的份额，然后将剩余部分交给供应商。

（3）数量折扣契约（quantity discount contract）。按契约规定，在一定时期内，供应商根据零售商承诺购买的数量，按照一定的比例对价格进行调整。数量折扣契约在实际交易中非常普遍，通常使用的方式有两种：全部单位数量折扣和边际单位数量折扣。使用前者时，供应商按照零售商的购买数量，对所有产品都给予一定的价格折扣；而后者只对超过规定数量的部分给予价格折扣。研究发现，数量折扣适用于风险中性和风险喜好型的零售商。

（4）数量柔性契约（quantity flexibility contract）。交易双方拟订契约，规定了每一期内零售商订货量的波动比率。使用这种契约时，零售商承诺一个最小的购买数量，然后可以根据市场实际情况，在最低和最高订货范围内选择实际的订货量。按照契约规定，供应商有义务提供低于最高采购上限的产品数量。这种方式能够有效地遏制零售商故意高估市场需求，而导致供应链库存增多的不利现象。

（5）回购契约（buy back contract）。契约规定，在销售季末，零售商可以按一定的价格把未售出的产品全部退还给供应商。回购是一种在不确定需求系统协调中常见的契约方式，既能分担风险，又能起到激励订购的作用。回购的最大特点在于它能够较灵活地消除随机需求下系统的“双重边际效应”。通过缔结回购契约，供应商与零售商共同分担市场风险，而刺激零售商订货的措施则能够提高其期望利润。回购契约往往应用于生产周期较长而销售季节较短的商品交易中，它在时令商品市场（如服装、书籍等）中得到了广泛使用。

3.2.3 供应链的激励策略

1. *商誉激励*

商誉是一个企业的无形资产，对于企业极其重要。商誉来自于供应链内其他企业的评价和在公众中的声誉，反映企业的社会地位（包括经济地位、政治地位和文化地位）。委托-代理理论认为：在激烈的竞争市场上，代理人的代理量（决定其收入）取决于其过去的代理质量与合作水平。从长期来看，代理人必须对自己的行为负完全的责任。因此，即使没有显性激励合同，代理人也有积极性去努力工作，因为这样做可以改进自己在代理人市场上的声誉，从而提高未来收入。

从我国目前的情况看，一个不可否认的事实是：外资企业和合资企业更看重自己的声誉，也拥有比较高的商业信誉。他们为自己的声誉，也为自己的未来利益，努力提高自身代理水平与合作水平。这是经过市场经济的长期洗礼而形成的无形资产，是他们在激烈的市场竞争中颇具实力的一个重要原因。我国有些较差的国有企业在计划经济条件下成长，长期以来习惯于听命上级领导的指示，对纵向关系十分重视，而对横向关系则没有提高到一个战略的高度来认识。久而久之，企业没有养成良好的合作精神。除了履行合同的意识较差外（如不能按时交货、不按合同付款等），企业之间相互拖欠货款已经不是个别现象了，甚至发展成按时付款反而被看成不正常的奇怪现象。这些行为严重影响了这些企业的声誉。因为声誉差，一方面使企业难以获得订单；另一方面也埋下了风险的种子。

为了改变这种状况，应该从企业长远发展的战略目标出发，提高企业对商业信誉重要性的认识，不断提高信守合同、依法经营的市场经济意识。整个社会也要逐渐形成一个激励企业提高信誉的环境，一方面通过加强法制建设为市场经济保驾护航，严惩那些不遵守合同的行为，另一方面则要大力宣传那些遵纪守法、信守合同、注重信誉的企业，为这些企业获得更广泛的认同创造良好的氛围。通过这些措施，既可打击那些不遵守市场经济游戏规则的企业，又可帮助那些做得好的企业赢得更多的客户，起到一种激励作用。

2. 淘汰激励

淘汰激励是负激励的一种。优胜劣汰是世间事物生存的自然法则，供应链管理也不例外。为了使供应链的整体竞争力保持在一个较高的水平，供应链必须建立对成员企业的淘汰机制，同时供应链自身也面临淘汰。淘汰弱者是市场规律之一，保持淘汰对企业和供应链都是一种激励。对优秀企业或供应链来讲，淘汰弱者使其获得更优秀的业绩；对于业绩较差者，为避免淘汰的危险它更需要不断改进。

淘汰激励是在供应链系统内形成的一种危机激励机制，让所有合作企业都有一种危机感。这样一来，企业为了能在供应链管理体系获得群体优势的同时自己也获得发展，就必须承担一定的责任和义务，对自己承担的供货任务，从成本、质量、交货期等负有全方位的责任。这一点对防止短期行为和“一锤子买卖”给供应链群体带来的风险也起到一定的作用。

3. 信息激励

在信息时代中，信息对企业意味着生存。企业获得更多的信息意味着企业拥有更多的机会、更多的资源，从而获得激励。信息对供应链的激励实质属于一种间接的激励模式，但是它的激励作用不可低估。在前面的讨论中，曾多次提到在供应链企业群体中利用信息技术建立起信息共享机制，其主要目的之一就是为企业获得信息提供便利。如果能够很快捷地获得合作企业的需求信息，本企业能够主动采取措施提供优质服务，必然使合作方的满意度大为提高。这对在合作方建立起信任有着非常重要的作用。因此，企业在新的信息不断产生的条件下，始终保持着对了解信息的欲望，也更加关注合作双方的运行状况，不断探求解决新问题的方法，这样就达到了对供应链企业激励的目的。

信息激励机制的提出，也在某种程度上克服了由于信息不对称而使供应链中的企业相互猜忌的弊端，消除了由此带来的风险。

4. 新产品/新技术的共同开发

在传统的管理模式下，制造商独立进行产品的研究与开发，只将零部件的最后设计结果交由供应商制造。供应商没有机会参与产品的研究与开发过程，只是被动地接受来自制造商的信息。这种合作方式最理想的结果也就是供应商按期、按量、按质交货，不可能使供应商积极主动关心供应链管理。因此，供应链管理实施好的企业，都将供应商、经销商甚至客户结合到产品的研究开发工作中来，按照团队的工作方式展开全面合作。在这种环境下，合作企业也成为整个产品开发中的一份子，其成败不仅影响制造商，而且影响供应商及经销商。因此，每个人都会关心产品的开发工作，这就形成了一种激励机制，构成对供应链上企业的激励作用。

5. 组织激励

在一个较好的供应链环境下，企业之间的合作愉快，供应链的运作也通畅，少有争执。也就是说，一个良好组织的供应链对供应链及供应链内的企业都是一种激励。

减少供应商的数量，并与主要的供应商和经销商保持长期稳定的合作关系是制造商采取的组织激励的主要措施。但有些企业对待供应商与经销商的态度忽冷忽热，供过于求时和供不应求时对经销商的态度两个样：产品供不应求时对经销商态度傲慢，供过于求时往往企图将损失转嫁给经销商，因此得不到供应商和经销商的信任与合作。产生这种现象的根本原因，还是由于企业管理者的头脑中没有建立与供应商、经销商长期的战略合作的意识，管理者追求短期业绩的心理较重。如果不能从组织上保证供应链管理系统的运行环境，供应链的绩效也会受到影响。

6. 团队信任激励

现代企业的竞争越来越倾向于基于集成化供应链的整体性竞争，于是集成化供应链间也需形成一种基于长期合作的团队式的信任关系。也就是说，为了能在激烈的竞争中取胜，可以建立团队式信任激励模式，提高集成化供应链的整体效益。

案例 3.2　美国联信公司的供应链协调与激励

美国联信公司（Allied Signal，1999 年与 Honeywell 合并为 Honeywell International）（简称“联信”）是美国一家生产空间电子设备和修理汽车零件的公司，年均产值 118 亿美元。联信在价格斗争上采取了双管齐下的战术：一方面，和新的供货者建立联系时，联信要求一次性地大幅度降价，同时还要他们承担每年下降零件成本 6%的义务；另一方面还要增加送货次数，以降低联信的库存量。当然协议不是单边的，联信在协议中也同意逐年增加订货量，以帮助生产者。1993 年联信如约将它的订货量提高了一倍，条件是降价 10%。这一条件使其供货者几乎丧失了全部利润。然而一段时间以后，更大量的订货到达，如同一剂营养药刺激了它的生产。

长期合同与协调还有助于稳定因原材料涨价而引起的动荡。1993 年，联信与 Baja Orient（一家为联信货车厂制造铝铸件的公司）签定了长期合同。联信也要求每年降价 6%。然而 1994 年遇到了一个意想不到的问题：占每件铸件成本五分之一的铝价上升了 50%还要多。为了帮助 Baja Orient 克服铝价上涨，联信决定扩大订货量，由 1991 年的 50 万美元增加到 1994 年的 600 万美元，使 Baja Orient 在 1994 年完成了下降价格 6%的指标。以后联信又决定再向 Baja Orient 增加压缩机外壳铸件的订货。供货者尽管付出了代价，但是最终还是得到了回报，供需双方建立了良好的合作关系。

联信一年要消费消耗品 8 亿美元，以前是由各工厂自行分散购买。以阀门、管子和接头为例，联信每年的需求总量为 1000 万美元。1993 年联信所属的 150 个厂家曾向不少于 400 家的供货者订货，合同额小且基本上是短期的。1994 年联信将所有这些业务集中安排在一个公司的合同中。这样，无止境的日常订货手续不见了，工厂通过电子订货，能在 48 小时内收到订货。供货者每月给每个工厂送去账单。长期、大额的合同极大地激励了供应商，降低了采购成本，提高了供应响应能力。联信将需要购买的主要消耗品集中起来，每年向各供应商协商，然后选择一家价格最低的供货商，集中向其订货。如此安排，联信每月削减了消耗品费用 5000 万美元，而管理费用也削减了一百多万美元。

（资料来源：黄培清，揭晖，许定. 购买中的潜力. 工业工程与管理，1998，3（1）：27-29.）

3.3　供应链优化与重构

供应链发展过程是一个持续优化的过程。供应链优化是企业发展的必然要求。为了获得竞争优势，企业一方面要加强内部职能部门的协调与管理，实现企业内部的一体化；另一方面由于经营范围相对集中于核心业务，企业经营发展所需要的许多资源，本企业并不具备，这样企业又必须不断地加强与其他企业的沟通与合作，将其他企业所拥有并能为本企业所用的资源整合起来，实现企业的价值目标。这就决定了企业必须根据环境的变化不断地对供应链以及各成员企业的关系进行优化。

3.3.1　供应链优化方法

供应链优化是一项系统的工作，涉及供应链优化的目标、策略、模式、方法等内容。鉴于篇幅有限，以及从实用性角度出发，这里只介绍供应链优化的方法。常用的供应链优化方法主要有两种：基于标杆管理的供应链优化方法和基于约束理论的供应链优化方法。

1. 基于标杆管理的供应链优化方法

1）标杆管理的概念

标杆管理（benchmarking management）是指组织为了降低运营成本、缩短流通时间、增加产品稳定性、降低库存或提升客户满意度，确认与鉴别那些出类拔萃的、可以为组织所直接采用或经过必要的改造，能为组织所采用的产品、服务、流程以及经营管理实践的系统化的思维方法。标杆管理是美国施乐公司的核心激励方法之一。美国施乐公司首席执行官 David T. Kearns 认为，标杆管理就是“持续不断地将自己的产品、服务以及管理实践活动进行对比分析的过程。”标杆管理实质上是指“一种为促进组织真正绩效的改进和提高而寻找、分析并研究优秀的产品、服务、设计、机械设备、流程以及管理实践的系统方法和过程。”它将那些出类拔萃的企业作为企业目标和测定基准，以它们为学习的对象，迎头赶上，并进而超过之。一般地说，标杆管理除要求测量相对于最好公司的企业的绩效外，还要发现这些优秀公司是如何取得这些成就的，利用这些信息作为制定企业绩效目标、战略和行动计划的基准。值得指出的是，这里的优秀公司也并非局限于同行业中的佼佼者，也可以是在各种业务流程活动中已取得出色成绩的企业。

通过实施标杆管理，可以取得显著的效益。根据美国施乐公司、IBM、联邦快递以及福特汽车公司等的实践结论，与一个年度获得 10%～20%的改善结果相比，实施标杆管理之后在短短的 8 个月中将提高 20 倍；一般的标杆管理流程将使成本、流通与周转时间以及次品率下降 20%～60%。

2）基于标杆管理的供应链优化方法的运用

基于标杆管理的供应链优化方法是一种向标杆企业学习，对本企业的供应链流程、功能进行与时俱进的持续改善方法。一般情况下，基于标杆管理的供应链优化方法可以按照以下步骤进行运用。

（1）确定标杆管理的主题。这个主题可以是企业最关心的问题或最关键的竞争力决定因素，如企业的供应链体系和流程管理模式、成本、可靠性、提前期、响应能力等。一般来说，标杆管理主题是在对自身状况进行比较深入、细致研究的基础上确定的，所选择的主题一定是供应链优化的关键，进行标杆管理需要能够带动或促进竞争力和工作效率的提高。

（2）确定标杆管理的对象和内容。这个对象应当是供应链流程中影响绩效的关键环节，而标杆管理的内容应当是在标杆管理主题范围内决定标杆管理对象主要绩效的管理实践或关键要素，通常还要确定选择哪一家企业作为标杆，确定企业的绩效表现水平，需要什么样的数据和信息来源等。

（3）组成工作小组，确定工作计划。工作小组成员由供应链管理部门各相关层次的管理人员和操作者组成，也可能包括其他相关业务部门的人员，如财务部门人员、营销部门人员等。

（4）资料收集和调查。首先收集相关主体、对象、内容方面已有的研究报告、调查报告或相关资料，在研究这些已有资料的基础上，拟定实地调查提纲和调查问卷。

（5）分析比较，找出差距，确定最佳做法。在对调查所取得的资料进行分类、整理并进行必要的进一步补充调查的基础上，进行调查对象之间的比较研究，确定各个调查对象之间存在的差异，明确差距形成的原因和过程，并确定最佳做法。

（6）明确改进方向，制订实施方案。在明确最佳做法的基础上，找出弥补企业现实状况和最佳实践之间差距的具体途径或改进机会，设计具体的实施方案，并进行实施方案的经济效益分析。实施方案要明确实施重点和难点，预测可能出现的困难和偏差，确定对实施情况的检查和考核标准。

（7）沟通与完善方案。利用多种途径，将拟订的方案、所要达到的目标前景同全体成员反复交流与沟通，征询意见，争取全体成员的理解和支持，并根据成员建议，修正和完善方案，以统一成员思想，促使全体成员在方案实施过程中目标一致、行动一致。

（8）实施与监督。将方案付诸实施，并将实施情况不断地与最佳做法进行比较，监督偏差的出现，并采取有效的校正措施，以努力达到计划的目标水平，努力赶超标杆对象。

（9）总结经验。在完成了每次标杆管理活动之后，必须对实施效果进行合理的评判，及时总结经验，对新情况、新发现进行进一步的分析。

（10）再标杆。针对环境的新变化或新的管理需求，持续进行标杆管理活动，确保对最佳实践的跟踪。

企业实施基于标杆管理的供应链优化方法的过程，也是一个不断进行创新的过程。每个企业所处的环境、拥有的内部资源都是不相同的，不可能完全靠机械地模仿竞争对手或者行业领先者取得成功。企业实施基于标杆管理的供应链优化的过程也是对自身优势和劣势进行重新认识的过程，在认识自身的基础上调整、改进并形成有特色的企业经营理念和供应链管理方法。在实施基于标杆管理的供应链优化方法的过程中，要调动职工的积极性和创造性，改进与供应链合作伙伴的协作关系，进而完善供应链的运作。

2. 基于约束理论的供应链优化方法

1）约束理论的概念

根据物理学的原理，我们可以知道，一条链子的强度等于这条链子最薄弱环节的强度。这意味着最弱的环节往往也是最强的，因为它蕴涵着使整个链条脱节的巨大能量。所以，应该全面考虑整个供应链的竞争优势。生产管理中的约束理论（theory of constraints，TOC）对供应链管理有很好的借鉴价值。

约束理论是由以色列物理学家高德拉特（Eliyahu M. Goldratt）博士提出的。美国生产与库存控制协会又称其为约束管理（constraint management），该理论可以用于生产、分销、供应链和项目管理等领域，而且取得了很好的效果。

约束理论指出，任何一个多阶段的生产系统，如果任一个阶段的产出取决于前一个或几个阶段的产出，那么产出能力最低的那个阶段决定整个系统的产出能力。在企业的经营过程中，任何一个阻碍企业有效扩大产出能力、降低库存和运行成本的环节，就是一个“约束”（通常也称为“瓶颈”）。任何系统至少存在着一个约束，否则它就会获得无限的产出能力。因此，要提高一个系统的产出能力，必须打破系统的约束。

2）约束理论的管理原则

约束理论的基本思想具体体现在它的管理原则上，已经成为实施约束理论的基石。约束理论的管理原则包括以下几方面。

（1）强调物流平衡。约束理论主张在企业内部平衡物流，认为平衡生产能力实际是做不到的。因为波动是绝对的；市场每时每刻都在变化，生产能力总是相对稳定的，一味追求无法做到的事情将导致企业无法生存。所以，必须接受市场波动及其引起的相关事件这个现实，并在这种前提下追求物流平衡。所谓物流平衡就是使各个工序都与瓶颈设备同步，以求生产周期最短、在制品最少。

（2）“瓶颈”环节决定其他环节。系统的约束就是瓶颈。因为系统的产出是由所能经过瓶颈的量决定的，即瓶颈限制了产销量。而非瓶颈资源的充分利用不仅不能提高产销量，而且会使库存和运行成本增加。供应链上“瓶颈”环节作为生产能力的瓶颈，决定了供应链的产出能力，如果不考虑瓶颈，盲目加大其他环节的产出能力，结果一定是在供应链的环节间制造积压、库存。

（3）瓶颈上的损失是整个系统的损失。一般来说，生产时间包括加工时间和调整准备时间。但在瓶颈资源与非瓶颈资源上的调整准备时间的意义是不同的。因为瓶颈控制了产销率，在瓶颈上中断一个小时，是没有附加的生产能力来补充的。而如果在瓶颈资源上节省一个小时的调整准备时间，则将增加一个小时的加工时间，相应地，整个系统也将增加一个小时的产出。所以，瓶颈必须保持100%的“利用”，尽量增大其产出。为此，对瓶颈还应采取特别的保护措施，不能使其因管理不善而中断或窝工。

（4）非瓶颈获得的优化毫无意义。因为在非瓶颈资源上的生产时间除了加工时间和调整准备时间之外，还有闲置时间，节约一个小时的调整准备时间并不能增加产销率，而只能增加一个小时的闲置时间。当然，如果节约了一个小时的加工时间和调整准备时间，可以进一步减少加工批量，加大批次，以此降低在制品的库存和生产提前期。

(5) 瓶颈控制了库存和产销率。产销率指的是单位时间内生产出来并销售出去的量，很明显它受到企业或供应链产能和市场需求量的制约。无论是企业还是供应链，产销率都是由瓶颈控制的。如果瓶颈存在于企业或供应链内部，表明企业或供应链的产能不足，因受到瓶颈能力的限制，产销率也会相应地受到限制。如果企业具有高于市场需求的产能，那么市场需求就成了瓶颈，即使企业能多生产，但由于市场承受能力不足，产销率也不能增加。同时，由于瓶颈控制了产销率，所以企业的非瓶颈应与瓶颈同步，它们的库存水平只要能维持瓶颈上的物流连续稳定即可，过多的库存只是浪费。这样，瓶颈也就相应地控制了库存。

约束理论不仅突出了瓶颈的存在和影响，而且进一步强化了全局管理和动态优化的思想。

3）约束理论在供应链优化中的应用

在共同的愿景和契约约束下，供应商、制造商、分销商、零售商和客户形成了供应链，物流、信息流和资金流的流动过程展现了整条供应链的核心能力。在这条复杂的供应链上，协调衔接的难度非常大，更容易断裂。在供应链的关键企业链上，成为约束的供应链成员不仅应该是供应链关注的焦点，而且该企业应该更加关注企业内部的约束。供应链的优化过程，将会成为供应链成员的优化过程。

约束理论引导供应链管理者寻找关键企业链上的最薄弱环节。如果发现物流企业是最薄弱的一环，那么，即使生产制造企业可以获得充足的订单，并且能够生产制造出充足的产品，但是，由于无法及时送到客户手中，也同样不能增强整条供应链的核心竞争能力。因此，只有解决供应链的物流约束问题，才能真正改进供应链的绩效，获得竞争优势。

运用约束理论优化供应链的做法可概括如下。

(1) 发现供应链运作过程中存在的问题，即供应链的“约束”。

(2) 对供应链进行诊断分析，分析哪些主要原因可能导致这个“约束”，形成了供应链的“瓶颈”。

(3) 将这些主要原因进行归类分析，进一步剖析有哪些因素导致这类原因（结果）的出现，目的是将大问题细化，将“大事化小”，为解决问题创造条件，因为大问题往往很难解决，但将大问题细化后往往能够找到解决问题的途径和方法。

(4) 抓住主要矛盾或矛盾的主要方面，针对小问题逐个突破，化解“瓶颈”。

(5) 经过试运作后，如果情况良好，就形成机制，变成规范，对人员进行培训，使他们都能够掌握和应用，作为供应链运作的准则。

(6) 旧问题解决了，新的问题又会出现。当新问题出现后，依据上述步骤，循环解决出现的问题。

3.3.2 供应链业务流程重构

1. 业务流程重构的概念

业务流程重构（business process reengineering，BPR）的定义是：“对企业现有的业务流程进行根本性的再思考和彻底性的再设计，以期获得在成本、质量、服务和时间等方面显著的改善。”这个定义的核心内容是“流程”、“根本性”、“彻底性”和“显著性”。

（1）流程（process）。重构是围绕着流程展开的。哈佛大学商学院的波特（Michael Porter）教授将流程看作一条价值链。企业流程重构就是将对价值链的关键环节进行管理，以优化价值链，发挥其最大的增值效用。

（2）根本性（fundamental）。传统的流程由于不会专注于企业的根本性问题，很多运营环节不会有真正的利润。所以，企业在进行业务流程重构时，应该弄清现在的每一项工作的目的，并分析它是否与企业的核心目标相符合。这时需要思考以下问题：“我们为什么要做现在的工作”、“我们为什么要用现在的方式做这份工作”、“为什么必须由我们而不是别人来做这份工作”等。

（3）彻底性（radical）。对传统业务流程的改造是一切从头开始，将以前所有的结构、过程和规划全部抛弃，对企业的组织结构、业务流程和规则标准进行彻底的改变，并进行全新的设计。虽然保留了部分原有的东西，但是由于其核心已经发生了改变，所以这种改变是彻底性的。

（4）显著性（significant）。业务流程重构追求的是供应链的最终目标，决不是业绩的小幅提升、经营的稍许改善、状况的略微好转，而是要使整个企业的经营呈现显著性的变化，实现飞跃。

2. 供应链业务流程重构的概念

所谓供应链业务流程重构是指在供应链的基础上，对企业内部业务流程进行改造，继而对企业间相互关联的流程进行整合，旨在提高供应链整体效率，缩短供应链响应时间，增强供应链竞争力的过程。供应链业务流程重构包括了企业范围业务流程重构的全部内容，并在供应链思想下得到了发展和深化。

供应链业务流程重构是在动态的市场竞争环境下，针对供应链进行流程重组的管理变革方式。它是由处于供应链上的某一主导企业发起的，以满足客户需求为中心，为了适应供应链竞争的新态势，提高供应链的协同竞争力，以供应链上企业互惠为利基，以信息技术的发展为使能器（enable），对供应链上成员企业的组织结构、协作关系以及企业内部和企业之间的信息流、资金流、物流进行根本性的再思考和再设计，以实现供应链关键评价指标（如成本、质量、服务和速度）方面的巨大改善。

3. 供应链业务流程重构的目标

供应链业务流程重构的目标是改善供应链的关键评价指标，并最终提高供应链的协同竞争力。在一个企业或企业集团内，通常提倡核心竞争力的培养。核心竞争力具有不能够被迅速复制、靠企业多年的经营培养出来的、不能够转让等特点。

在一条供应链上，不仅强调了企业内部要培养核心竞争力，更要关注整条供应链上协同竞争力的建立。对供应链进行重构就是要加强这种协同竞争力的建设。协同竞争力是一种基于流程的竞争力，即必须依靠单位与单位之间的协同才能产生的竞争优势。这种协同既包括物流、资金流和信息流的协同，也包括企业文化、各管理团队的协作和创新能力等方面的协同。在协同竞争力的培养过程中，强势企业、弱势企业和协作企业都要担当一定的角色并发挥不同程度的作用。

4. 供应链业务流程重构的对象

供应链业务流程重构的对象是指供应链成员企业的组织、协作关系和业务流程。根据重构的对象不同，可以将供应链业务流程重构分为以下两个层次。

（1）组织重构层次。通过对供应链上成员企业的组织结构、协作关系进行根本性的再思考和再设计，供应链形态发生革命性的转变，实现供应链中各企业的经营方式和管理方式的根本转变。

（2）流程重构层次。通过对供应链成员企业原有的业务流程，包括企业间的业务流程和企业内部的业务流程重新塑造，供应链在盈利水平、生产效率、产品开发能力、速度以及客户满意程度等关键指标上有一个巨大进步，最终提高供应链整体竞争力。

组织重构层次和流程重构层次之间关系是宏观和微观、整体和局部、指导和被指导的关系。组织重构层次用来把握整体方向，控制全局；流程重构层次在组织重构层次的基础上，对业务流程进行根本性分析和设计，是组织重构层次的成果在业务流程中的具体体现。

在供应链业务流程重构的实际运作过程中，可以根据供应链实际运作情况，选择不同的供应链业务流程重构层次。既可以选择组织重构和流程重构层次一体化的重构方式，也可以单独选择组织重构层次或者流程重构层次的方式。

5. 供应链业务流程重构的实施步骤

供应链业务流程重构的一个重要环节就是企业与供应链上下游之间的业务流程重构，它的工作步骤如下。

（1）相互参与内部业务流程重构项目。供应链上游和供应链下游的企业，在对方企业进行业务流程重构时，要分派人员加入项目小组，参与其业务流程重构。这样做具有以下好处。

①供应商和客户的建议会有很大的作用。

②供应链其他节点企业的参与，有利于供应链流程的架构。

③了解对方流程，有助于相互学习、配合和深入合作。

（2）建立联合项目小组。联合项目小组的主要任务是完成信息系统接口的对接和对整个供应链流程的整合。建立的联合项目小组应该是长期的，它的成员来自于供应链的各个节点企业。与内部的项目小组一样，成员彼此进行良好的沟通，是企业间业务流程重构能够成功的前提条件。项目小组就企业间的业务流程重构制定项目目标并编制计划书，整个项目朝着共同的目标，按照计划书开展。

（3）信息系统整合。信息系统整合就是要对整个供应链上游和下游的企业信息系统接口进行对接，对传输协议的规则进行指定，使上下游企业之间可以即时通信和交换数据，最终达到信息的共享。一方面要进行纵向的信息传递，把各个企业的经济行为协调起来；另一方面要进行横向的信息传递，把各企业内部各岗位的行为协调起来，通过信息技术处理人、财、物以及产、供、销的复杂关系。

（4）流程整合。流程的衔接和配合是指对企业之间交叉的流程进行重新构造，使其相互能够衔接、配合起来，使业务流在供应链上可以快速、畅通地流动，这才是企业间业务流程重构的关键。在整合流程的过程中，要注意有些节点企业的内部流程目标可能与供应链的整体目标相悖，必须以供应链整体目标为核心，以客户的服务为导向，对所有的流程进行必要的协调。

（5）建立长期合作关系。企业之间需要就流程问题建立一套合作机制，签订相应的合作协议，以便将企业的流程合作深入下去，并就一些流程问题及时交流，双方的高层也要经常性地进行沟通和交流。

（6）评估和评价。和企业内部的业务流程重构一样，在项目的最后要对其绩效进行评估，并提出改进方案加以改进。评估项目同样包括经济评估和技术评估，但是它们的内容有所差异。经济评估主要就供应链整体的经济效果进行评价，其指标主要包括客户满意度、供应链流程敏捷性、供应链流程协调性、供应链成本下降率；技术评估主要就信息系统的兼容性进行检测。

案例 3.3　屈臣氏如何优化供应链系统

屈臣氏作为全球知名品牌，商品涉及保健产品、美容产品、香水、化妆品、日用、食品、饮品和电子产品等。庞大的业务结构和复杂的商品种类，决定其必然需要一个先进的供应链体系作为支撑。

屈臣氏传统的供应商关系是，买卖双方围绕商品讨价还价，以最低价买到所需的产品。这是一种“零和”的关系。在库存管理方面，屈臣氏视库存为企业的资产，采购的目的就是补充库存，但是库存占用了大量的储备资金，使流动资金周转变慢，甚至周转发生困难。当要想购买生产所必需的其他物料时，反而因为没有资金而无法购买，从而影响了生产的正常进行，此外大量库存的存在也可能掩饰管理上的一些问题。管理层认识到，原有供应链模式阻碍了屈臣氏的扩张计划，必须对供应链管理系统进行改进。屈臣氏供应链改造过程如下。

1. 自动补货与订货系统

每天晚上关店后，屈臣氏的POS系统会自动结算当天的销售情况，自动补货系统会根据门店卖出货物的情况自动生成补货订单发往物流中心。每一家门店的每个品类的货物都有自己的补货标准，系统根据这些标准和结算前的已销数量确定补货数量。店铺自动补货系统使订货变得简单和标准化。所有店铺按照实际的销售数据而不是凭经验订货，避免了不同店铺的不同人员不一样的订货方法所导致的库存不稳定，或是错误的销售预测。

前端店铺订货环节理顺后，下一步改进的是仓库的订货系统。订货系统通过分析所有店铺每天的销售情况和仓库的库存情况，通过与供应商信息系统相连的信息系统平台，自动将采购需求发送给供应商。

2. 仓库管理系统

屈臣氏采用的新仓库管理系统的主要功能包括：库存管理——多单位测量、批次控制和弹性重量，改进库存准确性和可视性；货位优化——能够在一定范围的拣选面/位中有利地安排SKU，适应多变的需求；场地管理——协调场地移动与收货和订单履行，改进可视性、生产力和安全性。

屈臣氏的仓库管理系统通过运用条形码自动识别技术和无线网络进行数据传输，记录并跟踪物料在企业内部物流仓库管理系统中的各个环节，帮助企业的物流管理人员对库存物品的入库、出库、移动、盘点、配料等操作进行全面的控制和管理，有效地利用仓储空间，提高仓库的存储能力，使物料在使用上实现先进先出，最终提高企业仓库管理系统存储空间的利用率和物料管理的质量与效率。

3. 配送路径优化系统

屈臣氏货物的运输基本上都外包给了第三方物流，但为了提高送货效率，屈臣氏还是会主动帮助物流公司优化配送路线。

由于不同地区的销售状况不一样，当地的物流中心处理能力也不一样，因此屈臣氏每新建一个物流中心，其配送路线都要重新优化和调整一次。东部的物流中心比西部的要繁忙很多。为了平衡各个物流中心的货物处理量，调剂各个物流中心的处理能力，屈臣氏会在不同的物流中心之间针对有些货物品种进行调配。

屈臣氏的供应链系统优化以后，大大提高了供应链管理的科学性和准确性。当门店数量越来越多、供应链规模越来越大时，科学管理的重要性将日益凸显。

（资料来源：陶倩. 屈臣氏供应链系统的建设与优化. 物流技术与应用，2011，16（6）：62-65.）

本章小结

供应链构建与优化决定了供应链的结构体系，也决定了供应链的增值体系。供应链构建与优化是一项复杂而艰巨的工作，也是供应链管理的重要环节，它涉及供应链系统规划、供应链激励与协调、供应链优化与重构等多方面的内容。供应链系统规划必须遵循一定的设计原则，运用科学合理的方法才能完成。网络设计决定了供应链的总体配置并设置了约束条件，供应链的其他驱动因素只能在相应的约束条件内被用来降低成本或提高响应性，从而实现供应链的价值。

在案例方面，首先以戴尔构建面向大规模定制的供应链为例，分析了戴尔如何运用直销模式构建供应商、制造商和客户组成的三级供应链模型，进行成本控制和制造流程优化；然后以李宁“敏捷”供应链说明了应如何进行供应链规划；接着介绍了联信的供应链协调与激励的成功实践；以屈臣氏的供应链优化为例说明了供应链的优化和重构问题。最后以美国好时公司供应链作为章后案例，介绍了供应链网络设计与优化。

➢复习思考题

（1）规划供应链系统时应遵循哪些原则？
（2）简述基于产品的供应链规划步骤。
（3）影响供应链网络选址因素有哪些？
（4）影响供应链运作效率的常见协调问题有哪些？怎样改善这些问题？
（5）常见的供应链协调契约有哪些？分别适用于哪些情况？
（6）常见的供应链激励策略有哪些？分别适用于哪些情况？
（7）标杆管理的基本思想是什么？怎样运用标杆管理进行供应链优化？
（8）约束理论的基本思想是什么？怎样运用约束理论进行供应链优化？

（9）供应链业务流程重构的对象有哪些以及相应的内容？简述供应链业务流程重构的步骤。

➤案例讨论　美国好时公司的供应链网络设计与优化

美国好时公司（Hersheys）（简称“好时”）位于美国宾夕法尼亚州，主要涉及各种巧克力糖果、饮料、点心、食品及饮料添加剂的生产、配送和销售。好时从一开始就认识到企业的全球性供应链的发展离不开上游物料流动的顺畅。好时食品工厂最初的位置靠近本地港口。这就方便了企业从海外采购和运输糖及可可豆等原材料。第三个主要的原材料是牛奶，由工厂周围大量的本地供应商提供。

1. 好时最初的供应链网络模式

20世纪90年代，好时食品的状况和现在完全不一样。公司面临的一个重要问题是配送中心不能控制大量增长的产品的运输、中转需求。为了解决问题，好时面对膨胀的产量加大了已有配送中心和本地仓库的建设。好时也并购其他的新工厂来调节产能，有时也通过租赁临时的场地作为短期对策。由于新工厂没有融入整个系统中，仅仅担任了某个地区独立的产品运送者，所以这样运营的效率很低。在这个系统中，原料流动中产生了许多烦琐步骤，而好时也没有找到一个更完善的策略来整合整个网络。这不仅导致成本的增加，还使本来就很低的产品利润率进一步减少。而这个策略造成的最大的影响是产生了由大量的小型配送中心和仓库构成的配送网络，每一个配送中心都独立运营，只考虑各自的利益而没有全局的意识。图3.4所示为原来的好时供应链体系。

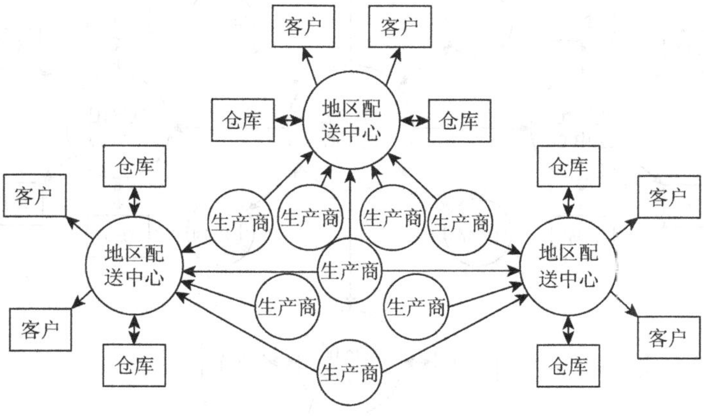

图3.4　原来的好时供应链网络体系

好时在同一地区设立了六间工厂来储存物料，同时也在其中生产产品。产品在工厂和配送中心之间来回不停地运送。这样很显然，与成本直接相关的物流费用上升了，同时也影响了库存费用。在配送中心的货品等待运输区域的成本是很高的，因为这个区域对于快速运输非常重要，而反复的运输无谓地占用了这个区域，导致最后的成本大大超过本身的库存成本。

当库存和物料管理问题增加时，延误和无法完成的订单产生了进一步的成本。一般来说，当产品流动的协调性失效时，往往是因为企业没能管理好库存，没有保证库存在正确的位置。当产品的订单被延误或是无法完成时，企业面对的不仅是成本问题，还有客户满意度问题。好时配送网络产生的消极影响随时间的流逝严重地影响公司的运营。

纵观好时的整个供应链，可以看到它和许多其他供应链一样，真正的问题是缺乏灵活性。在这期间好时许多改革都是针对增大的库存量和行业环境改变的。做这样的决定是基于当前的需求，而不是通过一些系统策略来确保同样的问题将来不再发生。当好时意识到这一点的时候，他们所做的工作就是重新建造一个更为灵活的系统。

2. 新供应链网络模式

新的供应链网络的中心是靠近好时总部的一个 11.15 万平方米的总部配送中心。这个配送中心预计每年能配送 7.13 亿千克的产品。同时好时也意识到需要一个更有约束力的模式来支持这个配送中心。在这个运营系统中，生产商制造出产品，然后集中到总部配送中心并直接由此完成客户的订单。在一些情况下，少量的货物储放在地区配送中心，这样更有利于产品的补充。图 3.5 所示为新的好时供应链网络体系。

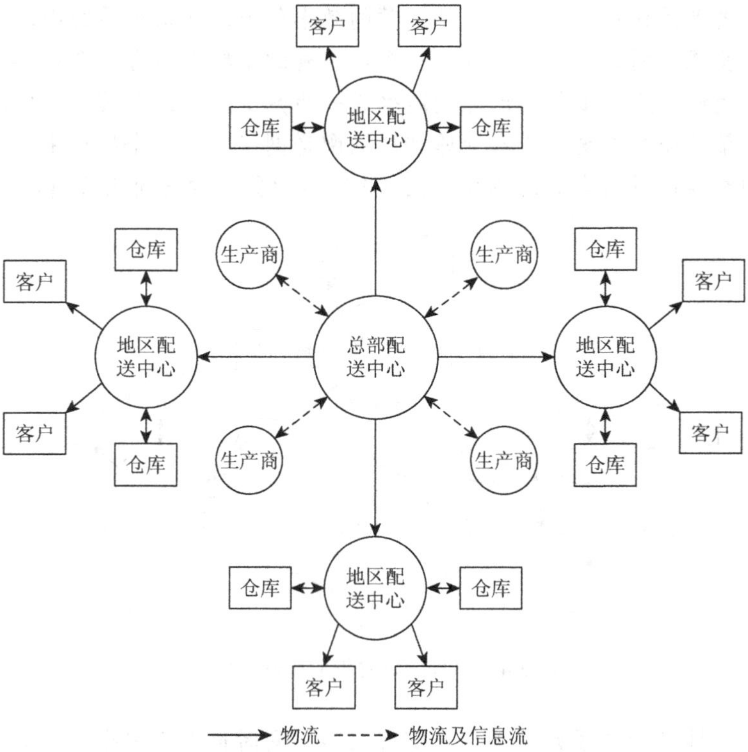

图 3.5 新的好时供应链网络体系

对于运送时间的问题，好时所关注的是缩短周期。在旧模式中，产品可能是为将来的需求而生产的，然而复杂的库存管理和物流加长了运送时间。在为库存而生产的模式中，缓冲库存是为了减少这个问题而特别准备的，然而协调物料运作才是关键。在新模式中，新的总部配送中心实际上减少了好时一半的订单周期时间。通过提高库存精确度到 99.96%，以及为库存监控提供了更加透明的系统，公司能更好地完成订单，服务水平也会提高。这对于好时这样的大型工厂可不是容易实现的。同样有着与第三方物流的协调努力，尽管库存管理难度提高了，但协调沟通能使整个运营更为顺畅。

最后一个阶段，为了提高订单的完成水平和公司的收益，好时重点关注在零售商处产品的陈列状况。因为产品的陈列会引起客户购买的冲动。在买单队伍中的人们看到巧克力都不能抗拒。在旧模式中，产品外包装和产品分开运送到零售商手里进行最后的陈列。销售完成后，陈列设备运回好时。在新模式中，陈列在配送中心完成，一旦需要，连同产品一起运送出去。好时在总部配送中心创建了五个特殊的销售和运送区域以保证在 24～48 小时内完成订单。

从整体上来说，好时意识到新模式的目标是节省大量的成本。从减少固定资产、运输和库存成本到减少时间与提高客户满意度，好时在运营的各个方面都有了显著的转变。很多进步都是基于更完整地了解公司的真正关注点和产能。好时的物流总监 Ken Miesemer 解释道："我们的专业技术是生产和营销。"在旧模式中，因为有很多小的配送中心和仓库使运输很复杂，好时不得不集中精力关注物流管理。在新模式中，好时注重于生产、营销和供应链管理，外包其他的项目如仓库和物流的管理给有能力的公司。

好时显著提升的核心是对配送中心网络的基础改革。改进这个复杂的网络是一项巨大的工程，但对提高物料和信息的流动来说，这是必要的。在大型中央配送中心完成后，好时又建立了另一个服务于美国东南地区的 5.57 万平方米的配送中心。然后在西北位置上也建立配送中心，并且另外还有为美国中部和西南部服务的计划方案。总体来说，新网络去除了许多小型配送中心，建立了更加集中和控制力更强的系统来全面降低风险。

信息系统是管理物料和信息流动必要的工具。新的系统就是使用了信息系统。首先，不论是来自客户的电子数据交换传输还是来自地区经销代表，订单都通过 SAP 来处理。为了避免订单有错误，SAP 登记了明确的订单，根据现有的库存水平，直接发出提货单并将提货单直接送到第三方物流。

强大的配送中心利用了 160 个运输口和 650 名员工。运输口的数量可以让公司在当时空闲的运输口附近预先准备订单。按照管理流程，通常系统预先准备好三天的订单。这让好时在订单流水线方面保有灵活性，预先准备来确保出货顺利。同时，所有的员工都受过仓库运营和装货的培训。这让好时更有效地利用了员工的能力。

（资料来源：坤麟咨询. 好时食品供应链案例. 中国采购发展报告，2010.）

问题讨论

（1）好时的新老供应链网络体系与模式有何差别？新供应链网络体系有什么优势？

（2）好时的供应链网络体系还有哪些可以改进的地方？

第4章

供应链的营销与分销策略

➢引导案例：做供应链资源的管理者——神州数码的分销模式

21世纪初，神州数码提出了网络基础、软件集成和设备供应链管理三箭齐发、协同并进的长远策略，并且将原来的七大事业部划分为三大转型方向：第一是网络基础建设服务；第二是以应用软件为中心的IT服务；第三是以客户为中心的供应链服务。此后，神州数码更加注重构筑供应链管理和服务这两个核心竞争力。神州数码的管理者认为，分销商的核心价值就是要承担起供应链资源整合与管理工作。

一直以来，大多数IT行业人士认为企业的最终目标是将整条供应链资源集于一身，进而成为IT行业发展的领军者。然而，事实上并不是拥有供应链全部环节资源的企业就可以左右和引领整个产业的发展。从当前IT行业的发展来看，关键是要恰当地定位自己在供应链中的作用，在局部或重点环节具有优势，增强自己的核心竞争力，在市场中取得优势地位。

神州数码做分销有两个方向，一是专业化；二是规模化。专业化是使服务最优，比别人做得更好，客户满意度更高，主要表现在代理商买产品时方不方便、配货速度快不快、准确性好不好，这是提高分销企业核心竞争力的关键。规模化是以较低的运作成本，取得价格优势。多年的IT分销经验带给神州数码的最大资产是一个完整高效的企业资源计划系统。在这个企业资源计划系统之上，神州数码代理的所有IT产品，从笔记本电脑到网络解决方案，都能够实现从进货到出货、再到回款的无缝连接。随着更多的产品加入神州数码的分销系统中，分销规模不断扩大，成本可以持续摊薄。

以神州数码与NEC的合作为例。在中国投影机市场已经处于爆发期的大背景下，国内还没有任何一个品牌的投影机处于绝对领先地位。而在全球市场有着上佳表现的NEC尽管在中国已经发展多年，但由于其固有的分销渠道的局限性，在国内重点城市销售良好，但在二三级城市就表现不佳了。为了完善自己的全球化战略，NEC需要在中国找寻一个强势的合作伙伴。作为国内最大的IT供应链服务商，神州数码在市场推广能力、渠道覆盖能力和售后服务方面，得到了业内的认可。不只是用户，所有的IT产品提供商都意识到，借助神州数码的强大实力，可以使自己的理念、产品和服务最快地传达到用户面前。于是，NEC积极促成了与神州数码的合作。这样的合作首先是基于双方对投影机市场有着共同的认识；其次是基于供应链上下游企业的优势互补。NEC 在品牌、研发、技术方面具有独特的优势，长期跻身世界 100 强之列，在多个行业处于领先地位，是在通信、计算机和电子设备三大领域长期占据世界前五位的大型电子产品公司。神州数码的优势在于了解国内投影机市场的运作规律。通过这次合作，神州数码将实现自己在投影机市场中的分销规模化和专业化，而 NEC 则可以借助神州数码在二三级城市的渠道资源更好地拓展中国市场。

对于如何做好供应链资源管理，神州数码的相关人士给出的答案是：重新审视自身与供应商现有的合作关系，把上游供应商列入自己服务的对象，看成自己的客户。神州数码在三个方面为上游供应商提供服务：风险（包括库存风险与应收账风险）控制与管理服务、网上交易和物流配送服务以及市场营销与销售服务（包括售前与售后）。对于下游客户，神州数码将营销与物流配送体系延伸至二三级城市，减少流通环节，满足下游客户对市场响应速度和服务质量的要求。这种业务模式的变化将使神州数码传统的分销业务转变为提供供应链管理的新型服务业务模式。

神州数码用了两年的时间来改进自己的管理流程。这其中最重要的是商桥网的建立。神州数码副总裁林杨曾专门派人把分销人员每天的工作记录下来，以研究一个分销人员所做的事项中哪些是直接对业务拓展起作用的，哪些是可以通过流程优化而减少的。现在，神州数码的商桥网和企业资源计划系统的接驳，已使其原来的部门划分方式完全改观。从前许多需要销售人员处理的诸如下单等事项全部移到网上，现在销售员最重要的任务就是帮助下游代理商开拓市场。

另外，神州数码由于多年开展业务，已在全国形成九大平台，使其拥有足够的响应能力，为客户提供及时的支持服务。这一点也使许多同行企业难以望其项背。而且神州数码在全国九个平台拥有专业的配送队伍和长期合作的专业运输公司，配送网点覆盖全国所有的二级以上城市，平均每天能为近 1000 个客户配送。已投入使用的北京立体仓库集存储、拣选、运输和流通加工等功能于一体，每天能处理 350 个以上的订单；正在筹建的上海立体仓库，其规模更大，自动化程度更高，建成后每天将能处理 750 个订单。物流中心通过对采购、报关、运输、仓储、配送和资金流等供应链环节的整合，加强了物流网络和物流信息系统的建设；通过优化和完善物流运作体系，不断提高对客户的服务质量。

神州数码在增加自己在供应链中价值的同时，不断进行产品扩张。一方面为经销商提供了更为广阔的服务平台，降低了其市场管理成本和交易成本；另一方面基于产品线的扩张，渠道经销商可以从神州数码处得到更多的产品组合和方案组合。这些无疑为神州数码向各级渠道伙伴提供最为完善的 IT 服务打下坚实的基础。

从上游合作供应商的市场需求看，在二三级市场，区域性的行业和企业采购以及消费类市场都在迅速成长，供应商对二级市场的渠道拓展和产品市场推广的需求非常迫切。但由于二三级市场仍处在成长阶段，渠道规模小、数量多、地域分散，对单一供应商而言，拓展和管理这样的市场，投入产出在现阶段仍很难趋于合理。而对于产品线丰富的分销商而言，却可以通过产品的复合销售和渠道资源整合，降低市场管理和交易成本，从而更贴近二三级市场渠道的多样化需求。因此找神州数码这样的分销商合作是现阶段最好的商业合作模式。

作为中国最大的IT分销商，神州数码在中国的IT供应链管理领域处于领先地位。其互联网B2B平台“神州商桥”于2000年9月开通，至2016年，已汇聚了超过500家全球顶级供应商、3万多家优质的渠道合作伙伴，渠道渗透全国860多个城市，直接或间接覆盖企业用户100多万家。这是神州数码从传统分销向供应链服务转变的最好体现。本着“分销是一种服务”的理念，神州数码通过实施渠道变革、产品扩张、服务运作，不断增加自身在供应链中的价值，实现规模化、专业化经营。在满足上下游客户需求的过程中，神州数码使它的供应链服务能提供更多的增值服务，具备越来越多的“IT服务”色彩。

（资料来源：何静. 供应链管理. 上海：东华大学出版社，2009.）

销售与分销是供应链产品价值实现的必要环节。当今的供应链是从客户开始，到客户结束，客户拥有越来越多的权利。一个成功的供应链管理系统需要有高水平的营销、分销策略以及客户关系管理体系相配合。这使供应链上的所有成员企业都将面临更严峻的挑战：它们必须在提高服务水平的同时降低供应链成本，必须在提高市场响应速度的同时给客户以更多的选择。

4.1 供应链营销策略

自20世纪90年代以来，越来越多的企业变革物流体制，积极向高层次物流管理和供应链管理方向发展。传统的企业营销模式是推测型营销（speculative marketing）模式，而高层次物流管理和供应链管理应当建立在实时型营销（real time marketing）模式基础上。这是从少品种、大批量生产的规模营销向多品种、小批量生产经营为特征的差异化营销发展的需要。

4.1.1 供应链营销模式

供应链营销模式就是将供应链产品或服务销售出去所采用的有效方法和方式。与传统的营销理论相似，供应链营销同样包括目标市场的选择、客户选择、产品组合、市场推广方法以及对经销商有影响力的业务政策等方面。对供应链营销模式的正确理解，需要建立在对传统的营销理论理解的基础上。

1. 传统的营销理论

以下几种营销理论被人们普遍采用。

（1）4P理论。4P理论自从被麦卡锡（Jerome McCarthy）提出以来，对市场营销理论和实践产生了深刻的影响，被营销经理奉为营销理论中的经典。4P指的是产品（product），价格（price），渠道（place）和促销（promotion）。

（2）6P理论。1984年，菲利浦·科特勒（Philip Kotler）在传统的“4P”组合之外加上政治力量（political power）和公共关系（public relation）这两个P，提出了6P理论。

（3）4C理论。20世纪90年代，美国劳特朋（Robert Lauterborn）提出了4C营销理论。该理论以消费者需求为导向，重新设定市场营销组合的 4 个基本要素，即客户（customer），成本（cost），便利（convenience）和沟通（communication）。该理论强调企业首先应该把追求客户满意放在第一位，其次是努力降低客户的购买成本，然后是要注意到客户购买过程的便利性，而不是从企业的角度来决定销售渠道，最后还应以客户为中心实施有效的营销沟通。与产品导向的 4P 理论相比，4C 理论有了很大的进步与发展，它重视客户，以追求客户满意为目标，这实际上是当今客户在营销中越来越处于主动地位的市场对企业的必然要求。4C 理论所提出的营销理念和标准最终还是要通过 4P 策略和手段来实现。

（4）4R 理论。21 世纪伊始，艾略特·艾登伯格提出 4R 营销理论。4R 理论以关系营销为核心，重在培养客户忠诚。该理论阐述了 4 个全新的营销组合要素：关联（relativity），反应（reaction），关系（relation）和回报（retribution）。4R 理论强调在快速变化的市场中企业应与客户建立长久互动的关系，以防止客户流失，赢得长期而稳定的市场；面对快速变化的客户需求，企业需学会倾听客户的意见，及时寻找、发现和挖掘客户的渴望与不满及其可能发生的演变，同时建立快速反应机制以应对市场变化；企业与客户之间应建立长期而稳定的朋友关系，从实现销售转变为实现对客户的责任与承诺，以维持客户忠诚，吸引客户再次购买；企业应追求市场回报，并将市场回报当作企业进一步发展的动力与源泉。

2. 营销模式的变革

不同时期企业采用的营销模式是不同的，从大批量生产到多品种、小批量生产，营销模式也在不断地改进与发展。

（1）推测型营销模式。推测型营销模式是一种追求规模经济的经营模式，它所表现出来的是大规模集中生产、大规模物流设施和大规模流通库存，其优势在于能够充分享用规模经济所能带来的利益。具体特点是大量生产、大量仓储与配送，按市场预测进行生产，注重流通渠道的控制，采用分销商等中介的营销组织形式。

（2）实时型营销模式。实时型营销模式是一种基于市场预测和拓展的经营模式，其效率高低取决于产品创新速度、产品线扩展的广度以及营销渠道的可控程度。其具体特点是多品种、小批量生产，高频次、小批量配送，按订单生产，注重生产与销售物流的整合、与其他企业建立战略联盟，采用网络营销等手段。

实时型营销模式中销售信息将被同步地传输到产品规划、设计、生产以及库存地点，从而通过销售信息的共享实现设计、生产、经营、物流等决策的一体化，其表现形式为产品的生产、在库数量等都是按客户的需求来决定的。由于存在交货提前期（lead time）的时间差，实时型营销模式所追求的是尽最大可能缩短从了解客户需求到生产阶段的交货提前期。

3. 供应链营销模式

供应链营销模式的变革是从传统的推测型营销模式向实时型营销模式转换。在此过程中，涉及基于供应链网络的企业战略、营销渠道以及经营行为的调整。在 21 世纪，企业间的竞争焦点逐步转向供应链之间的竞争。因此，企业面临着进一步整合供应链分销网络和配送网络以降低经营成本。企业通过与供应商建立长期、互惠互利的战略伙伴关系，提高采购品的质量和售后服务水平，最终建立质量、成本、时间优势，由此获得新的市场竞争力。

4.1.2 供应链管理对营销策略的影响

以供应链管理为基础的营销不是等待产品生产出来之后才开始进行推销和寻找客户，而是以关键客户为起点，以满足客户需求、实现企业利润最大化为目标的全方位全流程的互动活动。

1. 供应链管理对企业营销能力的影响

实施供应链管理，有利于提升企业以下四个方面的营销能力。

（1）有利于提升客户数据管理能力。供应链管理需要提供一个相关企业共同使用的 IT 基础设施平台，通过对供销渠道以及商业流程的优化降低成本，实现整个供应链的增值。该平台处理的内容是以最终客户需求为核心的供应链上相关企业的信息资源。供应链建立这样一个 IT 基础设施平台，可以使供应链上下游企业清晰、迅速、实时地掌握客户信息，直接提升供应链的客户数据管理能力。而这种客户数据管理能力正是影响供应链企业进行个性化营销的最重要的能力之一。

（2）有利于提升客户数据分析能力。供应链上企业在实施供应链战略的过程中，创建了 IT 基础设施平台。客户可在网页上登录该平台，根据企业对产品组件和功能的介绍，自己选择零部件，自己设计产品的款式、颜色、尺寸，实现个性化订购服务。客户的需求信息直接共享到产品设计、规划阶段，成为企业最直接、最有价值的信息资源。供应链 IT 基础设施平台的建设，有利于进行动态的客户行为和价值分析，可以更有效地理解客户信息，识别客户的行为、价值和需求，从而为采取差异化的营销与服务策略，区别对待不同的客户群提供支撑，并帮助企业建立起高效率的客户洞察力。

（3）有利于提升营销活动管理能力。供应链管理体系中以快节奏的信息流为基础的现代物流，能够有效地减少流动资金占压，加速资金周转，充分发挥资本的增值作用，使营销活动能够更加直接有效地落实以客户为核心的理念，简化营销策划与战略实施过程，同时完善的数据管理使营销绩效的分析更具可操作性和可靠性。

（4）有利于提升客户互动能力。供应链管理要求供需双方的密切配合，强调渠道组合管理、客户接触点管理、客户沟通和客户体验管理。而这正是客户互动能力所涉及的几个核心的营销管理问题。

2. 供应链管理对营销渠道的影响

与传统的营销渠道管理方式相比，基于供应链的营销渠道管理更强调核心企业与渠道成员以及渠道成员之间的合作。供应链环境下的营销渠道管理具有以下几方面的特征。

（1）更高层次的整合。与传统的渠道关系相比，供应链企业间的战略伙伴关系能够实现更高层次的整合，即不仅表现在操作层（如传统的购销关系）和战术层（如纯粹的物流关系），还表现在战略层次，它们有共同的战略目标与战略计划，同步进行战略管理。

（2）更广范围的合作。在合作范围方面，供应链企业间不仅在物流、资金流方面相互融合，而且在信息流上高度集成。这些信息不仅包括操作层的物流和资金流信息，而且包括战术层与战略层的决策信息。因此，供应链企业间的战略伙伴关系在交货、成本、资产管理等方面具有更高的优越性。

（3）更好的协调性。通过供应链管理建立的战略伙伴关系是核心企业与渠道成员全方位、深层次的合作。首先，合作双方在战略层次上高度一致；其次，战术层次上双方完美整合；最后，在操作层次能够跨企业实行横向、纵向信息交流。因此，合作各方能够做到及时、动态的协调，从而保持更持久的合作效果。

（4）更高的信任程度。良好的供应链企业间合作关系以企业间的相互信任为基础。战略伙伴关系一般是企业间多次反复合作的结果。其合作时间长，彼此能够深层次地相互了解，并通过共同投资达到相互融合，因此该合作关系具有相当程度的稳定性以及对等的信任。

4.1.3　供应链管理下的协同营销

近年来，供应链节点企业的战略围绕着营销发生了改变，并逐渐超越了传统营销所包括的产品、价格、渠道和终端等概念，基于供应链的协同营销把营销概念扩展到了整个供应链所有的节点企业。

基于供应链的协同营销注重合作，强调组织的联动力量，强调内部资源共享和协同，强调品牌优势的系统发挥。它要求供应链企业在协作理念的支配下，企业内部实现整体性协调后，由供应链内各个企业所体现的功能组合而成的企业整体性功能，它远远超出各个单独企业营销活动的功能之和。

（1）价格协同。在价格方面，供应链中企业间的协同效应包括：通过统一采购的规模效应获得原材料的成本优势，例如，沃尔玛的每家超市正是通过共享采购信息平台，以更低的价格获得需要的商品，从而获得竞争优势；制造商原材料的供给，除了更低的成本外，还意味着制造商免去了寻找合适原材料供应商所要花费的时间和费用，而且避免了因为违反合约可能带来的损失。

（2）品牌协同。品牌协同是协同营销的重要组成部分。创建品牌，尤其是名牌，是企业获得高附加值的有效策略，在产品同质化的市场环境中，名牌产品更加能体现产品的营销力。名牌更多的是一种存量资源，它是经过企业多年的积累形成的，是一种具有战略性竞争优势的资源。供应链中的弱势企业可以从强势企业那里得到品牌的协同效应。

（3）渠道协同。随着市场竞争越来越激烈，销售渠道的获取变得越来越重要。“终端为王”和“谁控制了渠道，谁就拥有了成功的钥匙”均体现了渠道的作用。正因为这种情况，渠道的建立不仅需要巨大的财力和物力，还要耗费很长的时间。而协同企业之间可以共享现有的渠道资源，这样不但节省了市场调研、重新开辟销售渠道的费用，更为关键的是可以节省建立新渠道所需要的时间，在激烈的市场竞争中获得先机。

（4）协调力协同。在与新闻媒体、供应商、政府打交道的过程中，供应链中的弱势企业可以从强势的公司那里获得协同优势。

案例 4.1 青岛啤酒的供应链营销管理

6 月的青岛，天气异常闷热，正是啤酒销售旺季。此时，青岛啤酒销售分公司的经理手忙脚乱地接着电话，应付着销售终端传来的一个又一个坏消息："货拉错地点了？要隔一天才能送到？""没有空闲的车辆来运货了？""不知道仓库里还有没有货？"

随着青岛啤酒的市场逐渐扩大，混乱的物流网络成了瓶颈，啤酒的新鲜度受到了极大的考验。面对这些问题，青岛啤酒决心引入供应链管理方式，加快产成品走向市场的速度。

青岛啤酒意识到，良好的供应链系统必须能解决以下问题：什么时候发货？哪些订单可能被延误？为什么造成这种延误？安全库存要补充至多少？进度安排还存在什么问题？现在能够执行的最佳的进度计划是什么？通过对众多物流服务商的评估筛选，青岛啤酒挑选了招商物流来进行物流运作。通过这一运作，青岛啤酒的物流效率大幅提升。

（1）对物流进行严格的监控。企业在每段路线都规划了具体的时间，不仅有准确的时间表，而且可以按一定的条件、客户、路线、重量、体积，自动给出车辆配载方案，以提高配车效率和配载率。

（2）实施统一的仓储配送管理。原来，青岛啤酒在各地设立了大量的销售分公司，每家分公司都租有一定规模的仓库并配备了车辆、人员、设备来负责当地的物流配送。这些仓库的管理方式仍是传统的人工记账，出错率高，更无法保证执行先进先出原则。总部对分公司仓库的情况无法进行监控，形成管理盲点。现在，青岛啤酒则将每个销售分公司改制为办事处，取消了原有的仓库及物流职能，形成了统一规划的中央分发中心（central distribution center，CDC）-区域物流中心（region distribution center，RDC）仓库布局。CDC-RDC 仓库布局可以说是重新规划了青岛啤酒在全国的仓库结构，它是指设立中央分发中心、区域物流中心和前段物流中心（front distribution center，FDC），一改以前仓库分散且混乱的局面。青岛啤酒在全国设置了 4 个区域物流中心，分别在北京、宁波、济南和大连。青岛啤酒原来是总部和分公司都有仓库，现在对原来的仓库重新进行整合，改成了由中央分发中心至区域物流中心，再到直供商，形成了"中央仓-区域仓-客户"的配送网络体系。

（3）重新规划供销商家分布，以充分满足客户需要，降低经营成本。在前段物流中心的选择方面，青岛啤酒考虑了供应商和销售商的合理布局，使前段物流中心能够快速准确地满足客户的需求，加强企业与供应商和销售商的沟通与协作，降低运输及储存费用。前段物流中心不仅使仓储发生了变化，而且在库存管理中采用信息化，提供商品的移仓、盘点、报警和存量管理等功能，并为货主提供各种分析统计报表和查询服务，如进出存报表、库存异常表、商品进出明细查询、货卡查询和跟踪等。由于将全部的精力投入市场终端，销售人员对终端的情况能及时掌控，所以销售能步步紧跟，使青岛啤酒的销量逐步上升。"物"与"流"的相辅相成在实施供应链管理后产生了显著的效果。

在供应链管理中，供应与需求如何达到平衡是每个快速消费品企业都深感头疼的问题。在销售旺季，供应链中库存和缺货的波动较大。由于终端的有效维护，青岛啤酒能准确地做好每月的销售计划，然后报给招商物流，而对方根据销售计划安排安全库存，减少了库存过高的风险。从运输到仓储，青岛啤酒逐步理清了头绪，并通过青岛啤酒的企业资源计划系统和招商物流的 SAP 物流管理系统的自动对接，借助信息化改造对订单流程进行全面改进，使公司的“新鲜度管理”战略有条不紊地实施，从而达到“要像送鲜花一样送啤酒”的效果。

（资料来源：刘伟. 像送鲜花一样送啤酒——青岛啤酒供应链管理（SCM）案例. 成都：四川人民出版社，2009.）

4.2　供应链客户关系管理

在 21 世纪，如何留住客户已经成为供应链上各企业生存和发展的必要条件。因此供应链上各企业必须充分利用好客户关系管理，以维持自身的生存与发展。

4.2.1　供应链管理与客户关系管理的关系

1. 客户关系管理在供应链中的地位和作用

客户关系管理的目的是更有效地获取、开发并留住企业最重要的资源——客户。客户关系管理是一种战略思想，支配企业的各项活动，从战略计划到作业计划，从供应商的选择到面向消费者的个性化营销，从原材料的选择到产品的设计，都必须符合这一思想。客户关系管理不仅是营销思想，还要求企业后台各种智能活动的有效支持，唯有各部门同心同力，协调运作，客户关系管理才能真正起作用。

客户是供应链存在和发展的基础。将供应链管理同客户关系管理整合，真正做到以客户为中心，既有助于实现供应链由传统的“推式”管理向“拉式”管理的转变，增强供应链的整体竞争力，也有助于供应链通过客户关系管理构建基于客户的核心竞争力。

客户是供应链管理的焦点，特别是由于当前的供应链是由市场驱动的“拉式”供应链。有效的客户关系管理会对整个供应链起到强有力的导向作用，它能使供应链成员间更好地沟通和传递信息，为企业内部供应链和上游外部供应链带来更准确的需求预测与更大的市场需求，并减少需求波动，使整个供应链的成员能对需求做出快速响应。如果供应链上的每一个企业都能很好地应用客户关系管理方法管理下游企业，则会使整个供应链具有更流畅的业务沟通和协调能力，更快速地推出新产品并满足客户需求，以更低的供应链总库存量、更短的提前期、更高的产出率、更快的响应速度以及更可靠、更准确的交货时间和服务能力参与市场竞争。

2. 供应链管理与客户关系管理的重点不同

虽然客户关系管理与供应链都是企业为了充分利用内部及外部资源，提高市场竞争力与响应速度而采取的管理模式，但是二者有各自不同的关注焦点。供应链管理更多地关注企业的运作，而客户关系管理则以客户作为聚焦的核心。

供应链管理发展的目标是在降低运营成本、提高市场响应速度的同时，给客户更多的个性化选择。供应链管理的精髓是以客户和市场需求为导向，以提高市场竞争力、客户满意度和获取最大利润为目标，以协同竞争和双赢原则为运作模式，通过运用现代企业管理思想、方法、信息技术、网络技术和集成技术，达到对整个供应链上信息流、物流、资金流、价值流和工作流的有效规划与控制，从而将客户、分销商、供应商、制造商和服务商连成一个完整的网链结构，形成一个极具竞争力的战略联盟。客户是供应链管理与客户关系管理共同强调的焦点。供应链从客户开始到客户结束。它以客户为起点，得到市场的需求量，再制订相应的市场计划，然后进行生产，从而达到满足客户需求、提高客户满意度的目的，最终使企业生产的产品转化为利润。供应链管理也由以前的“推动式”转为以客户需求为原动力的“拉动式”。

供应链管理的信息管理系统按照过程进行供应链组织间的计划、执行与控制以及业务处理过程中的决策支持，着重于整个供应链的优化，而要有效地完成这种优化离不开及时的客户信息以及对这些信息的准确分析和提炼。这方面是客户关系管理的核心功能之一。客户关系管理与供应链管理的关系模型如图 4.1 所示。客户关系管理一方面构筑了供应链管理与外部客户沟通的平台，另一方面在企业系统与外部客户之间建立了一个智能过滤网。客户关系管理系统通过互联网、电话、传真等手段与客户取得联系。客户可以选择自己喜欢的方式与企业交流，企业员工和客户的沟通更加便捷，获取信息更加方便，从而提升客户满意度和利润贡献率。此外，客户关系管理对客户互动信息的收集和加工为供应链管理系统提供决策依据，帮助供应链企业拓展业务模式，扩大经营活动范围，及时把握新的市场机会，留住更多的老客户，吸引更多的新客户，占领更大的市场份额。

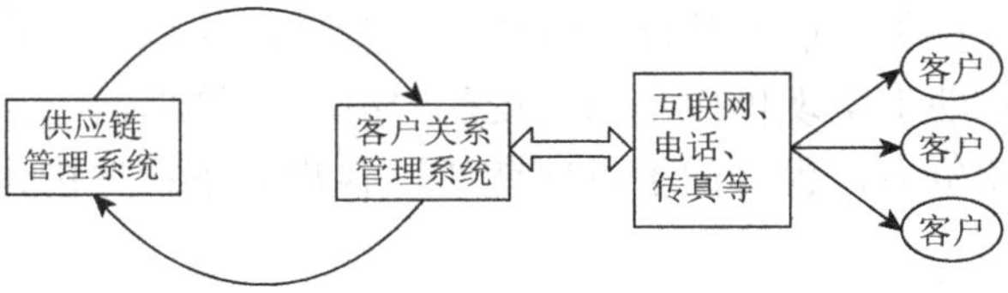

图 4.1 客户关系管理与供应链管理的关系模型

3. 供应链管理与客户关系管理的融合

客户关系管理获得的信息需要通过供应链管理系统来达到共享。如果一个企业只有客户关系管理系统而没有供应链管理系统，就会面临“信息孤岛”现象，即信息只能在企业与客户之间进行流动，而不能将信息共享到整个供应链中，其结果是企业不能及时、有效地满足客户需求，即仅有客户关系管理系统不能促进客户服务质量的提升。

供应链管理需要客户关系管理的支撑。从传统的供应链到新型电子商务供应链，都有一个不变的本质，那就是“以客户需求为中心”。市场竞争已转变为企业准确掌握客户需求并满足其需求的能力之间的竞争。现在的企业要实施供应链管理或对传统的供应链管理革新，需要建立以客户需求为中心“拉动式”的供应链，朝着周转环节少、灵活性强、交易成本低的方向发展。

供应链管理和客户关系管理的一体化使企业能有效地管理供应链，实现成本的节约和服务的改善，降低经营费用和成本，同时也能有更多时间去关注客户和客户关系。

二者的一体化使大规模定制成为可能，它在提高客户服务质量的同时，简化了整个需求判断的过程，企业只有提供能够符合客户特定需求的产品和服务才能获得长久的竞争优势。

供应链管理和客户关系管理的一体化还将显著地增强企业的竞争力。传统的企业希望进行市场的纵向集成，保持自给自足的状态，但供应链管理的发展使横向联合成为大势所趋，企业的多数生产活动均开始采取外包模式，许多企业还考虑进一步将供应链变成一个虚拟机构。但是，如果企业不能直接拥有市场需求、无法了解客户的需求或无法响应客户的需求，供应链会因缺乏交流和信息沟通而呈现出僵化趋势。供应链管理和客户关系管理的一体化则将大大提高企业的竞争力，实现减少总体成本、提高供应链效率与灵活性以及管理系统整体性能的目标。总体来看，供应链管理和客户关系管理的一体化将真正实现企业实时响应客户需求，实现供应链上资源的最优化配置，从而全面提升企业的竞争能力。

4.2.2 供应链客户关系管理的内容

供应链上所有的企业都是生产和服务过程中的一个节点，上游企业与下游企业之间均存在客户关系，同时由于合作关系，这种客户关系还是相互的。供应链上的供应商为制造商提供原料、零部件，制造商参与供应商的产品开发、技术改进，两者之间互相存在对彼此产品或服务的需求。制造商向分销商提供品质优良、市场前景光明的产品，分销商则为制造商提供强大的销售渠道和销售力量的支持，两者之间亦存在相互需求。因此，供应链上的客户关系管理应当包括供应链上核心企业（制造商）与上游企业（供应商）的关系、与下游企业（零售商、分销商、代理商）的关系以及供应链成员企业与最终客户之间的关系管理。

1. 供应链上成员企业间的客户关系管理

供应链成员企业通过客户关系管理结成一个整体，使供应链成员对市场理解与认识取得一致，保证供应链整体的协调运行，共同为最终客户提供最大化的价值。

供应链上成员企业间的客户关系管理可以从以下两方面来理解。

（1）制造商与供应商之间的客户关系管理。在制造商和供应商之间的关系中，一般而言，制造商处于主导地位，原材料、零部件供应商处于辅助性地位。随着竞争的激烈，要求两者之间由原来的价格博弈关系，转向寻求资源共享的合作伙伴关系。在这种合作伙伴关系下，制造商与供应商两者具有统一的市场目标，可以通过供应商效率提高带来的成本优势为制造商创造更多的客户价值，同时制造商的先进技术及管理模式也可与供应商共享。两者利益共享，共同承担研发、生产制造的风险，从而分散风险，提高企业在市场上的竞争力。通过结成紧密的合作伙伴关系可以使供应商成为制造商的采购、研发和生产等部门的延伸。

（2）制造商与分销商（零售商）之间的客户关系管理。随着科学技术的进步和经济的发展，产品生命周期越来越短，制造商面临着要提高产品质量、降低产品成本、提供个性化服务、提高服务水平的压力。而分销商也面临客户多样化需求、市场竞争激烈的压力。两者只有结成合作伙伴关系，才能资源共享，增强竞争力，为客户提供更为完善的服务。在这种合作关系下，分销商将最终客户对产品或服务的反馈意见反映给制造商，制造商可以根据市场需求改进产品设计，制造个性化产品；同时制造商可以为分销商提供强有力的技术支持、完善的售后服务，还可为分销商提供人力、咨询等服务，共同开拓市场。通过两者之间共享有价值的信息，可以增强客户的信任感和忠诚度，使两者围绕着共同的经济利益来共同应对市场的挑战。

宝洁与沃尔玛之间就是这样一种合作关系。宝洁加强与沃尔玛的协作与信息沟通，建立了便捷的电子数据交换系统连接，从而能随时掌握沃尔玛的库存状况、销售的动态、需求数量等信息，对产品给予改进；沃尔玛也能实现及时补货，降低库存从而降低成本，实现低价经营。这种伙伴关系使两家公司能很好地协同，给双方都带来益处。

2. 供应链的最终客户关系管理

传统营销模式下，以产品为导向，最终客户的需求往往被忽视，即使有些企业注意到了满足最终客户需求的重要性，也往往处于一种支配地位，对于最终客户需求采取一种居高临下的态度。而在关系营销模式下，客户需求、客户满意被提到了相当重要的位置。企业开始注重同客户间的双向交流，注重在产品之外，通过服务使客户获得情感上的满足，从而获得客户忠诚。这样供应链上制造商或分销商对最终客户的客户关系管理也就由原来的单向控制转变为双向交流。

制造商或分销商通过仔细倾听最终客户的需求，并将这种需求通过快速反应机制及时、准确地反馈给供应链的上游，可以提供满足客户需求的产品或服务，赢得客户满意和客户忠诚；可以通过对最终客户进行面对面的服务，直接面对客户的咨询，处理客户反映的问题，这将有助于客户价值的提高；还可以针对客户的个性化需求，为客户提供定制化的产品和服务。大规模定制可以确定客户的真实需求，并根据客户的选择，按照订单制造，从而降低库存成本，提高生产效率，提高客户的满意度，进而增加企业的利润。因此客户将不单从制造商或分销商处得到优质的产品，更得到真实的效用和需求的满足。这样制造商或分销商就同供应链的最终客户建立起持久、长远的“双赢”关系。

3. 跨国供应链的客户关系管理

从电话、传真到电子数据交换，互联网和通信技术的发展为供应链的跨国协调提供了低成本的工具，也为跨国供应链的客户关系管理提供了便利条件。计算机和网络在国际范围内的普及使跨国的产品设计、生产及配送流程信息在企业与企业间或组织内部各部门间更加透明，企业间的信息交流以及最终客户信息的获得也更加便捷。

在跨国供应链上进行客户关系管理，其管理的内容同一般供应链的客户关系管理相同，仍然是供应链的核心企业（制造商）与其上游企业（供应商）和下游企业（零售商、分销商、代理商）或最终客户相互之间的关系管理。但由于其关系各方可能分布在全球各地，这种空间上的间隔，以及由之带来的信息传递的时滞，都会增加供应链关系协调与整体管理的难度，所涉及的国际经济合作以及国际贸易方面的内容也增加了管理的复杂性，因而跨国供应链的客户关系管理内容也有其自身需要注意的特点。

同时，跨国供应链上企业产品的原料采购、生产、销售等过程可能分别发生在不同的国家，产品的整个供应链流程跨越国界。这就造成跨国供应链管理的复杂程度，链上成员企业间的合作和协调的难度都将大大增加。而且，跨国供应链上的客户关系管理由于涉及的关联对象更为复杂，可能涉及不同国家、地区的企业间的合作，可能提供产品或服务的对象也是不同国家的客户，这样，管理中可能会遇到更大的不确定性。不同国家文化间的冲突，加大了企业同客户之间的交流沟通的难度，这对于企业在跨国供应链中的协调和管理能力也是很大的挑战。

4.2.3 基于客户关系管理的供应链体系构建

1. 基于客户关系管理的供应链体系构建的原则

基于客户关系管理的供应链体系构建是以客户为中心，及时响应客户需求，实现客户满意，赢得客户忠诚，提高客户价值。供应链成员企业注重客户关系管理，结成合作伙伴关系，再凭借供应链一体化实现最终客户需要的最大满足。基于客户关系管理的供应链体系构建应满足以下原则。

（1）将最终客户与供应链连接起来。这意味着在供应链伙伴之间要共享交易数据，要利用发达的信息技术在供应链成员企业间构建共享的数据库。通过将客户与供应链连接起来，实现客户信息在供应链上的传递、交流，整个供应链就能快速响应客户需求。

（2）对供应链进行动态管理，及时反馈需求信息。在市场环境下，通过营销策略和信息技术掌握确切的需求，使企业供应链上的供应活动建立在可靠的需求信息的基础上。同时，动态管理可以使企业及时把握新的市场机会，发掘潜在客户，拥有更多的市场份额。

（3）全面管理供应链上各种客户关系。供应链上的客户关系不仅包括制造商或分销商同最终客户的关系，还包括供应链上成员企业间的合作伙伴关系。对企业与客户间可能发生的各种关系进行全面管理，将会显著提升企业营销能力、降低营销成本、控制营销过程中可能导致客户抱怨的各种行为。

（4）与客户间保持良好互动。企业可以选择客户喜欢的方式同客户进行双向沟通，既可以方便地获取所需的客户信息，又可使客户得到更好的服务，获得较高的心理满足，从而留住更多的老客户，并吸引更多的新客户。

（5）建立一种面向流程的观点。如果供应链不是围绕客户建立的，就会限制客户关系管理带来的利益。而建立以客户为中心的供应链必须本着一种面向流程的观点。流程的观点打破了以功能划分的组织边界，使组织将精力集中于最终结果，活动围绕客户进行而不是企业内部组织。

2. 基于客户关系管理的供应链体系构建的过程

基于客户关系管理的供应链体系构建的过程如图 4.2 所示。

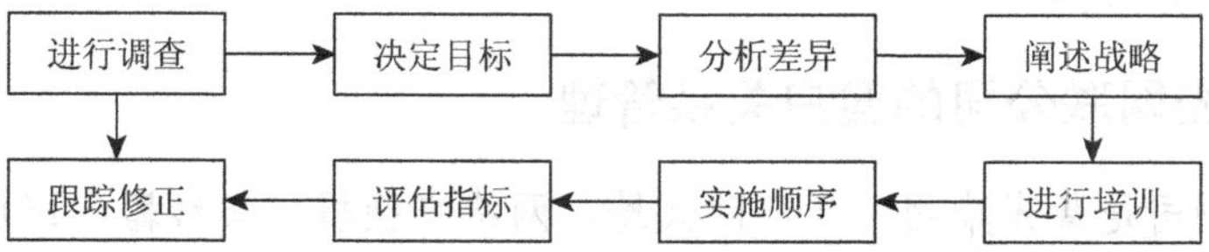

图 4.2　基于客户关系管理的供应链体系构建的过程

（1）进行营销和供应链情况调查。企业通过营销和供应链情况的调查了解客户价值的主导者、客户需求、客户关系管理过程、供应链设施以及供应链管理与客户关系管理之间的连接点和切断点。

（2）决定一体化管理的目标。根据企业的财政目标，决定一体化管理的长期和短期目标，尤其要注意供应链管理和客户关系管理存在的目的。

（3）分析和确认差异。企业要分清一体化管理目标和调查结果之间的差异。

（4）确切地阐述一体化战略。在这个阶段，企业将决定怎么进行一体化管理，即确定实施方案。企业要决定它们用什么方法来追求供应链管理和客户关系管理的最优化。同时，也要考虑一体化带来的效益。

（5）培训和确定初步计划。根据一体化管理战略，企业可以确定实施战略的初步计划。初步计划围绕企业的一系列计划系统地展开。为了一体化管理的初步计划顺利进行，员工培训至关重要。

（6）决定实施顺序。企业要建立逻辑严密的一体化管理实施顺序。

（7）设立评估指标。这个阶段非常重要，因为这个过程影响整个一体化过程。如果企业实行不合理的评估指标，投资将不能获得良好的效果。设立评估指标是一种持续的过程，而且需要不断地改善。

（8）跟踪结果和修正目标。企业要按照规定的标准评价计划实施结果。这种标准可建立在企业一体化管理目标的基础上，或者基于竞争者的绩效水平，或者可包含两者中的某一些指标。根据实行的结果，企业可以不断修正自己的目标。

案例 4.2　戴尔公司的客户关系管理

戴尔公司就是通过其供应链以及客户关系管理的整合获得了竞争优势。戴尔公司设立呼叫中心，通过免费电话，客户可以对产品提出个性化的要求、戴尔公司按照不同的客户需求生产交货，并结合个性化需求来简化物流流程，改善其运营系统。通过满足客户的个性化需求，戴尔公司赢得了声誉，也赢得了市场。

此外，通过直接邮购这种方式让客户找上门来，然后根据客户的状况，把客户分成三类：第一类是称为 T 形的客户，就是公事公办类型（价格型），这类客户由戴尔公司最基层的人处理，戴尔在这类客户上尽量少花资源，告诉客户价格和条件是什么，客户要么接受要么离开；第二类是 R 形的客户，这类客户通常需求规模要大一些，他们不仅注重价格，而且注重关系，戴尔公司用较高级别的人员管理这类客户，这类客户得到的好处会更多；第三类是从 R 形里选出的大客户，一个顶几十个或者几百个 T 形客户或者 R 形的客户，对这样的大客户，戴尔公司会派一个人甚至一个小组去管，专门为这个大客户服务。

案例 4.3　紫光网联公司的客户关系管理

紫光网联公司是紫光集团中生产防火墙、网络交换机、集线器、路由器、调制解调器等网络安全产品的下属高科技企业。紫光网联公司借助紫光集团经营高科技产品的良好企业形象和不断完善的销售及服务体系，与 IBM 等国际企业签署了不同层次的合作协议，建立起了长期、稳定的代理关系。

在前端销售体系的构造方面，紫光网联公司采用的是代理分销体制。这种模式最大的优势是可以在短期内以较低的成本形成规模销售，迅速将销售网络扩展到全国，并且打响品牌。但是，采用多层结构的代理分销模式，厂商方通常不能接触最终客户，即使是行业内的大客户，也要依靠代理的力量来出货，以此来维护代理与紫光网联公司之间的紧密联系，增强代理的忠诚度。从客户关系管理的角度来看，长期使用这种模式，将削弱厂商对最终市场的感应能力和控制度，容易被区域总代理辖制（区域总代理不断“要政策”，并控制进货的频率和数量），将厂商利润压至较低的水平。

紫光网联公司决定应用 TurboCRM 2.0（企业版）实施供应链改善计划。TurboCRM 的咨询实施小组在访谈过紫光网联公司的所有前端管理部门之后，认真地考虑了紫光网联公司的业务重点和应用模式，提出了以下意见：在完美的电子商务模式中，信息由企业直接传向最终用户，资金由最终用户传向企业，最后，企业将产品通过自己的物流公司或第三方物流公司配送至最终用户。可以预见，传统经销渠道中的中小型代理分销商的职能将逐步转化成物流配送的“末端神经”。对于制造商，传统渠道中配置的大量存货构成了极大的风险，因为出货到代理并不是万事大吉，如果库存积压在代理的手中，仍然会影响代理的下次进货，最终影响销售额。只有通过分享信息和共同计划，才能排除或减少与存货投机相关的风险，这就是供应链整合的意义所在。制造商和代理之间及时准确的信息传递，逐步将各分销商的订货、出货计划等信息及时传送到厂商，以便调配产品库存，保证整个供应链的效率。

紫光网联公司的客户关系管理应用方案正是围绕以上重点进行的。经过两个月的辛勤工作，紫光网联公司完成了流程再设计，并将新的业务流程在 TurboCRM 2.0（企业版）上进行了模拟试运行。

紫光网联公司的客户关系管理应用方案的实施取得了巨大的成功。事实证明，通过系统应用，实现了业务数据的统一性、一致性，并且保证了流程控制点，例如，订单审批的可操作性，原来需要几天才能审批完成的特价订单现在可以在很短的时间内完成。项目负责人李东锋副总经理认为，通过初步应用 TurboCRM 系统，已经可以把公司的主要工作流程串起来，改变了过去分头操作的方式，降低了管理压力，不必让专人来手工统计各部门信息，而且加速了信息传递的速度。Turbo CRM 的体系结构如图 4.3 所示。

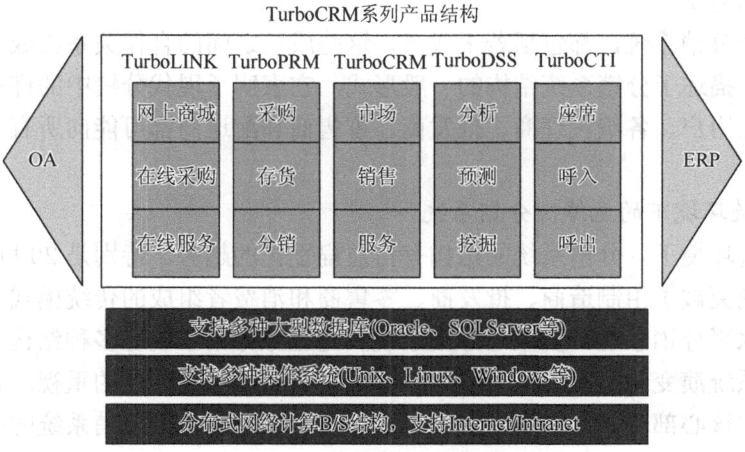

图 4.3　TurboCRM 的体系结构

（资料来源：TurboCRM. 清华紫光网联实施 TurboCRM 2.0（企业版）案例分析. http: //www.ctiforum.com/factory/f12/www.turbocrm.com/turbocrm02_0102.htm[2002-01-21].）

4.3 供应链分销策略

分销是供应链的重要环节。在供应链中，制造商生产的产品必须通过分销实现所有权的转移，满足市场的需求。有好的产品并不一定有好的市场，它还需要有强大的分销系统的支持，因此，好的分销系统的设计和运营是各企业之间竞争的一种重要手段。

4.3.1 供应链分销系统概述

在供应链管理中，“分销系统”或“分销链”与市场营销文献中的分销渠道一词比较接近，二者只是研究出发点有所区别。分销系统更强调在供应链环境下如何应用系统的方法实现物流和信息流的优化，从而在达到系统最大收益或最小成本的同时保持较高的服务水平；而分销渠道主要从各种营销策略和市场环境出发，研究渠道的建设和改进问题。当然，二者有很多重合的地方，例如，渠道的合作和协调定价策略以及渠道结构的设计等内容，只不过前者更侧重采用定量和优化的方法，后者更侧重于环境和战略的定性分析。

1. 分销系统的基本功能

分销系统的功能主要包括交换、实物配送和便利三方面。交换功能涉及与买卖有关的，或者说需要物权转移的活动，如配合、接洽、促销、实体分配和财务等功能。实物配送功能就是在正确的时间将正确的产品送到正确的地方，包括集中产品、商品储运及所有与存货定位有关的活动。便利功能包括服务、标准化、市场融资、风险承担以及市场信息和研究（收集指定计划和交换所需的信息）等活动。此外，供需交融点、大量分销、客户关系、信用和市场需求信息反馈以及高科技企业所特有的咨询、培训、售后支持、财务扶助等功能也已经融入了现代分销系统的功能中。专业化服务是现代分销系统的核心竞争力，任何一个分销系统都要提供信息、市场、物流、资金、培训及售后服务等。

任何一个分销系统，都包括若干成员，这些成员之间的合作关系构成了分销系统的结构。图 4.4 描述了分销系统结构的一般形式，它表明了现代分销中的许多连接方式，消费者、行业用户、各级代理商、批发商、零售商和配送商都可能向所有层次的供应渠道购买产品。

2. 供应链环境下的无缝隙分销系统

在供应链环境下，分销系统的结构有日益扁平化的趋势。特别是 20 世纪 80 年代以来，分销系统突破了由制造商、批发商、零售商和消费者组成的传统模式，出现了垂直分销系统、水平分销系统、多渠道分销系统和无缝隙分销系统等多种结构。

在分销系统演变的过程中，无缝隙分销系统引起了很多企业的重视。它可以看作供应链集成后的核心部分，如图 4.5 所示。它是指为了提高整个分销系统的服务质量及为消费者创造更有价值的服务，分销系统中的各成员组织打破原有的组织边界，在多层面

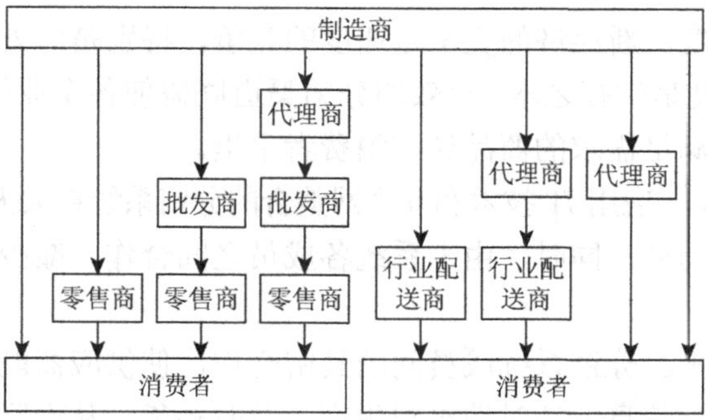

图 4.4　分销系统结构图

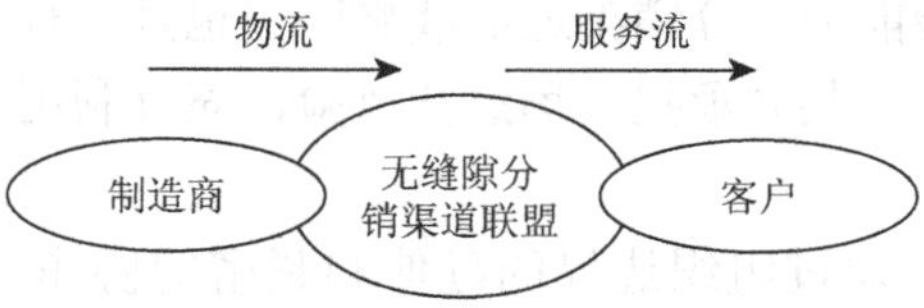

图 4.5　供应链环境下的无缝隙分销系统

的基础上相互协作，信息共享，既包括制造商与其经销商之间可能建立的合作关系，也包括批发商与零售商之间的联盟。同时为了避免职能上的重复而造成的资源浪费，制造商与其渠道成员应根据各自的优势合理分工，各自负责擅长的渠道职能，从而降低各自的成本。可以看出，这种成本降低的源泉在于相互定向的整合，而不是各自独立的内部优化。无缝隙分销系统策略的核心是建设性的协作关系，强调企业的市场营销应该重视挖掘企业组织所蕴涵的价值，即这种建设性的协作关系是以双方的核心能力和差异性或者说互补性为基础的，而互补性则决定了无缝隙分销系统策略创造价值的潜在空间。

目前，东西方的管理实践和外部的营销环境都在呼吁分销系统的转变，即由传统的分销系统向供应链环境下的分销系统联盟模式的转变，使分销系统真正成为一条专业化的服务增值系统。

在企业的产品或服务的价格构成中，分销的成本通常要占到 15%～40%，这个数字反映出变革分销渠道对提高企业竞争力和利润率的潜力。同时，以计算机和互联网为代表的现代技术正推动着生产力高速成长，也使传播、沟通、营销和服务方式发生了巨大的变革。于是，一种新的渠道分销模式——渠道分销战略联盟便应运而生了。在分销系统的战略联盟中，系统各成员通过订立书面协议或相互持股，使成员之间发展和保持着一种密切的、固定的合作关系，从而给消费者提供低成本和差异化的产品与服务，降低由于环境的不确定性带来的交易成本，同时还可以对资源进行合理的整合利用，提高分销效率和渠道的经营绩效。这种联盟关系虽然没有从本质上改变分销系统结构，但将系统中的各成员由松散的、利益相对的关系变为紧密的、利益融为一体的关系。整个分销系统结成利益共同体，共同致力于提高分销系统的运行效率。

3. 供应链分销系统的优势

在分销系统中各成员间通过协调和合作实现双赢的条件下，分销系统的运作将会赢得以下优势。

（1）提高响应速度。新经济的竞争是速度的竞争，特别是对处于商品流通各环节的企业，对市场响应速度是生存之本。有效的分销渠道联盟使各企业能及时得到需求信息，并快速做出反应，将满足需求的商品送到消费者手里。

（2）节约交易成本。应用IT技术和互联网整合的分销系统将大大降低其内部各环节的交易成本，缩短交易周期。同时，由于系统各成员之间合作，减少了渠道冲突，从而降低了各种风险成本。

（3）降低库存水平。分销系统成员间的紧密合作，使供应商能够随时掌握终端的销售信息和各环节的库存信息，适时地组织生产，及时补货，从而降低企业库存水平，同时维持甚至提高服务水平。

（4）增强企业抗风险能力。分销渠道的战略联盟也是一种风险共担的系统形式，体现为系统各成员共同经营，共同承担市场经营风险，充分利用各成员的有利资源，实现系统中所有成员的共赢。

（5）增加企业利润。通过组织边界的延伸和紧密的协作，增强了分销企业满足消费者需求和履行合同的能力，增加市场份额和收入，并且降低了成本，自然获得丰厚的回报。

4.3.2 分销商的选择

当制造商确定了其产品销售策略并选择以间接分销渠道进入市场后，下一步就应选择分销商。分销商选择得恰当与否，直接关系制造商的市场营销效果。

1. 选择分销商的原则

一般来说，分销商的选择应遵循以下几个原则。

（1）把分销渠道延伸至目标市场。这是建立分销渠道的基本目标，也是选择分销商的基本原则。企业选择分销商，建立分销渠道，就是要把自己的产品打入目标市场，让那些需要企业产品的最终用户或消费者能够就近、方便地购买。根据这个原则，应当注意所选择的分销商是否在目标市场拥有其分销渠道（如分店、子公司、会员单位或忠诚的二级分销商），是否在那里拥有销售场所（如店铺、营业机构）。

（2）分工合作。即所选择的分销商应当在经营方向和专业能力方面符合所建立的分销渠道功能的要求。尤其在建立短分销渠道时，需要对分销商的经营特点及其能够承担的分销功能严格掌握。一般来说，专业性的连锁销售公司对那些价值高、技术性强、品牌吸引力大、售后服务较多的商品，具有较强的分销能力。各种中小百货商店、杂货商店在经营便利品、中低档次的选购品方面力量很强。只有那些在经营方向和专业能力方面符合所建分销渠道要求的分销商，才能承担相应的分销功能，组成一条完整的分销渠道。

（3）树立形象。在一个具体的局部市场上，显然应当选择那些目标消费者或二级分销商愿意光顾甚至愿意在那里出较高价格购买商品的分销商。这样的分销商在消费者的心目中具有较好的形象，能够烘托并帮助建立品牌形象。

（4）合作愿望和共同目标。联合分销商进行商品分销，不仅对制造商和消费者有利，还对分销商有利。分销渠道作为一个整体，每个成员的利益来自成员之间的彼此合作和共同的利益创造活动。从这个角度上讲，联合分销商进行商品分销就是把彼此之间的利益“捆绑”在一起，具有共同目标。

上述原则是从实现建立分销渠道的目标来提出的。它们是一个有机整体，反映着建立商品分销系统、厂家共同合作、共享繁荣的要求。按照这些原则来选择分销商，可以保证所建立的分销渠道成员的素质和合作质量，提高分销渠道的运行效率。这些原则也是分销渠道成员达成合作协议的基础。

2. 分销商类型的选择

在具体选择分销商之前，要根据上述原则对各个可选择的分销商进行全面调查和认真分析。大量的资料应当来自企业的市场调查而不是对方的自我介绍。尤其是对于谋求长期合作的伙伴，必须彻底弄清楚他是谁、他是如何经营的、发展潜力究竟有多大。不了解分销商，就谈不上选择。通过了解分销商，企业可以从中得到“候选人”名单。接着要对各个“候选人”进行评价。

在现实市场环境中，有多种类型的分销商，各个分销商对选择原则的满足程度是不一样的。百货商场购物环境优良，客流量大，能提升商品档次，分销能力强，往往被很多生产厂家选择作为商品分销的主要零售商。但是，大型百货商场数量有限，分布密度极小，而且需要消费者在拥挤的城市交通中花费不少时间。对于许多便利品、中等档次的选购品以及消费者远离闹市的情形，百货商场可能不是最佳的零售商，因为它们不能保障目标消费者方便购物。相比之下，一些街头小店、位于居民区的杂货店，对于各种便利品和中档选购品，常常是更好的零售渠道。不同的商品有不同的分销要求，不同分销商具有不同的商品分销优势与劣势。必须经过考察和评价环节，把各个分销商的优势与劣势弄清楚，以便于选择。

3. 分销商选择的标准

由于选择分销商是决定企业产品能否占领市场的重要一环，所以企业不可掉以轻心。成熟而有实力的企业对合作伙伴的选择都比较慎重，往往在产品研发完毕并准备投产之前，公司销售人员就已经先行一步地考察市场、选择市场、详细制定各种销售策略，这自然包括合作伙伴分销商的选择标准。不同企业、不同产品，有不同的分销商选择标准。有的求大，有的求全；有的喜欢国有企业，有的偏爱民营企业。但不管是什么样的对象，企业一定要有选择的标准。所以企业在选择分销商时，首先要确定好自己的标准，然后按照标准来选择。一般而言，企业选择分销商的标准包括分销商的销售能力、合作意愿、营销思路和企业家精神。

1）分销商的销售能力

（1）分销商的市场范围。市场是选择分销商的最关键的原因。首先，要考虑预先确定的分销商的经营范围所包括的地区与产品的销售地区是否一致。其次，分销商的销售对象是否是制造商所希望的潜在客户，这是最根本的条件。因为制造商都希望分销商能打入自己已确定的目标市场，并最终说服消费者购买自己的产品。企业选择分销商，就是要将产品在其市场区域内广泛布点，建立区域内的销售网络，把自己的产品打入目标市场，让那些需要企业产品的最终用户或消费者能够就近、方便地购买。

（2）分销商的地理区域优势。地理区域优势即位置优势。选择分销商最理想的区位应该是客户或消费者流量较大的地点。此外还需要考虑其所处的位置是否有利于产品的批量储存与运输，通常以交通枢纽为宜。

（3）分销商的经营实力。分销商的经营实力表现在商品吞吐规模和市场开发的投入能量上。经营规模大的分销商销售流量也较大，而在市场开发方面能够保持较高投入的分销商，其商品销售流量也绝不会小。因而它们在商品销售方面具有优势。

（4）分销商的内部财务及管理水平。这是决定分销商发展潜力的重要因素。一个好的企业其内部管理必然是井井有条的。若杂乱无章，分工不明确，各种制度不健全或根本无章可循，遇事推三阻四，无人负责，则该企业绝对不能做好各项工作。在选择分销商时，如果稍加留意，上述情况是不难了解的。在制造商看来，如果没有管理能力，分销商的规模越大，风险也越大。没有管理的规模膨胀是个灾难。所以制造商在选择分销商时，一定要严密考察分销商的管理能力。

（5）分销商的道德水准和信誉能力。这一点也十分重要。分销商针对零售商及消费者的信誉度，影响制造商产品的销量。考察分销商的信誉度，主要观其是否信守合同，尤其是能否如约归还货款及货物。一个好的分销商，在经营活动中，应当有优质的售前、售中、售后服务，满足消费者的多种需要。有一些企业提出“道德第一、能力第二”的原则，就是根据目前我国企业的实际情况提出的选择分销商的标准。

（6）分销商经销某种产品的历史和成功经验。这是分销商自身优势的一个重要方面。长期从事某种产品的销售，通常会积累比较丰富的专业知识和经验，因而在行情变动中能够掌握经营主动权，保持销售稳定或乘机扩大销售量。一般来说，经营历史比较长的分销商早已经为周围的客户和消费者所熟悉，拥有一定的市场影响和一批忠实的客户，大多会成为客户或消费者首选。

2）分销商的合作意愿

（1）认同产品，重视产品。对产品的功能及市场潜力的认同，是当好总分销商的前提，不能设想一个分销商会认真地去销售一个他认为没有市场潜力的产品。对产品的“重视”，是成为该产品区域总分销商的必要条件。因为“重视”才能产生“责任心”，而“责任心”又是驱使分销商努力工作的最直接动力。一些企业希望选择现在所经营的产品正红红火火销售的分销商，这些分销商会有多少精力投入做新产品，是一个疑问。

（2）共同愿望和共同抱负。只有所有成员具有共同愿望、共同抱负，具有合作精神，才有可能真正建立一个有效运转的销售渠道。在选择分销商时，要注意分析有关分销商分销合作的意愿、与其他渠道成员的合作关系，以便选择良好的合作者。

需要强调的是，企业选择分销商是一个过程，如果企业选择了分销商而不满意，要迅速淘汰，不要等到市场处于“夹生”状态才淘汰分销商。否则，会使企业处于不利地位。

3）分销商的营销思路

制造商应该时常关心分销商是否有清晰的经营思路，并且选择与自身经营思路相近的分销商。中国的市场营销环境处于快速变化的时期，如果没有适应新营销环境的营销思路，经销商所积累的客户、经销网络就不能在新营销环境下发挥作用，是没有价值的。

一般分销商都会向制造商提条件，如要求铺底资金、促销支持、销售政策，而制造商一般都会提供这些支持。然而制造商不是无条件地提供这些支持，只有制造商从分销商那里有利可图，才能慷慨地提供支持条件。能够让制造商眼睛一亮的，正是分销商提出的营销思路。制造商不应害怕在经销商身上花钱（即提供政策支持），但不应花冤枉钱，不应陷入花钱黑洞（即只有投入，没有效果）。只有分销商提供了清晰的经营思路，制造商才能提供市场支持。

4）分销商的企业家精神

分销商的决心、毅力和对事业的投入程度，通常与市场的培育程度成正比。制造商应选择那些“两耳不闻窗外事，一心只知做生意”的分销商，当然也应对这类分销商给予大力扶持。华东某市一家分销商，四年前开始经销某知名企业的产品时，资金实力很弱，只有不到十万元现金，但制造商全力予以支持，市场很快启动，分销商手中掌握的现金很快就达到几百万元。后来该企业的营销经理去该市考察时，对该分销商很不满意，主要是因为该分销商没有当初全力以赴开拓市场的劲头了，以前能吃的苦，现在不愿吃了；以前愿做的市场基础工作，现在不愿做了。像这种“有了资金，没了决心”的分销商，制造商应该坚决予以放弃。

4.3.3　供应链中的分销模式

供应链对分销模式应用的好坏，常常决定了供应链的成败。例如，世界食品饮料行业中最成功的可口可乐，通过对直销体系的系统控制，带动了整个市场销售的规范运作，从而实现了久盛不衰的销售业绩，神话般地成为百年不败的典范。而中国食品饮料行业的娃哈哈通过对渠道网络系统地有效运作，形成了遍及全国城乡的快捷高效的销售格局，从而达到了惊人的销售增长，奇迹般地成为平地而起的巨龙。

1. 日用消费品分销渠道的四种基本模式和四种复合模式

对于日用消费品，产品从制造商到最终消费者转移可供选择的渠道如图 4.6 所示。基于此，形成了四种基本分销渠道模式和四种复合模式。

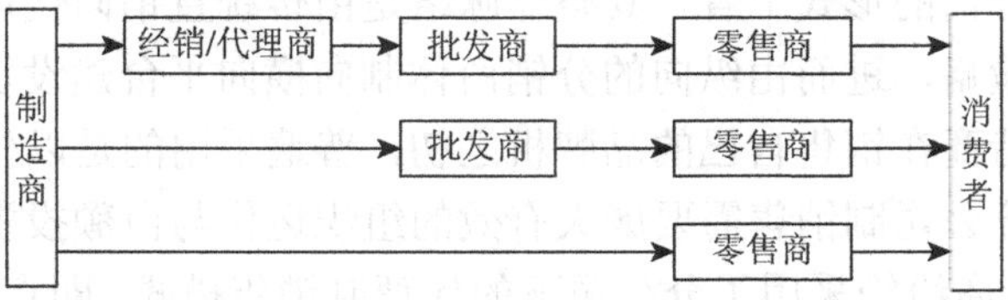

图 4.6　日用消费品由制造商到消费者可供选择的分销渠道

1）四种基本模式

（1）厂家（制造商）直销。适用于城市运作或公司力量能直接涉及的地区，销售力度大，对价格和物流的控制力强。如三株公司和百威啤酒采用了该模式。其优点是渠道最短、反应最迅速、服务最及时、价格最稳定、促销最到位、控制最有效。缺点是局限于交通便利、消费集中的城市，会出现许多销售盲区，或人力、物力投入大，费用高，管理难度大。

（2）网络销售。适用于大众产品或农村和中小城市市场。如娃哈哈和康师傅采用了该模式。其优点是可节省大量的人力物力，销售面广、渗透力强，各级权利义务明确，为共同利益可组成价格同盟，借他人之力各得其所。缺点是易造成价格混乱和区域间的冲货，在竞争激烈时反应较迟缓，需有高明的管理者使之密而不乱。

（3）平台式销售。适用于密集型消费的大城市，服务细致，交通便利，观念新颖。如上海三得利啤酒和可口可乐采用了该模式。其优点是责任区域明确而严格，服务半径小（3～5千米），送货及时、服务周全，网络稳定、基础扎实，受低价窜货影响小。缺点是受区域市场的条件限制性较强，必须制造商直达送货，需要有较多的人员管理配合。

（4）批发市场。批发市场主要存在于部分比较落后、交通不发达的地区，主要是一种向周边自然辐射的模式。其优点是无规则自由流通，不受行政区域限制，经营灵活、薄利多销，品种繁多、配货方便，辐射力强。缺点是以松散形式关系为主体，没有固定网络和客户，以价格优势为主要手段吸引客户，容易导致相互压价、低价冲货，没有深层的服务意识，只做“坐商”。

2）四种复合模式

（1）“网络+平台”复合模式。平时以网络运作为主，分销商以正常的吞吐量和价格供货，并按公司政策指导二级批发商进行正常的市场运作。但在特殊情况下，由分销商直接面向零售终端。

（2）“直销+网络”复合模式。在企业自己构建的直销网络无法达到的区域，通过经销商的网络，做到拾遗补漏。

（3）“批发市场+平台或网络”复合模式。批发商越过二级批发商直接向终端零售店供货，为消费者服务；或与区域性、常来进货的二级批发商建立长期、稳定的供销关系，形成自己的销售网络。

（4）“网络+直销”复合模式。以网络销售为主，辅以一定的直销力量，由制造商直供大型超市和分销商难以涉及的特殊终端，既可直控重点，又能拾遗补漏，还可对整个市场起到控制、调整的作用。

2. 个人计算机行业的分销渠道模式

从个人计算机分销的形式上看，其整体脉络是由传统直销向代理制、短渠道趋势发展，实行复式渠道策略，进而由纵向的分销商体制向横向平台建设发展。

个人计算机制造商在销售自己的品牌机之初，普遍采用的是以传统的直销模式为主的营销策略。由于分公司制销售需要庞大有效的组织运作与巨额投资，所以随着企业生产规模的扩大，制造商纷纷采用了分公司下的代理制销售模式，即直销与代理制相结合。直销与代理制相结合下，渠道冲突不可避免，这迫使制造商做出进一步的渠道调整，由代理商完成产品的最终销售，采用多层次代理制模式。

但随着计算机市场竞争的加剧，以及主流个人计算机寿命周期缩短（平均流通周期只有3个月左右），多层次的长渠道已显然不适应市场发展需要，“扁平化”短渠道成为主流。各制造商开始积极发展直接面对用户的终端代理商（主要是二级代理商），减少一级代理商（总代理）的数量，或者转变了一级代理商的职能，使其更加专业化，从而事实上造就了“制造商-代理商-用户”的一级短渠道模式。另外，由于计算机不断向网络化、低价化发展，零售店在整个渠道中的作用越来越大，于是制造商在已有渠道基础上，开始加强品牌专卖店和百货商店这些平台建设，促使代理分销渠道模式和消费型产品销售渠道模式互相结合。还有一些个人计算机制造商及时进行了直销尝试，如长城计算机推出“跨世纪，掌握未来”网上限量销售活动。

3. 工业用品的分销渠道模式

工业用品（主要是工业用原材料、工业用半成品等）是相对于日用消费品而言的。由于工业用品的使用者是行业用户，所以其分销渠道与一般的日用消费品略有不同。工业用品可供选择的分销渠道如图 4.7 所示。

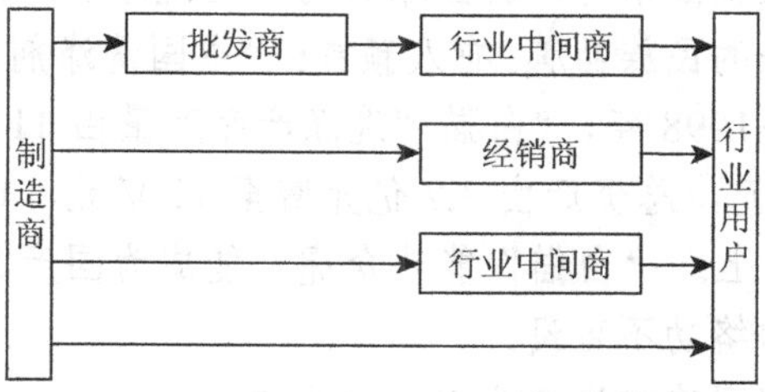

图 4.7　工业用品由制造商到行业用户可供选择的分销渠道

通过比较图 4.6 和图 4.7 可以看出，工业用品分销商的数目少一些，因为工业用品的客户是行业用户而不是最终消费者，并且工业用品的分销量一般较大。但是不管是日用消费品还是工业用品，在上述可供选择的分销渠道中，可以分为两类。一类是直接分销，即不通过中间商，而由制造商直接把商品销售给用户。具体可采取电话或网上销售、开设专卖店或分公司、上门推销、举办展览会等形式。另一类是间接营销，即通过一个或多个中间商把商品销售给用户。

4. 医药品分销网络

（1）独家代理制渠道。包括一级代理渠道或多级代理渠道。独家代理商获得一个市场上的唯一授权，既可以承担生产者部分产品的市场拓展任务，也可以承担生产者所有产品的拓展任务。

采用这种渠道，对代理商的要求很高。首先，要求代理商有较强的布点能力，即在较短时间内发展若干有实力的经销商或二级代理商；其次，要求代理商有技术咨询指导与系统设计能力，指导经销商运作并直接为客户服务；再次，要求代理商在统一市场促销决策中发挥作用。

独家代理制渠道的优点是统一管理，协调运作，分销环节简便，效率高。缺点是缺乏竞争意识，缺乏针对性和灵活性。若代理商选择不当，将直接影响铺货范围和速度。

（2）多家代理制渠道。这是我国医药企业使用最多的一种代理渠道。所谓多家代理制，就是在一个较大的市场上或较大的区域内选择两家以上的代理商，由他们分别去“布点”，形成销售网络。

多家代理制渠道的优点是减少了销售中间环节，帮助生产厂家迅速铺货，占领市场的速度较快，加快了营销的针对性，鼓励了代理商之间的竞争，提高了效率。缺点是在众多代理商与生产厂家的直接联系过程中，很可能因取得的货源与服务不平衡而造成矛盾，代理商之间也可能因供应范围的界定不清而产生“过度竞争”，最终导致低效率，分销渠道的管理也更为复杂。

（3）厂家直销-连锁药店。这种渠道模式的优点是减少了销售中间环节，占领市场的速度较快，分销环节简便，效率高，能及时得到市场信息，对终端的控制力比较强。缺点是医药生产厂的投入较大，对终端的管理比较困难。

案例 4.4 上海“白猫”的分销商网络建设

从 1986 年开始，随着美国“宝洁”、英国“利华”、德国“汉高”、日本“花王”等跨国公司产品大量进入我国市场，我国原有的一些洗涤剂产品生产企业在合资中丢掉了苦心经营多年培育出来的民族品牌。有人预言：“中国洗涤剂品牌的衰落不可逆转!”，但事实究竟如何？1994～1998 年，“白猫“洗涤产品产量由 11 万吨增至 30 万吨，销售收入由 5 亿元增至 17 亿元，总资产由 3.7 亿元增至 11 亿元，市场占有率达到 11%，其中餐具洗涤剂达到 5%以上。“白猫”能斗众虎，能成为国产品牌的旗帜，成功的因素是多方面的，其中分销网络功不可没。

上海“白猫”的分销网络建设分为以下四步走。

第一步，由“产地销”转为“销地产”。洗衣粉是低值低利产品，上海的劳动力成本明显高于外地，如果再加上高额的运费，“白猫”入川或进入其他地区将面临困难。原价销售，产品价位明显超过当地产品，市场难以启动；降价促销，企业赔本竞争，难打持久战。1996 年 3 月，“白猫”在四川万县（现重庆万州）组建的控股子公司正式成立，“白猫”占 55%股份，原万县市五一日化总公司占 45%股份，将五一日化总公司原有的销售网络纳入“白猫”销售网络，使原本两难的局面顿时改观，在当地农村市场的占有率一路上升。“白猫”的产品由此进入原先近乎空白的西南地区，扩展到了 43 个县市、723 个乡镇，其中四川省的占有率高达 30%。紧接着，1997 年 9 月在东北抚顺成立了白猫（辽宁）有限公司，产品由“白猫”总经销，向东北、华北双向辐射。

第二步，在全国各地设立省级销售分公司。“白猫”原来的销售部门仅十几个人在公司开票。随着“产地销”到“销地产”的战略调整，现扩编成为一个在编加上外聘超过 1000 人的销售部，在全国各地建立了 29 家省级销售分公司。“白猫”相继投入数千万元，对各分公司给予启动资金、营业场所、车辆、通信工具和仓库等相应装置，并建立了完善的人事、财务和物流管理制度，使网络运行有序且受控，整个公司具有强大的分销能力、有效的调控能力、灵活的反应能力和持续的扩张能力。

第三步，建立各种形式的二级经营部。随着越来越多的企业不断介入洗涤剂产品市场，竞争显得异常激烈，促销手段多样，一些产品的销售难度越来越大。为了强化销售能力，销售部在保障资金、货物安全的前提下，试行建立二级经营部。在经营模式上，公司选择一些分销商以挂靠式、辅助式、进驻式和独立式等方式，作为销售分公司的补充和渠道的完善，弥补了一些地区因分销商无暇顾及而造成的市场空白。截至 2003 年已建立了 23 个二级经营部，还有 3 个二级经营部正在筹备之中。

第四步，实行经销与直销的有机结合。“白猫”结合分销工作，在有条件的地方同时开展直销工作。销售部率先在西南大区的重庆和四川开展了直销工作。目前直销工作在全国推广，贵州、浙江、黑龙江、河南等地均可见“白猫”的直销车开往农村、郊县，把“白猫”产品推向更远更深的地区。

“白猫”的分销网络层次分明、覆盖面广。跨国公司发现，谁也奈何不得“白猫”，他们煞费苦心争来抢去的，只是大中城市中高档产品市场一块有限的空间。在普通洗衣粉的广阔市场和在洗涤剂领域，“白猫”有着强大的无法摇撼的实力。与跨国公司动辄数亿元的高广告投入相比，“白猫”广告的投入是有限的。

（资料来源：张继焦，葛存山，帅建淮. 分销链管理. 北京：中国物价出版社，2001.）

4.4　电子分销

电子商务对分销渠道的影响也是巨大的，它使渠道中间商的地位变得岌岌可危，因为电子化渠道使制造商和客户之间的直接交易成为了可能。越来越多的制造商开辟了自己的电子销售渠道；分销商也纷纷开始利用网络整合渠道资源，以追求做大做强。电子分销成为制造商或分销商的重要竞争手段。

4.4.1　电子分销概述

电子分销（e-distribution），是建立在电子商务平台上的一种网上分销模式。其核心点是分销商大多不用备货，主要是做好网上推广工作。当然，也有部分制造商要求分销商进货后自行在网上建站进行销售，这与传统的分销商区别不大。

1. 电子分销对扩展分销渠道的作用

（1）提供新的消费模式。由制造商、分销商和零售商等共同组成的传统渠道是实体的。这种单向、静止的流通渠道是以实物转移为纽带将分销渠道的各个主体连接起来的。随着电子商务的出现，网上零售、网上批发、网上拍卖、网上采购、网上配送、网上支付等新的销售形式的出现使分销渠道呈多元化，分销渠道由宽变窄、由实变虚、由单向静止变双向互动。虚拟渠道的一个主要表现就是网上商店。网上商店为客户提供新的消费模式，客户足不出户就可以享受到高质量的服务。

（2）扩展分销渠道的范围。电子商务能够拓展分销渠道的范围，使之加大加宽。由于互联网打破了地域和国家界限，基于互联网的电子商务使全球范围内的沟通变得容易和简单，这样产品的营销渠道通过互联网就能够拓展到更广阔的全球市场，而非局限于国内市场。基于电子商务的国际贸易比传统的国际贸易更加高效、快捷，特别是信息商品的流通更加快捷与直接，它几乎消除了距离的障碍。地球上任何两地的两台计算机，只要连上了互联网，就可以进行信息商品的点对点传送，并且在瞬间即可完成，这是通过传统的分销渠道永远也实现不了的。

（3）畅通的分销渠道信息流管理。传统的分销渠道成员之间的信息沟通不畅，难以及时得到自己想要的信息，从而导致信息不对称，这是造成分销渠道阻塞的一个重要原因。在电子商务环境下，每个成员的任何一个生产或销售信息都可以通过网络迅速地传递到所有成员，其他成员可以据此调整自己的经营或库存。由于信息沟通成本低、效率高，分销渠道各环节的信息都能充分沟通。网络技术的发展为传统分销渠道提供丰富、先进和全面的改造技术，消除商务伙伴之间的时差和距离，使分销渠道的上下游之间更加畅通、有效。

（4）促成分销渠道的扁平化。电子商务对分销渠道的扁平化作用表现在它使分销渠道从间接逐渐走向直接，减少了流通环节，缩短了流通渠道。这种新的扁平化的分销渠道模式实际上是以网络服务商为支撑的扁平化组织结构，传统的分销模式是建立在众多中间商组成的垂直渠道上，新的分销模式是建立在互联网平台上，制造商、分销商、物流企业和消费者都围绕网络服务商开展商品的流通活动。

2. 电子分销的优点

电子分销与传统分销方式相比具有三大优点。

（1）能够降低交易成本。电子分销为市场提供了最低成本的途径。一方面，参与交易的企业利用网络收集信息，信息的获得变得轻而易举，搜寻成本极大地降低。据统计资料表明，通过互联网与 1000 万用户建立联系的成本几乎等同于通过传统渠道与 1000 个用户建立联系所需要的成本，电子分销的边际成本几乎为零，但是，边际收益却不为零。另一方面，通过互联网实现供应链管理一体化导致“虚拟企业”的诞生。所谓“虚拟企业”实际上是通过市场组织行为，把供应链上独立的经营主体通过网络组成一个具有时间性的经营联合体，它们之间通过扁平化横向联合的“虚拟组织”形成默契的配合和明确的分工，其效率和一个真实的企业一样，并且在成员之间按优胜劣汰的市场原则不断地调整和优化，组成一个动态的企业战略联盟，比传统的企业更具有灵活性和竞争力。通过以上两点不难看出，交易成本会大大降低。

（2）能够降低流通成本。电子分销可以加快流通速度，缩短流通时间，真正实现“用时间消灭空间”。在电子分销中，互联网将全球的制造商和客户联系在一起，消除交易双方的空间距离，交易者在网上处理从收集信息、签订合同到支付的整个过程，实体商品则由离客户最近的物流企业以最快的速度直接送至客户手中，而服务（如咨询、网上远程教育、软件提供等）则可以通过互联网直接提供。电子分销使交易过程中所需要的信息流、商流、资金流在网上一次性完成，流通时间大大缩短，它从根本上节约了流通中垫付的资金，大大加快了资金周转速度。电子分销使分销渠道成本降低的功能越来越受到企业的重视，已成为企业流程重构的一个重要目标，领先的企业已经尝到了甜头。例如，思科公司 78%的订单来自 Web，每天网上有 3000 万美元的交易，80%的客户服务实现了电子化，在过去三年中，运作成本已经节约了 15 亿美元。

（3）能够提高分销效率。电子分销的最大优势在于其迅速、高效和低成本的沟通能力，从而大大提高分销效率。传统的商业价值在于经济规模，而电子分销的价值在于商业机会。与传统的大批量生产不同，电子分销可以支持制造商实现面向客户个性化需求的大规模定制。例如，戴尔利用电子商务实现了大规模定制，在市场上捕捉每一个、每一种商业机会，在美国不仅产量超过了其他个人计算机制造商，而且因更好的客户集成，获得了更高的产品利润。没有电子分销，靠过去的传统分销模式，是不可能实现大规模定制的。

4.4.2 电子分销的模式

电子商务的应用为分销渠道提供了丰富、先进和全面的改进技术。渠道运营商通过电子商务对渠道流程和管理加以改造，促进了新型电子分销模式的产生。其中最为经典的模式有：以“戴尔”为代表的网络直销模式和以“阿里巴巴”为代表的网络中介分销模式。

1.“戴尔”网络直销模式

网络直销是指制造商通过网络渠道直接销售产品。在这种直销模式下，除了制造商和最终用户外，没有层层的批发商、零售商，生产者与客户实现了直接沟通。核心企业依靠网络与原材料供应商、原始设备制造商以及客户直接建立密切关系，并通过网络收集和传递信息，从而根据消费者的需求，充分利用网络伙伴的生产能力，实现产品设计、制造及销售服务的全过程。

网络直销作为一种新型电子分销模式有许多优势。首先，网络直销促成产需双方直接交流。企业可以直接从市场收集到真实的第一手资料，按照客户需求合理安排生产。其次，网络直销合并了全部中间环节，简化了分销渠道，大大降低了企业的成本，而且可以即时完成交易。

网络直销模式的代表——戴尔利用其电子网络时刻与自己的客户保持联系，了解每一个客户的需求，细分产品以满足不同客户的不同需要。客户可以在网上直接指定自己需要的计算机类型和零件，还可以指定送货方式及付款方式。通过互联网，戴尔全面地了解和把握市场需求，从生产到销售做到与客户需求同步，直接面向客户，服务于客户。戴尔通过网络直销渠道，既满足个性化的用户需求，又节省了渠道分销成本，在激烈的市场竞争中取得了巨大的成功。

当前电子直销模式正在日益受到全世界企业的青睐，许多国内外企业正在探索中应用，逐渐引领了新型渠道的发展方向。

2.“阿里巴巴”的网络中介分销模式

网络中介分销模式是企业通过网络商品交易中心进行商品交易、分销的模式。在这种渠道模式中，网络商品交易中心以网络为基础，利用先进的通信技术和软件技术，将供应商、采购商紧密地联系起来，为客户提供市场信息、商品交易、仓储配送的全方位服务。这种网络中介分销模式联系了全世界几千万家企业和贸易单位，为买卖双方展现了一个空前巨大的世界市场，每一个参与者都可以充分宣传自己的产品，及时沟通交易信息，最大程度地完成商品交易。此外，在网络中介分销模式下，商品贸易中心可以协助进行商品检验，避免纠纷，买卖双方有效解决了合同履行和资金结算问题，促进分销渠道的畅通。

阿里巴巴就以这种网络中介分销模式而著称。创建伊始的阿里巴巴就以给商人建立一个全球最大的网上商业机会信息交流站为其发展方向，通过不断吸引众多企业在其网络平台注册，并及时发布各家企业的产品销售和需求信息，阿里巴巴建立起了面向中小企业的电子市场，向中小企业提供产品采购、配送和销售等方面可靠的信息，逐步建立成一个稳定的 B2B 电子商务交易平台，开拓出一种全新的分销渠道模式。阿里巴巴这种网络中介模式突破了地域的限制，拉近了买卖双方的距离，大大减少了传统分销模式下产品营销模式的耗费。同时，客户管理成本的降低和采购决策资料的充分更可以为企业带来长期效益。

案例 4.5 劲霸男装试水微分销

2014 年劲霸男装（简称“劲霸”）联合 V5shop，共同开发了一个微信分销系统。

V5shop 劲霸微信分销系统是由企业建立微信商城平台，员工和分销人员建立微分销网点构成的两级分销体系。佣金分为店铺产品销售佣金与店铺推广佣金的两级佣金模式，定位于企业级微信商城平台，发展多层分销商，开展多层级的微信营销模式。这是一款以总部布控，发动店员、职员等移动端零售人员发展二级店铺的微信店中店系统，旨在协助企业打造“企业微商城+粉丝微店+员工微店”的多层级微信营销模式。劲霸希望基于朋友圈的传播，店中店模式可快速复制店铺，将成千上万的粉丝变成微信分销商，迅速扩展销售渠道和提升产品知名度。

其实简单来说，这就是劲霸要将原来手无寸铁的农民和各自为战的游击队改造成正规军了。在劲霸品牌下，无论直营店还是加盟店的一切工作人员，过去不做微店的，现在要开始做，过去单干的，现在要接受劲霸的规划和制约。

微信营销早已不是新鲜话题，服装微商的出现也已经有些时日。但是像劲霸这种知名的服装品牌大张旗鼓地做起微商的，倒还少见。据了解，目前除了劲霸之外，另一家知名纺织服装企业恒源祥集团也在联合 V5shop 打造自己的微信分销系统。

其实不只是劲霸和恒源祥，现在更多的企业在尝试进入移动电商领域，凡客诚品在此前也开始了自己在微信上的移动化探索。电商脱离传统的计算机网站、去中心化、私人化的倾向目前来看已经是一个大趋势，但是微信能不能接过大旗，引领电商进入 2.0 时代，现在看前景还不明朗，不管怎么说，靠刷朋友圈做生意的方式还未成大气候。

在微信上售卖商品现在已成为常态，但销售情况好的寥寥，大都遇到有货源没销路、有好友少推广、时间多没门路以及品牌好坏不辨等问题。更糟糕的是一部分人根本不考虑微商真正的销售状况如何，而只是专注于发展下一级的分销商，自己坐收佣金，压榨那些做小本生意的卖家，这种行为必然搞乱微商市场。目前来看，浩浩荡荡的微商大军其兴也勃，在几何级的数量增长态势下却隐藏不住其经营模式和经营策略的粗放与无序。

微商或许将来能执电子商务的牛耳，但是靠刷屏肯定不行。什么时候能探索出一套有效、有序、成熟的微信电子商务模式，或许电商的微信时代才真的会到来。

话说回来，劲霸的微信分销系统本质上是将线下“渠道为王”的一套复制到线上，虽然难说是好是坏，但是确实是可以让企业以及分销商摆脱烦琐的开店、运维环节，专注于粉丝互动与分销渠道开拓，帮助企业拓展更为广泛的分销渠道。

据了解，劲霸的微信分销系统建立以来，目前的日均销售业绩已达到了 30 万元。

移动电商如何做，大家都是摸着石头过河。劲霸对于微信分销的尝试，成败尚难定论，但这种尝试对整个行业来说绝对是好事。成与不成，都可以给其他企业做个榜样。

（资料来源：滕启跃. 劲霸试水 微分销做做又何妨？中国纤检，2015，(4)：54-55.）

本章小结

本章首先介绍了供应链营销策略，包括供应链营销模式、供应链管理对营销策略的影响以及供应链管理下的协同营销；接着对供应链环境下的客户关系管理进行了阐述，然后对供应链分销策略展开了介绍，包括分销商的选择、分销模式等问题，最后介绍了电子分销的相关内容。

在案例方面，首先以神州数码的分销模式引出了供应链营销与分销问题；然后在供应链营销策略部分引用了青岛啤酒的案例进行分析；接着分析了戴尔和紫光网联公司的客户关系管理；以上海白猫公司为例分析了其各自的分销策略；分析阐述了劲霸男装试水微分销。最后以怡亚通打造供应链整合与深度分销平台作为章后案例讨论。

➢复习思考题

（1）什么是推测型营销模式？什么是实时型营销模式？供应链营销主要参考何种模式？

（2）请结合案例谈谈供应链应当如何提高客户管理水平？

（3）分析客户关系管理与供应链管理的联系和区别。

（4）供应链客户关系管理的内容包括哪些？

（5）如何构建基于客户关系管理的供应链体系？以具体例子说明？

（6）简述供应链分销系统的优势。

（7）如何选择合适的分销商？

（8）日用消费品的分销渠道模式有哪些？各适用于什么范围？

（9）电子分销有什么作用和优点？简述其主要模式和应用范围。

➢案例讨论　怡亚通打造供应链整合与深度分销平台

怡亚通供应链股份有限公司（简称“怡亚通”）成立于 1997 年，总部设在深圳，是中国第一家上市的供应链企业。怡亚通目前拥有近 80 家分支机构，全球员工约 3000 人；服务平台遍布全国 380 个主要城市（包括香港）以及东南亚、欧美等主要国家；主要服务行业为 IT、通信、医疗、化工、快消、家电、服装、安防、汽车后市场、太阳能等；主要客户有思科、GE、IBM、松下、惠普、东芝、三星、英特尔、飞利浦、夏普、明基、戴尔、柯达、宝洁、中粮、可口可乐、达能、联想、清华同方等 400 多家知名企业。怡亚通主要为客户提供一站式供应链服务，包括产品运输、存储、报关，再到资金的收取等。

1. 整合供应链

现代企业供应链管理的核心是专注与自身核心业务，将非核心业务外包。怡亚通抓住这个机会，针对企业的非核心业务提供一站式的供应链管理服务，通过内部、外部的资源整合，实现资源共享，提高怡亚通供应链管理效率。怡亚通运用先进的信息技术，整合全球资源，融商流、物流、信息流、资金流于一体，搭建了全方位一站式的供应链服务平台，专业承接物流、商务、结算、信息系统及数据处理等企业非核心业务的外包，提供以采购执行、分销执行为核心的多样化服务产品，帮助企业提高供应链效益，推动企业供应链创新。怡亚通着重开发企业的外包需求，设立了通信、医疗、平板显示、手机制造等 40 多个事业部，负责供应链管理一站式解决方案的设计，包括海关通关、仓储和库存管理、分销和运送、结算和征收、信息服务等。

由于整合了物流中心、商务中心、财务中心、IT 系统、采购执行等多个业务单元，怡亚通的商业模式可以概括为一句话，即帮助客户打理供应链，并使它顺畅与高效。以制造型企业为例，若将其供应链简化为生产前、生产、生产后，作为一站式供应链管理服务商，怡亚通则可以同时为这三个环节提供增值服务，以生产组织方式的革新，带来供应链效率的提升。

例如，在分销环节，零售商和分销商在销售、库存等数据的传导上缺乏效率，导致分销商常常持有大量存货，承受着库存和资金占压的风险。又由于渠道优势，下游企业往往能制约上游，因此制造商也承受着分销商的压力，大量应收账款占用制造商的资金。而通过怡亚通的流通消费型供应链服务，制造商无需逐一面对众多的传统分销商，只需要委托怡亚通，由怡亚通直接配送到卖场、门店等零售商。与传统的委托采购、分销相比较，怡亚通“一站式”全方位承接企业非核心业务外包，并提供信用支持、协助管理应收账款等增值服务，加速制造商的资金回笼。

2. 整合渠道商

怡亚通的目标是打造“中国第一商业整合平台”，首先要整合和盘活的是上百万个渠道商。大公司基于扩大销售量和加强对分销渠道的控制，或者出于对营销效力、企业形象维护的考虑而准备自建分销渠道系统。这样的后果是渠道商面临“被抛弃”的命运。据不完全统计，2007～2009 年，中国有不下 1.2 万个品牌厂商不约而同收回代理权，直接控制终端。

为转型的渠道商寻求新的蓝海市场，为它们搭建与 500 强企业合作的跳板，正是渠道商的诉求所在。在怡亚通集物流、商流、资金流、信息流于一体的巨大平台上，传统渠道商获得了与平台实现共赢、开辟出一片新境界的机会。

下面的三大优势是渠道商选择怡亚通的原因。

（1）颠覆传统渠道商模式，通过怡亚通平台成功转型，避免被品牌厂商抛弃。

（2）借助怡亚通平台趁势进入世界 500 强及国内外著名企业的交易结构，获得世界级企业的品牌、信息、服务和资金等关键资源，获得极其珍贵的自我优化机会。

（3）怡亚通是中国优秀的供应链整合服务提供商，在国内具有核心竞争力。怡亚通还将提供与世界 500 强统一标准的平台支撑服务体系，确保渠道成长。

怡亚通市场部总监欧阳绮霞说：“世界已经进入了全球整合时代，全球供应链整合共享服务是历史潮流，有前瞻性眼光的渠道商转型，加入怡亚通全球整合平台，才能改变被品牌企业抛弃的命运。”

IBM 全球副总裁范宇认为怡亚通模式具有以下四大价值。

（1）平台地位。怡亚通一直是中国供应链服务的引领者、探索者、实践者和标杆。诸多标志性创新，为它赢得了众多国内外世界级伙伴的深度合作机会与美誉。

（2）模式价值。怡亚通平台整合型供应链模式，颠覆了传统的交易结构和渠道模式，提高了供应链效率，降低了商品的售前服务成本。

（3）整合效应。怡亚通供应链平台，聚合了世界 500 强及国内外著名企业的优势资源，品牌放大效应使全球资源在同一平台被充分、高效、快捷地共享共赢，所有平台的参与者均可获得成长与合作利益。

（4）分享机制。“按国际惯例打篮球”是怡亚通全球供应链整合战略的铁规之一。与世界500强企业接轨的、规范而成熟的分享机制能让合作伙伴分享到稀缺的优势资源，获得超常回报。

3. 打造380深度分销平台

怡亚通“380平台”项目于2009年开始启动，计划3～5年在全国范围内建成380个由厂商到各类经销商、卖场、终端店的深度分销及分销执行服务平台，从而实现对产品线涉及的采购、销售、生产等所有供应链环节的全部整合。目前已基本实现目标，并已成功导入包括宝洁、中粮、联合利华、雀巢等在内的世界500强客户30余家和细分行业前三名客户20多家。

怡亚通从供应商采购货物后，将货物按客户的需求，配送到卖场、超市、门店等，可实现深度商务、物流、结算及电子商务，帮助企业扁平化渠道，提供一站式供应链服务，达到直供的目的。深度供应链服务将传统渠道代理商模式转变为平台运营模式，服务网络覆盖中国一至六线共380个城镇，建立起B2B+B2C分销及分销执行供应链整合服务平台。

截至2012年6月底，该项目共导入上游品牌客户近200家，服务涵盖KA大卖场、BC中型超市、药店、母婴店、批发商及电商等在内的各种终端门店系统共计3万多个。目前，怡亚通的380深度业务模式业务规模达40～50亿元，为宝洁、雀巢、联合利华、金龙鱼等快速消费品企业提供直供平台服务。怡亚通总裁严峻对记者透露，2013年，宝洁、益海嘉里通过380深度渠道的业务合作将达到18亿元。而怡亚通最早的全球大客户思科的合作也将更加深入。

据业内人士透露，“380计划”实行后，怡亚通的供应链渠道触角已经下沉到了乡镇一级的市场。例如，同宝洁合作的贵州市场，供应链服务渠道已经延伸到乡镇一级的市场。得益于“380计划”的启动，怡亚通供应链体系在北方、西南市场占绝对优势地位。在全球供应链平台打造上，怡亚通在南亚、东南亚、澳大利亚等国际市场均有布点，为当地企业做供应链服务。

4. 构建O2O供应链商业生态圈

2015年7月16日，怡亚通在深圳举行“定义未来——怡亚通供应链商业生态圈战略”新闻发布会。怡亚通董事长周国辉在接受记者采访时表示，公司从今年开始正式升级“380计划”，实施“O2O生态战略”。

流通消费型供应链服务是怡亚通近几年重点发展的战略业务。怡亚通拟以移动互联网、云计算、大数据等互联网新技术与供应链服务结合，创新升级“380计划”，实施“3+5生态战略”，“3”即线上宇商网+云微店+和乐网；“5”即线下分销平台+O2O金融+终端传媒+零售平台+增值服务，通过横向一体化、纵向专业化，实现O2O完美结合，并聚合众多品牌企业、经销商、零售终端、金融机构、物流商等合作伙伴，打造一个承载无限可能的亿万规模生态圈。

在谈到打造全球供应链生态圈的具体实现路径时，周国辉介绍说，在实行O2O生态战略转型过程中，怡亚通将继续推行“整合、融合、联合”的三合战略，与更多区域大型分销商战略合作，并联合全国380个城市志同道合的优秀零售商，共同构建大众创业、万众创新的生态平台。

周国辉表示，怡亚通通过和当地经销商公司联合成立子公司，来对接数百万的终端零售商店。“怡亚通倾向本地化运营。经销商在当地，了解当地的社会文化，对当地中小商店知根知底。怡亚通的战略思想是，团结一切能团结的力量，整合一切能整合的资源，共同打造中国第一商业生态平台！”

对具体的商业运作模式和商业理念，周国辉解释称：怡亚通O2O供应链商业生态圈，采用一种以全球应对全球的无边界思维，是一个跨国界、跨产业、跨技术、跨模式的商业生态系统；跨界融合、平台共享、共荣共生是怡亚通O2O供应链商业生态圈的本质特征。“目前，快消品行业前三名都是我们的客户。怡亚通当之无愧是全国最大的快消品分销平台。”

周国辉介绍说：“之前，规模和管理为平台企业创造竞争力；现在和将来，‘+’为生态企业创造竞争力。我们就是通过不断在这个生态圈内加入其他商业模式和商业伙伴，创造新的商业价值。怡亚通目标是从平台企业向生态企业转型，进而打造全球供应链商业生态圈。”

（资料来源：姚伟峰，鲁桐. 基于资源整合的企业商业模式创新路径研究——以怡亚通供应链股份有限公司为例. 研究与发展管理，2011，23（3）：97-101；尹永强. 怡亚通欲打造中国第一商业整合平台. 证券时报，2010-03-19B04；钟国斌. 怡亚通：打造全球供应链商业生态圈. 深圳商报，2015-07-16A08.）

问题讨论

（1）怡亚通从哪些方面整合了供应链？带来怎样的效果？

（2）怡亚通的案例对供应链分销模式的整合有何启示？

第5章 供应链环境下的采购与补货

➢引导案例：海尔的全球采购

从20世纪80年代开始，为了顺应国际贸易高速发展的趋势，以及满足客户对服务水平提出的更高要求，企业开始将采购环节视为供应链管理的一个重要组成部分，通过供应链管理，达到优化采购方式的目的。在当前全球经济一体化的大环境下，采购管理作为企业提高经济效益和市场竞争能力的重要手段之一，在企业管理中的战略性地位日益突显。

海尔采取的采购策略是利用全球化网络集中购买，以规模优势降低采购成本，同时精简供应商队伍。据统计，海尔的全球供应商数量由原先的2336家降至840家，其中国际化供应商的比例已达到了71%，目前世界500强中有44家是海尔的供应商。

对于供应商关系的管理方面，海尔采用的是郊外商业中心（suburban business district，SBD）模式，即共同发展供应业务。海尔有很多产品的设计方案直接交给供应商来做，很多零部件是由供应商提供市场今后两个月的预测，并将待开发产品形成图纸，这样一来，供应商就真正成为了海尔的设计部和工厂，加快了开发速度。许多供应商的厂房和海尔的仓库之间甚至不需要汽车运输，供应商的叉车直接开到海尔的仓库，大大节约了运输成本。海尔本身则侧重于核心交易和结算业务。这与传统的企业与供应商关系的不同之处在于：它从供需双方简单的买卖关系，成功转型为战略合作伙伴关系，是一种共同发展的双赢策略。

网上采购平台的应用是海尔优化供应链采购环节的主要方法，其具体做法如下。

（1）网上订单管理平台。采购订单100%由网上下达，实现采购计划和订单的同步管理，使采购周期由原来的10天减少到3天。同时，供应商可以在网上查询库存，根据订单和库存的情况及时补货。

（2）网上支付平台。支付准确率和及时率达到100%，为供应商节省近1000万元的差旅费，有效降低了供应链的管理成本，目前网上支付已达到总支付额的80%。

（3）网上招标竞价平台。通过网上招标，不仅可以使竞价过程管理、价格信息管理标准化，而且能防止暗箱操作，降低了供应商管理的成本。

（4）在网上可以与供应商进行信息互动交流，实现信息共享，强化战略合作伙伴关系。

据海尔副总裁梁海山透露：1999年海尔的采购成本为5个亿，虽然业务不断发展，但采购成本预计将控制在4个亿左右。可见，利益的获得是一切企业行为的原动力，成本降低、与供应商双赢关系的稳定发展带来的经济效益，促使众多企业以积极的态度引进和探索先进、合理的采购管理方式。

（资料来源：张理. 现代物流案例分析. 北京：中国水利水电出版社，2005.）

海尔供应链采购与补货模式有何先进性？它是如何提高海尔的运作效率的？是否还有其他更好的供应链采购、补货模式？本章将深入分析供应链环境下的采购和补货问题。

5.1 供应链环境下的采购策略

采购管理在供应链管理中占据十分重要的地位。采购的原材料、零部件一般占企业产品销售价值的很大部分。供应链采购与传统的采购相比，物资供需关系没变，采购的概念没变，但采购的观念和采购的操作都发生了很大变化。

5.1.1 供应链环境下采购的基本内容

根据美国供应协会对供应的最新阐述，把供应链管理环境下的采购定义为：企业为了追求和实现它的战略目标而进行的一系列与生产和库存紧密相连的识别、采办、获取与管理它所需的所有资源的活动。

对这个定义的正确理解需要注意以下几方面的问题。

（1）企业的采购行为应该在其战略目标的指导下进行。这有两方面的含义：首先是指采购行为不是拘泥于企业的某个层次、某个部门或者某个时段的目标，在采购行为与某些时间上或者空间上的分目标相冲突时，其合理性要以是否有助于企业总体战略目标的实现来衡量；其次是指企业的采购行为应该最大限度地保障或促进企业战略目标的实现。在供应链管理思想下，采购管理应该为企业战略目标的制定、实施和评价提供相应的支持。

（2）识别是指对市场中各种机遇的辨别和把握。机遇是指如新材料的出现、新技术的兴起、可能的供应商出现等变化。一旦市场上出现这些变化，企业的采购部门应该能够对这些变化进行分析并根据自身的特点充分利用这些机会。这极大地突破了采购的传统事物性职能。

（3）采办是指比购买更为广泛的获取商品或服务的行为。它包括分析和制定寻找以及使用供应源的策略，还意味着需要与供应商维持适当的关系、开发采购方法、优化采购流程以及在组织内部和组织之间进行领导和协调。

（4）获取是指最终取得某种物品或服务的使用价值或潜在使用价值。这比传统的采购理念更为精确地定义了采购的对象。采购部门要获得的不是采购物品本身，而是一种功能，这就扩大了可供选择的供应源的范围，通过对各种替代品或替代技术的分析，提高了采购行为的科学性和经济性，使采购行为从传统的被动行为转向为主动行为。

采购作为供应链上游的主要环节，在企业和供应商之间架起了一座连接的桥梁，连接着产品的供应和生产。采购在供应链中的位置如图 5.1 所示，它一头连接着企业的内部客户，即所采购物料和服务的使用者，一头连接着外部的供应商，供应链上企业外部的价值通过采购环节向企业内部传递，最终传达到外部的客户。因此，采购从供应链的角度来讲，是整个供应链控制中上游控制的主导力量。

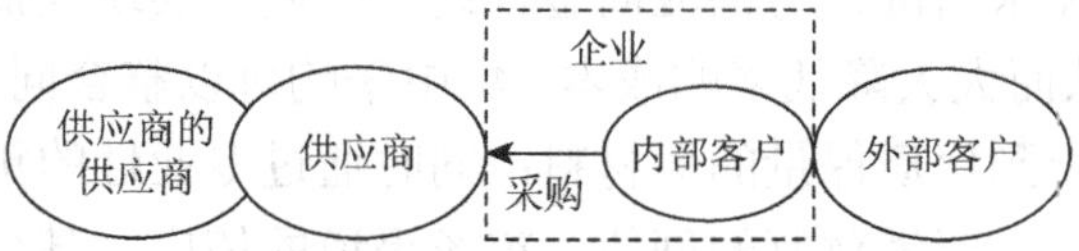

图 5.1　采购在供应链中的位置

采购管理在供应链环境下有了质的飞跃，与传统的采购职能相比，采购思想和方法发生了巨大的变化。二者差异性分析如表 5.1 所示。

表 5.1　供应链环境下采购管理与传统采购管理的区别

比较项目	传统采购管理	供应链环境下的采购管理
与供应商的关系	短期的、互相对立	长期的、合作伙伴
信息沟通	信息不畅，采购工作不透明	信息共享，采购过程透明
考虑因素	以价格为重点	质量、交货期是重点
供应商的数量	多，越多越好	少，甚至一个
库存	库存量很高	库存量很低
质量控制	事后控制，难度大	事前预测，始终控制
采购批量	大批量，少频次	小批量，多频次
流程设计	先设计产品后询价	供应商参与产品设计
供应商选择标准	通过价格竞争而选择	对供应商进行综合评价而选择
工作目标	执行采购计划，减低材料成本	开发和管理供应商，利用外部资源
工作重点	价格谈判	协调采购过程中各个业务环节

采购管理在供应链管理的大环境下，其研究范围不断扩大，其作用也日益凸显。加强供应链管理可以提升企业的运作效率，实现供应链系统的无缝连接。供应链环境为采购管理赋予了新的内涵。供应链模式下的采购管理特征表现如下。

（1）注重整体性、动态性。

（2）注重对内外资源的统一管理。

（3）注重信息化。

（4）注重与供应商建立合作伙伴关系。

（5）注重全过程质量管理。

5.1.2　供应链环境下采购优化模式

企业的采购应该着眼于供应链的整体框架，考虑供应的速度、柔性、风险来优化采购模式，从单一的竞争性采购模式变成集中采购、全球采购、准时采购等多种模式及其优化组合以增强供应链竞争力。

（1）集中采购模式。集中采购又称为联合采购，是相对于分散采购而言的，就是在同质性企业中，把需要购买同一产品的客户联合在一起，使其产品数量达到可以取得价格折扣的规模，向供应商提出采购的行为。即采购组织同时为多个企业实施采购，通过全面掌握多个企业的需求情况，与供应商签订统一合同，实现大批量订购，利用规模优势，提高议价能力，从而大大降低采购成本。集中采购可以整合同质性企业的采购业务，使总成本降低，并且得到保质保量的原材料；同时通过专业性的集中采购使企业可以专心致力于新产品的开发、营销体制的创新、市场渠道的拓广，甚至通过集中采购得到由于自身的规模所受限制原本不可能得到的大量信息。

（2）全球采购模式。全球采购是指利用全球的资源，在全世界范围内去寻找供应商，寻找质量最好、价格最合理的产品。全球采购是在供应链思想的指导下，利用先进的技术和手段，提出合理的采购要求，制订恰当的采购方案，在全球范围内建立生产与运营链，采购质价比最高的产品，以保证企业生产经营活动正常开展的一项业务活动；同时，通过规范采购操作，可以有效地对采购过程中的绩效进行衡量、监督，从而使服务水平不降低的情况下，实现采购总成本最低。（5.3 节将会详细介绍全球采购的有关内容。）

（3）准时采购模式。准时采购，又称为准时制采购。准时制采购可以大幅减少原材料和外购件的库存，从而降低库存成本和减少流动资金占用。准时制采购的关键是与供应商的合作。对采购者而言，由于是需要了就采购，供应商负责及时到货，因此可以大大降低库存量。对供应商而言，跟采购者的合作是度身度时制造，其自身成品库存量也可以大大降低。为此供应商应与采购者共同协作，信息互通。这种模式对中小型企业较为适合。（更详细的内容参见 6.3.2 节“准时制供应”。）

案例 5.1　中国石化在南京地区的区域联合采购

中国石油化工集团公司（简称“中国石化”）在南京地区拥有扬子石化、金陵石化、扬子石化-巴斯夫公司、南京化学工业有限公司、石油化工机械出口基地、江苏油田和仪征化纤等大型分（子）公司。这些公司对法兰、疏水阀、轴承等产品存在共同需求，且所在地扬州市及仪征市都位于南京市的 1 小时都市圈内，交通便利。因此，这些公司具备开展区域联合采购的基本条件。

为了将区域联合采购落到实处，2005 年 1 月，南京地区的金陵、扬子、仪化三家石化物资供应部门有关人员在南京针对如何开展联合采购召开会议。三家企业均认为，加强区域间的交流与合作是应对当前物资供应所面临的严峻形势的重要举措，是发挥物资采购联合优势、保障物资供应的有效手段，也是降低采购成本、压缩库存、促进物资供应管理工作的可行办法。并决定从通用部分、相近装置入手，首先解决对部分通用件和只占 10%采购金额却占 90%工作量的品种实行联合采购、协议锁定价格的问题。会后三方的管理人员做好了基础资料的收集整理和对口交流的准备工作，分大类、分专业、分品种列出供应商资源清单、供应商供货价格清单、库存物资清单、供应商管理库存清单等，为下一步组织实质性的对口交流与专题研究创造条件。5 月中旬，对供应商的准入、考核、淘汰进行交流、研讨，相互推荐优秀供应商。为进一步扩大和加强区域合作优势，三家企业于 2005 年 9 月吸纳了扬子石化-巴斯夫公司为区域联合协作单位，初步形成南京地区区域联合“3+1”模式。

面对中国石化南京地区实施的区域联合采购策略，一些规模较大的品牌供应商开始转变经营策略，主动加大供应产品的技术含量，对区域联合采购的重点订单实行“让利经营”，以扩大其在中国石化的影响力。

江苏中圣高科产业有限公司为适应区域联合采购的批量与技术要求，它坚持不断改进和开发新产品，提高供应物资的技术含量。目前，该公司供应的一个小管托比同类产品节能 200 瓦，1 千米管线能为用户节省几千瓦能量。从而使自己的产品牢牢占据了中国石化南京地区企业的物资供应市场，也为自己赢得了商机。

南京鼎阳科技有限公司是英国斯派莎克（Spirax Sarco）疏水阀的代理商之一。针对中国石化南京地区实施的区域联合采购策略，该公司将供应的疏水阀数量和价格直接上报英国斯派莎克总部，最终获得了英国总部批准的最低折扣价而一举中标。

南京麦龙机电设备有限公司则充分利用自身的地利优势，积极迎合企业降低采购成本和实施“零库存”的需求，在南京地区实施供应商管理库存服务，并在产品价格上给予下浮 6%的优惠，从而使自己获得稳定的市场份额。

通过一年的运作，中国石化在南京地区的区域联合采购从务虚到务实，从交流工作经验到共享资源、协同采购，区域联合成效逐步得到显现，不仅提高了协作单位的工作效率和管理水平，也提高了协作单位的物资供应效益。

（资料来源：赵林度. 供应链与物流管理教学案例集. 北京：科学出版社，2008.）

5.2 电子采购

5.2.1 电子采购的概念和特点

英国皇家采购与供应学会（Chartered Institute of Purchasing and Supply，CIPS）对电子采购（e-procurement）的定义是：电子采购实质是指使用互联网对所需的服务和产品的申请购买、批准订购、接收订货和支付账单等过程，所进行的交割方面的操作。

电子采购的优点在于它能降低采购过程中的管理成本，缩短采购周期，加强对采购流程以及库存等的控制，另外，它还能有效地提供新的供应商信息，降低采购商品的价格。此外，一个成功的电子采购解决方案能为企业制定一套规范的采购流程，有利于加强对企业的管理。

电子采购具有以下特点。

（1）公开性。由于电子采购是通过互联网进行采购，并且由于互联网有公开性的特点，全世界都可以看到采购方的招标公告和比价通告，故任何通过采购方企业身份验证的供应商都可以前来投标和比价，故具有公开性，这样防止了企业中的一些“暗箱”操作。

（2）广泛性。网络没有边界，所有通过身份验证的供应商都可以向采购方投标，同时，采购方也可以调查所有的供应商。

（3）交互性。电子采购过程中，采购方与供应商的网上联系非常方便，可以通过电子邮件或者聊天的方式进行信息交流，既方便、迅速，成本又低。

（4）低成本。通过电子采购进行网上操作可以节省大量的人工业务环节，省人、省时、省工作量，总成本最小。

（5）高速度。网上信息传输速度快。

（6）高效率。从以上几点可以看出电子采购具有很高的效率。

正是因为电子采购不同于传统采购的上述特点，现在已受到越来越多企业的青睐。

5.2.2 电子采购的模式

电子采购与其他企业应用软件相比有一个很大的不同点：其他应用软件如仓库管理软件、运输管理软件、财务管理软件等，它们的主要信息都是来源于企业内部，而电子采购所要进行的业务却关系供应商和采购企业两个主体，特别是采购物料信息，均来自企业外部的供应商，这给电子采购模式的建立提供可能性。一般来说，企业的电子采购主要有以下三种模式。

1. 多对一（买方）模式

多对一模式又称买方模式，是指供应商在互联网上发布其产品的在线目录，采购方则通过浏览来取得所需的商品信息，以做出采购决策，并下订单以及确定付款和交付方式。这就像一个购物者在一条商业大街上，选出各个“商店”不断地进行比较来购买商品。

在这个模式中，供应商必须投入大量的人力、物力和财力建立、维护和更新产品目录，所以成本较高、操作较为复杂。对于买方，一切似乎都没有改变，没有自动化，买方还是得寻找供应商的网站，登录上去之后，通过目录网络形式输入订单。只是由于信息批量处理的关系，卖方通常不保留买方的模板或公司的采购信息。每个购买者每次都必须输入所有信息，如公司名称、地址、电话号码、账户等。很明显，如果一家制造商同时拥有500家供应商，那就要访问500个网站，不停地重复输入信息。这使工作内容更加复杂难办。虽然这种方法与纯纸化的目录相比具有明显优势，但是从实际操作来讲，这是很难实行的（对于一家想与5000家供应商进行联系的企业尤为如此）。

另外，采购方与供应商通过供应商的系统进行交流，由于双方所用的标准不同，供应商系统向采购方传输的电子文档不一定能为采购方的信息系统所识别并自动地加以处理和传送到相关责任人处，这些文档必须经过一定的转化，甚至需经手工处理，大大降低电子采购的效率，延长采购的时间。

2. 一对多（卖方）模式

一对多模式又称卖方模式，是指采购方在互联网上发布所需采购产品的信息，供应商在采购方的网站上登录自己的产品信息，供采购方评估，并通过采购方网站双方进行进一步的信息沟通，完成采购业务的全过程。

与多对一模式不同，一对多模式中采购方承担了建立、维护和更新产品目录的工作。虽然这样花费较多，但采购方可以更紧密地控制整个采购流程。它可以限定目录中所需产品的种类和规格，甚至可以给不同的员工在采购不同的产品时设定采购权限和数量限制。另外，员工只需要通过一个界面就能了解到所有可能的供应商的产品信息，并能很方便地进行对比和分析。同时，由于供求双方是通过采购方的网站进行文档传递的，因此采购网站与采购方信息系统之间的无缝连接将使这些文档流畅地被后台系统识别并处理。

当然，这一模式也有着自身的劣势：买方保留了目录和系统维护的艰巨工作。最初的信息整合和合理化过程中需要很大的投入。设想，如果一家公司涉及不同国家成百上千的供应商，就可能有成千上万的项目条款，每个条款都有很多项规格说明。不同的供应商对相同的产品又有着不同的措辞，各种供应商一般都会为不同的板式图形提供不同的产品标识号码。因此，对于那些没有将目录和系统维护作为核心竞争力的公司，它们可能会考虑将这一工作外包。当然，这涉及成本问题，还有技术更新的问题，同时就算将维护工作外包，公司系统也应该考虑到不同的维护通道方法，以便使政策适合未来发展需要。这一系统将需要提供网络基础上的维护以便供应商能随时修改更新自己的目录，方便买方更新自己目录。

3. *第三方模式*

第三方模式又称市场模式，是指供应商和采购方通过第三方设立的网站进行采购业务的过程。在这个模式中，无论是供应商还是采购方都只需在第三方网站（也是独立的门户网站）上发布并描绘自己提供或需要的产品信息，第三方网站则负责产品信息的归纳和整理，以便于用户使用。

互联网网站是全世界范围内的任何人都可以进入的网络站点，它允许任一参与者登录并进行交易，但是要交纳一定的费用，这是按交易税金或是交易费的百分比来计算的。网站上的主要内容有查看目录、下订单（在线拍卖的情况下称为竞标）、循序交货、支付等。虽然这样省去了建立网站的花费，但由于这一市场是独立的第三方网站，它与采购方的后台系统集成比较难。为了弥补这一缺陷，现今一些网上交易市场特别是由电子采购方案提供商建立的电子交易中心，纷纷采用了开放型构架，这种架构已逐渐成为构建电子交易中心的主流模式。因为在这种构架下，不论企业自身的系统是什么“语言”，都可以顺利地进行“沟通”。同时他们还为客户提供后台集成的服务，使企业能顺畅地通过电子市场进行采购。

不过这些电子交易中心的发起人也在目的和服务水平上千差万别。许多电子交易都只是局限于为多个买方和供应商提供一个在线的多对多的商店门面，而且通常只是关注某个行业领域。目前，10%～30%的采购由交易中心进行。

第三方模式的三种现实情况如下。

（1）应用综合性电子商务网站。如阿里巴巴、慧聪等，这类网站通常作为企业销售渠道的延伸，企业可以进行企业品牌宣传、产品展示、新产品发布等营销活动。这种综合性平台针对商务活动开发了专业搜索引擎，能对海量的行业产品信息进行精准发掘。综合性平台为中小企业开展国际贸易提供了很大的帮助，但在获得国内订单方面帮助较小。

（2）应用行业类电子商务网站。对于企业这类网站聚集了众多行业内买家，目标客户明确，可以有针对性地展开营销活动。行业类电子商务网站可以细分为两种方式：信息类电子商务网站和交易类电子商务网站。信息类电子商务网站侧重于买卖双方信息的发布和展示；而交易类电子商务网站不仅完成信息的发布和展示，还可以帮助双方完成交易过程。交易类电子商务网站通过以第三方服务的方式为大型企业或者集团提供电子采购服务，供应商作为会员加入网站，与原有客户开展网上交易，同时可以与平台其他客户拓展销售活动。

（3）集团或企业级电子商务网站。这种方式与第三方的交易性电子商务网站类似，就是集团或企业搭建自己的电子商务网站。企业集团期望通过自身对企业采购管理的控制、集中采购的应用来降低企业采购管理成本及采购成本。从目前发展情况来看，供应链上占主导地位的大型企业电子采购方式推动电子商务发展成为一种很重要的方式。

从以上几种方式来看，企业以综合性平台、行业平台作为网络营销平台或者渠道主动开展电子商务活动。这种商务活动通常是非特定企业间的电子商务，也就是过去双方不曾有过交易关系，在开放的平台中对每笔交易寻找新的最佳伙伴，实际交易活动通过网下进行，交易双方不以永久、持续交易为前提。而大型核心企业通过应用第三方平台或者自身搭建平台的方式，通过电子采购的实施推动了企业电子商务的应用，这种商务活动通常是特定企业间的电子商务，也就是指发生在过去一直有交易关系的，或是在进行一定交易后要继续进行交易的企业之间。在大型企业启动电子采购的过程中，供应商通常是“被动”面对。

5.2.3 电子采购的流程

上述三种模式的电子采购的流程都有基本相似性，如图 5.2 所示。

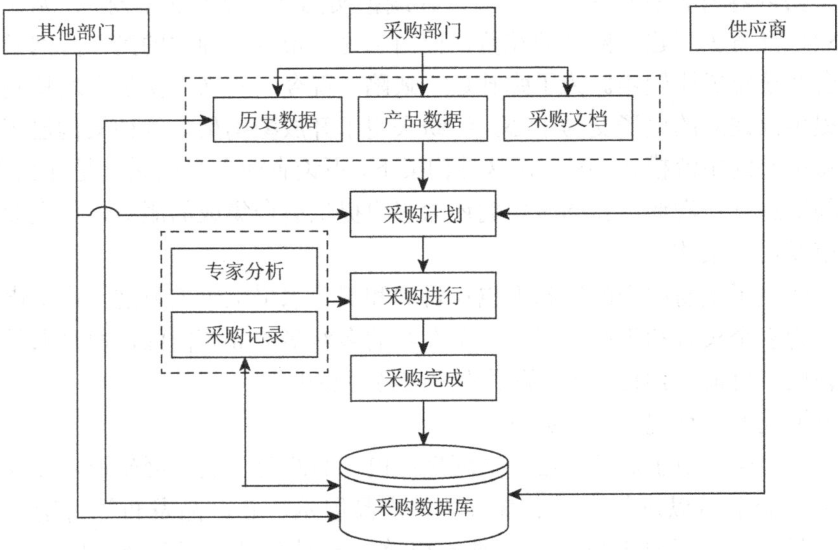

图 5.2 电子采购的流程图

当采购部门需要制订采购计划时，首先从采购数据库中查找以往的采购历史数据、相关物资产品数据以及采购文档，结合市场供求状况，制订新一期的采购计划。供应商通过访问电子采购系统，获取招标文件，与采购等部门进行相关的数据交换和信息共享，然后按照要求提交标书。其他参与采购决策的部门（包括生产、计划、财务和质量部门等）也通过电子采购系统中的数据与信息共享为供应商的选择提供依据和支持，并实时地对采购计划的执行情况实行监控。

采购计划下达后，电子采购系统会根据以往采购记录和专家分析结果来支持在采购进行过程中所出现的各种问题，问题解决知识作为储备存入采购数据库中。该电子采购系统处理和解决问题的能力依靠于采购数据库中这类知识。

当采购完成以后，电子采购系统还会自动记录本次采购活动的各种相关信息和数据。这样的即时信息数据录入会成为整个供应链上所有成员的共同信息，同时保证以最新的信息数据支持采购部门制定后续的采购决策，从而适应需求的快速变化。

案例 5.2　宝钢基于供应链的电子商务

电子商务就像是一座桥，一头连接供应链上游的供应商，另一头连接供应链下游的客户。宝钢建立以自身及其上下游重点企业为龙头的供应链服务体系，以解决单据电子化、数据交换标准和战略服务模式等关键问题，形成了极具竞争力的跨流程数字供应链。这样做一方面大幅度降低了采购成本，另一方面建立了一个全球化、零距离的钢材销售模式。

从 2001 年 1 月首次对铁合金、耐火材料等冶金辅料实施网上招标采购以来，宝钢为采购业务探索和应用了网上招标、网上竞价等多种标准电子采购模式。原先，在宝钢与客户和供应商的业务过程中，外部协作单元（如供应商、仓库等）存在着信息化水平落后、标准不统一的问题，通过电子商务系统的整合以及物流跟踪等系统的应用，统一了服务标准，消除了供应链上的“短板”。2009 年 6 月，宝钢采购电子商务平台门户改版上线，新门户在原采购业务公开、采购业务协同、电子招投标等功能的基础上，提供供应商自荐、网上咨询、三级救助、互动讨论等功能与服务，网上采购物料品种涵盖通用设备、备品备件、工程类物资、化工原料、铁合金、废钢以及服务采购等。2010 年 5 月，宝钢进一步推进网上采购，要求各业务单元进一步完善网上采购推进计划，进一步规范网上采购行为，切实保障交易过程的透明可控，不断提高采购执行效率。目前，集团公司应用网上采购的单位有 20 余家，宝钢已实现 100%全覆盖，已有供应商数量 5000 多家。基于统一的供应商门户，供应商可一站式登录采购平台，对采购单元发布的采购需求、采购动态等实时查看，与宝钢各采购单元开展业务。

大客户通道是宝钢建立的与战略客户采购模式相适应的供应链管理体系和营销服务体系。从 2003 年起，宝钢就开始启动与行业战略客户的大客户通道建设，大客户通道在功能上实现了战略客户与宝钢的紧密协同。在计划协同上，大客户通道支持宝钢与战略客户在计划层面的深层次协同以实现对战略客户供货保障。在订货协同方面，大客户通道通过全程的订货卡管理流程，实现战略客户的采购合同与宝钢的销售合同的无缝连接。在生产和物流跟踪协同上，实现战略客户对宝钢各生产单元的生产进程和对产成品出厂物流、在途物流的跟踪和业务协同。通过大客户通道，战略客户还能实时了解库存情况，根据供需变化调整合同的订货量以及交货期，实现供应链的敏捷反应，为压缩库存、降低成本、改善资金流等发挥积极有效的作用。目前，宝钢已在汽车、造船、能源、锅炉等多个行业为25家战略客户实施了基于供应链协同模式的大客户通道服务。

2007年，围绕新一轮发展战略，配合一体化销售系统及物流管控系统的建设，宝钢大力推进电子商务平台的建设及应用，对宝钢在线电子销售系统进行了适应一体化需求的配套升级改造，与碳钢、不锈钢、特钢等生产制造单元的销售管理系统相匹配，为生产组织和产品销售提供了有力的网上支持，提高了宝钢营销体系整体电子商务应用水平和在线客户服务能力。宝钢国际东方钢铁以产业链为基础、供应链管理为重点，在总结多年来探索电子商务实践经验的基础上，吸取各家优点，整合相关资源，开发出电子商务标准版，实现了与宝钢国际各贸易公司企业资源计划标准版的对接。同时，新建第三方物流应用系统，实现了与物流管控系统的高效集成，支撑了宝钢与仓储运输等业务的协同运作。用户通过宝钢电子商务平台，高效便捷地得到从产品需求申报、在线订货、合同跟踪、仓储提单到财务结算等的全流程服务。

2008年，面对金融危机的强烈冲击，宝钢电子商务发挥特有的优势，推进业务模式创新、平台建设、基础服务能力提升、全面风险管理、外部市场开拓等，一体化电子商务门户及统一现货系统进一步完善，业务运作效率显著增强，营销成本明显改善，充分体现了“信心、理性、快速、坚决”的危机应对方针。去年5月，随着“一体化销售及物流管控系统二期项目特殊钢子项”的正式上线，电子商务平台实现了对宝钢钢材品种的全覆盖。宝钢电子商务完善大客户通道标准解决方案，进一步强化宝钢与重点客户间的战略合作关系，提升宝钢供应链协同。在客户需求、订货、执行跟踪、质保书查询、质量反馈、物流仓储、个性化财务对账等标准功能推广的基础上，为用户提供计划协同、断点预警、财务结算、委外物流等个性化服务。

在金融危机中，融资难是中小客户面临的共同问题。以前通常的处理方式是由宝钢向这些企业提供定金订货和贷款融资这种方式。然而，这种方式增加了宝钢的资金压力和实际运行过程中的市场风险。2009年，宝钢在电子商务平台的基础上，创新并成功开发了供应链融资平台，既为上下游中小企业提供了低成本高效率的融资平台，为银行提供了为中小企业提供集成化服务的电子化平台，还解决了宝钢在经营过程中扩大销售与运营资本紧张之间的两难问题。

电子商务帮助企业实现自动化的流程，利用数据集中、服务整合的优势，建立共享的电子单据服务中心、自助服务中心和呼叫中心，使企业与整个产业链上更多的贸易伙伴实现自动化合作，网上订货、物流跟踪等均可在电子商务平台上操作完成。其中，电子提货单是宝钢针对用户提货环节，运用自主产权的加密防伪技术进行用户自助服务创新的一种电子单据，得到授权的用户使用自己的计算机就可以打印出防篡改、防复印的提单，仓库对提单验密后就可直接发货，改变了“跑马传单”的传统业务形态，大大简化了单据处理流程，钢厂出厂物流周期也因此平均缩减0.8天。

电子商务拉近了宝钢与供应商、客户之间协同合作的距离，实现了交易过程的低成本、高效率，成为供应链的有力驱动因素。

（资料来源：何心向. 打造数字化高效供应链. http: //www.chinavalue.net/Media/Article.aspx？ArticleId=66862[2010-10-20].）

5.3 全球采购

进入 21 世纪，随着经济全球化的深入发展，产品不再完全由一个国家以当地资源为基础进行生产，也不再是所有的零部件都在一国生产组装。现代制造业往往在一个国家设计产品，然后在本国或他国组装，而其中许多部件则是从不同的国家进口，因此全球采购成为一种趋势。

5.3.1 全球采购的基本模式

目前，公司通常使用三种商业模式来实现全球采购，分别为贸易代理模式、当地合资或独资的外商投资企业模式以及建立全球采购中心或采购办事处模式。这三种模式各有利弊，关键区别在于其采购承诺和责任的不同。

（1）贸易代理模式。这种模式是指采购企业通过当地或专门贸易代理商获取所需采购的产品或服务。贸易代理商可以帮助采购商筛选当地的供应商、谈判价格并负责打理其后的订单履行以及物流。这个模式的优点是，贸易代理商作为第三方的服务提供商，可以使其客户免于应付复杂琐碎的日常操作，甚至可以替客户进行一些较小规模的投资；初期投资比较小，总的风险比较小，由于贸易代理商比较了解当地的市场，拥有较多的供应商信息以及与当地供应商保持着良好的关系，所以采购企业比较容易获得质量上的保证。但是这种模式的缺点是，有时候会造成全球采购的公司失去对供应商的控制权；同时由于贸易代理在中间的存在，采购方无法获得最好的产品价格；另外，采购方不直接与生产商联络，而贸易商未必在某个产品上是最为专业，有可能造成对产品要求的不理解，造成信息沟通障碍等。由于这些特性的存在，跨国公司在选择贸易代理的时候必须非常留心保持自己的控制权，以及了解贸易代理的能力水平和责任履行情况。

（2）当地合资或独资的外商投资企业模式。跨国公司或者实施全球采购的企业可以在低成本国家建立合资或独资企业，从而深入到低成本国家当地。这种模式优点是，一般情况下，投入了更多的精力和资金，公司可以与供应商建立更深入的联系，并对质量进行更紧密的控制，也便于与供应商开展更为长期和直接的合作。这对于公司在当地的长期发展以及进入当地市场十分有帮助。这个模式的缺点是，跨国公司采购的流程将复杂化，如果没有有效的全球供应链管理，将无法体现这个模式的优势，甚至由于提前期的增加、中间的运输和仓储等成本增加而无法达到通过这种采购模式降低成本的目的。在这种模式下，采购不仅是买和卖的关系，还包括大量的沟通等工作，这会使部分成本上升。例如，需要公司在不同国家甚至大洲之间协调不同工厂的外包项目，并管理相应的订单履行情况和运输分拨。

（3）建立全球采购中心或采购办事处模式。跨国公司通过在供应商国家或设立专门的全球采购中心或采购办事处来专门评估、选择和发展当地供应商。这种方式基本上是一种共享服务的模式，利用一批专业的采购团队来专门负责打理从订单到物流管理的相关事宜。这种采购模式集合了其他两种模式的优点，投资少，风险小，无语言等障碍，可以直接参与到当地供应商的选择、开发和评估中，也可以与当地供应商建立长期直接的合作关系。这种模式的缺点是，对于采购中心和办事处的员工的要求较高，不仅要了解所采购产品的技术和质量要求，同时还要懂得管理外包项目的质量、交货期和物流等。所以，在采用这种模式下，公司内部各个商业部门的大力支持无疑是其成功的关键，除此之外，该采购中心或办事处管理自营或外包物流的能力也至关重要。

在以上三种不同模式中，建立全球采购中心或采购办事处可能是被最广泛采用的最成功的方式。"全球采购中心或采购办事处"通常可以为公司带来采购成本和采购周期的显著下降。当地的全球采购中心或采购办事处还可以促进各种形式的采购信息在全球范围内的公司各部门之间得到充分的沟通和共享。总体来说，这种模式认为是将新兴的采购目的地国家或地区融入原有的全球供应链的最佳方式。

5.3.2 全球采购的分类

1. 按采购的运作主体来分类

（1）制造商驱动的全球采购活动及其策略。这种方式主要出现在资本和技术密集型的行业中，如汽车、飞机、信息产品、重型设备等行业。在这些领域中，制造能力突出的大型跨国公司，成为全球采购网络的核心，在全世界范围内进行最为有利或最佳的采购活动，从而使供应链形成最佳的竞争优势。

（2）销售商驱动的跨国采购活动或全球采购活动。这是指以批发商、零售商和贸易公司为核心而进行全球采购活动以及由此形成全球采购供应网络。这种采购一个非常突出的特点就是以这些批发商、零售商和贸易公司所掌握市场需求的特点来提出对商品的包括样式、规格、质量、标准方面的要求，然后在全球范围内寻找最好的生产者或者供应商，最后销售到全球的市场中。这种采购方式在那些劳动密集型的行业中和消费品行业中比较常见，如家电、服装、鞋类、玩具和家庭日常用品方面，这种以购买者驱动型的全球采购和跨国采购是非常活跃的。

（3）专业化的全球采购组织和国际经纪人所从事的全球采购与跨国采购。无论在中国还是在全世界，为数众多的还是那些中小企业，它们也存在着合理地利用全球资源的要求和愿望。这些中小企业如果自己来进行全球化的采购，一方面成本过高，另一方面就是缺乏充足的信息和专业的人才。因此，面对这样的需求，在国际贸易领域中一些专业性的采购组织和采购经纪人就应运而生，成为面向中小企业的采购供应商。这些全球采购组织和经纪人经常出现在各个国家的展会上或者以组团的方式来到世界各国特别是发展中国家来寻求合理的商品资源。

2. 按采购的组织职能分类

（1）集中采购（centralization）。由一个完全集中的核心采购部门负责对集团内所有工厂供货，通过建立核心采购部门，集中采购需求量，提高与供应商的议价能力，来获得更有竞争力的价格。

（2）分散采购（decentralization）。企业的每个独立业务单元或工厂都有自己的采购部门，并由其完全负责本部门的供货。分散采购可以非常接近当地工厂的采购需求和当地市场，也可以很简单地做出适合于当地工厂采购需求的决定，迅速而直接地解决采购过程中发生的问题，特别是能及时处理突发事件。但是，分散采购没有集成的采购效应，采购谈判议价能力相对薄弱，同时没有全球的统一标准也没有中央数据库分析作为基础，在采购中缺乏分析工具，在整个集团内缺乏相互合作以及基础的数据和市场行情分析。

（3）网络多层次采购（networking）。介于集中采购和分散采购组织之间的一种形式，它继承了两者的优点，但是由于这两种组织形式本身固有的特性，需要在协调上付出更大的努力。

网络多层次采购可以将全球采购和本地的专业采购知识结合起来，在工厂和地区之间建立很深的互动关系，各地执行决定通常建立在团队协作的基础上，由各个工厂共同做出决定。同时，在全球建立一套统一的采购方法、工具和数据库。

由于网络多层次采购建立在各个工厂相对独立决策的基础上，所以在信息透明度和协调、报告制度方面需要采购人员付出更多努力来保持采购网络信息的畅通，帮助各个工厂做出对集团最有利的决定。

在网络多层次采购中，中心采购部门和地方单位的采购部门这两个层次是最基本的。

中心采购部门要制定集团的采购战略和采购政策；将采购流程、采购规则以及采购方式进行标准化；将常规商品与供应商进行合同谈判；购买厂房和设备；进行海外采购及协调；承担相应的法律责任；企业内部的存货转移及指定库存政策；负责采购人员的培训；建立数据库和日常的信息服务。而地方单位的采购部门负责协助中心采购部门做好日常的采购工作，并对非合同商品下达采购指令。

对于跨国公司，一般都是会生产多种产品、拥有多个生产基地的复杂企业。对于全球采购组织的设立，各个公司都是根据自身条件进行度身定制，没有一种采购组织形式可以适用于所有企业。

在当今世界上，找不到采用分散采购组织而成功的跨国公司，因为这种组织形式极大地分散了集团的采购议价能力，由于没有集团共享的信息基础，各个工厂单兵作战进行采购的能力受制约太大，无法达到集团整体利益的最大化，不合适现在竞争激烈的国际市场形式。而选择中央集成采购的企业有很多，如西门子、联合利华、惠普等大牌跨国公司。选择网络多层次采购组织的企业有拜耳制药、SAP 等。此外一些跨国公司，也在逐步地向中央集中采购组织转变，只不过这种转变由于涉及权利和利益在集团内部的再分配而阻力重重，这种情况也发生在从分散采购组织向网络多层次采购组织的演变过程中，一般企业都需要花 3 或 4 年甚至更长时间完成这样的转变，而在转变过程中，公司高层对此的态度决定了转变的成功与否。

3. 按全球采购实施的特点分类

（1）共同采购与专业人员采购。共同采购是近年来发展起来的新型采购模式，是指几家跨国公司联合向供应商采购相同的产品。其优点是，一方面由于增加了采购量，增强了讨价还价的能力，降低了采购成本，提高了竞争力；另一方面由于采购量大，供应商也愿意为跨国公司独立开发产品。

跨国公司的采购人员大都经过专业训练，具有丰富的专业知识，清楚地了解产品的性能、质量、规格和有关技术要求。一般由技术部为主初选和推荐供应商入围，在技术部与供应商签署技术合同后再由采购部洽谈和签订商务合同。采购品的规格、技术指标、遵循的标准、包装的尺寸、储存的条件等条目都详细地规定在文件中作为合同的一部分，供应商必须确保所提供的采购品与规格相符。

（2）无库存采购计划。在产品供大于求的状态下，库存是企业的万恶之源，零库存或少库存及物流外包成了企业的必然选择。为此，许多跨国公司更多倾向采取长期有效合同的形式，而不是定期采购订单。因为这样只要在需要时通知供应商按照条件供货，就可以做到“无库存采购计划”，即根据以往和供应商打交道的经验，当库存量低于规定水平时，便按照以往的订货目录和基本要求继续向原先的供应商购买产品，从而降低或免除库存成本。供应商也愿意接受这种形式，因为这样可以与采购商保持长期的供货关系，增加业务量，以及抵御新的竞争者。跨国公司则可通过科学的经济批量计算，合理安排采购频率和批量，从而降低采购费用与仓储成本。

（3）分散风险的采购。虽然从同一个供应商采购的量越大，价格的谈判能力就越强，但是供应商对采购商过分信赖也不完全是好事。因为仅由一家供应商负责 100%的供货和 100%成本分摊，一旦该供应商在管理和经营上出现波动，按照“蝴蝶效应”的发展，势必影响整个供应链的正常运行，造成采购商货源的短缺，风险较大；如果是采购商终止采购，则可能使该供应商面临倒闭的危险，由此也会产生较大的社会问题。所以，跨国公司从供应商风险评估的角度出发，采购数量一般不超过该供应商产能的 50%，同类产品的供应商数量最好保持在 2 或 3 家，且有主次供应商之分，这样可以降低管理成本和提高管理效果，保证供应的稳定性。若出现意外需求或是其中一家供应商停止供货，跨国公司也能够迅速从其他供应商处得到补充供应。

（4）电子采购。自 20 世纪 90 年代以来，跨国公司陆续把发展采购电子商务列入企业发展的战略目标。现在欧美企业 60%的产品都是通过网上采购获得。将物流、资金流和信息流三流合一进行高效运作的供应链理念，以及现代化、集约化的电子采购，正成为跨国公司经营运作的重要流程。

（5）“外包”采购。为了在全球竞争环境下生存与发展，跨国公司进行了大规模的业务整合，将资源集中于更有竞争优势的业务领域和经营环节，而把许多不擅长的业务活动剥离出去。另外，技术的进步，尤其是通信网络、信息技术的高度发展，也大大降低了跨国公司通过外部市场获取原材料的交易费用。因此，在操作采购活动中采用了“业务外包”的做法，使跨国公司更专注于核心竞争力。这种供应链整合在劳动密集型行业和一些消费品行业中，如食品、服装、鞋类、玩具、家庭日常用品以及家电产品等有着非常突出的表现。

5.3.3 全球采购中的风险

在全球采购中所涉及的风险包括以下方面。

（1）语言、文化的差异。即使使用共同语言，也有可能出现对意思表达或合同条款的不同理解，即使处于共同文化氛围，也有可能因为第三方转述而造成曲解，更何况是在不同的语言和文化环境下。由于不同国家之间的贸易术语、技术词汇所含意思不同都会造成一定的问题，从而带来合同执行的不便，增加交易成本。

（2）使用的货币不同，外汇风险。政治、经济和社会因素都会对汇率的变化造成影响，从而有可能会对买卖双方造成损失。因此采购部门应该掌握相关知识。

（3）贸易手续复杂，限制多。不同国家之间进行贸易往来时，会存在许多繁杂的手续，如报关、通关、检验等问题，这些手续可能会影响采购成本。

（4）供应商的选择。由于跨国交易的特殊性，还需要花费大量的时间来调研有关国家的政治、经济、对外贸易、运输等情况，有关商品国际市场的生产、销售、价格以及主要进出口国家等情况。采购方要寻找自己所需商品的相关信息，以获得最佳货源和最低价格，达到用合理的交易条件进货的目的。

（5）催单问题。由于距离的原因，为了加快国外供应商的生产或运输，以尽快完成供货，就需要不断地催单。这本身也是一笔不小的成本。

（6）政治问题。受供应商所在国家政府问题的影响，例如，供应商所在国家发生暴乱或战争，很可能造成供应中断。因此需要采购商对这一风险进行估计，以在最大范围内控制风险或及时处理发生的风险。

（7）公司所在地与供应商所在地的时差。现在得益于通信技术的发展，传真、录音电话、电子邮件可以大大减少时差的影响，并可以缩短人们对不同国家市场的心理距离。

（8）付款方式。全球采购在付款方式上有着自身的独特性。国际贸易中存在多种付款方式，最常用的是信用证付款方式。不同的付款方式会带来不同的风险和费用，需要灵活掌握。

（9）质量问题。随着国际质量标准的建立，这一方面的问题已经变得比较简单。采购双方进行协商，达成一致即可。

（10）法律问题。进行全球采购时，由于法律问题存在的潜在风险要比国内采购大得多。

5.3.4　全球采购的实施

全球采购是一个多部门协作的系统工程，它涉及采购部、物流部、生产部、工程部、质量部、研发部等几乎所有部门。全球采购的核心是开发国外供应商，它的一般流程如下。

（1）采购部门根据研发部门的技术要求寻找符合企业需求的供应商。

（2）采购部门确定候选供应商后提供相应的开发进度给供应商，同时供应商需根据实际情况做出反馈。

（3）供应商开发成功后需提交样件，并进行小批量供货以验证其产品的质量稳定性和一致性。

（4）小批量供货成功后，采购部门与供应商签订供货合同，并跟踪生产中的一些日常问题，如质量、交货、服务等，以确保其能够满足企业的长期使用需求。

事实上，采购部门作为全球采购策略的实施者，它需要完成多项工作，如收集需求数据、分析和评价供应商资料、分析采购成本、制定供应商选择决策、商务谈判、供应商质量表现评估和问题改进等。

目前，多数跨国企业都设立了专门的采购组织，由集团副总裁级别的高管负责，制定公司的全球采购策略，对公司的采购资源进行整合。此类总部级别的采购组织有两种工作方式：一是对集团所属的全球子公司级别的采购组织进行直接管理或协调；二是单独设立独立于各子公司采购部门之外的全球采购小组，为集团所有的子公司服务。总部级别的采购组织往往拥有较大权力，既能够对各个子公司采购组织进行管理和协调，又能够对各地区的全球采购小组进行领导管理。

在各地区的全球采购小组中，一般配置有以下三类专业人员。

（1）供应商开发工程师。他们的职责是进行市场调研，建立供应商数据库，针对公司需求确定目标供应商，并对目标供应商的制造能力进行初步评审，选择具备条件的供应商作为备选公司。作为供应商开发工程师要具有足够的质量知识和工程知识。

（2）采购工程师。他们的职责是与进入备选名单的供应商进行商务谈判。在产品规格、价格、包装方案、最小订货量、交付周期、付款方式及物流方式等方面达成一致并最终签订框架合同。

（3）供应商质量保证工程师。他们的职责之一是依据本公司的标准，对备选供应商进行审核，审核的重点是其质量保证与控制水平；职责之二是对供应商在供货过程中出现的质量问题进行跟踪，并要求供应商改进，同时对供应商自身在执行质量体系方面出现的偏差进行评估和监控。

案例 5.3　西门子公司的全球采购策略

西门子公司是一家有着 150 多年历史、横跨数个产业的航空母舰式的公司。西门子公司每年采购额约 400 亿欧元。

在过去很长一段时间里，西门子公司的通信、能源、交通、医疗、照明、自动化与控制等各个产业部门根据各自的需求独立采购。随着西门子公司的逐渐扩大和发展，采购部门发现不少的元部件需求是重叠的：通信产业需要订购液晶显示元件，而自动化和控制分部也需要购买相同的元件。由于购买数额有多有少，选择的供应商、产品质量、产品价格与服务差异非常之大。

精明的西门子人很快就看到了沉淀在这里的“采购成本”。于是，西门子公司设立了一个采购委员会来协调全球的采购需求，把六大产业部门所有公司的采购需求汇总起来。这样，西门子公司可以用一个声音同供应商进行沟通。大订单在手，就可以吸引全球供应商进行角逐，西门子公司在谈判桌上的声音就可以响很多。对于供应商，这也是一个好事情。以前一个供应商，可能要与西门子公司的多个产业部门打交道，而现在只需要与一个“全球大老板”谈判，只要产品、价格和服务过硬，就可以拿到全球的订单，当然也省下不少时间和精力。

西门子公司的全球采购委员会直接管理全球材料经理，每位材料经理负责特定材料领域的全球采购，寻找合适的供应商，达到节约成本的目标，确保材料的充足供应。材料经理的一项重要职责就是找到合适的、能够与西门子公司一起快速成长的供应商。

由于产业链分布在各个国家，西门子公司在各地区采购部门的角色不一样。日本西门子公司采购部门的角色类似于一个协调者。由于掌握着核心技术，日本的供应商如东芝公司和松下公司直接参与了西门子手机的早期开发。西门子移动公司需要知道哪些需求在技术上是可行的，哪些是不可行的，而东芝和松下等企业也要知道西门子公司想要得到什么产品，采购部门的主要工作就是与日本供应商的研方中心进行研发技术方面的协调、沟通和同步运作。中国西门子移动公司采购部的角色重心就不同了，其主要任务是利用中国市场的廉价材料，降低生产成本，提高西门子产品的全球竞争力。

（资料来源：中国物流与采购网．西门子的全球化采购策略．http: //www.chinawuliu.com.cn/xsyj/201011/05/143478.shtml[2010-11-05].）

5.4　快速响应与持续补货

随着市场需求的不确定性增加，企业要及时满足市场需要，适应市场变化，必须建立供应链的快速响应机制，而快速响应与持续补货是商业供应链管理重要的策略之一。

5.4.1　快速响应的基本内容

1. 快速响应的概念

快速响应（quick response，QR）原是美国纺织服装业发展起来的供应链管理方法。它是美国零售商、服装制造商以及纺织品供应商开发的整体业务概念，目的是减少原材料到销售点的时间和整个供应链上的库存，最大限度地提高供应链管理的运作效率。快速响应现已应用到商业的各个领域，企业快速响应时间越短，越能把握更多商机，从而给企业带来更大的利润。快速响应以条形码扫描和电子数据交换为基础，其目的是在供应商和零售商之间建立一个准时的供应补货系统。在推动快速响应的过程中，沃尔玛发挥了极为重要的主导作用。沃尔玛通过快速响应实践，大大推动了供应链管理中各种运作体系的标准化，倡导建立了产业共同商务标准协会（Voluntary Interindustry Commerce Solutions Association，VICS），并制定了行业统一的电子数据交换标准和商品识别标准（UPC 商品条码）。

对于制造商，快速响应改善了它的客户服务，这种改善从根本上说来自于同零售商良好的合作关系。首先，长期、良好的客户服务会增加制造商的市场份额。其次，快速响应还能降低流通费用。制造商将客户需求预测和生产计划集成到一起，可以缩短库存周转时间，减少需要处理和盘点的存货，从而降低流通费用。再次，管理费用可以从三个方面得到降低：由于不需要手工输入订单，所以提高了采购订单的准确率；减少了额外的发票；货物发出之前，仓库扫描运输标签并向零售商发出提前运输通知。最后，可以制订出更好的生产计划。由于可以对销售进行预测并能够得到准确的销售信息，制造商可以准确地安排生产计划。

对于零售商，快速响应的意义主要表现在顾客服务水平和获利能力的显著提高。快速响应利用条形码和 POS 扫描，使零售商能够跟踪各种商品的销售和库存情况，这样就能准确地跟踪存货情况，在库存真正降低时才订货。它们还可以降低订货周期，实施自动补货系统，运用存货模型来确定何时需要采购，最终提高销售额。商品采购成本是企业完成采购职能时发生的费用，其中包括订单准备、订单创建、订单发送及订单跟踪等。快速响应使这些业务流程大大简化，从而降低了采购成本。制造商使用运输标签后，零售商可以扫描这个标签，这样就减少了手工检查到货所发生的成本。总之，采用了快速响应的方法后，虽然单位商品的采购成本会增加很多，但通过频繁地小批量采购商品，顾客服务水平就会提高，零售商就更能适应市场的变化，同时其他成本也会降低，如库存成本和清仓削价成本等，最终提高利润。

2. 有效消费者响应的概念

与快速响应相似，1992 年美国食品杂货业发展起一种称为有效消费者响应（efficient consumer response，ECR）的供应链管理战略，旨在通过分销商与供应商的密切合作，消除系统中不必要的成本和费用并给客户带来更大效益。

20 世纪 80 年代末，由于食品种类和品种日益增多，食品生产和流通企业适应消费者需求越来越困难，传统的商品供应体制很难适应现代流通市场的需求，销售额日益减少。美国食品杂货业要迅速提高竞争力，不仅要解决流通各阶段的效率性，还要在基于消费者需求的基础上，通过供应链体系的构筑，发挥整个流通产业链的效率，实现综合优势。通过有效、连续的商品补货和促销降低成本。为此，美国食品市场营销协会联合可口可乐、宝洁、KSA 公司对供应链进行调查、总结、分析，得到改进供应链管理的详细报告，提出了有效消费者响应的概念体系。

有效消费者响应在超市行业作为一种经营战略被采用，通过它使批发商、供应商和杂货店店主紧密地联系在一起，共同把产品送到消费者面前。有效消费者响应要求重新审视供应链企业间生产、物流、销售的流程，其目的在于消除整个供应链运作流程中没有为消费者增值的成本，将由供应推动的推式系统，转变成更有效率的需求拉动的拉式系统，并将这些效率化的成果回馈给消费者，期望能以更快、更好、更经济的方式把商品送到消费者的手中，满足消费者的需求。20 世纪 90 年代，有效消费者响应的应用使美国干货供应链上的平均库存从 104 天降到了 61 天。

3. 快速响应成功的条件

1991 年 Blackburn 在对美国纺织服装业快速响应研究的基础上总结出快速响应成功的四个条件。

（1）必须改变传统的经营方式，革新企业的经营意识和组织。改变传统的经营方式和革新企业的经营意识与组织。具体表现在以下五个方面。

①企业不能局限于依靠本企业独自的力量来提高经营效率的传统经营意识，要树立通过与供应链各方建立合作伙伴关系，努力利用各方资源来提高经营效率的现代经营意识。

②零售商在快速响应系统中起主导作用，零售店铺是快速响应系统的起始点。

③快速响应系统内部，通过 POS 数据等销售信息和成本信息的相互公开和交换，来提高各个企业的经营效率。

④明确快速响应系统内各个企业之间的分工协作范围和形式，消除重复作业，建立有效的分工协作框架。

⑤必须改变传统的事务作业的方式，通过利用信息技术实现事务作业的无纸化和自动化。

（2）必须开发和应用现代信息处理技术。这些信息技术有商品条形码、物流条形码、电子订货系统、POS 数据读取系统、电子数据交换、发货清单、电子支付、供应商管理库存和持续补货等。

（3）必须与供应链各方建立战略合作伙伴关系。具体内容包括以下两个方面：一是积极寻找和发现战略合作伙伴；二是在合作伙伴之间建立分工和协作关系。合作的目标定位消减库存，避免缺货现象的发生，减低商品风险，避免大幅度降价现象发生，减少作业人员和简化事务性作业等。

（4）供应商必须缩短生产周期，减低商品库存。具体来说应务力做到以下几点。

①缩短产品的生产周期。

②进行多品种、少批量生产和多频度、小批量配送，降低零售商的库存水平，提高客户服务水平。

③在商品实际需要将要发生时采用准时制方式组织生产，减少供应商自身的库存水平。

5.4.2 快速响应的实施步骤

实施快速响应需要六个步骤。每一个步骤都以前一个步骤为基础，都比前一个步骤回报更高，但是需要的投资也更高。这六个步骤如下。

1. 条形码和电子数据交换

零售商首先必须安装条形码、POS扫描和电子数据交换等技术设备，以加快POS机收款速度、获得更准确的销售数据并使信息沟通更加通畅。POS扫描用于数据输入和数据采集，它是指在收款检查时用光学方式阅读条形码，然后将条形码转换成相应的商品代码。电子数据交换是在计算机间交换商业单证。公司将其业务单证转换成行业标准格式，并传输到某个增值网，贸易伙伴从增值网上接收到这些单证，然后将其从标准格式转到自己系统可识别的格式。电子数据交换可传输的单证包括订单、发票、订单确认、销售和存货数据及提前运输通知等。

2. 固定周期补货

快速响应的补货要求供应商更快更频繁地运输重新订购的商品，以保证店铺不缺货，从而提高销售额。零售商通过对商品实施快速响应并保证这些商品能满足客户需求，加快商品的周转，为消费者提供更多可供选择的品种。

自动补货是指基于商品销售预测的自动化。自动补货使用基于过去和目前销售数据及其可能的变化运用软件进行定期预测，同时考虑目前的存货情况和其他因素，确定订货量。基本商品每年的销售模式一般不会受流行趋势的影响，它们的销售量是可以预测的，所以不需要对商品进行考查就可确定重新订货的数量。自动补货由零售商、批发商在仓库或店内进行。

3. 先进的补货联盟

这是为了保证补货业务的流畅。零售商和消费品制造商联合起来检查销售数据，制订关于未来需求的计划和预测，在保证现货和减少缺货的情况下降低库存水平。还可以进一步由制造商管理零售商的存货和补货，以加快库存周转速度。

4. 零售空间管理

这是指根据每个店铺的需求模式来规定其经营商品的花色品种和补货业务。一般来说，对于花色品种、数量、店内陈列及培训或激励售货员等决策，制造商也可以参与甚至制定决策。

5. 联合产品开发

这一步的重点不再是一般商品和季节商品，而是服装等生命周期很短的商品。制造商和零售商联合开发新产品，其关系的密切程度超过了购买与销售的业务关系，这样可缩短从新产品概念到新产品上市的时间，而且可经常在店内对新产品进行试销。

6. 快速响应的集成

通过重新设计业务流程，将前五步的工作和公司的整体业务集成起来，以支持公司的整体战略。快速响应前四步的实施可以使零售商和消费品制造商重新设计产品补货、采购和销售业务流程。前五步使配送中心得以改进，可以适应大量的小批量的运输，使配送业务更加流畅。

同样，由于库存量的增加，大部分消费品制造商也开始强调存货的管理，改进采购和制造业务，使他们能够做出正确的响应。最后一步要求零售商和消费品制造商重新设计其整个组织、业绩评估系统、业务流程与信息系统，设计的中心是围绕消费者而不是传统的公司职能。有时可以先完成最后一步工作，至少是先设计整体体系结构，这样补货的改进和新产品的开发就会尽可能地互相吻合。在确定公司核心业务及其发展方向时，应有战略眼光。

5.4.3 持续补货的概念与特征

持续补货（continuous replenishment，CR）管理模式，是指利用及时准确的销售商品数量的实时信息，并结合库存信息，运用预先规定的库存补充程序，更加科学、准时地确定发货补充数量和配送时间的计划方法。由于着眼于改进供应链中的物流合理性，将管理前向扩展到终端客户的同时，后向也延伸到供应商，整个系统的库存管理水平大大提高，成为完成快速响应的一个行之有效的库存管理模式。持续补货主张少批量、多批次频繁补货，库存补充及时，库存减至最少，库存持有成本显著降低。供应链各个环节库存大量减少，库存周转加快，显著地提高了运作效率。

1. 零售商主导的持续补货

由于零售商要协调组织供应的货物种类繁多、而且在不同的零售店之间供货，所以需要耗费大量的精力去管理协调。沃尔玛充分认识到与供应商的合作能给自己带来成本上的节约，20 世纪 80 年代末，沃尔玛开始全面改善与供应商的关系。通过计算机联网及电子数据交换系统与供应商分享信息，让供应商随时了解其商品在沃尔玛各分店的销售和库存情况，据此调整公司的生产和发货。最初与沃尔玛合作的是宝洁，双方建立起了一个全新的供应商-零售商关系，以计算机网络分享信息。宝洁通过计算机监视其产品在沃尔玛的销售和存货情况，然后据此调整它们的生产和销售计划，从而大幅提高经营效率。宝洁也在同沃尔玛的合作关系中，通过掌握自己的产品在沃尔玛的库存和销售来安排对沃尔玛的送货，宝洁能更好地把握自己的生产，减少了生产上的浪费，消除了因原材料过多而引起的库存费用和资金积压。于是宝洁开始主导下游销售商的库存管理，制订持续补货计划。很快，一些供应商从宝洁的成功中吸取了经验，纷纷倡导由供应商组织决策的持续补货计划。

2. 供应商主导的持续补货

供应商主导持续补货的前提是供应商管理下游企业的库存。供应商管理库存技术不同于常规物流方式：不是由买方，而是由供应方管理买方的库存，即由供方决定什么时间补货和补多少货，这是一种降低物流成本和压缩库存的供应链管理技术。持续补货要持续不断地供货，它的决策主体可以是批发商或零售商，也可以是供应商。既有由批发商或零售商组织的持续补货，也有由供应商组织的持续补货。在供应商管理库存流程中的持续补货是由供应商控制的持续供货，它支持供应商管理库存，但不能说持续补货就包含于供应商管理库存中。因为持续补货是一种送货方式，而供应商管理库存是一种管理手段，两者互为支持。

3. 持续补货的特征

持续补货主要表现在以下三个方面。

（1）管理意识的创新。传统的产销双方的交易关系是一种此消彼长的对立型关系。即交易各方以对自己有利的买卖条件进行交易，简单地说是一种赢-输（win-lose）关系。持续补货要求产销双方的交易关系是一种合作伙伴关系。即交易各方通过相互协调合作，实现以低的成本向消费者提供更高价值服务的目标，在此基础上追求双方的利益，是一种双赢（win-win）关系。

（2）供应链整体协调。传统流通活动缺乏效率的主要原因在于供应商、批发商与零售商之间存在企业间联系的非效率性以及企业内采购、生产、销售和物流等部门或职能之间存在部门间联系的非效率性。传统的组织是以部门或职能为中心进行经营活动，以各个部门或职能的效益最大化为目标。这样虽然能够提高各个部门或职能的效率，但容易引起部门或职能间的摩擦。同样，传统的业务流程中各个企业以各自的效益最大化为目标，这样虽然能够提高各个企业的经营效益，但容易引起企业间的利益摩擦。持续补货要求各部门、各职能以及各企业之间进行跨部门、跨职能和跨企业的管理和协调，使商品流与信息流在企业内和供应链内顺畅地流动。

（3）涉及范围广。既然持续补货要求对供应链整体进行管理和协调，持续补货所涉及的范围必然包括零售业、批发业和制造业等相关的多个行业。为了最大限度发挥持续补货所具有的优势，必须对关联行业进行分析研究，对组成供应链的各类企业进行管理和协调。

4. 持续补货的基本规则

在美国食品营销协会的报告中提出应用持续补货时必须遵守的五个基本规则如下。

（1）持续补货的目的是以低成本向消费者提供高价值服务。这种高价值服务表现在更好的商品功能、更高的商品质量、更齐全的品种齐全、更好的便利性等方面。持续补货通过整个供应链整体的协调和合作来实现以低的成本向消费者提供更高价值服务的目标。

（2）持续补货要求供需双方关系必须从传统的赢输型交易关系向双赢型联盟伙伴关

系转化。需要企业的最高管理层对本企业的组织文化和经营习惯进行改革，使供需双方关系转化为双赢型联盟伙伴关系成为可能。

（3）及时准确的信息在有效地进行市场营销、生产制造、物流运送等决策方面起重要作用。持续补货要求利用行业电子数据交换系统在组成供应链的企业间交换和分享信息。

（4）持续补货要求从生产线末端的包装作业开始到消费者获得商品为止的整个商品移动过程产生最大的附加价值，使消费者在需要的时间能及时获得所需的商品。

（5）持续补货为了提高供应链整体的效果（如降低成本、减少库存、提高商品的价值等），要求建立共同的成果评价体系，要求在供应链范围内进行公平的利益分配。

总之，持续补货是供应链各方推进真诚合作来实现消费者满意和实现基于各方利益的整体效益最大化的过程。

案例 5.4　沃尔玛的快速响应与持续补货

沃尔玛于 1986 年开始在其供应链中建立了快速响应和持续补货系统，主要功能是进行订货业务和付款通知业务。通过电子数据交换系统发出订货明细清单和受理付款通知，提高订货速度和准确性，节约相关事务的作业成本。其操作流程如图 5.3 所示。

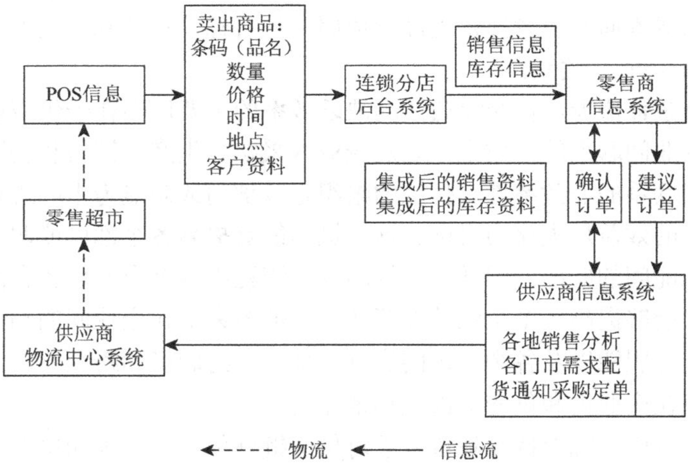

图 5.3　快速响应和持续补货流程图

快速响应和持续补货系统的具体运用过程是：在沃尔玛与供应商（如宝洁）的战略合作协议和基于电子数据交换的信息系统集成支撑下，沃尔玛将基于 POS 数据的销售情况及零售超市的库存情况实时共享给供应商。当某个零售超市的库存水平低于订货点时，沃尔玛的信息系统自动向供应商发出建议订单。供应商与沃尔玛确认该订单后，向自己的物流中心发出补货指令，物流中心直接向该零售超市配送所需的商品。

这种方式省去了由供应商向沃尔玛物流中心补货的过程，可以提高补货及时性和节约物流成本。另外，供应商还可以基于沃尔玛的 POS 信息，及时了解沃尔玛的商品销售状况，把握商品的需求动向，并及时调整生产计划和材料采购计划。

供应商利用电子数据交换系统在发货之前，向沃尔玛传送预先发货清单（advanced shipping note，ASN）。这样，沃尔玛事前就可以做好进货的准备工作，同时可以省去货物数据的输入作业，使商品检验作业效率化。

沃尔玛在接收货物时，用扫描读取机读取包装箱上的物流条形码，把扫描读取机读取的信息与预先储存在计算机内的进货清单进行核对，判断到货和发货清单是否一致（做到单单相符，单货相符），从而简化了检验作业。在此基础上，利用电子支付系统向供应商支付货款。同时，只要把预先发货清单数据与 POS 数据进行比较，就能迅速知道商品库存的信息。这样做不仅使沃尔玛节约了大量事务性作业成本，而且能压缩库存，提高商品周转率。

沃尔玛还把零售超市商品的进货和库存管理的职能转移给供应商，供应商对沃尔玛的流通库存进行管理和控制，即采用供应商管理库存方式。供应商对 POS 信息和预先发货清单信息进行分析，把握商品的销售和沃尔玛的库存动向。在此基础上，决定什么时间，把什么类型商品，以什么方式，向什么店铺发货。发货的信息预先以预先发货清单形式传送给沃尔玛各相关门店，进行多频度小数量连续库存补货，即采用持续补货方式。

由于沃尔玛采用供应商管理库存和持续补货等先进管理方式，供应商不仅能减少本企业的库存，还能减少沃尔玛的库存，实现双方库存水平的最小化。

另外，对沃尔玛来说，快速响应和持续补货系统省去了商品进货的业务成本，同时还能集中精力于销售活动。并且，事先能得知供应商的商品促销计划和商品生产计划，能以较低的价格进货，这些都为沃尔玛进行价格竞争提供了必要的条件。

（资料来源：胡松评. 向沃尔玛学供应链管理. 北京：北京大学出版社，2006.）

5.5 协同计划、预测与补货

沃尔玛作为商业供应链管理的领先企业，在 20 世纪 80 年代末和 90 年代初，通过与宝洁的产销联盟，成功实施了快速响应、持续补货和供应商管理库存等供应链管理策略，形成了零售连锁企业与大型供应商合作的典型模式。然而，在与中小供应商的合作中，由于中小供应商的信息系统、渠道管理与补货等能力无法达到大型供应商的水平，上述供应链管理策略未必有效。为了实现包括中小供应商的供应链有效运作和管理，以及对市场变化的科学预测和快速响应，一种新的供应链管理策略——协同计划、预测与补货（collaborative planning，forecasting and replenishment，CPFR）应运而生。

5.5.1 协同计划、预测与补货的概念

1. 协同计划、预测与补货的产生和发展

1995 年，国际著名的商业零售连锁店沃尔玛及其供应商 Warner-Lambert、世界最大的企业管理软件商 SAP、国际著名的供应链软件商 Manugistics、美国著名的咨询公司 Benchmarking Partners 等 5 家公司联合成立了零售供应和需求链工作组，进行协同

计划、预测与补货研究和探索，其目的是开发一组业务过程，使供应链中的成员利用它能够实现从零售商到制造企业之间的功能合作，显著改善预测准确度，降低成本、库存总量和现货百分比，发挥出供应链的全部效率。在实施协同计划、预测与补货后，Warner-Lambert 公司的零售商品满足率从 87%增加到 98%，新增销售收入 800 万美元。在协同计划、预测与补货取得初步成功后，组成了由 30 多个单位参加的协同计划、预测与补货理事会，并与 VICS 理事会一起致力于协同计划、预测与补货的研究、标准制定、软件开发和推广应用工作。美国商业部资料表明，1997 年美国零售商品供应链中的库存约为 1 万亿美元。协同计划、预测与补货理事会估计，通过全面成功实施协同计划、预测与补货可以减少这些库存中的 15%～25%，即 1500 亿～2500 亿美元。由于协同计划、预测与补货巨大的潜在效益和市场前景，一些著名的企业软件商如 SAP、Manugistics、PeopleSoft、i2 Technologies、Logility 和 Syncra Software 等公司正在开发协同计划、预测与补货软件系统和从事相关的服务。

2. 协同计划、预测与补货的概念

协同计划、预测与补货是一种供应链管理策略，它应用一系列的处理和技术模型，提供覆盖整个供应链的合作过程，通过共同管理业务过程和共享信息来改善零售商和供应商的伙伴关系、提高预测的准确度，最终达到提高供应链效率、减少库存和提高消费者满意程度的目的。协同计划、预测与补货有以下三条指导性原则。

（1）合作伙伴框架结构和运作过程以消费者为中心，面向供应链的成功运作。

（2）合作伙伴共同负责开发单一、共享的消费者需求预测系统，这个系统驱动整个供应链计划。

（3）合作伙伴均承诺共享预测并在消除供应过程约束上共担风险。

协同计划、预测与补货针对合作伙伴的战略和投资能力不同、市场信息来源不同的特点，构建成一个方案组，方案组通过确认合作伙伴从事关键业务的能力来决定哪家公司主持核心业务活动，合作伙伴可选用多种方案实现其业务过程。零售商和制造商从不同的角度收集不同层次的数据，通过反复交换数据和业务情报改善制订需求计划的能力，最后得到基于 POS 的消费者需求的单一共享预测。这个单一共享需求计划可以作为零售商和制造商的与产品有关的所有内部计划活动的基础，换句话说它能使供应链集成得以实现。以单一共享需求计划为基础能够发现和利用许多商业机会、优化供应链库存与改善客户服务，最终为供应链伙伴带来丰厚的收益。

3. 协同计划、预测与补货与其他合作补货模式的关系

在协同计划、预测与补货提出之前，关于供应链伙伴的合作补货模式主要有合计预测与补货（aggregate forecasting and replenishment，AFR）、供应商管理库存和联合管理库存等。合计预测与补货是商业贸易伙伴交互作用中应用最广泛的方法，用于预测的核心数据来自于辛迪加的数据和销售历史数据，采用制造商推动供应链的方法。合计预测与补货缺乏集成的供应链计划，可能会导致高库存或低订单满足率。供应商管理库存可以解决合计预测与补货的一些问题，供应商管理库存的一个关键技术是应用供应链的能力管理库存，这样需求和供应就能结合在一起，使制造商能够得到零售分销中心仓库返回数据和 POS 数据，利用这些信息规划整个供应链的库存配置。供应商

管理库存方法虽然有很多优点，但是缺乏系统集成。联合管理库存预测与补货方法相对较新，这种方法以消费者为中心，着眼于计划和执行更详细的业务，供应链伙伴经常应用工作组（team work）技术进行关键问题处理，使其在了解对方的运作和增强相互作用等方面得到改善，其结果有助于发展贸易伙伴的信任关系。联合管理库存在每个公司内增强了计划和执行的集成，并在消费者服务水平、库存和成本管理方面取得了显著的效果，但联合管理库存的建立和维护成本高。上述方法均未实现供应链的集成。

协同计划、预测与补货建立在联合管理库存和供应商管理库存的最佳分级实践基础上，同时摒弃了联合管理库存和供应商管理库存中的主要缺点，如没有一个适合所有贸易伙伴业务过程，未实现供应链的集成等。

4. 协同计划、预测与补货合作企业的价值观

协同计划、预测与补货合作企业需要转变对自己、客户和合作伙伴的价值观。基于协同计划、预测与补货的合作企业价值观要素有以下方面。

（1）以“双赢”的态度看待合作伙伴和供应链相互作用。企业必须了解整个供应链过程以发现自己的信息和能力在何处有助于供应链，进而有益于最终消费者和供应链合作伙伴。换句话说，基于协同计划、预测与补货的供应链成功的一个关键是从“赢-输”的传统企业关系到“双赢”合作关系的转变。

（2）为供应链成功运作提供持续保证和共同承担责任。这是基于协同计划、预测与补货的供应链成功运作所必需的企业价值观。每个合作伙伴对供应链的保证、权限和能力不同，合作伙伴应能够调整其业务活动以适应这些不同。无论在哪个职责层，合作伙伴坚持其保证和责任将是供应链成功运作的关键。

（3）正确处理长期利益与转向机会的关系。合作企业可能遇到来自供应链之外的一些机会，这些机会要求企业将重点转向其他的产品。由于产品转向会较大地抑制合作伙伴协调需求和供应计划的能力，它不能同协同计划、预测与补货共存，因此合作企业应该拒绝这种产品转向的机会。拒绝转向机会的一个关键是了解其短期效益和建立一个良好计划、低库存供应链的长期效益的差别。这也是对协同计划、预测与补货必要的信心和承诺的检验。

（4）实现跨企业、面向团队的供应链。团队不是一个新概念，建立跨企业的团队造成一个新问题：团队成员可能参与其他团队，并与他们合作伙伴的竞争对手合作。这些竞争对手互相有“赢-输”关系，团队联合的深度和交换信息的类型可能造成多个协同计划、预测与补货团队中人员的冲突。在这种情况下，必须有效地构建支持完整团队和个体关系的公司价值系统。

（5）制定和维护行业标准。公司价值系统的另一个重要组成部分是对行业标准的支持。每个公司有一个单独开发的过程，这会影响公司与合作伙伴的联合。行业标准的制定必须既便于实行的一致性，又允许公司间的不同，这样才能被有效应用。开发和评价这些标准，有利于合作伙伴的信息共享和合作。

5.5.2 协同计划、预测与补货的业务模型

协同计划、预测与补货的业务模型如图 5.4 所示，其业务活动可划分为计划、预测和补货三个阶段，包括九个主要流程活动。第一个阶段为计划，包括第一二步；第二个阶段为预测，包括第三～第八步；第三个阶段为补货，包括第九步。

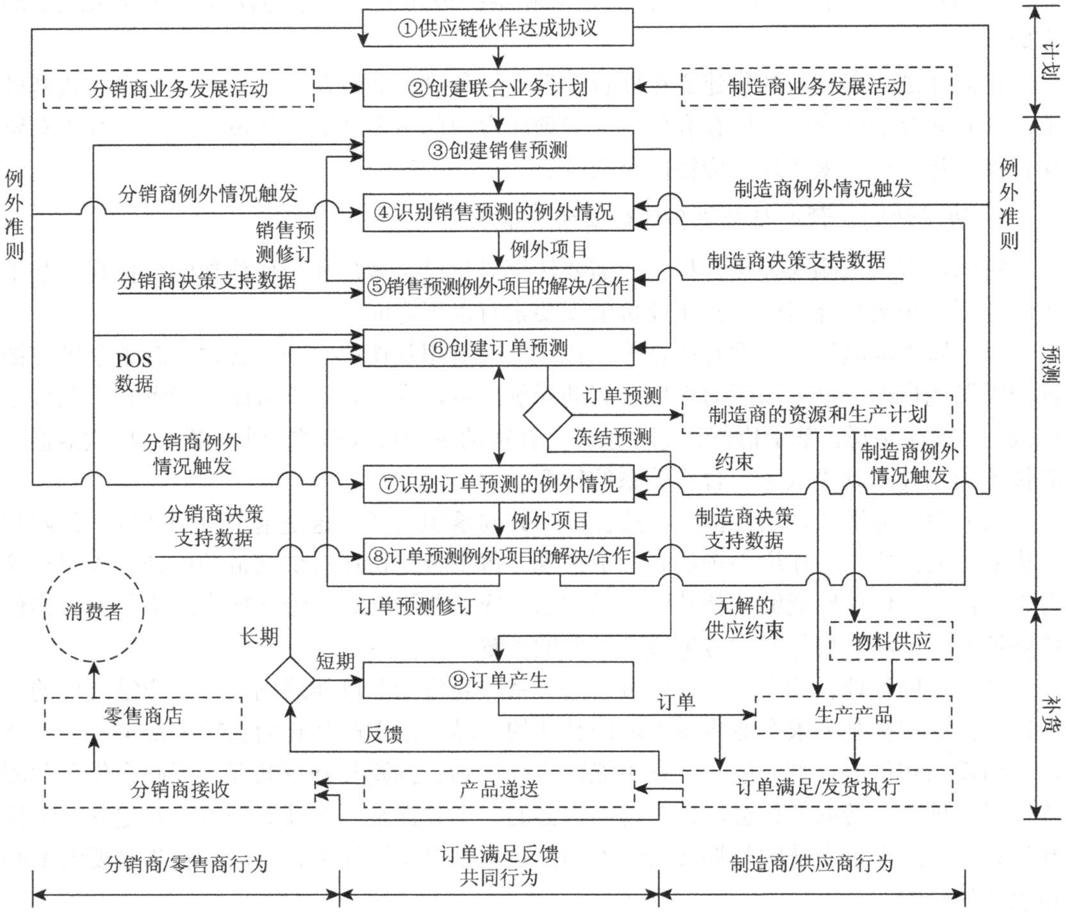

图 5.4 协同计划、预测与补货的业务模型

第一步：供应链伙伴达成协议。这一步是供应链合作伙伴包括零售商、分销商和制造商等为合作关系建立指南与规则，共同达成一个通用业务协议，包括合作的全面认识、合作目标、机密协议、资源授权、合作伙伴的任务和成效的检测。

第二步：创建联合业务计划。供应链合作伙伴相互交换战略和业务计划信息，以发展联合业务计划。合作伙伴首先建立合作伙伴关系战略，然后定义分类任务、目标和策略，并建立合作项目的项目管理简况（如订单最小批量、交货期、订单间隔等）。

第三步：创建销售预测。利用零售商 POS 数据、因果关系信息、已计划事件信息创建一个支持共同业务计划的销售预测。

第四步：识别销售预测的例外情况。识别分布在销售预测约束之外的项目，每个项目的例外准则需在第一步中得到认同。

第五步：销售预测例外项目的解决/合作。通过查询共享数据、电子邮件、电话、交谈、会议等解决销售预测例外情况，并将产生的变化提交给销售预测（第三步）。

第六步：创建订单预测。合并 POS 数据、因果关系信息和库存策略，产生一个支持共享销售预测和共同业务计划的订单预测，提出分时间段的实际需求数量，并通过产品及接收地点反映库存目标。订单预测在冻结预测周期内的短期部分用于产生订单，在冻结预测周期外的长期部分用于计划。

第七步：识别订单预测的例外情况。识别分布在订单预测约束之外的项目，例外准则在第一步已建立。

第八步：订单预测例外项目的解决/合作。通过查询共享数据、电子邮件、电话、交谈、会议等调查研究订单预测例外情况，并将产生的变化提交给订单预测（第六步）。

第九步：订单产生。将订单预测转换为已承诺的订单，订单产生可由制造厂或分销商根据能力、系统和资源来完成。

上面建立了一个贸易伙伴框架结构，可用于创建一个消费者需求的单一预测，协同制造厂和零售商的订单周期，最终建立一个企业间的价值链环境，在获得最大盈利和消费者满意度的同时减少浪费与成本。

5.5.3　基于协同计划、预测与补货的供应链协同采购策略

基于协同计划、预测与补货的供应链协同采购策略分为四个部分：共享策略、技术策略、关系策略和监控策略。

1. 共享策略

以前，在消费者需求发生变化时，零售商无法改变已经提供给供应商的采购合同，企业响应客户的需求能力迟缓，严重影响了产品的整个流通过程。要改变这一状况，信息共享是基础。

供应链中的共享信息有四类：命令信息、运作信息、战略信息和竞争信息。而协同计划、预测与补货的本质是强调协同与合作，基于协同计划、预测与补货做出采购决策，制订采购计划，快速响应需求，实现供应链节点企业的双赢。所以，其共享的信息概括起来包括以下方面。

（1）采购命令信息：有采购指令信息、监控指令信息、采购合同信息。

（2）采购运作信息：有 POS 数据信息、业务计划运作信息、采购计划信息、订单制定信息、例外事件处理信息、库存运作信息。

（3）采购战略信息：有采购预测信息、订单预测信息、合作伙伴关系信息（供应商和客户）、战略采购信息、采购决策信息。

（4）采购竞争信息：有竞争对手信息、市场环境信息、产品信息。

依据这些信息在协同计划、预测与补货中的不同阶段划分，具体如表 5.2 所示。

在供应链协同采购策略中，信息共享能精简业务流程、降低误差，尤其是需求预测数据的共享，将能极大地减少牛鞭效应，对于提高采购质量和效率有重要的意义。

表 5.2 基于协同计划、预测与补货的供应链协同采购策略——共享策略

分项内容	协同计划——P	协同预测——F	协同补货——R
采购竞争信息	竞争对手、市场环境、产品		
采购战略信息	合作伙伴关系、战略采购	采购预测、订单预测、采购决策	
采购运作信息	业务计划运作	POS 数据、例外事件处理	采购计划、订单制定、例外事件处理、库存运作
采购指令信息		监控指令	监控指令、采购指令、采购合同

2. 技术策略

共享策略的实现，离不开技术的支持，基于协同计划、预测与补货的供应链协同采购在技术策略上需要依赖信息系统的辅助和电子化设备的支持，包括以下方面。

（1）可以获得适时销售信息的信息编码标准化技术、自动识别与数据采集技术以及 POS 技术。

（2）实现标准化采购信息传输和交换的电子数据交换技术。

（3）准确地获得货物信息的射频识别技术。

（4）供应商和零售商之间实现信息共享的计算机网络通信技术等。

此外，应用于协同采购的信息系统应尽量做到具有安全性、开放性、可缩放性、容错性、鲁棒性，以及易管理和维护等特点，才能与上述技术相融合与协作，做好供应链协同采购工作。

3. 关系策略

基于协同计划、预测与补货的供应链协同采购关系策略，主要是指供应商关系管理。

供应商关系管理，其中很重要的一部分就是建立供应商合作伙伴关系。这是指在相互信任的基础上，由双方为共同、明确的目标而建立的一种长期合作关系，特别强调了承诺与效率在维护和优化合作关系中的重要性。这也是供应链企业由“赢-输”策略转向“双赢”或者“多赢”策略的一个必要基础。

采购是本企业内部供应链的起点，也是企业外部供应链的接口。而采购还同企业的其他业务模块有着紧密的联系，这也是关系策略中需要考虑的问题，即采购系统如何与其他信息系统功能模块良好地衔接。而协调采购业务关系，对例外事件的快速响应，也是关系策略所要解决的问题。

在关系策略中，其涵盖的信息功能模块关系，是指如何协调和控制采购中不同信息系统涉及的数据一致性与可靠性。例如，如何将 POS 系统中的数据与企业资源计划系统衔接；如何将从库存模块获得的信息准确应用于采购预测等。而竞争关系，则是研究企业在同行业竞争对手中的优势和劣势、所处的发展阶段等，以使企业从竞争关系中获取优势。

4. 监控策略

在采购过程中，常有例外事件发生。协同计划、预测与补货流程模型中有很多例外，如订单预测例外、销售预测例外；而要捕获这些例外事件，就必须有良好的监控策略。

在采购信息化实施过程中，每个企业都有自己独立开发的过程，这会影响企业与合作伙伴的联合。因而必须采用规范化的采购技术标准和行业标准，采购信息才能够被有效地利用，才能够有利于合作伙伴的信息共享和合作。

参照这些标准，监控策略一旦捕获到例外事件的发生，便可做出相应的协调政策，辅以决策支持系统做好快速响应。

案例 5.5　沃尔玛的协同计划、预测与补货

沃尔玛是最早采用协同计划、预测与补货的企业，通过全盘管理、网络化运营的方式来管理供应链中的贸易伙伴。协同计划、预测与补货帮助沃尔玛建立起一套针对每件商品的短期预测方法，用来指导订货。这种由相互协商确立的短期预测成为改进需求管理的动力，实现了对供给和库存水平的更好控制。协同计划、预测与补货项目的实施帮助沃尔玛和供应商节约了大量的库存维护成本，并促使沃尔玛逐步成为一个准时制系统。

沃尔玛和 Sara Lee Branded Apparel 公司的案例是沃尔玛与供应商共同实施协同计划、预测与补货成功的主要案例之一，以下是其实施过程。

1. 建立协同计划、预测与补货流程

两家公司应用协同计划、预测与补货主要有以下三个步骤。

（1）制定销售预测。

（2）识别有关销售预测的例外情况。

（3）销售预测例外情况的协作。

两家公司没有正式的协议，通过共同商务计划的讨论，确认了主要的输入数据以及数据技术格式要求。协作架构从 1998 年 7 月开始，直到现在还在积极地执行。协作目标的重点是制定销售预测、识别例外情况和解决问题（销售预测按照原来的制定过程，制定销售预测的方法没有因为引入协同计划、预测与补货而改变）。共享信息和识别例外情况，更新了销售预测并持续完善。协作架构讨论的有关成员职位是“门店补货的主管”“销售部长”“销售分析师”“预测主管”“销售系统、物流主管”。职务常常有重复，讨论的结果是调整了两家公司组织内部的人员配置。

2. 对象范围（实施阶段）确定

为了实验，选定了 23 款女性内衣品牌商品。其中，有 5 款是新产品，在小规模类型的门店配货；剩下的款式在全部 2400 家连锁店和除了小规模门店以外的门店配货。

3. 协同系统

两家公司的协同系统设置在沃尔玛的原有互联网平台的供应商通信系统内。两家公司使用原来的 VICS-EDI830 处理单元（ANSI X.12 标准的子集）传送销售预测，这样能够迅速地确定协作体制，不需要花费太多的系统开发时间，能够管理多数的数据交换结构。

4. 评价标准

两家公司在案例中采用了以下评价标准。

（1）库存满足率。

（2）门店的库存天数。

（3）预测的精度。

（4）销售的机会损失。

5. 投入的经营资源

两家公司各个部门的成员都参加了案例讨论，其中包含两家公司的“信息系统”部门、“销售/商品补货”部门的上级管理人员。最初的案例中需要的工作人员是“信息系统（多个应用开发团队）”“预测/商品补货”“物流”“市场”“供应链”“销售”的各部门成员。应该指出的是，没有因为上马该项目而增加人员。

6. 实施效果

实施是有效的，达到了当初的目标，即能够设计和开发实现目标的系统。从最终利益改善判断，可以说是十分有效的。经过24周，成功地改善了下列指标。

（1）库存满足率：门店库存满足率提高了2%。

（2）每周持有库存率：门店库存水平降低了14%。

（3）更准确的预测：反映在库存与销售的改善上。

（4）降低缺货率：销售量提升了32%，商品周转率提高了17%。

（资料来源：牛东来. 新型供应链管理模型CPFR的案例比较与分析. 物流技术与应用，2005，（4）：73-76.）

本章小结

本章介绍了供应链环境下采购与补货的相关内容，包括：供应链环境下的采购策略、电子采购、全球采购、快速响应与持续补货、协同计划、预测与补货。在供应链环境下的采购策略部分，介绍了供应链环境下采购的基本内容与优化模式。在电子采购部分，重点介绍了电子采购的特点、支持技术、采购模式以及系统流程等内容。在全球采购部分，介绍了全球采购的模式、分类、采购中的风险以及全球采购实施方法。在协同计划、预测与补货部分，重点介绍了协同计划、预测与补货的概念、业务模式以及协同采购策略。

在案例方面，首先以海尔的全球采购引出供应链环境下的采购与补货问题，接着以中国石化在南京地区的区域联合采购为例说明了集中采购策略；在电子采购部分引用了宝钢基于供应链的电子商务的案例；随后分别用西门子公司的全球采购、沃尔玛的快速响应与持续补货和协同计划、预测与补货的案例来应证后三节的内容。最后以IBM基于供应链的采购作为降低采购成本的讨论案例。

➢复习思考题

（1）什么是供应链采购管理？与传统的采购管理有什么区别？

（2）供应链环境下有哪些采购模式？各自有什么特点？

（3）电子采购的优点有哪些？电子采购有哪些模式？

（4）电子采购系统的基本程序是什么？

（5）全球采购的基本模式有哪些？各有什么优点和不足？

（6）快速响应对供应链合作伙伴有何益处？成功实施需要哪些条件？

（7）简述快速响应的实施步骤。

（8）什么是持续补货？简述其主要方式。

（9）简述协同计划、预测与补货的基本原则和主要业务活动。合作企业需要有什么样的价值观？

➢案例讨论 IBM 40 亿美元的采购成本是怎样降低的？

全球 IT 业巨擘 IBM 过去也是用“土办法”采购的：员工填单子、领导审批、投入采购收集箱、采购部定期取单子。企业的管理层惊讶地发现，这是一个巨大的漏洞——烦琐的环节、不确定的流程、质量与速度无法衡量和提高，采购的准备环节已经完全失控了，甚至要降低成本，都不知如何下手！

1. 剖析一元钱的成本

摆在 IBM 面前的问题是运营成本如何减少？可能降低哪部分成本？于是公司切开每一元钱的成本，看看它到底是如何构成的。这一任务经过 IBM 全球各机构的统计调查和研究分析，在采购、人力资源、广告宣传等各项运营开支中，采购成本凸现出来。

管理层不得不反思，IBM 到底是如何采购的呢？那时 IBM 不同地区的分公司、不同的业务部门的采购大都各自为政，实施采购的主体分散，重复采购现象普遍。以生产资料为例，各分公司的键盘、鼠标、显示器以及包装材料大同小异，但采购流程自成体系，权限、环节各不相同，合同形式也五花八门。

自办采购的问题很明显，对外缺少统一的形象。由于地区的局限，采购人员不一定找到最优的供应商，而且失去了大批量购买的价格优势。

2. 由专家做专业的事

在深入挖掘出采购存在的问题后，IBM 随即开始了变革行动。变化首先发生在组织结构。IBM 成立了“全球采购部”，其内部结构按照国家和地区划分，开设了首席采购官的职位。组织结构的确立，意味着权力的确认。全球采购部集中了全球范围的生产和非生产性的采购权力，掌管全球的采购流程的制定，负责统一订单的输出和版本。

全球采购部专家仔细研究后，把 IBM 全部采购物资按照不同的性质分类，生产性的分为 17 个大类，非生产性的分为 12 个大类。每一类成立一个专家小组，由工程师组成采购员，他们精通该类产品的情况，了解每类物资的最新产品、价格波动、相应的供应商资信和服务。在具体运作中，全球采购部统一全球的需求，形成大订单，寻找最优的供应商，谈判和压价并形成统一的合同条款。以后的采购只需按合同“照章办事”就可以了，这种集中采购的本质就是“由专家做专业的事”。

3. 工程师、律师和财务总监审定流程

貌似简单的采购流程，前期准备工作异常复杂。IBM 采购变革不在于订单的介质从纸张变为电子，人工传输变为网络，而在于采购流程的梳理。

制定流程首先遇到的一个问题是采购物资如何分类，才能形成一张完整而清晰的查询目录？于是，通过调查反馈，IBM 汇总全球各地所有的采购物资，林林总总上万种。采购工程师坐在一起，进行长时间的细致工作。听起来有些可笑：螺丝钉，在类目中的名称到底是什么？分为平头、一字、十字，共多少种？这一步工作的目标是使来自不同地区、具有不同习惯、使用不同语言员工能够方便、快捷地查找到所需要的“螺丝钉”。依靠专家的才智、经验和耐心才形成“17 类生产性和 12 类非生产性”详尽的目录。

工程师讨论过后，律师也要“碰头”。如何统一合同及全球流程？从法律角度审查，怎样设计流程更可靠而且合法，怎样制定合同才能既最大限度保护 IBM 的利益，又对供应商公平？还要对不同国家的法律和税收制度留有足够的空间，适应本地化的工作。之后，全球的财务总监还要商计，采购的审批权限如何分割，财务流程与采购流程如何衔接？

4. 突破顽固势力

目前 IBM 采购主要由四大系统构成，即采购订单申请系统、订单中心系统、订单传送系统（与供应商网上沟通）和寻价系统 OFQ，以及一个相对完善的“中央采购系统”。但系统在推广过程中并不是一帆风顺的。特别是在 IBM 全球采购变革刚刚开始阶段，据互联网数据中心的调查，60%员工不满意现存的采购流程，原因是平均长达 40 页的订单合同，30 天时间的处理。低效率的结果是，IBM 有 1/3 的员工忙于“独立采购”，以绕过所谓标准的采购流程，避免遇到“官僚作风”，而这种官僚往往导致更高的成本。

推广中难度在于地区和部门之间的协调。制定的订单新标准与老系统冲突怎么办？问题陷入了僵局。于是各地区的财务总监、系统总监和采购总监又坐到一起来列单子，各地区正在使用的“土”系统有哪些？与新系统相比，数据的输入、输出是怎样的？一个一个的数据处理掉，形成统一的标准。最后，首席采购官手里握住一张“时间表”，左边一栏是老系统退出历史舞台，右边一栏是新系统登场，首席采购官不停地追着生产总监问：“为什么老系统还不下线？”

在新旧系统更替过程中，“传统势力很顽固”。因为他们毕竟面临着新的采购系统与原有生产系统衔接的问题。如何保障生产正常运转？如何更新原有的数据？IBM 认为提供过渡方案，帮助解决具体问题，才能稳定、平滑地过渡。IBM 普通员工的感受很能说明问题，“不知不觉中发生了变化，没有引起内部任何动荡”。

就技术而言，IBM 的全球采购系统已经到了能在国内广泛推行的地步，IBM 中国公司已经与供应商开始了订单的网上交易。但由于国家法律及相关流程的限制，电子发票却尚未实施。为此，IBM 已经与国家相关部门在探讨如何就此推行初步试点。

5. 一个季度成本降低 2 亿多美元

当“全球采购系统”随风潜入 IBM 内部，并平稳运转后，效果立竿见影。以 2000 年第三季度为例，IBM 通过全球采购系统采购了价值 277 亿美元的物资和服务，降低成本 2.66 亿美元。有近 2 万家 IBM 供应商通过网络满足 IBM 的全球采购。基于全球采购，

IBM 降低了采购的复杂程度，采购订单的处理时间已经降低到 1 天，合同的平均长度减少到 6 页，内部员工的满意度提升了 45%，“独立采购”也减少到 2%。全球采购在 IBM 内部产生了效率的飞跃。

与此同时，供应商最大的感受之一是更容易与 IBM 做生意了。统一的流程、标准的单据，意味着更公平的竞争。集中化的采购方式更便于发展战略合作伙伴关系，这一点对生产性采购尤为重要。从全球采购系统的推广角度而言，供应商更喜欢用简便快捷的网络方式与 IBM 进行商务往来，与 IBM 一起分享电子商务的优越性，从而达到一起降低成本、一起增强竞争力的双赢战略效果。

简化业务流程方案实施后，在 5 年的时间里，总共节约资金超过了 90 亿美元，其中 40 多亿美元得益于采购流程方案的重新设计。现在 IBM 全球的采购都集中在该中央系统之中，而该部门只有 300 人。IBM 采购部人员总体成本降低了，员工出现了分流：负责供应商管理、合同谈判的高级采购的员工逐渐增多，而执行采购人员逐渐采用电子化、集中化办公，人数逐渐减少。新的采购需求不断出现，改革也将持续下去。

（资料来源：罗乔欣. 40 亿的采购成本是怎样降低的. 电子商务，2001，(10)：44-47.）

问题讨论

（1）结合本章所学，分析 IBM 是如何降低采购成本的？

（2）IBM 全球采购给 IBM 和供应商带来了什么好处？对我国企业有什么启示？

第6章

供应链环境下的产品开发与生产管理

➢引导案例：波音公司的全球化供应链产品开发与制造

随着第一架波音 787 梦想飞机在美国华盛顿州艾佛雷特首次亮相，大型飞机的全球化供应链开发与制造模式再次引起关注。自 20 世纪 90 年代以来，世界民用飞机工业开始在全球范围内进行设计与生产，以求降低制造成本、提高飞机质量。民用飞机工业逐渐形成了以特大型企业为核心，主系统承包商与分系统承包商和部件供应商关系更为紧凑的供应链协作体系。以全球主要民用飞机制造商为例，波音公司已由 50 年代波音 707 飞机约 2%的零部件外包生产发展到目前波音 787 梦想飞机近 90%外包；空客公司关闭了其在欧洲的工厂，把 A350 飞机的生产外包给中国和其他国家，多达 60%的生产工作将在欧洲大陆以外进行。作为目前全球最先进的客机之一，波音 787 梦想飞机正是全球化供应链协同设计与制造的产物。

一直以来，航空制造业中传统的商业模式大抵如此：由飞机制造商（如波音公司）制定总体的设计图，再由全球各地的合作伙伴提供相关的材料部件；制造飞机所需部件从四面八方运至靠近西雅图的波音装配工厂；然后，由来自世界各地的工程师对所有部件进行工序烦琐的校验、装配、测试和改善。对于 787 梦想飞机，波音公司摒弃了原有商业模式。在新的模式下所有零部件依然是由全球化供应链合作伙伴制造，但后续步骤不同：通过一个由波音公司维护的计算机模型进行虚拟装配。由于不同的部件均产生相应的数据，利用这些数据，部件的组装和校验工作可以实时进行。最后，组装完成的机体各部分被放入三架波音 747 专机，运送至波音公司在华盛顿西北部的艾佛雷特工厂。波音公司可以放心地将整个制造流程交给其全球供应链合作伙伴完成，包括从最初的设计创意到最终的机体制造。

波音 787 梦想飞机从发明、定型、转化、融资几乎都通过全球化供应链实现：设计工作由美国、日本、俄罗斯和意大利共同完成；制造工作涉及美国、日本、法国、英国、意大利、瑞典、加拿大、韩国、澳大利亚、中国等多个国家和地区的顶级供应商。

作为波音 787 梦想飞机的关键启动用户所在地，日本成为波音 787 梦想飞机转包生产供应链中最重要的一环。日本在波音 787 梦想飞机项目上承担了翼盒以及机身 11、12、43、44、45 段等合作项目，占到全机工作量的 35%，并进行了巨额的风险投资。主要生产厂家有三菱重工、川崎重工和富士重工等。

意大利阿莱尼亚飞机公司承担了波音787梦想飞机结构14%的制造任务，这也是意大利有史以来承担的民用喷气机项目中工作份额最大的项目。该公司承担了中央机身（第44和第46段）和水平安定面等部件。

美国南卡罗来纳州沃特飞机工业公司作为波音公司的长期合作伙伴，负责波音787梦想飞机机身两大部分的制造，并与意大利阿莱尼亚飞机公司合作负责将南加州和意大利生产的零部件加以组装。

法国也承担了波音787梦想飞机的多项制造任务，包括：起落架结构（梅西埃·道蒂），全球协作工具/软件（达索系统），电源转换、综合备用飞行显示、机载娱乐系统（泰雷兹），电缆（拉比那），电刹车（梅西埃·普加蒂），客舱门（Latecoere）等。

中国航空制造业在波音787梦想飞机的转包生产中也拥有部分订单。目前，中国航空工业第一集团公司（简称"中国一航"）旗下的成都飞机工业（集团）有限责任公司是方向舵唯一供应商，沈阳飞机工业集团有限公司负责垂直尾翼前缘；中国航空工业第二集团公司旗下的哈尔滨飞机工业（集团）有限责任公司则负责上部和下部翼身整流罩面板，垂直尾翼零部件生产。波音787梦想飞机方向舵、翼身整流罩、垂直尾翼前缘等的总价值达数亿美元。2007年6月，波音公司又与中国一航、赫氏的合资公司签订了有关波音787梦想飞机垂直尾翼后缘面板以及垂尾其他部分面板生产的合同。

波音787梦想飞机是波音公司在全世界外包生产程度最高的机型，波音公司与其全球供应链伙伴达成了史无前例的协同，是波音公司史上完工最快、造价最低的一次。据统计，在波音787梦想飞机的开发过程中，波音公司缩短了33%的进入市场时间，而且节省了50%的研发费用。按价值计算，在787 400万个零部件中，波音公司本身只负责生产大约10%——尾翼和最后组装，其余的生产是由全球40多家合作伙伴完成的。

（资料来源：马春. 波音787梦想飞机全球造. http: //www.istis.sh.cn/list/list.aspx？id=4416 [2007-07-18].）

全球化设计与制造离不开有效的供应链管理。为了充分利用供应链成员的优势资源，那么在供应链环境下企业应该如何进行协同产品研发呢？如何对协同生产进行有效管理呢？

6.1　供应链环境下的协同产品开发

21世纪以来，技术进步和需求多样化使产品生命周期不断缩短，迫使企业不断开发个性化产品快速响应市场需求。因此，企业需要整合供应链中合作伙伴的优势资源，主动采取全球化外包和协作等策略，才能迅速地开发出满足市场需求的产品。供应链环境下协同产品开发应运而生。

6.1.1　协同产品开发的概念、特征和内容

1. 协同产品开发的概念

协同产品开发（collaborative product development，CPD）是指为了完成某一开发目

标，由两个或两个以上开发主体，在计算机支持环境下通过一定的信息交换和相互协同机制，互相合作地完成整个开发目标的过程。协同产品开发强调加强“人-人”“人-机”之间的协同工作，以协同为手段来改善产品开发水平。德国大众公司的设计工作有1200多家供应商的参与。波音777客机项目作为20世纪90年代产品研发工作的成功范例，有238个多功能团队同时进行集中式协同研发，最终实现了研发周期缩短约50%的目标。

协同产品开发根据协同范围大小分为企业内部的协同和企业间的协同。供应链环境下协同产品开发属于企业间的协同。在供应链环境下，协同产品开发能够真正突破供应链中不同企业间的界限，实现供应链不同企业间及企业内不同部门的无缝集成。越来越多的企业将产品研发和制造等业务部分或全部外包，仅保留最具核心竞争力的部分。在这种模式下，产品开发的全生命周期过程是由供应链中相关企业共同承担的，企业在产品上的竞争也转换成不同供应链在产品上的竞争。供应链在交易层面实现了企业之间的协同，但各企业业务流程之间的界限仍然存在。真正的协同是将整个供应链形成一个就产品而言的“虚拟企业”，不同企业在这个“虚拟企业”中就是不同的业务单元，企业之间的界限很模糊。总之，供应链环境下协同产品开发能帮助企业有效地利用合作伙伴的创新优势，是企业实现外包战略、全球化战略的有效工具。没有协同产品开发的支撑，就无法有效地实现这些战略。

例如，戴尔通过供应链企业间协同产品研发大大提高了整个供应链的效率，实现了供应链伙伴间优势资源的集成。对于每个季度销售400万台个人计算机的戴尔，从供应商到全球的各个生产点，监控和管理产品开发以及生产启动越来越复杂，对产品数据的准确性和及时性提出了越来越大的挑战。因此，2000年初戴尔提出实现贯穿整个供应链的工程变更管理，开始实施供应链环境下的产品协同研发，协调全球运营部门以及供应商的文档管理、物料清单创建、产品技术状态管理以及工程变更管理。通过约一年半的实施，戴尔的产品协同研发系统已经拥有约3300名内部用户，120家供应商，系统管理了约25万料件号以及2万份文档。通过内部及与供应商的协作，工程变更的效率大大提高，工程变更管理的人力物力节约了30%，平均工程变更管理时间缩短了50%，平均每月戴尔要处理超过4000个工程变更指令，涉及超过2万个料件，而“产品数据校验器”每月能捕捉超过8500个错误，大大提高了导入企业资源计划的产品数据准确性，提高了往复修改的效率。

2. 协同产品开发的特征

协同产品开发不是单纯的设计问题，而是综合了产品各相关领域知识、过程、资源和人员的系统工程，具有系统性、集成性、分布性、异构性和协同性等特点。相对于传统的产品开发模式，协同产品开发具有如下显著特征。

（1）产品开发团队的外延扩大。传统产品开发模式局限于单一企业内部，通常表现为个体行为，而协同产品开发表现为供应链环境下跨企业的协同开发过程：基于某种市场机遇，供应链上不同企业构成动态开发联盟，各个成员企业通过开发任务的分解建立紧密联系。

（2）产品开发过程的范围不断扩展。协同产品开发与传统产品开发模式的内涵有较大不同，协同产品开发不仅指产品的设计过程，而且包括制造、装配、销售、维护等过程，即产品开发过程是指从市场需求直到将产品交付给用户的全过程，有时还包括产品维护阶段的活动，涉及包括供应商、制造商和零售商在内的所有供应链成员。

（3）产品开发方法面向大规模定制。由于市场需求的多样性，供应链的运作往往由需求驱动。因此，协同产品开发强调在开发早期阶段进行整体概念设计时，考虑规模经济性和批量经济性，建立合理的产品簇结构模型，利用模块化设计方法和大规模定制的开发模式，通过快速配置满足用户的个性化需求。

（4）产品开发过程具有敏捷性和协同性特征。传统产品开发过程过于刚性，难以动态调整。由于市场需求变化多端，在整个协同产品开发过程中，产品开发的进度、开发团队及其成员任务安排等均可能发生动态变化，甚至整个供应链都存在重构的可能性。因此，协同产品开发过程需要不断调整以适应这种变化。产品开发过程应具有一定的敏捷性。

3. 协同产品开发的内容

协同产品开发可以分为过程协同和数据协同两个层次：过程协同的主要目标是希望通过对产品开发过程进行建模，使开发活动在整个供应链范围内有序进行，强调开发过程中任务的调度和安排；数据协同的主要目标是对产品开发中协同的载体产品进行建模，使处于来自供应链不同成员企业的人员以及处于不同开发阶段的人员都能够基于统一的产品数据模型进行协同工作，数据协同是过程协同的基础。协同产品开发的具体内容如下。

（1）产品开发信息的协同。在产品协同开发中，所有开发单元面对的是同一产品信息模型。由于同一信息源在不同的开发环境中描述不尽相同，供应链中不同开发单元出于不同需要，对信息的使用方式也有差别，因此需要统一供应链中不同开发单元之间开发信息的规范和标准。

（2）产品开发过程的协同。供应链中各个开发单元所承担的子任务间存在关联性，这决定了各个开发单元的开发活动必须按一定顺序协调一致地进行，因此要求对整个开发过程进行协同。

（3）产品开发工具的协同。供应链中不同开发单元根据自身拥有的开发资源所使用的开发工具不完全一样，同一开发单元也可能使用多种开发工具，协同开发应该提供这些开发工具的管理方法。

6.1.2　协同产品开发的组织结构

在供应链环境下，协同产品开发不仅涉及本企业的技术人员，还涉及其他多个企业的专家。前者如柯达上海公司引用计算机辅助设计（computer aided design，CAD），计算机辅助制造（computer aided manufacting，CAM）与并行工程，利用公司在全球的研发机构的技术人员资源，基于互联网进行协同设计，把原来需要 70 周的产品开发期缩短至 38 周，保持了市场的领先地位。后者如 2000 年 3 月，3 个距离遥远的工程小组曾在 7 天内合作开发出一辆新型赛车。他们分别从美国波士顿（侧重于动力系统设计）、德国汉诺威（侧重于底盘设计）和日本东京（侧重于车身设计）通过国际互联网，共享和访问到彼此的信息资源。当时全球数万人通过互联网观看了这场汽车设计实例。因此，建立合理的组织结构对保证协同产品开发的顺利进行至关重要。在供应链环境下建立协同产品开发体系时，组织结构的变更是最根本的环节之一。没有相应的组织结构支撑，协同产品开发体系中各种管理要素，如决策、项目小组、开发活动的结构、开发工具与技术、产品战略过程、技术管理、管道管理都无法实现。

围绕产品开发过程中不同职能，协同产品开发的组织结构模型包含以下体系：决策体系、项目体系、监理体系和支撑体系。这些体系形成了协同产品开发组织的不同侧面，它们相互联系，相互补充，形成了一个有机的整体。协同产品开发组织体系的相互作用如图 6.1 所示。决策体系和项目体系具有团队特征，是协同产品开发组织结构中的动态体系，而支撑体系和监理体系是整个组织结构中的静态体系。除了正常的员工流动（招聘、员工辞职或调动）外，支撑体系和监理体系中的人员基本不会发生变化，不直接承担与产品开发相关的责任。

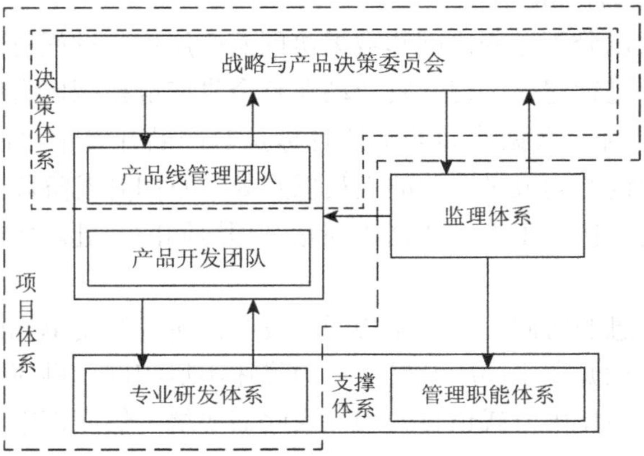

图 6.1　协同产品开发组织体系

（1）决策体系。战略与产品决策委员会和产品线管理团队（product line management team，PLMT）共同组成决策体系。在产品开发的过程中需要不同层次的决策。核心企业站在整个供应链的角度，需要做出产品战略决策，即供应链在几年内的产品开发方向和范围，基本的产品平台等。在产品线的层次需要做出的决策有：属于该产品线的某一具体项目是否在必要的决策控制点通过评审？是否继续该项目的进程？如何为各项目分配资源？协同产品开发中有关产品方面的决策职能都是通过决策体系完成的。

（2）项目体系。产品开发工作需要由具体的组织承担。项目体系就是完成产品开发的主体。项目体系需要包含完成项目的各个层次单位，不同层次的项目体系单位涉及的项目范围也不一样。项目体系共分为三个层次：战略与产品决策委员会、产品线管理团队和产品开发团队。在供应链环境下协同产品开发中，这三个层次的组织都具有跨企业、跨部门的特性，分别是协同产品开发中不同要素的主体。战略与产品决策委员会是产品战略决策过程的主体，产品线管理团队则是管道管理、技术管理的主体，协同产品开发团队是产品或技术开发的主体。

（3）监理体系。在协同产品开发体系中，项目体系中的各个单位被授予了足够大的权利。缺乏有效的监督会造成权利失控。为了防止监控失度，协同产品开发体系中的监理体系只有监控并向战略与产品决策委员会汇报的权利。纠正的权利归属战略与产品决策委员会。监理主要从两个方面进行：财务和质量。财务监理主要监控在项目过程中的财务行为符合企业规定。质量监控主要是促使项目组按照规定程序进行，并在阶段评审时确保没有弄虚作假的行为（如捏造的测试结果等），从而保证开发出的产品是真正高质量的产品。

（4）支撑体系。支撑体系为项目体系和监理体系提供服务与资源。支撑体系包括两种类型的部门：业务部门和职能管理部门。业务部门和价值链相对应，如市场部门、专业研发部门、客户服务部门等。职能管理部门和价值链没有直接关联，但它们为企业内的其他部门或体系提供必要的支撑作用，如网络管理部门。

6.1.3　协同产品开发的过程管理

协同产品开发是由多种活动组成的一个有机集合，这些活动涉及人员、资源、进度、信息、技术、质量、成本、服务等要素。为了使协同产品开发过程能够在限定时间内、低成本和高质量地完成，需要对产品开发过程中的各种活动、人员、资源、时间进行统筹计划和安排，并在实施过程中对所发生的各种冲突进行有效消解，使产品开发活动有序地收敛于过程的目标解。因此，协同产品开发的过程管理就是通过对产品设计及其相关过程实施计划、优化、调度和控制，以保证协同产品开发过程的正确运行和顺利完成。

1. 概念设计阶段

概念设计阶段包含一个新产品的触发过程，任何一个企业或供应链合作伙伴间在进行技术创新或新产品开发时都会包含这一过程。这个阶段结束的标志是企业内部乃至整个供应链内部经过论证后证实了新产品或技术开发的必要性和可行性。在概念设计阶段，管理水平很高的企业通常会在整个供应链内部建立一个创意收集的机制。

概念设计阶段需要完成的具体工作如下。

（1）组建核心团队。任何一项创意最终变成产品都需要具体的人员落实。因此，在产品开发的初始阶段，首先应当通过一个明确的过程组建产品团队。此时的团队和产品开发的团队并不相同。如果一项创意最终会成为现实，则产品开发团队就是核心团队的扩展。即在核心团队的基础上组建为一个完整的团队。如果创意不能变为现实，则通常情况下核心团队会随之解散。

（2）技术概念和非技术概念研究。通常在一项创意提出时，还存在相当大的不确定性。为了消除这种不确定性，在分配资源进行正式的产品开发之前，需要首先研究一些技术概念和非技术概念。非技术概念包括五个层次的活动，即产品分析、市场分析、技术分析、财务分析和竞争分析。制定商业提案，针对产品的商业前景、财务分析进行正式的分析，并提交分析成果。制定商业提案的目的是供高层管理团队决策参考，确定是否为本产品的开发投入资源。

2. 计划阶段

计划阶段以活动为基础（active-based）。针对某一需求，产生多项选择，寻找解决问题的办法，是一个着眼于创新的发散过程。该阶段的产出是具体的开发计划。该阶段包含以下工作。

（1）总体设计。对项目需求进行归类、分析，由产品开发团队的核心小组成员进行需求的归类及分配，同时考虑需求的合理性，并制定系统设计规范，进行技术风险评估。各专业工程师完成有关系统、硬件、软件、结构的《总体设计方案》，并由测试工程师制订测试计划。

（2）商业计划和开发手册的制订。在《总体设计方案》和概念阶段的《商业计划》的基础上，由项目经理负责编写《商业计划》和《项目手册》，并在该过程中及时分析当前技术及市场情况，调整实现目标的方法和途径。

3. 产品开发阶段

产品开发阶段是以过程为基础（process-based）。针对前一阶段所确定的产品概念及所制订的产品开发计划，进行具体的开发工作，最终目的是开发出一个满足客户需求的具体产品。这是一个着眼于开发的收敛过程。该阶段包含以下过程：产品工程、工艺工程、制造工程。产品工程，即确定产品的工程特征、零部件组成；工艺工程，即确定制造该产品所需要的工艺流程；制造工程，即对有关的制造设备及工具进行安排。

概念设计阶段、计划阶段和产品开发阶段是并行进行，并在一个由研发、工程、制造人员及供应链上供应商组成的小组内共同协作得以完成。CAD、计算机辅助工程（computer aided engineering，CAE）和 CAM 这三项技术的集成是这三个阶段得以有效进行的技术保证。原型生产是以上三个过程的一个收敛点。收敛点的作用在于把有关产品开发的信息汇集在一起，进行必要的信息控制和反馈，对开发的初步成果进行检验。在并行的过程中加上收敛点，有助于促进各职能部门之间的沟通，为各职能部门确定了一个共同的努力方向。在产品制造过程中，产品开发小组的成员仍然需要彼此合作以寻求制造过程的最优化，保证实现成本和质量目标。供应商的参与可以保证物料和零部件供应的一致性和及时性。最后，开发过程收敛于产品上市之时。因此，整个开发阶段是一个收敛的过程。

4. 原型生产与测试阶段

原型生产与测试是为了解产品在现实的制造条件下和用户使用环境下，是否达到了质量标准，是否满足了客户需要和竞争的要求，以便在大规模生产以前及时发现及纠正产品设计和制造中的缺陷。该过程实际上是产品论证过程。产品的原型生产与测试除了由上述包括研发、工程、制造和供应商的产品开发小组成员参与外，还应该有市场营销人员、客户参加。该过程进行的同时，有关产品上市的详细市场营销计划的确定、销售人员及生产人员的培训也可以开始着手进行，并在此基础上过渡到产品制造和上市阶段。这个阶段的具体工作是对开发阶段的样机和软件产品进行独立的测试、验证。在这个阶段，成功的标志是通过了产品测试，生产和支援体系得到批准，以及完成了产品推广计划。管理的重点则是确保产品达到公司的质量标准（目标）。

5. 产品制造和上市阶段

这个阶段包括批量生产、市场推广、初步分销以及早期的产品支持。产品开发小组的成员需要彼此合作以寻求制造过程的最优化，保证实现成本和质量目标。一旦进入这个阶段，市场营销部门将成为主角，在这个阶段，企业的大部分行为都是围绕市场营销展开的。这个阶段进一步细分为以下阶段：引入期、成长期、成熟期、保持期和防御期。以营销为主的人员负责根据不同的产品状态制定相应的策略并负责维护该产品。

案例 6.1　一汽与宝钢协同产品开发

汽车整车开发是一个系统工程，需要供应链上下游合作伙伴协同工作。一汽是国内最大的汽车企业集团之一。宝钢是中国最具竞争力的钢铁企业之一。一汽与宝钢建立了良好的汽车协同开发模式，整合了双方的优势资源，实现了“双赢”。

在前期准备方面，一汽与供应商实现了技术、标准、数据等方面的信息共享，并建立了信息安全性管理与跟踪体系。例如，一汽已经开始尝试换代车与供应商同步开发，在概念车设计时将各个产品的三维数据通过网络发送给供应商，在网上进行三维数据交换和协同创新。

在新产品开发过程，一汽与宝钢采取“先期介入”模式。该模式是指在用户新产品开发的初期供应商就进入，与用户协同创新，担负零部件或工程系统的设计责任。当一汽尚在车型开发初期时，宝钢研发人员就参与了新车型的设计、制造和选材等工作，开展了零件冲压成形仿真分析、模具调试用材选型，参与了调模试冲、修模方案分析、工艺参数制定和坯料尺寸设计等。例如，车架是影响重型卡车承载能力的重要构件，国内一般使用普通 16 锰钢作为大梁，与国外一流重型卡车相比，在强度和重量上都要相差很多。在开发奥威载重车过程中，一汽就与宝钢等钢企联合开发，使用全新的材料和结构，开发出了高强度车架。这种新材料的屈服强度比传统材料高出 50%，承载能力加强，而重量却减轻了。

在产品更新换代时，一汽与宝钢集合双方优势，积极寻找合作机会。一汽解放公司生产的 CA1092 系列载重车，因为自身重量太重而带来成本高、油耗多的缺点。宝钢主动响应一汽的要求，选择 1550 毫米的冷轧高强度板制造驾驶室 44 个主要零件，达到了降低材料消耗、减轻汽车自重、减少油耗的目的。44 个主要零件全部制造成功，5 台样车台架具备批量生产条件。一汽与宝钢协同产品更新，不仅为一汽降本增效创造了价值，也使宝钢冷轧高强度板供货比例大幅提高。

在开发团队建设中，一汽参照日本和欧美企业的做法，聘请了供应商的工程师与本公司的工程师并肩工作，这有助于即时交流与协作。例如，一汽让宝钢的研发人员深入一汽的生产现场，组成跨职能团队，把为本企业解决问题进一步发展成为与宝钢共同学习与协作，使协同效果更加明显。

通过协同产品创新，一汽与宝钢从原来仅仅是产业链上下游的销售关系，扩展成为相互支持的战略伙伴关系，共同打造有竞争力的供应链。

（资料来源：李刚. 汽车供应链协同创新模式及其案例研究. 汽车工业研究，2015，（4）：40-42.）

6.2　供应链环境下的生产计划与控制

在新的竞争环境下，企业间的竞争逐渐演变成供应链与供应链之间的竞争，需要快速响应客户需求。这不仅要求供应链核心企业的生产系统具有较高柔性，而且需要各级供应商在生产过程中有效配合和协同。因此，生产计划与控制是供应链管理中重要的管理内容之一。

传统的企业生产计划是以某个企业的物料需求为中心展开的，缺乏和供应商的协调，企业的计划制订没有考虑供应商以及分销商的实际情况，不确定性对库存和服务水平影响较大，库存控制策略也难以发挥作用。

供应链管理环境下的企业生产计划要从供应链的整体出发，进行全面的优化控制，跳出以某个企业物料需求为中心的生产管理界限，充分了解最终用户需求并与供应商在经营上协调一致，实现信息的共享与集成，以最终用户需求驱动生产计划，获得柔性敏捷的市场响应能力。

6.2.1 供应链环境下生产计划与控制的流程

供应链环境下的生产计划一般是由核心企业发起，上游供应商积极配合而形成，因此它依托核心企业的制造资源计划，同时又强调合作伙伴之间的信息交互和协同。供应链环境下的生产计划与企业独立的生产计划有显著不同，它是在供应链环境下，核心企业与其战略伙伴之间的资源通过物流、信息流和资金流的紧密合作而成的企业制造资源的拓展。

1. 企业独立生产计划与控制的流程

企业独立的生产计划是根据下游客户需求与市场预测，利用企业资源计划系统（或制造资源计划系统）制订生产计划和配置制造资源。生产计划制订的核心是物料需求计划，其流程如图 6.2 所示。生产计划依照主生产计划→物料需求计划→车间作业计划和采购计划的典型流程制定。

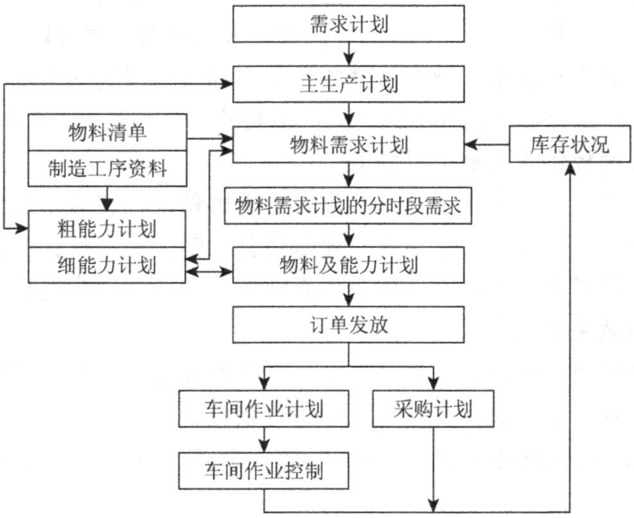

图 6.2 企业独立生产计划与控制的流程

在企业独立生产计划中，一般有三个信息流的闭环，都在企业内部，具体如下。

（1）主生产计划→粗能力计划→主生产计划。

（2）物料需求计划→能力需求计划（细能力计划）→物料需求计划。

（3）物料需求计划→车间作业计划→车间作业控制→物料需求计划。

整个生产计划过程中与上游的供应商没有信息交互与协同。

2. 供应链环境下集成生产计划与控制的流程

供应链环境下的生产计划是以核心企业的制造资源计划为基础，拓展了外包工程计划、供应商的制造资源计划等职能，其流程如图 6.3 所示。

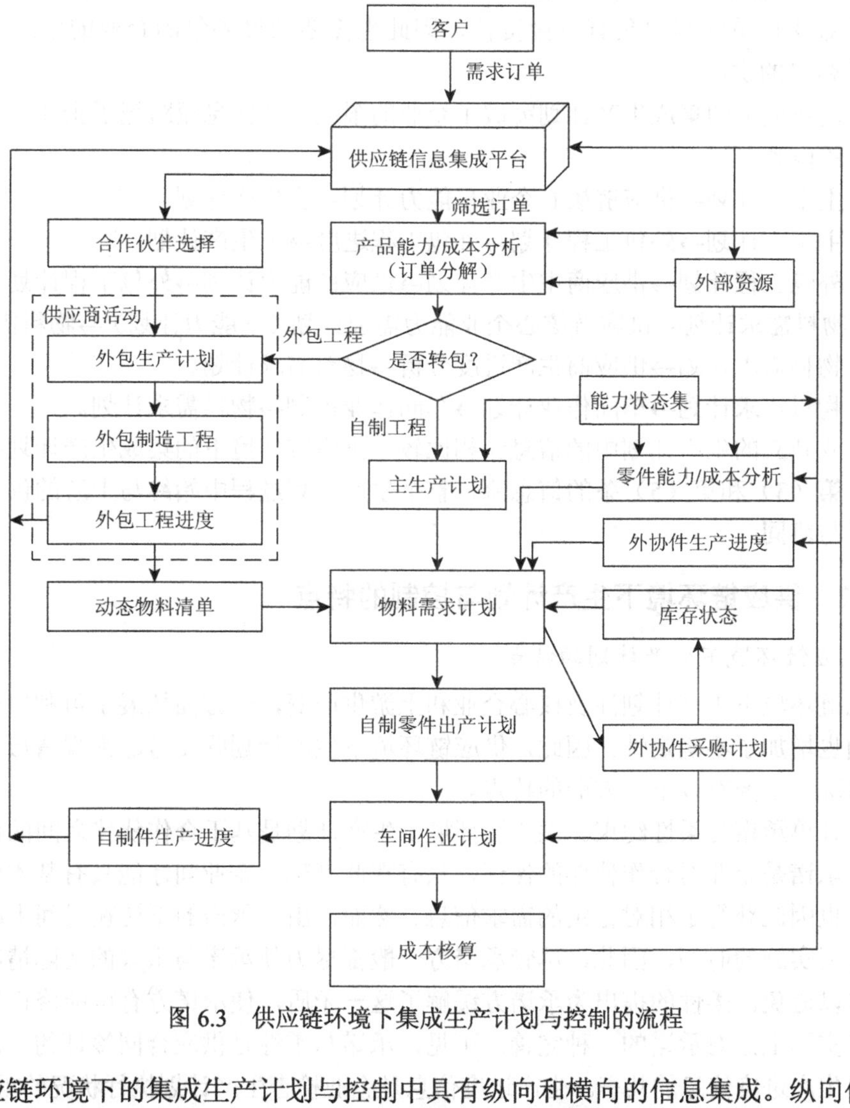

图 6.3　供应链环境下集成生产计划与控制的流程

供应链环境下的集成生产计划与控制中具有纵向和横向的信息集成。纵向信息集成指供应链由下游向上游的信息集成；而横向信息集成是指生产相同或类似产品的企业之间的信息共享。对于纵向信息集成，在供应链生产计划编制过程中上游企业的生产能力信息在生产计划的能力分析中独立发挥作用。通过在主生产计划和物料需求计划中分别进行粗、细能力计划，上游企业承接订单的能力和意愿都反映到了下游企业的生产计划中。同时，上游企业的生产进度信息也和下游企业的生产进度信息一同作为滚动编制计划的依据，其目的在于保持上下游企业间生产活动的同步。

外包决策和外包生产进度分析是集中体现供应链横向信息集成的环节。在外包中所涉及的企业都能够生产相同或类似的产品，或者说在供应链网络上是属于同一产品级别的企业。企业在编制主生产计划时所面临的订单，在以下两种情况下可能转向外包：一是企业本身或其上游企业的生产能力无法承受需求波动所带来的负荷；二是所承接的订单通过外包所获得利润大于企业自己进行生产的利润。无论在何种情况下，都需要承接外包的企业的基本数据来支持企业的获利分析，以确定是否外包。同时，由于企业对该订单的客户负有直接责任，因此也需要承接外包的企业的生产进度信息来确保对客户的供应。

供应链环境下的集成生产计划突破了企业的限制，其信息流跨越了企业，从而增添了以下新的内容。

（1）主生产计划→供应链核心企业粗能力计划→主生产计划。

（2）主生产计划→外包工程计划→外包工程进度→主生产计划。

（3）外包工程计划→供应商主生产计划→供应商能力计划→外包工程计划。

（4）物料需求计划→供应链核心企业能力需求计划（细能力计划）→物料需求计划。

（5）物料需求计划→供应商生产进度分析→物料需求计划。

（6）物料需求计划→车间作业计划→车间作业控制→物料需求计划。

与企业独立的生产计划中的信息流相比较，供应链环境下的集成生产计划中增加了第（2）、第（3）和第（5）条的信息流。整个生产计划过程中始终与上游的供应商进行信息交互与协同。

6.2.2 供应链环境下生产计划与控制的特点

1. 供应链环境下生产计划的特点

供应链环境下生产计划涉及核心企业和上游供应商，一方面拓展了可利用的资源，另一方面也增加了不确定性。因此，供应链环境下生产计划既要考虑常规情形，又要防范例外情况，主要有以下三方面的特点。

（1）订单承诺与柔性约束。供应链环境下生产计划是基于合作伙伴之间的订单承诺制订的。承诺是企业对合作伙伴的保证，只有在此基础上企业间才能具有基本的信任，合作伙伴也因此获得了相对稳定的需求信息。然而，由于承诺的下达在时间上超前于承诺本身付诸实施的时间，因此，尽管承诺方一般都尽力使承诺与未来的实际情况接近，误差却难以避免。柔性的提出为承诺方缓解了这一矛盾，使承诺方有可能修正原有的承诺。柔性实际上是对承诺的一种完善。可见，承诺与柔性是供应合同签订的关键要素。

（2）生产进度信息的共享。生产进度信息是企业检查生产计划执行状况的重要依据，也是滚动制订生产计划过程中用于修正原有计划和制订新计划的重要信息。在供应链管理环境下，生产进度计划属于可共享的信息。它有两方面的作用，一是使供应链上游企业通过了解对方的生产进度情况实现准时供应，这样下游企业可以避免不必要的库存，而上游企业可以灵活主动地安排生产和调拨物资；二是当供应链上游企业修正原有计划时，下游企业能及时了解到并适当调节生产计划，可以避免上下游企业之间出现供需脱节，从而保证供应链的整体利益。

（3）有效地利用上游企业的生产能力。企业完成一份订单不能脱离上游企业的支持，因此，在编制生产计划时要尽可能借助外部资源，有必要考虑如何利用上游企业的生产能力。任何企业在现有的技术水平和组织条件下都具有一个最大生产能力，但最大生产能力并不等于最优生产负荷。在上下游企业间稳定的供应关系形成后，上游企业从自身利益出发，更希望所有与之相关的下游企业在同一时期的总需求与自身的生产能力相匹配。上游企业的这种对生产负荷量的期望可以通过合同、协议等形式反映出来，即上游企业提供给每一个相关下游企业一定的生产能力，并允许一定程度的浮动。这样，在下游企业编制生产计划时就必须考虑到上游企业的这一能力上的约束。

2. 供应链环境下生产控制的特点

供应链环境下生产控制和独立的企业生产控制方式也不同，需要更多的协调机制（企业内部和企业之间的协调），体现了供应链的战略伙伴关系原则。供应链环境下的生产协调控制包括以下几方面的内容。

（1）生产进度控制。生产进度控制的目的在于依据生产作业计划，检查零部件的投入和出产数量、出产时间和配套性，保证产品能准时装配出厂。供应链环境下生产进度控制与传统生产模式的进度控制不同，因为许多产品是协作生产或转包的业务，与传统的企业内部进度控制比较来说，其控制的难度更大，必须建立一种有效的跟踪机制进行生产进度信息的跟踪和反馈。生产进度控制在供应链管理中有重要作用，因此必须研究解决供应链企业之间的信息跟踪机制和快速响应机制。

（2）供应链的生产节奏控制。供应链的同步化计划需要解决供应链企业之间的生产同步化问题，只有各供应链企业之间以及企业内部各部门之间保持步调一致时，供应链的同步化才能实现。供应链形成的准时生产系统，要求上游企业准时为下游企业提供必需的零部件。如果供应链中任何一个企业不能准时交货，都会导致供应链不稳定或中断，导致供应链对用户的响应性下降，因此严格控制供应链的生产节奏对供应链的敏捷性是十分重要的。

（3）提前期管理。基于时间的竞争是 20 世纪 90 年代一种新的竞争策略，具体到企业的运作层，主要体现为提前期的管理。这是实现快速响应、有效消费者响应策略的重要内容。供应链环境下的生产控制中，提前期管理是实现快速响应用户需求的有效途径。缩短提前期、提高交货期的准时性是保证供应链获得柔性和敏捷性的关键。缺乏对供应商不确定性的有效控制是供应链提前期管理中一大难点。因此，建立有效的提前期管理模式和交货期设置系统是供应链提前期管理中值得重视的问题。

（4）库存控制和在制品管理。库存在应付需求不确定性时有积极的作用，但是库存又是一种资源浪费。在供应链管理模式下，实施多级、多点、多方管理库存的策略，对提高供应链环境下的库存管理水平、降低制造成本有着重要意义。这种库存管理模式涉及的部门不仅仅是企业内部。准时制供应、供应商管理库存、联合库存管理等是供应链库存管理的新方法，对降低库存都有重要作用。因此，建立供应链环境下的库存控制体系和运作模式对提高供应链的库存管理水平有重要作用，是供应链企业生产控制的重要手段。

6.2.3 供应链协同生产计划

要实现供应链的同步化运作，需要建立一种供应链企业间的协同生产计划与协调机制。协调供应链的目的在于使信息能无缝、顺畅地在供应链中传递，减少因信息失真而导致的过量生产、过量库存现象的发生，使整个供应链能根据顾客的需求而步调一致，也就是使供应链能够同步化响应市场需求变化。

为了说明供应链协同生产计划与协调机制的作用，以一个由整机制造商、部件制造商和零件制造商组成的三级供应链为例进行分析，并将有无协同和协调情形下的生产计划与物流进行比较。

1. 无协同和协调的企业生产计划与物流

无协同和协调的企业生产计划与物流示意图如图 6.4 所示。在这种情形下，每个企业独立地制订生产计划，企业之间的联系只是在下游企业的采购部门和上游企业的销售部门之间。上游企业在接到下游企业的采购订单后才开始制订生产计划，物料由上游企业的销售部门（成品库）提供给下游企业的采购部门（零部件库）。制造部门对本企业的销售部门负责，生产的产品（或零部件）用于补充销售部门的库存。

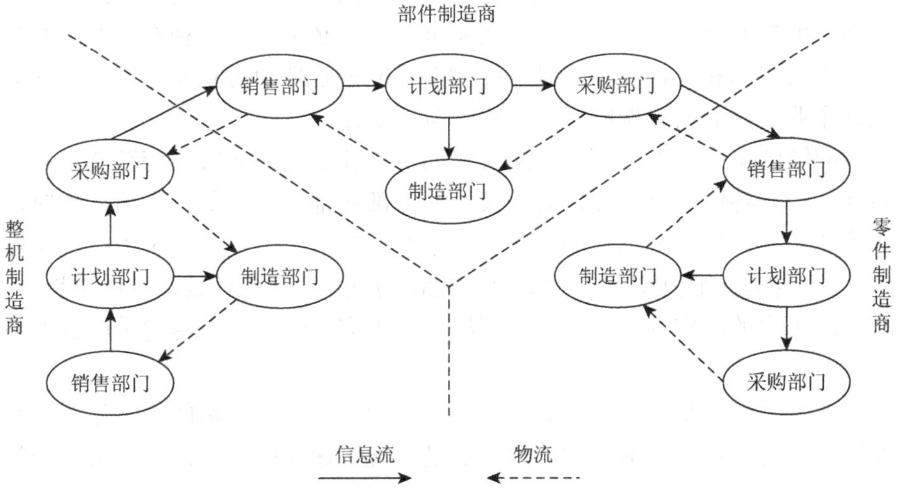

图 6.4 无协同和协调的企业生产计划与物流

在这个过程中，整机制造商的生产计划信息需要经过“整机制造商的计划部门→整机制造商的采购部门→部件制造商的销售部门→部件制造商的计划部门”三次传递才能到达部件制造商的计划部门，部件制造商的生产计划信息同样需求经过三次传递才能到达零件制造商的计划部门，其中会造成信息的滞后和扭曲（即“牛鞭效应”）。

零件制造商的产品（零件）需要经过“零件制造商的制造部门→零件制造商的销售部门→部件制造商的采购部门→部件制造商的制造部门”三次递送才能到达部件制造商的制造部门，部件制造商的产品（部件）同样需要经过三次传递才能到达整机制造商的制造部门，需要较长的交货提前期，还会形成大量的库存。

2. 有协同和协调的企业生产计划与物流

有协同和协调的企业生产计划与物流示意图如图 6.5 所示。在这种情形下，上下游企业之间可以实时共享生产计划信息和协同地制订生产计划，在执行过程中实时地监控制造部门的生产进度，并且在本企业的计划部门之间和上下游企业的计划部门之间进行协调，从而保证上下游企业的同步化运作，实现从上游企业的制造部门向下游企业的制造部门直接配送的准时制物流。

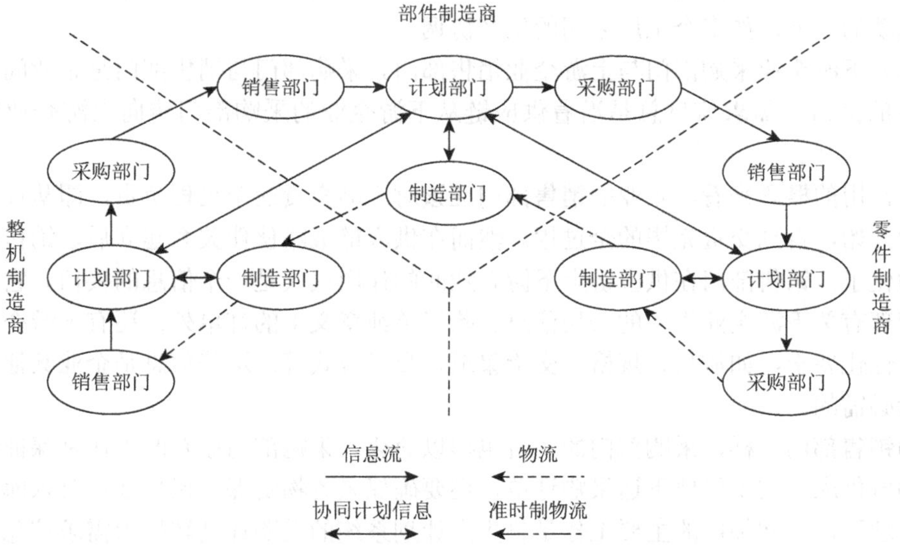

图 6.5　有协同和协调的企业生产计划与物流

在这个过程中，生产计划信息可以在整机制造商、部件制造商和零件制造商的计划部门之间无缝、顺畅地传递，生产进度信息也可以在各个企业之间实时地共享，并以此为基础协调上下游企业之间的相关业务。

零件制造商的产品（零件）从它的制造部门直接配送到部件制造商的制造部门，部件制造商的产品（部件）同样从它的制造部门直接配送到整机制造商的制造部门，交货提前期较短，几乎可以实现零库存的目标。

6.2.4　供应链环境下生产系统的协调机制

为了执行供应链协同生产计划与准时制物流，实现供应链的同步化运作，需要建立一种供应链的协调机制。协调供应链的目的在于使信息能无缝、顺畅地在供应链中传递，减少因信息失真而导致的过量生产、过量库存现象的发生，使整个供应链能根据客户的需求而步调一致，也就是使供应链能够同步化响应市场需求变化。

1. 供应链的协调控制模式

供应链的协调控制模式分为中心化协调、非中心化协调和混合式协调三种。中心化协调模式把供应链作为一个整体纳入一个系统，采用集中方式决策，由于忽略了代理的自主性，也容易导致“组合约束爆炸”，对不确定性的反应比较迟缓，很难适应市场需求的变化。分散协调控制过分强调代理模块的独立性，对资源的共享程度低，缺乏通信与交流，很难做到供应链的同步化。比较好的控制模式是分散与集中相结合的混合模式。各个代理一方面保持各自的独立性运作，另一方面参与整个供应链的同步化运作体系，保持了独立性与协调性的统一。图 6.5 就充分体现了这种控制的特点。

2. 供应链的协调机制

供应链的协调机制根据协调的职能可划分为两类：不同职能活动之间的协调与集成，如生产-供应协调、生产-销售协调、库存-销售协调等协调关系；根据同一职能不同层次活动的协调，如多个工厂之间的生产协调。

（1）下游企业采购部门与上游企业销售部门。采购部门与销售部门是企业间传递需求信息的接口。需求信息总是沿着供应链从下游企业的采购部门传向上游企业的销售部门。

从常用的概念来看，企业的销售部门应该对产品交货的全过程负责，即从订单下达到企业开始，直到交货完毕的全过程。然而在供应链战略伙伴关系建立后，销售部门的职能简化了。销售部门在供应链上下游企业间的作用仅仅是一个信息的接口。它负责接收和管理有关下游企业需求的一切信息。除了单纯意义上的订单外，还有下游企业对产品的个性化要求，如质量、规格、交货渠道、交货方式等。这些信息是企业其他部门的工作所必需的。

同销售部门一样，采购部门的职责也得以简化。采购部门原有的工作是保证生产所需的物资供应。它不仅要下达采购订单，还要确保采购物资保质保量地按时入库。在供应链管理下，采购部门的主要工作是将生产计划系统的采购计划转换为需求信息，以电子订单的形式传达给上游企业。同时，它还要从销售部门获取与所采购的零部件和原材料相关的客户个性化要求，并传达给上游企业。

（2）生产计划部门。在供应链环境下，企业的生产计划部门肩负着大量的工作，集成了来自上下游企业的生产计划部门、企业自身的销售部门和制造部门的信息。其主要功能如下。

①滚动编制生产计划。来自销售部门的新增订单信息，来自企业制造部门的订单生产进度信息和来自上游企业的外购物资生产计划信息，以及来自下游企业的需求变动信息。这四部分信息共同构成了企业滚动编制生产计划的信息支柱。

②保证对下游企业的产品供应。下游企业的订单并非一成不变，从订单到达时起，供方和需方的内外环境就一直不断变化着，最终的供应时间实际上是双方不断协调的结果，其协调的工具就是双方不断滚动更新的生产计划。生产计划部门按照最终的协议指示制造部门对下游企业进行供应。这种供应是与下游企业生产计划相匹配的准时供应。由于生产出来的产品不断发往下游企业，制造部门不会有过多的在制品和成品库存压力。

③保证上游企业对本企业的供应。这一功能是与上一功能相对应的。生产计划部门在制造部门提供的实时生产进度分析的基础上，结合上游企业传来的生产计划（生产进度分析）信息，与上游企业协商确定各批订单的准确供货时间。上游企业将按照约

定的时间将物资发送到本企业。采购零部件和原材料的准时供应降低了制造部门的库存压力。

（3）制造部门。制造部门的任务不仅是生产，还包括对采购物资的接收以及按计划对下游企业配套件的供应。在这里，制造部门实际上兼具运输服务和仓储管理两项辅助功能（也可以与第三方物流企业协同完成）。制造部门能够完成如此复杂的工作，原因在于生产计划部门对上下游企业的信息集成，同时也依赖于战略伙伴关系中的质量保证体系。

此外，制造部门还负责着在制造过程中实时收集订单的生产进度信息，经过分析后提供给生产计划部门。

案例 6.2　纬创笔记本电脑代工：按订单配置的生产方式

纬创（Wistron）是在 2001 年从宏碁重组后专做代工业务的，是全球重要的笔记本电脑代工大厂，其合作伙伴有宏碁、联想、戴尔、惠普等。为了更有弹性地向代工客户提供不同硬件规格的笔记本电脑组装，纬创的生产流程采用了按订单配置（configure to order，CTO）的生产方式。纬创创下的记录是，单一型号总共生产出 1.8 万个款式。

纬创的按订单配置生产是从动态物料清单表开始的。在以往的物料清单表中，当客户临时要更换某一项零件时，就必须逐一更换涉及的每个物料清单表，这并不符合按订单配置生产的弹性需求。纬创的动态物料清单表是临时组合的，只要更改该零件，就可以替换所有订单。以宏碁 410 笔记本电脑为例，动态物料清单表将这台笔记本电脑的基本构成组件全部列出，让品牌计算机厂商根据这个架构，去挑选 1 台笔记本电脑的不同规格组合，主要零件确定后，其他部分的零件由系统自动搭配组合，并编成 1 张新的物料清单表。当产品出货后，这张物料清单表自动删除，只保留物料清单表的主架构，也就是型号 410 笔记本电脑的组合架构。

纬创的按订单配置生产流程是：客户订单透过电子数据交换传送至全球接单系统；由 SAP 的企业资源计划系统计算物料需求计划，检查每个零件的库存，如果都在安全库存内，才会制作出物料清单表；然后系统回复客户可以出货，并产生制造工单，交由工厂制造。

纬创与客户是通过电子数据交换进行订单数据交换的，包括订单信息、订单预测、承诺产品数量、订单数量变更、现有订单生产进度、交货时间等信息。客户可以自行选择不同类型的零件，传送的订单数据变为物料清单表与零件数据。例如，当宏碁订购了 3 种笔记本电脑，依据这 3 种笔记本电脑的组合，可以计算出不同零件的数量。纬创在接到按订单配置生产的订单后，执行物料需求计划，然后向上游供应商采购相关零件。待供货商确认每一项订单，纬创就可以回复品牌计算机厂商交货的数量，并下达制造工单。

制造工单首先汇入工厂的制造流程管理系统，确定这张按订单配置生产的订单的每个制造流程与程序。然后将制造工单的数据汇入挑料系统。挑料系统可视为一个超大料架，存有各式各样的零件。当订单汇入挑料系统后，料架就会透过灯号显示所需的零件。所有零件会放入料件箱中并上线组装。制程管制系统会将相同的制程排在相同的生产线进行生产。纬创可以准确跟踪每个料件箱的制造状态，当客户临时要求暂停某项产品的制造时，该项产品的所有料箱就会被分配至备用线中。由于该产品还在生产线上，当客户决定可以开始生产后，就可以立即投产。生产完成后，产品进行包装就可以交付品牌计算机厂商了。

（资料来源：林文彬. 因应多样少量生产的冲击制造系统大革命. http: //www.ithome.com.tw/node/49542[2008-06-25].）

6.3 精益生产与准时制供应

由日本丰田汽车公司首创的精益生产，是多品种、小批量混合生产条件下高质量、低消耗进行生产的方式，被认为是继大量生产方式之后现代生产方式的第三个里程碑。作为日本丰田汽车公司精益生产的支柱之一，准时制管理思想不仅在企业的生产领域得到了广泛应用，而且对企业的采购、分销等业务模式也产生了深远的影响。准时制采购（或供应）正是由准时制管理思想演变而来的。准时制采购不但能够最好地满足用户需要，而且可以极大地消除库存、最大限度地消除浪费，从而极大地降低企业的采购成本和经营成本，提高企业的竞争力。

6.3.1 精益生产

1. 精益生产的概念

精益生产（lean production，LP）是美国麻省理工学院国际汽车计划组织的专家在研究日本汽车工业的生产方式时提出的。精益生产是指运用多种现代管理方法和手段，以社会需求的作用为依据，充分有效配置和合理使用企业资源、最大限度地为企业谋求经济效益的一种新型生产方式。精益生产就是及时制造，消灭故障，消除一切浪费，实现零缺陷和零库存。

2. 精益生产产生的背景

20 世纪初，从美国福特汽车公司创立第一条汽车生产流水线以来，大规模的生产流水线一直是现代工业生产的主要特征。大规模生产方式以标准化、大批量生产来降低生产成本，提高生产效率。这种方式适应了美国当时的国情。汽车生产流水线的产生，一举把汽车从少数富翁的奢侈品变成了大众化的交通工具，美国汽车工业也由此迅速成长为美国的一大支柱产业，并带动和促进了包括钢铁、玻璃、橡胶、机电以至交通服务业等在内的一大批产业发展。大规模流水生产在生产技术以及生产管理史上具有极为重要的意义。但是第二次世界大战以后，市场需求向多样化发展，相应地要求工业生产向多品种、小批量方向转变，流水生产方式的弱点就日渐明显。为了顺应时代要求，由日本丰田汽车公司首创的精益生产，作为多品种、小批量混合生产条件下的高质量、低消耗进行生产的方式脱颖而出。

1950 年，丰田英二考察了位于美国底特律的福特汽车公司轿车厂。当时这个厂每天能生产 7000 辆轿车，比日本丰田汽车公司一年的产量还多。但丰田英二在考察报告中却写道："那里的生产体制还有改进的可能"。第二次世界大战之后日本经济萧条，缺少资金和外汇。怎样建立日本的汽车工业？照搬美国的大量生产方式，还是按照日本的国情，另谋出路？丰田英二选择了后者。日本的社会文化背景与美国大不相同：日本的家族观念、服从纪律和团队精神是美国人所没有的；日本没有美国那么多的外籍工人，也没有美国生活方式所形成的自由散漫和个人主义的泛滥；日本的经济和技术基础也与美国相距甚远。日本当时没有可能全面引进美国成套设备来生产汽车，而且日本当时所期望的生产量仅为美国的几十分之一。"规模经济"法则在日本面临考验。丰田英二和他的伙伴大野耐一进行了一系列的探索和实验，根据日本的国情提出了解决问题的方法，经过 30 多年的努力终于形成了完整的丰田生产方式，使日本的汽车工业超过了美国，产量达到了 1300 万辆，占世界汽车总量的 30%以上。丰田生产方式是日本工业竞争战略的重要组成部分，它反映了日本在重复性生产过程中的管理思想。丰田生产方式的指导思想是，通过生产过程整体优化，改进技术，理顺物流，杜绝超量生产，消除无效劳动与浪费，有效利用资源，降低成本，改善质量，达到用最少的投入实现最大产出的目的。精益生产正是丰田生产方式的核心。

3. 精益生产的特点

（1）拉动式（pull）生产。以最终用户的需求为生产起点，强调物流平衡，追求零库存，要求上一道工序加工完的零件立即进入下一道工序。组织生产线依靠看板管理，即由看板从下向上地传递需求信息。生产中的节拍可由人工干预和控制，但重在保证生产中的物流平衡。由于采用拉动式生产，生产中的计划与调度实质上是由各个生产单元自己完成，在形式上不采用集中计划，但操作过程中生产单元之间的协调则极为重要。

（2）全面质量管理。强调质量是生产出来而非检验出来的，由生产中的质量管理来保证最终质量。生产过程中对质量的检验与控制在每一道工序都进行，保证及时发现质量问题，重在培养每位员工的质量意识。如果在生产过程中发现质量问题，根据情况可以立即停止生产直至解决问题，从而保证不出现对不合格品的无效加工。对于出现的质量问题，一般组织相关的技术与生产人员协作解决。

（3）团队工作法（team work）。每位员工在工作中不仅是执行上级的命令，更重要的是积极地参与，发挥决策与辅助决策的作用。组织团队的原则并不完全按行政组织来划分，而主要根据业务关系来划分。团队成员强调一专多能，要求能够比较熟悉团队内其他工作人员的工作，保证工作协调、顺利地进行。团队人员工作业绩的评定受团队内部评价的影响。团队工作的基本氛围是信任，以一种长期的监督控制为主，而避免对每一步工作的稽核，提高工作效率。团队的组织是变动的，针对不同的事物建立不同的团队，同一个人可能属于不同的团队。

（4）并行工程。在产品的设计开发期间，将概念设计、结构设计、工艺设计、最终需求等结合起来，保证以最快的速度按要求的质量完成。各项工作由与此相关的项目小组完成。进程中小组成员各自安排自身工作，但可以定期或随时反馈信息并对出现的问题协调解决。

4. 精益生产的实现手段

为了达到降低成本和快速应对市场需求这两个基本目标，精益生产方式的基本手段可以概括为下述四个方面。

（1）准时制生产。即在需要的时候，按需要的量生产所需的产品。准时制生产的实质是保持物流和信息流在生产中的同步，实现以恰当数量的物料，在恰当的时候进入恰当的地方，生产出恰当质量的产品。准时制生产将传统生产过程中前道工序向后道工序送货，改为后道工序根据“看板”向前道工序取货。看板是一张卡片，卡片的形式随不同的企业而有差别。看板上的信息通常包括零件号码、产品名称、制造编号、容器形式、容器容量、看板编号、移送地点和零件外观等。看板系统是准时制生产中最重要的管理工具之一。

（2）柔性生产机制。建立柔性生产机制，弹性地配置作业人数。当生产量发生变动时，弹性地增减各生产线的作业人数，尽量用较少的人力完成较多的生产。建立柔性生产机制的关键在于能否根据生产线上生产量减少的数量及时地调整作业人员数。弹性地配置作业人数，打破了生产系统中的“定员制”，是一种全新的人员配置方法。

（3）品质保证。将品质管理贯穿于每一工序之中，实现提高品质与降低成本的一致性。品质保证主要有两种机制：在设备上安装各种加工状态检测装置和自动停止装置，使设备或生产线能够自动检测不良品，一旦发现异常或不良品可以自动停止的设备运行机制；设备操作工人发现产品或设备的问题时有权自行停止生产的管理机制。依靠这两种机制，生产线上出现不良品时马上就能发现，从而防上不良品的重复出现或大量出现，避免由此可能造成的巨大浪费，也便于查找发生异常的原因，从而能够针对性地采取措施，为实现适时适量生产提供品质保证。

（4）模块化设计与并行设计。在产品的开发设计中导入两种机制：模块化设计和并行设计。利用模块化设计思想，新产品总是在某些模块（或单元）上有新的突破，而其他部分尽可能使用现存的技术。计算机、汽车等产品均是采用此种方法进行开发的。同时，在产品开发设计时采用并行设计思想，以设计部为主，其他部门（如工艺部门、制造部门、采购部门、品质保证部门、生产计划部门等）共同参与，形成团队，同时进行有关工作。并行设计一方面可以提早发现开发设计中的问题（性能、成本、品质等方面），减少失误或不完善可能带来的成本损失；另一方面当设计开发完成的同时产品也能立刻进行批量生产，大大减少从开发设计到批量生产实现的时间。

6.3.2 准时制供应

准时制供应是供应链环境下的物资供应方式。在拉式供应链管理环境中，制造订单驱动采购订单，采购订单再驱动供应商。这种准时化的订单驱动模式，使供需双方都围绕订单运作，实现了准时化、同步化运作。

1. 准时制供应概述

准时制供应的基本思想是：把合适的数量、合适质量的物品、在合适的时间供应到合适的地点，最好地满足用户需要。准时制供应和准时化生产一样，它不但能够最好地满足用户需要，而且可以极大地消除库存、最大限度地消除浪费，从而显著地降低企业的采购成本和经营成本，提高企业的竞争力。正是因为准时制供应对于提高企业经济效益有着显著的效果，20 世纪 80 年代以来，西方经济发达国家非常重视对准时制供应的研究与应用。据资料统计，到目前为止绝大多数的美国企业已经开始全部或局部应用准时制供应方法，并取得了良好的应用效果。

2. 准时制供应的特点

由于准时制供应强调准时供应、降低库存、消除浪费等理念，所以准时制供应在供应商评价与选择、物流配送策略、质量保证等方面与传统供应模式存在显著差异。

（1）采用较少的供应商。单源供应是准时制供应的基本特征之一。单源供应是指对某一种原材料或外购件只从一个供应商采购；或者说，对某一种原材料或外购件的需求仅由一个供应商供货。传统的采购模式一般是多头采购，供应商的数目相对较多。从理论上讲，采取单源供应比多头供应好，一方面，对供应商的管理比较方便，可以使供应商获得内部规模效益和长期订货，从而使购买原材料和外购件的价格降低，有利于降低采购成本；另一方面，单源供应可以使制造商成为供应商的一个非常重要的客户，因而加强了制造商与供应商之间的相互依赖关系，有利于供需之间建立长期稳定的合作关系，质量上比较容易保证。但是，采取单源供应也有风险，如供应商可能因意外原因中断交货。另外，采取单源供应，使企业不能得到竞争性的采购价格，会对供应商的依赖性过大等。在日本，虽然98%的准时制企业采取单源供应，但实际上，一些企业常采用同一原材料或外购件由两个供应商供货的方法，其中一个供应商为主，另一个供应商为辅。从实际工作中看，许多企业也不是很愿意成为单一供应商。一方面供应商是具有独立性较强的商业竞争者，不愿意把自己的成本数据披露给用户；另一方面是供应商不愿意成为用户的一个产品库存点。实施准时制供应，需要减少库存，但库存成本原先在用户一边，现在转移到供应商。因此，必须意识到供应商这种忧虑。

（2）对供应商选择的标准发生变化。由于准时制供应采取单源供应，所以对供应商的合理选择就显得尤为重要。可以说，能否选择到合格的供应商是准时制供应能否成功实施的关键。合格的供应商应具有较好的技术、设备条件和较高的管理水平，可以保障采购的原材料和外购件的质量，保证准时按量供货。在传统的采购模式中，供应商是通过价格竞争选择的，供应商与用户的关系是短期合作的关系，当发现供应商不合适时，可以通过市场竞标的方式重新选择供应商。但在准时制供应模式中，由于供应商和用户是长期的合作关系，供应商的合作能力将影响企业长期经济利益，因此，对供应商的要求就比较高。在选择供应商时，需要对供应商按照一定标准进行综合评价，这些标准应包括产品质量、交货期、价格、技术能力、应变能力、批量柔性、交货期与价格的均衡、价格与批量的均衡、地理位置等，而不只是依靠价格标准。在大多数情况下，其他标准较高的供应商，其价格可能也是较低的。即使不是这样，双方建立互利互惠的合作关系后，企业可以帮助供应商找出降低成本的方法，从而使价格降低。更进一步，当双方建立了良好的合作关系后，很多工作可以简化以至消除，如订货、修改订货、点数统计、品质检验等，从而减少浪费，降低成本。

（3）采取小批量配送的策略。小批量配送是准时制供应的基本特征之一。准时制供应和传统供应模式的重要不同之处在于准时制供应采用小批量办法。由于企业生产对原材料和外购件的需求是不确定的，而准时制供应又旨在消除原材料和外购件库存，为了保证准时、按质按量供应所需的原材料和外购件，采购必然是小批量的。但是，小批量采购必然增加运输次数和运输成本，对供应商来说，这是很困难的，特别是当某些供应商在远距离的情形下，实施准时制供应的难度就很大。通常情况下，解决这一问题的方法主要有四种：一是供应商在地理位置上靠近制造商，如日本汽车制造商扩展到哪里，其供应商就跟到哪里；二是供应商在制造商附近建立临时仓库，实质上这只是将负担转嫁给了供应商，而未从根本上解决问题；三是由一个专门的承包运输商或第三方物流企业负责送货，按照事先达成的协议，搜集分布在不同地方的供应商的小批量物料，准时按量送到制造商的生产线上；四是让一个供应商负责供应多种原材料和外购件。此外，在运输方面，循环取货模式也是解决小批量运送成本问题的有效方法之一。在循环取货模式下，通常由制造商用同一货运车辆从多个供应商处取零配件。循环取货模式省去了所有供应商空车返回的浪费，同时使物料能够及时供给。

（4）对交货的准时性要求严格。交货准时要求是准时制供应的一个重要特点，这也是实施准时化生产的前提条件。由于准时制供应消除了原材料和外购件的缓冲库存，所以供应商交货的失误和送货的延迟必将导致企业生产线的停工待料。因此，可靠送货是实施准时制供应的前提条件。而送货的可靠性，常取决于供应商的生产能力和运输条件，一些不可预料的因素，如恶劣的气候条件、交通堵塞、运输工具故障等，都可能引起送货延迟。交货准时取决于供应商的生产与运输条件。作为供应商来说，可以从以下几个方面着手：一方面不断改善企业的生产条件，提高生产的连续性和稳定性，减少生产过程的不稳定导致延迟交货或误点现象。作为准时化供应链管理的一部分，供应商同样应采用准时化的生产管理模式，以提高生产过程的准时性。另一方面，重视运输的可靠性，它决定准时交货的可能性，因此，就要求用户企业和供应商都应着重考虑好这一方面问题，并进行有效的计划和管理，使运输过程准确无误。

（5）从根源上保障零部件和原材料质量。实施准时制供应后，企业的原材料和外购件的库存很少以至为零。因此，为了保障企业生产经营的顺利进行，采购物资的质量必须从根源上抓起，也就是说，质量问题应由供应商负责，而不是企业的物资采购部门。准时制供应就是要把质量责任返回给供应商，从根源上保证采购质量。为此，供应商必须参与制造商的产品设计过程，制造商也应帮助供应商提高技术能力和管理水平。美国IBM企业战略中的重要一环就是帮助供应商建立供应体系，以实现真正的本地化采购供应。这不仅对供应商有利，对IBM也很有帮助。为此，IBM建立一个开放、兼容的信息平台，在此基础上，IBM可以详细了解供应商的生产流程，介入产品设计、生产、质量控制等过程，为其产品线找出竞争优势。以长城公司为例，IBM和长城公司之间既是合资公司的业务伙伴关系，同时也是供应商与客户的关系。通过帮助长城公司提高技术水平，不仅使长城公司的市场竞争能力增强了，也使长城公司能够更好地提供高质量的产品为IBM服务，同时IBM还向长城公司提供一种开放的技术标准作为技术支持，使长城公司可以了解IBM眼中的业界发展方向。由于IBM本身具有一流的技术能力，长城公司与之保持同样的发展方向就自然增加了自身的竞争力。

（6）对信息交流的需求加强。准时制供应要求供应与需求双方信息高度共享，保证供应与需求信息的准确性和实时性。由于双方的战略合作关系，所以企业在生产计划、库存、质量等各方面的信息都可以及时进行交流，以便出现问题时能够及时处理。只有供需双方进行可靠而快速的双向信息交流，才能保证所需的原材料和外购件的准时按量供应。同时，充分的信息交换可以增强供应商的应变能力。实施准时制供应，就要求供应商和制造商之间进行有效的信息交流。信息内容包括生产作业计划、产品设计、工程数据、质量、成本、交货期等。全球著名的沃尔玛与宝洁合作后，双方成立了一个协作团队，共同控制商品的质量。双方以结盟的方式，通过计算机实现数据共享。宝洁借助数据库，能够迅速了解沃尔玛物流中心自身所需的商品情况，还能及时了解自身产品在沃尔玛各店铺的销售量、库存量和价格等，这不仅能使宝洁及时制订出符合市场需求的生产和研发计划，同时也能对沃尔玛的库存做到持续补货，沃尔玛只需要决定商品的进货数量就可以了。反过来，沃尔玛向宝洁反馈市场和消费信息，直接指导宝洁调整产品结构，改进产品质量，双方形成一种双赢的合作联盟。

3. 准时制供应的实现

企业要实施准时制供应，主要从以下四个方面着手：一是实施看板管理，这是准时制供应中最有效的使用手段；二是企业要选择最佳的供应商，并对供应商进行有效管理，这是准时制供应成功的基石；三是供应商与用户紧密合作，这是准时制供应成功的钥匙；四是卓有成效的采购过程，严格的质量控制，这是准时制供应成功的保证。此外，准时制供应还必须遵循一定的科学实施步骤。从经验上来看，企业在实施准时制供应时，大体可以遵从下面具体步骤。

（1）建立准时制供应班组。准时制供应班组的作用是全面处理准时制供应的有关事宜。要制定准时制供应的操作规程，协调企业内部各有关部门的运作、协调企业与供应商之间的运作。准时制供应班组除了企业采购供应部门有关人员之外，还要由本企业以及供应商企业的生产管理人员、技术人员、搬运人员等共同组成。一般应成立两个班组：一是专门处理供应商事务的班组，该班组的任务是培训和指导供应商的准时制供应操作、衔接供应商与本企业的操作流程、认定和评估供应商的信誉、能力，与供应商谈判签定准时化供货合同，向供应商发放免检证书等；另一个班组是专门协调本企业各个部门的准时制供应操作、制定作业流程、指导和培训操作人员、进行操作检验、监督和评估。这些班组人员对准时制供应的方法应有充分了解和认识。

（2）制订计划，确保准时制供应有计划、有步骤地实施。企业要有针对性地制定供应策略，制定分阶段改进当前传统供应程序的措施，包括减少供应商的数量、更新供应商的评价体系、向供应商发放免检证书等内容。在这个过程中，企业要与供应商一起商定准时制供应的目标和有关措施，保持经常性的信息沟通。

（3）精选少数供应商，建立合作伙伴关系。供应商和企业之间互利的合作伙伴关系，意味着双方充满了紧密合作、主动交流、相互信赖的和谐气氛，共同承担长期协作的义务，在这种关系的基础上，发展共同的目标，分享共同的利益。企业可以选择少数几个最佳供应商作为合作对象，抓住一切机会加强与他们之间的业务关系。

（4）进行试点工作。企业可以先从某种产品、某条生产线或是某些特定原材料的试点开始，进行准时制供应的试点工作。在试点过程中，企业各个部门的支持是很重要的，特别是生产部门的支持。通过试点总结经验，为正式实施准时制供应奠定基础。以国内较早实施准时制供应的神龙汽车有限公司为例。1998 年初，神龙汽车有限公司相关部门决定施行部分外协件的准时制供应，进行直送看板供应。第一个被选为准时制供应试点的外协件为汽车座椅。之所以选择座椅，是因为座椅供应商云鹤座椅厂距离神龙汽车有限公司很近，就在神龙汽车有限公司旁边，且该厂产品质量稳定，服务也较好。双方通过协商谈判，开始了准时制供应的直送看板供应运作。神龙富康轿车成套座椅价值为 4100 元，采用专用耐久容器盛放，每个容器盛放两套座椅，供应商云鹤座椅厂距神龙汽车有限公司总装车间约 1 千米，运输工具为 3 吨东风轻卡，每车运送 9 个容器。神龙汽车有限公司总装车间实行 5 天两班制生产，日产汽车 214 辆。云鹤座椅厂实行 5 天单班制生产，但仓库发货和运输作业时间需与神龙汽车有限总装车间同步。具体方法是：神龙汽车有限公司首先对座椅直送看板工艺流程进行描述和设计，结合工时分析，确定工时参数，通过进行看板计算，确定重要控制点和作业点，提出看板样本和看板运行所需要的人员、设备、物品、面积、环境配套等资源需求，从而确保整个过程运行有序。座椅准时制供应的实施，使座椅的平均库存水平同比降低 90%，减少了库存资金占用。在此基础上，神龙汽车有限公司开始逐步扩大准时制供应物资的范围，取得了明显的经济效益。

（5）搞好供应商培训，确定共同目标。准时制供应是供需双方共同的业务活动，单靠采购部门的努力是不够的，还需要供应商的配合。只有供应商也对准时制供应的策略和运作方法有了认识与理解，才能获得供应商的支持与配合，因此，实施准时制供应需要对供应商进行教育和培训，使相互之间能够很好地实现准时制供应。

（6）为供应商颁发产品免检证书。在实施准时制供应时，核发免检证书是非常关键的一步。颁发免检证书的前提是供应商的产品 100%的合格。为此，核发免检证书时，要求供应商提供最新的、正确的、完整的产品质量文件，包括设计蓝图、规格、检验程序以及其他必要的关键内容。经长期检验达到目标后，所有采购的物资就可以从卸货点直接运至生产线使用。

（7）实现配合节拍进度的交货方式。准时制供应的目标是要实现这样的交货方式：当生产线正好需要某种物资时，该物资就到货并运至生产线，生产线拉动它所需的物资，并在制造产品时使用该物资。

（8）持续改进，扩大成果。准时制供应是一个不断完善和改进的过程，需要在实施过程中不断总结经验教训，从而实现降低运输成本、提高交货的准确性、提高产品质量、降低供应库存等，不断提高准时制供应的运作绩效。

成功实行准时制供应能够为企业带来非常显著的效益，但也对企业管理基础和信息化建设基础要求较高，因此国内许多企业尚未采用。但是作为一种先进的采购方法，准时制供应已经受到越来越多国内企业的了解和重视，推广和应用已是国内企业发展的必然需要与大势所趋。国内企业要开展准时制供应，只有未雨绸缪，尽快了解和探索准时制供应的原理与方法，从基础工作抓起，逐步创造条件，才能达到一旦实施起来运筹帷幄、事半功倍的效果，早日为企业创造经济效益，提高企业的竞争能力。

案例 6.3 丰田超越通用的秘密

据京华时报 2009 年 6 月 2 日报道，美国汽车业巨头通用汽车公司于美国东部时间 2009 年 6 月 1 日上午 8 时向法院申请破产保护，在政府控制下立即启动破产重组。这家曾与美国文化水乳交融的“百年老店”，如今将作为美国迄今为止最大的制造业企业破产案写入历史。另外据盖世汽车网 2009 年 1 月 24 日报道，在 2008 年的汽车销量中，丰田汽车首次以 61 万辆的优势超过通用汽车，年销量成为世界第一。通用汽车自 1931

年以来，一直占据着汽车销量第一的位置长达 77 年。2008 年，丰田汽车产量为 923 万辆，比通用多出 100 万辆，连续两年成为产量第一的汽车公司。

事实令人深思。为什么一个百年企业（通用汽车 1908 年成立）面临破产的威胁？而起步晚了 30 多年（丰田汽车 1937 年成立）又处于弹丸之地、资源匮乏的日本的丰田汽车公司，何以在激烈的国际竞争风浪中成长壮大？何以能够在世界汽车制造企业中做到产量、销量和利润第一？

在汽车工业发展历史上发生了两次重大转折，第一次转折发生在 20 世纪初，福特发明的大规模流水线生产方式替代了欧洲的单件小批量生产方式，大大缩短了汽车的生产时间、降低了生产成本，并带动了美国汽车工业的迅速崛起。第二次转折发生在 20 世纪 60 年代，丰田汽车公司发明了丰田生产方式（Toyota production system，TPS），即精益生产方式。和福特的规模化生产方式相比，丰田生产方式大大提高了汽车的生产效率，缩短了生产时间，降低了生产成本。不仅如此，该生产方式的最大优点在于它能够满足日益多样化的汽车需求，并且能够确保企业在微利时代同样能够获得丰厚的利润回报。因此，可以说是丰田生产方式奠定了丰田汽车称霸世界的基础。

丰田汽车公司的精益生产方式其实就是注重细节的生产方式。它的基本思想是准时制，也就是“只在需要的时候，按需要的量，生产所需的产品”，追求 7 个“零”极限目标：零切换浪费、零库存、零浪费、零不良、零故障、零停滞、零灾害。

以丰田汽车公司的主机组装厂为例，主机组装厂是一个生产多种小型客车的现代化大型工厂，除了特别干净明亮和色彩宜人的环境外，粗看并没有什么特别之处，但是细看会发现流水线中各项任务的工作量出奇地均衡。这是因为，在这个组装工厂里，各项任务在时间和工作量上都是同等的，因此每个人都在用同一种步调工作。一项任务完成时，其上下工序的员工也同时完成他们的任务。当某一个环节出错时，操作人员会立即启动报警系统，一个电子板会自动闪亮以显示出故障的工作台及克服故障所用的时间，其他工作台的员工就会拿上工具箱，赶到发生故障的工作台帮助同事恢复正常工作。在一班工作结束后，电子板就会汇总所发生的故障及其原因，然后，这些问题就成了项目改进的焦点。这个例子的关键在于，它展示了丰田汽车公司一个十分明显的特征：通过工程改进来追求工程的不间断性，每一个误差都得仔细检查、诊断和修正。任何事情都不能任其自然，任何缺陷，无论多么罕见，都不会被看作可忽略的随机事件。这样注重细节，注重细节之间的衔接就是精益生产的具体体现。

丰田汽车公司主机组装厂的案例显示出，丰田汽车公司这个“巨无霸”在成长壮大过程中，把对细节的苛求当成了企业管理最基础、最核心的要素，当他们已成长为世界 500 强时，他们的服务理念、品牌价值已经实实在在地体现并固化在细节中。可以说，细节，是公司精神与品牌的精魂所在，是企业与企业之间差异化的最本质反映，是企业核心竞争力的具体表现。推而广之，细节，才是每一个时代的本质，各个时代穿过一切表象而固定下来的小小细节，就是那个时代的精魂，大时代的力量在小细节。

（资料来源：詹姆斯 • 沃麦克，丹尼尔 • 琼斯，丹尼尔 • 鲁斯. 丰田精益生产方式. 沈希瑾译. 北京：中信出版社，2008.）

6.4 延迟制造策略

在全球市场中，由于不同国家和地区客户的偏好、语言、环境以及所遵行的政府法规不同，单一产品常常需要有多个型号和版本来各自满足特定地区客户的特定要求。例如，售往不同国家的打印机，其电源模件为适应当地电压、频率和插头形式会有所不同；键盘和说明书必须适合当地语言；通信产品由于支持它的通信协议不同，也会有所差异。在有些情况下，一种产品的本地化版本要求是由于政府干预而产生的。对于运作管理人员而言，迎接这些存在于大多数产品中、与大量产品种类相关的挑战，日益迫切。延迟制造策略成为解决该问题的可行方法之一，其新颖之处在于能够实现柔性生产同时又不牺牲效率。

6.4.1 延迟制造概述

延迟制造（postponement）是由制造商事先生产中间产品或可模块化的部件，尽可能延迟产品差异化的业务，等最终用户对产品的功能、外观、数量等提出具体要求后才完成生产与包装等差异化环节。延迟制造的目标在于尽量使产品保持中性及非委托状态，理想的延迟应用是制造相当数量的标准产品或基础产品以实现规模化经济，而将最后的特点，如颜色等推迟到收到客户的委托以后。在很多企业，最终的制造活动被放在离客户很近的地方进行，如由配送中心或第三方物流中心完成，在时间和地点上都与大规模的中间产品或部件生产相分离，这样企业就能以最快的响应速度来满足客户的要求。

商务上最早可行的延迟制造案例是根据客户要求混合油漆颜色。混合储存程序的实现急剧地减少了在零售店中储存的数目单位，零售店不是持有预先混合好的颜色，而是储存一种基色调，再根据客户特殊的订单来混合颜色。相似的一项延迟制造应用是在零售泵站中混合汽油辛烷值的申诺康系统。在这个案例中，申诺康保有一个油箱的低辛烷值汽油。当客户选择了更高辛烷值的产品时，汽油从低辛烷值的油箱内抽取，同时引入附加物，以此增加辛烷值至被购买的水平。这使“申诺康”持有一箱汽油库存而能够用于满足所有要求的产品，而不是对每一个产品等级保持独立库存。

在其他行业中，加工和储存大量的产品而将最后的包装延迟直至收到客户的订单，这样的生产实践已是十分普遍。在某些情况下，产品被处理并包装在“裸桶”里，商标则直到客户愿意才被最后贴上去。其他延迟制造的案例包括进一步实施在汽车上增加附件、器械和汽车配件，从而在购买时使产品客户化。

这类延迟制造的案例在一点上是相同的，就是在保留大批量生产的规模经济效益同时，减少了存货数量，直到产品被最后确定。它具有向许多不同客户服务的潜力。

1. 延迟制造的主要类型

延迟制造主要有成型延迟、时间延迟和地点延迟三种类型。

（1）成型延迟是指推迟形成最终产品的过程，在获知客户的精确要求和购买意向之前，仅制造基础产品或模块化的部件，在收到客户的订单后，才按客户的具体要求从事最终产品的生产。

（2）时间延迟是指最终的制造和处理过程被推迟到收到客户订单以后进行。

（3）地点延迟是指推迟产品向供应链下游的位置移动，接到订单后再以供应链的操作中心为起点，进行进一步的位移与加工处理。

上述三种延迟共同作用的结果是在产品的最终制造过程中，产品的形式、功能、位置都发生了变化，使企业能有效降低存货的风险与成本，以低价格提供竞争性的定制服务。

2. 延迟制造的竞争优势

延迟制造不仅更好地满足了消费者的个性化需求，而且能降低库存，加速资金周转。延迟制造只要求供应商对一个产品系列的基本产品进行预估，而不是对一个系列的多个款式进行预估，避免了因预估偏差而产生的各种特别款式的库存积压。具体而言，延迟制造的优势主要表现在以下方面。

（1）降低库存与物流成本。延迟制造在中间产品被生产出来后，就暂停其增值活动，以规格、体积和价值有限的通用半成品形式存放，直到收到用户订单后，才在靠近用户的地点进行下一步的加工活动，相对于产成品运输而言，半成品的体积、重量、规格都要少得多，运输的费用和可能的差错会被减少到最小程度。这就降低了存货与运输成本。

（2）增加最终产品型号，能更好地满足客户的差别化需求。延迟制造的产品采用模块化、标准化的设计方式，在基型基础上发展变型产品，以此扩大基型产品的适用范围，能用较少品种规格的零部件拼合成客户需要的多样化产品，以更低的成本提高客户满意度，减少由于供需不一致而损失的销售额。

（3）缩短交货提前期，提高快速反应能力。延迟制造针对市场需求的不断变化，将生产过程分为变与不变两个阶段，将不变的通用化生产过程最大化，事先生产出基型产品，以不变应万变。一旦接到订单，在最接近消费者的库存中心、配送中心或第三方物流公司完成产品的差异化生产过程，从而能以最快的速度将定制的产品交付到用户手中，增强了快速反应能力。

（4）降低不确定性，减小企业风险。在采用延迟制造模式的企业中，企业的存货基本上是以原材料和中间产品的形式存在，这种存货占用资金少，适用面广，既能迅速满足客户的多样化需求，又大幅降低了存货的成本与风险，这就使企业所面临的不确定程度下降，减少了产销不对路带来的存货跌价损失，有利于提高企业效益。

6.4.2　延迟制造的基本模式

企业要选择适合自己的基于客户化供应链的延迟制造模式，必须针对客户需求和产品特点，进行销售环境分析。根据客户需求对企业生产活动影响程度的不同，通常把企业的销售环境分为：按订单销售（sale-to-order，STO）、按订单装配（assemble-to-order，ATO）、按订单制造（make-to-order，MTO）和按订单设计（engineer-to-order，ETO）等四类，如图 6.6 所示。

延迟制造中使用客户订单分离点（customer order decoupling point，CODP）标明客户需求对企业生产活动影响程度。客户订单分离点是供应链在增值过程中产品差异化的分叉点。客户订单分离点前的活动由预测需求驱动，一般面向大众市场，产品标准化、

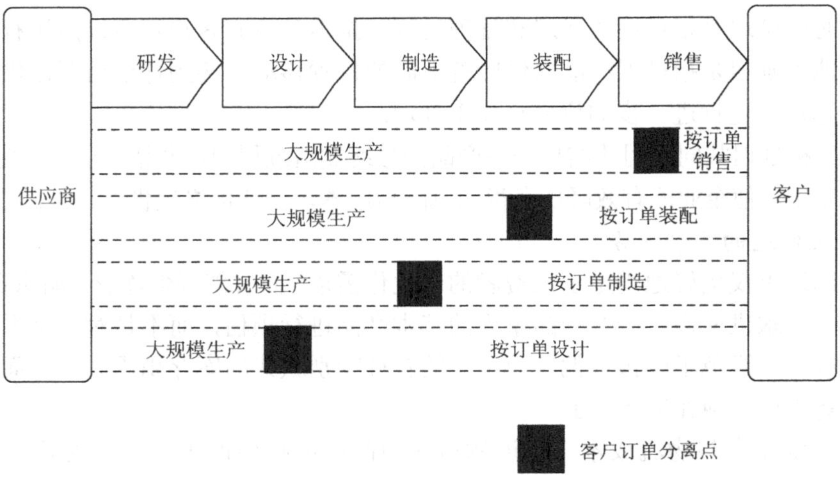

图 6.6 延迟制造的基本模式

中性化，实行大批量生产，生产效率高，能形成规模经济；而客户订单分离点后的活动由客户订单驱动，一般面向细分市场，且产品具有个性化的特点，实行小批量加工处理，实现对客户需求的快速响应，但单位产品的加工成本较高。

（1）按订单销售。客户订单分离点位于销售与装配两个阶段之间。产品的设计、制造和装配都是固定的，不受客户订单的影响，只有销售活动由客户订单驱动。其生产按库存生产，生产的性质多为大批量生产，产品完全是标准化的定型产品，定制活动仅在销售阶段，客户可从产品所提供的众多选项中，选择当前最符合其需要的一个选项，实现产品的自定制化。企业利用物流延迟使客户订单分离点往后移动实现客户化生产的同时，减少产成品库存和缩短需求周期。这种模式较适用于日常生活用品、家用电器等。

（2）按订单装配。客户订单分离点位于制造和装配两个阶段之间。产品的设计、制造都是固定的，不受客户订单影响。装配活动及其下游的活动是由客户订单驱动的。企业在接到客户订单后，通过对现有标准化的零部件和模块进行组合装配，向客户提供装配定制产品。企业在运用成型延迟的同时，通过建立中央仓库、运用第三方物流服务等措施实现物流延迟，将成型延迟和物流延迟两种不同的延迟生产模式结合在一个供应链系统中运用，这样减少了制造过程的复杂性，降低了零部件模块和产成品的库存，同时企业通过客户订单分离点往后移动减少了产成品库存数量、缩短了需求周期。这种模式较适用于汽车、个人计算机等产品生产。

（3）按订单制造。客户订单分离点位于设计和制造两个阶段之间。产品的设计是固定的，不受客户订单影响。制造活动是由客户订单驱动的。企业在接到客户订单后，在已有的零部件和模块基础上进行制造和装配，最终向客户提供定制产品。这种模式较适用于大部分机械产品生产。

（4）按订单设计。客户订单分离点位于产品开发设计之前。较少的通用原材料和零部件不受客户订单影响，开发设计及其下游的活动完全由客户订单驱动。企业在接到客户订单后，按照订单的具体要求，设计能够满足客户特殊要求的定制化产品。企业利用成型延迟，使客户订单分离点位置往后移动而减少客户订单对产品研制过程影响，进而提高企业对客户需求适应能力和与其他企业的合作能力。这种模式较适用于大型机电设备和船舶等产品的生产。

6.4.3　延迟制造策略在供应链中的定位

1. 供应链中延迟制造的作用

延迟制造集成了推动式供应链和拉动式供应链、大批量生产与定制生产的优势，将供应链的全球资源优化配置与当地化操作结合在一起。客户订单分离点代表供应链中推动阶段和拉动阶段之间的分界点。在切入点之前，是推动式的大规模通用化半成品生产阶段，制造商根据预测，大规模生产半成品或通用化的各种模块，获得大批量生产的规模效应。在切入点之后，是拉动式的小规模定制化产成品生产阶段，根据订单需要，将各种模块进行有效的组合，或将通用化的半成品根据要求进行进一步的加工，从而快速响应客户订单。因此，延迟制造实现了推动式和拉动式两种供应链模式的整合。

在延迟制造模式下，整个供应链的原材料采购、存货的存放地点和制造与服务的网络结构，可在全球协调的基础上加以考虑，获得整体的规模经济和范围经济。而产品的差别化制造、营销、配送与售后服务工作则采用当地化的管理模式，充分利用当地资源，满足当地的需求习惯，缩短定制时间，以增强对不同地区、不同客户的适应能力，为企业带来较大的竞争优势。

2. 供应链中延迟制造的模式选择

在供应链中，供应商、制造商、销售商以及最终用户连成一个功能网链。在这个网链中，不同节点企业以及前后企业的活动在驱动源、产品性质、市场定位、生产类型等方面有明显的区别。因此，需要利用客户订单分离点对供应链进行分离定位，从而相应地采取不同的延迟活动。客户订单分离点的定位与延迟活动的规模、延迟类型、定制化方式均有密切关系，如表 6.1 所示。

表 6.1　供应链上不同客户订单分离点的延迟特点

相关因素 / 分离点位置	延迟活动的规模	延迟类型	定制化方式
制造商	大	延迟制造 延迟装配	定制化零部件 装配不同的零部件
分销商	中	延迟包装	定制化的配送服务
零售商	小	时间延迟	零售渠道调整

从表 6.1 可知，客户订单分离点位置越靠近客户，延迟活动规模越小，定制化活动复杂程度越低，因而快速响应能力（在已有的产品品种范围内）越高，但由于定制化程度低，产品品种较少，柔性小，应对个性化需求的能力不强。然而，在需求多样化趋势明显增强的今天，产品柔性是决定企业生存和发展的关键因素，因此，客户订单分离点定位决策必须把企业柔性放到极其重要的位置。客户订单分离点的定位受到多方面因素的制约。随着客户订单分离点位置向上游移动，延迟水平、定制化程度、产品柔性、库

存成本上升，标准化程度、生产效率、快速响应能力下降。

为了使各因素取得平衡，提高供应链的整体绩效，客户订单分离点位置一般定位在中游，这意味着上游进行预测驱动的规模化生产，在中下游进行订单驱动的定制化制造或服务活动。一系列标准化和定制化程度不同的策略形成了一个连续统一体，在统一体的两端是两个极端策略，即完全标准化和完全定制化。统一体中每一种策略都可能在供应链上被采用，但其定位趋向于统一体的中部即标准化与定制化折中策略。这种策略就是部件制造标准化、装配和配送定制化，即延迟装配策略。Pine 认为，将通用件进行定制化装配是达到定制化的最佳途径。由此看来，延迟装配将是应用最多的一种延迟策略。

3. 供应链中延迟制造的实施

虽然延迟制造能够整合推动式供应链和拉动式供应链、大量生产与定制生产的优势，但是延迟制造实施对供应链提出了较高要求，需要对供应链结构进行必要的重构，同时也需要高水平物流服务支撑。

延迟策略将供应链的很多活动向供应链的包装、运输、销售环节推迟，使供应链中制造商的制造活动向外部扩展，不仅拓展了制造商的资源，还使传统的供应链向全球化方向发展。因此，实施延迟制造需要对供应链结构进行重构，并相应地对供应链中的物流和信息流进行重构。同时，延迟制造必须以快速的物流服务为前提，缺乏即时的订单确认与传递系统和迅捷的成品配送服务的配合，即使是局部的延迟制造，也会造成交货延迟，影响服务的准确性与可靠性。在精准物流服务保证的情况下，供应链才能利用延迟制造，及时满足客户对独特产品的需求，为整条供应链带来“溢价”收益。

案例 6.4 ZARA 服装业延迟制造

ZARA 是世界四大时装连锁商之一。基于为大众提供“买得起的快速时尚”理念，ZARA 以快速反应著称于流行服饰业界，每年提供 12 000 多种不同的商品供客户选择，形成了今天一件产品在两周内从设计开始到选料、染整、剪裁、针缝、整烫、运送，直至成品上架的快速供应体系。ZARA 的极速响应能力源于其从设计、生产、配送到销售等每个环节的紧密衔接和配合。其中延迟制造在 ZARA 快速响应的供应链中扮演了重要角色。

1. 从量产到定制的生产模式转变

传统服装公司是从设计开始的，生产时遇到各种问题，反馈到设计部门重新设计，再去生产，这个流程很长。而 ZARA 的生产线流程是从店铺开始的：每天的销售情况和消费者的反馈都汇总到公司的设计师，一旦设计完成，公司就立刻组织代工企业生产。新品从设计到摆上货架只需要 10～15 天。ZARA 把供应链不必要的环节去掉，缩短整个供应链的长度，最大可能地集合消费者信息。

2. 布料环节的延迟制造

ZARA 的延迟制造首先是从布料准备开始的。ZARA 把大量的精力放在预测布料种类以及购买数量上。其原因包括两方面：一方面，服装的布料、材质、搭配对于时尚潮流来说是一个非常重要的因素，款式可以在短时间内千差万别，但面料的流行周期远长于设计的款式。因此，对面料精准的预测，保证了 ZARA 产品的时尚元素。另一方面，布料失误带来的损失要比已经制作完工的服装小得多，同样的布料还可以做成不同的衣服，降低了成品过剩的风险。这样一来，减少了公司的潜在损失，也就降低了产品的平均成本。

对于面料的采购数量，为了从最原始的原材料环节就开始控制成本，ZARA 采取从集团内部公司获取稳定原料和从外部 260 家原材料供应商中分别小额定购的方式。其自产产品 40%的原料布来自于集团公司拥有的 Comditel 工厂，而这些原料布有 50%是没有染色的。保有一部分未染色的布料，保证了 ZARA 能够在销售季节中随时应对市场对颜色的需求而进行即时的染色变化，紧跟时尚步伐。而中国绝大多数服装企业都没有积压面料的习惯，结果造成大量成品服装库存积压，而成品基本不再具有可变性。

3. 生产环节的延迟

ZARA 为了规避供过于求的风险，总是在季节前期投入很小的产量，然后在季节中期快速地应对订单和新出现的流行趋势。服装行业的普遍做法是在季节开始之前，将预计销售量的 45%～60%投入供应链，作为“预先储备”，而 ZARA 的这个数据是 15%～20%。等销售季节开始后，ZARA 才根据市场的最新变化追加产量，这部分的产量要占总量的 40%～50%，而其他服装企业这项数据有的是零，最多的也不超过 20%。

（资料来源：葛星，汪建斌，赵静.快胜：ZARA 极速盈利模式. 北京：清华大学出版社，2008.）

本章小结

本章重点讨论供应链环境下的产品研发问题和生产制造问题。对于产品研发问题，本章首先介绍了协同产品开发的概念、内涵及特征，分析了协同产品开发的组织结构及各组成部分间的相互职能关系，最后介绍了协同产品开发的生命周期管理。对于生产制造问题，本章首先介绍了供应链环境下协同生产的模式，然后讲述了协同生产计划的制订过程，最后说明了协同生产下生产过程控制的相关问题。此外，本章还对供应链环境下具有代表性的几类生产管理模式进行了介绍，包括精益生产、准时制供应和延迟制造。

在案例方面，首先以波音 787 梦想飞机的全球化供应链作为引导案例，分析了供应链环境下协同产品研发与制造在降低成本、增强响应客户的能力、提高竞争力和效益等方面的作用。接着结合一汽与宝钢协同产品开发的案例，阐释了供应链环境下协同产品研发的主要问题及解决方法。随后在生产管理方面，使用纬创笔记本电脑代工生产方式的案例，展示了供应链上下游企业协同生产的方法。然后主要结合丰田超越通用的案例展示了精益生产和准时制供应的重大作用，以 ZARA 服装公司的案例诠释了延迟制造策略。最后以惠普公司协同产品研发和延迟制造的案例，展示了供应链环境下典型的制造模式。

➤复习思考题

（1）什么是协同产品开发？供应链环境下的协同产品开发有何特征？

（2）常见的协同产品开发组织结构是怎样的？各部门的主要职责是什么？

（3）简述协同产品开发的基本流程。

（4）简述供应链协同生产计划的主要特征。

（5）供应链环境下生产协调控制有哪些主要内容？

（6）什么是精益生产？它有哪些特点？

（7）实现精益生产的主要手段有哪些？

（8）什么是准时制供应？它有哪些主要特征？

（9）什么是延迟制造？它有哪些主要类型？

（10）阐述延迟制造的基本模式及适用范围。

➢案例讨论　惠普打印机的研发与生产

作为业界领袖，惠普激光打印机在全球市场占有率超过50%，喷墨打印机的占有率也有40%，年销售额超过200亿美元。

1. 惠普打印机的协同产品开发

惠普在打印机市场上长盛不衰的一个秘诀就是对市场技术趋势的把握，因此，惠普非常重视打印机产品在设计阶段的协同和集成。

惠普打印机事业部在2000年初面临着诸多挑战。打印机的设计和制造涉及专用集成电路、软件、硬件、固件、电路、机械设计、外形设计等，属于较复杂的高科技制造。惠普激光打印机的主要管理中心在爱达荷州的首府博伊西，网卡在加州的罗斯维尔，附件在墨西哥，三个地点分别有数个软件、硬件、专用集成电路实验室和产品开发中心，生产则是外包给一家日本的工厂。过去在管理上做了较好的整合，如产品生命周期、工程变更和新产品导入等，与工厂的系统已经做到了数据库对接级的联系；而喷墨打印机的管理相对来说要复杂一些，在加拿大、亚太地区、爱尔兰等地有不同的生产、研发、销售的系统、体系和流程。随着惠普打印机业务发展越来越大，打印机事业部内部的各个研发和设计组织越来越复杂并相对独立，而且涉及的合作伙伴、供应商、外包制造商规模也越来越大，导致产品数据信息形成了很多孤岛，沟通不畅。惠普的产品信息管理面临以下挑战。

（1）产品信息的重用问题。例如，一份一体机的工艺更改请求传到美国，设计部门设计的模块数码模型文件传到中国的供应商处，几个月后，由于惠普的内部生产线出现调整，需要再做工艺更改，然而原来的设计文档在公司内部和中国的供应商处就都找不到了。

（2）产品信息的一致性问题。过去温哥华喷墨打印机工厂的一份生产物料清单需要在几个生产或设计系统之间进行“复制-修改-校验-粘贴”，一些重要信息就在信息的反复复制和转换中出现偏差或丢失；工程变更慢且缺乏一致性，很多工程变更由于市场需求的急迫，多是在事后进行记录。据统计，一家北美的桌面喷墨打印机工厂5%的工艺变更没有记录，只有约20%的工程变更执行履行了完备的审批流程，一条生产线由于变更未经正式审批流程，造成生产的11 000个墨盒在几个月后不能在另一条生产线上被正常组装到整机上。

面对这样的挑战，惠普在2000年底启动了称为企业产品开发管理的计划，整合激光和喷墨打印机两条不同产品线的研发资源与研发平台。企业产品开发管理计划包括三个部分：一是整合惠普内部过去的多种产品数据管理系统建立统一的产品设计平台；二是在整个企业和合作伙伴间实施技术状态管理 CMII 规范；三是建立跨企业的协同开发环境。

在协同产品开发系统方面，惠普采用了 PTC 公司的 Windchill 软件作为平台。系统全面实现了 CMII 的标准工作流，建立了机械、电子工程、固件、软件等各个职能设计团队的协作工作空间（workspace）和设计数据库。在同一数据库的基础上，管理产品生命周期内产品结构信息的不同表现形式。在产品工程版本升级的情况下，各部件的技术状态保持一致性，并且与企业的供应链管理系统及企业资源计划系统建立物料清单方面的联系和映射。到 2002 年 6 月，企业产品开发管理系统拓展到了惠普的其他部门，包括商用和家用产品事业部等，系统总用户超过 1500 人，包括美国、加拿大、爱尔兰、波多黎各、新加坡等地的惠普工程设计部门和生产厂。惠普过去分散的十几个工程数据管理系统、产品结构管理系统和文档管理系统都向这个统一的系统进行了数据迁移。惠普在中国、日本、新加坡、墨西哥的几十家合同制造商也能通过互联网在这个系统上共享工程文档、图纸和物料清单的信息，跟踪工程变更情况。

实施协同产品研发系统，惠普收到了切实的效益，以工程变更单执行为例，过去，惠普每年处理大约 5 万次，实施本系统后，这个数字减少了约 20%，而且平均完成周期由 34 天减少到 18 天，每项工程变更单执行的人力成本节约 40%，仅此一项每年为惠普带来的收益超过 1400 万美元。

2. 惠普打印机的延迟制造

DeskJet 打印机是惠普的主要产品之一。惠普打印机的生产、研究开发节点分布 16 个国家，销售服务部门节点分布 110 个国家，而其总产品超过 22 000 类。欧洲和亚洲地区对于台式打印机电源供应（电压 110 伏和 220 伏的区别，以及插件的不同）、语言（操作手册）等有不同的要求。在变革前，惠普采取工厂本地化（factory localization）。这些都由温哥华的公司完成，北美、欧洲和亚太地区是它的三个分销中心。分销商都希望尽可能降低库存，同时尽可能快地满足客户的需求。这样导致惠普感到保证供货及时性的压力很大，从而不得不采用备货生产（make-to-stock）的模式以保证对分销商供货准时的高可靠性，因而分销中心成为有大量安全库存的库存点。制造中心是一种拉动式的，计划的生成是为了通过准时制模式满足分销中心的目标安全库存，同时它本身也必须拥有一定的零部件、原材料安全库存。

随着经济的发展，市场需求日益趋于多样化和不稳定，惠普面临着一种困境。即：一方面，客户要求他们的订单能快速实现，另一方面，他们需要个性化的产品和服务。因此，如何以较低的成本提供个性化定制的产品，同时快速将产品递送给客户，成为惠普需要迫切解决的问题。

惠普采取了延迟制造策略应对这一挑战，即延迟产品定制化差别的工作，直至最接近客户的可能生产点。因此，惠普对产品和产品加工工艺进行模块化设计，以保证延迟策略的顺利实施。不再只是采用零碎的办法，而是反复思考，将产品设计、产品制造、交货和整个供应链的体系结构集成起来，综合考虑延迟策略的运用。这种综合性方法的采用，能使企业以最高的效率运行，并且以最小数量的存货尽快地满足客户的不确定订货要求。

基于延迟制造策略，惠普对 DeskJet 台式打印机的供应链进行了重新设计。惠普的 DeskJet 台式打印机供应链是由供应商、制造点（温哥华）、分销中心、经销商和消费者组成的，是一个由采购原材料、把它们化为中间产品和最终产品、最后交到客户手中的过程所组成的网络。重新设计后的供应链如图 6.7 所示。

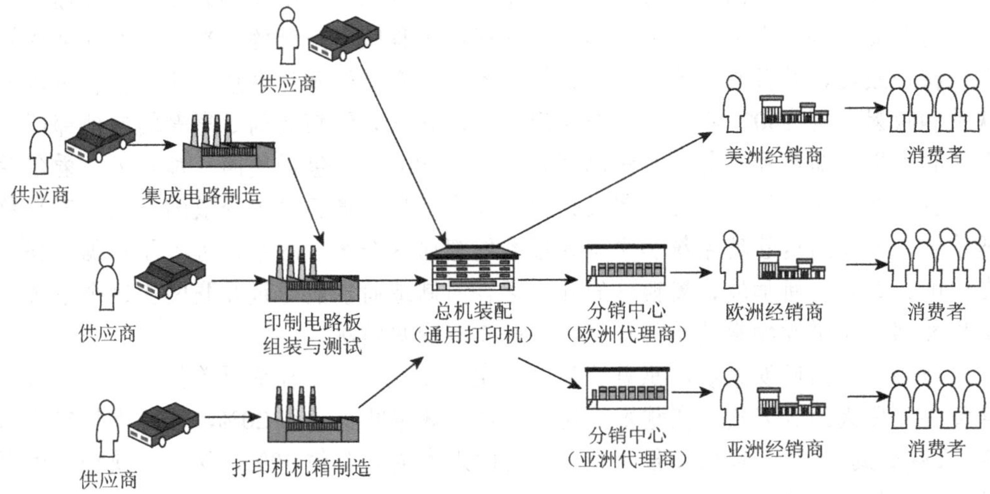

图 6.7 惠普 DeskJet 打印机供应链

在这个新的供应链中，主要的生产制造过程由在温哥华的公司完成。各种零部件原材料由惠普的子公司或分布在世界各地的供应商供应。在温哥华生产通用打印机，通用打印机运输到欧洲和亚洲后，再由当地分销中心或代理商加上与地区需求一致的变压器、电源插头和用当地语言写成的说明书，完成整机包装后由当地经销商送到客户手中。

如图 6.8 所示，其中图 6.8（a）代表惠普原有模式下客户订单分离点，图 6.8（b）表示实施延迟制造后客户订单分离点的变化。在原有运作模式下，惠普打印机的客户订单分离点在产品装配阶段，即在需求信息尚未确定时由工厂完成本地化，其位置离客户较远，打印机的定制化程度低、柔性小，应对个性化需求的能力不强，同时也造成了打印机成品在分销渠道大量积压；在实施延迟制造策略后，惠普打印机的客户订单分离点下移到销售阶段，即在需求信息确定时由当地分销中心或代理商完成本地化，其位置离客户较近，打印机在供应链中多数以通用打印机的形式存在，定制化程度、产品柔性、标准化程度、快速响应能力能够得到明显提升。

通过应用延迟策略，惠普在维持 98%的订货服务目标的同时，将原来需要 7 周的成品库存量降低到现在只需要 5 周的库存量，一年大约可以节约 3000 万美元，电路板装配与总装厂之间也基本实现无库存生产。惠普产品的提前期缩短，极大地降低了运输、仓储等成本，提高了对需求预测不准确性或对外界需求变化的适应性。

（资料来源：张涛，孙林岩. 供应链不确定性管理：技术与策略. 北京：清华大学出版社，2005；陈果. CPC 让企业如虎添翼—惠普和戴尔应用 CPC 的成功案例. 计算机世界报，2002，(41)：10-28.）

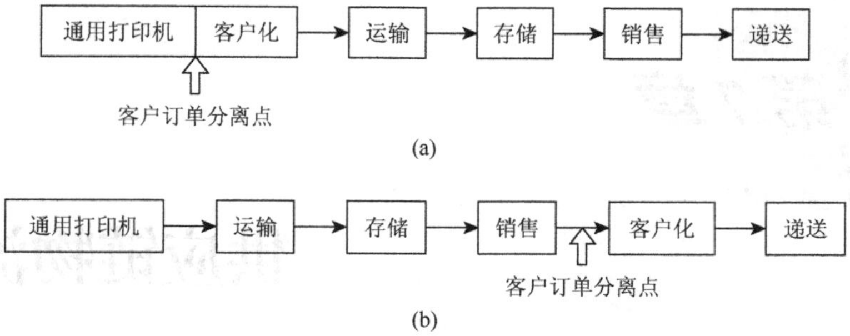

图 6.8　惠普打印机客户订单分离点的变化

问题讨论

（1）惠普打印机的协同研发取得了什么样的效果？

（2）惠普采用了哪些类型的延迟制造策略？取得了什么样的效果？

（3）延迟制造策略与产品特征如何匹配？

第7章

供应链物流管理

➢引导案例：上汽通用如何联合供应商与第三方物流来降低供应链库存？

上海通用汽车有限公司（简称“上汽通用”）三种车型的零部件总量有5400多种！这相当于一个中型超市的单品数，这些零部件来自180多家供应商。上汽通用拥有北美和巴西两大进口零部件基地。那么上汽通用是怎么提高供应链效率，降低整个供应链库存的呢？

上汽通用的部分零件是本地供应商生产的，这些供应商会根据上汽通用的生产要求，在指定的时间直接将零部件送到生产线上。这样，由于不需要进入零部件库，能够保持接近于“零”的库存，避免了大量的资金占用。

然而供应商并不愿意送用量很少的零部件。于是，以前要么是汽车制造商自己的运输队，要么找运输公司把零件送到公司。

这种方式的缺点如下。

（1）有的零件因体积或数量的不同，并不一定正好能装满一车。为了节省物流成本，他们经常装满一车后才送货。如果装不满，就要等待。这样不仅造成了高库存，而且影响了对客户的服务速度。

（2）不同供应商的送货环节缺乏统一、标准化的管理，在信息交流、运输安全等方面会带来各种各样的问题。如果想管好它，需要花费很多的时间和人力资源。

为了解决上述问题，上汽通用改变了零部件配送方法，使用了一种称为“循环取货（milk-run）”的小技巧：他们聘请一家第三方物流服务商，由它来设计配送路线，然后每天早晨依次到不同的供应商处取货，直到装上所有的零部件，再直接送到上汽通用。这样，通过循环取货，上汽通用的零部件运输成本下降了30%以上。这种做法省去了所有供应商空车返回的浪费现象，大大节约了运输成本，而且体现了这样的基本理念：把所有增值空间不大和不擅长的业务外包给第三方，他们会比上汽通用更懂得怎样节省费用。

上汽通用采取的是“柔性化生产”，即一条生产流水线可以生产不同平台多个型号的产品。这种生产方式对供应商的要求极高，即供应商必须时常处于“时刻供货”的状态，这样就会给供应商带来很高的存货成本。当然，供应商一般不愿意独自承担这些成本，就会把部分成本分摊到给上汽通用供货的价格中。同时，他们还会把另一部分成本

“赶”到了其上游的供应商那里。于是上游的供应商就必须准备更多的库存。

为了解决这个问题，上汽通用与供应商时刻保持着信息沟通。“我们有一年的生产预测，也有半年的生产预测，我们的生产计划是滚动式的，基本上每个星期都有一次滚动，在滚动生产方式的前提下，我们的产量在不断地调整。这个运行机制的核心是要让供应商也看到我们的计划，让他们能根据我们的生产计划安排存货和生产计划，减少存货资金占用”，上汽通用人如是说。

（资料来源：徐秋华. 上汽通用如何降低物流成本？http: //oxford.icxo.com/htmlnews/2007/12/06/1223560_1.htm[2007-12-06].）

供应链环境下物流管理呈现出新的特征和要求，制造企业如何联合上游供应商、下游分销商以及第三方物流对供应链中的库存、配送等物流活动进行管理是供应链环境下物流管理的关键问题。供应链环境下的库存与配送管理需要新的管理策略和方法，需要借助于第三方物流的优势和协作。

7.1　企业物流与供应链物流

物流是供应链流程的一部分，供应链物流是企业物流发展的产物，对现代物流的管理应该上升到供应链的高度。本节将对企业物流管理、供应链物流的环境、供应链物流管理的内涵及特征等进行介绍。

7.1.1　企业物流与物流管理

（1）物流的概念。物流的概念起源于美国。我国国家标准 GB/T 18354—2006《物流术语》对物流的定义是：物品从供应地向接收地的实体流动过程。根据实际需要，将运输、存储、装卸、搬运、包装、流通加工、配送、回收、信息处理等基本功能有机结合。

（2）企业物流的概念与组成。企业物流是指围绕企业经营的物流活动，是具体的、微观物流活动的典型领域。企业物流又可区分以下具体物流活动：供应物流、生产物流、销售物流、回收物流以及废弃物物流等。企业系统活动的基本结构是投入-转换-产出，将原材料、燃料、人力、资本等生产资料投入，经过制造或加工使之转换为产品。物流活动是伴随着企业的投入-转换-产出而发生的。对应于投入的是企业的供应物流，对应于转换的是企业的生产物流，对应于产出的是企业的销售物流，而对应于销售环节的退换货、废旧产品的回收则是企业的回收物流，而对应于废弃品的环境无害化回收处置则是企业的废弃物物流。

（3）物流管理的概念。物流管理是为了使各项物流活动实现最佳的协调与配合，以降低物流成本，提高物流效率和经济效益，对物流活动进行计划、组织、协调与控制。物流管理的内容主要包括运输、储存、装卸搬运、包装、流通加工和物流信息等相关功能要素的管理。物流管理的对象并不是货物本身，而是货物有目的的流动过程。该过程有两种状态：一是运动状态，即货物处于运输过程之中；二是静止状态，即货物处于储存过程之中。因此，运输管理和储存管理是物流管理最基本的活动。物流管理在本质上就是对一系列运输和储存状态转换过程的管理。所有其他的物流管理活动都是由这两个基本状态的保持或不断转换而引起的，都是为了提高运输和储存的转换效率而展开的。企业物流管理，就是对企业供应物流、生产物流、销售物流、回收物流、废弃物物流过程中的运输、储存、装卸搬运、包装、流通加工和物流信息等相关功能要素进行管理，从而实现以最低的物流成本获得最高的物流效率和经济效益水平。

（4）传统物流管理方式的弊端。传统的物流管理是基于单一企业竞争模式基础上的，是纵向一体化的物流管理。物流活动节点企业间缺乏战略合作和共享信息。在传统的物流系统中，需求信息和供应信息都是逐级传递的，因此上游供应商不能及时地掌握市场信息，因而对市场的信息反馈速度比较慢，从而导致需求信息的扭曲。另外，传统的物流系统没有从整体角度进行物流规划，常常导致一方面库存不断增加，另一方面当需求出现时又无法满足。这样，企业就会因物流系统管理不善而导致丧失市场机会。例如，1994年康柏公司因流通渠道滞后而导致约1亿美元的损失，康柏的财务经理说："我们在制造、市场开拓、广告等方面做了大量的努力，但是物流管理没有跟上，这是最大的损失。"

简言之，传统物流管理的主要特点表现在：①纵向一体化的物流系统；②不稳定的供需关系，缺乏合作；③资源利用率低，没有充分利用物流活动相关企业的有用资源；④信息利用率低，缺乏在物流活动相关企业间的信息共享，沿着物流链需求信息扭曲现象严重。

7.1.2 供应链物流的环境

企业竞争环境的变化导致企业管理模式的转变，供应链管理思想就是在新的竞争环境下出现的。新的竞争环境体现了企业竞争优势要素的改变。20世纪70年代以前，成本是主要的竞争优势，而80年代则是质量，90年代是交货时间，即所谓基于时间的竞争，到21世纪初，这种竞争优势转移到所谓的敏捷性上来。在这种环境下，企业的竞争主要表现在如何以最快的速度响应市场需求，以满足不断变化的市场多样性需求。企业必须能在实时的需求信息下，快速组织生产资源，把产品送到客户手中，并提高客户满意度。因此，传统单一企业的竞争模式已经很难使企业在市场竞争中保持绝对的竞争优势。信息时代的到来，进一步加深了企业竞争的压力，信息资源的开放性，打破了企业的界限，建立了一种超越企业界限的新的企业间合作关系，为创造新的竞争优势提供了有利的条件。供应链管理模式的出现迎合了这种趋势，顺应了新的竞争环境的需要，使企业从资源的约束中解放出来，创造出新的竞争优势。

为了适应新的竞争形式的需求，供应链物流的环境表现出有别传统企业物流的一些新的特点，如表7.1所示。

表7.1 供应链物流环境的特点

竞争的需求	竞争特点	物流策略要素
客户化产品的开发、制造和交货速度	敏捷性	通过畅通的运输通道快速交货
资源动态重组能力	合作性	通过即插即用的信息网络获得信息共享与知识支持
物流系统对变化的实时响应能力	柔性	多种形式的运输网络、多点信息获取途径
客户服务能力的要求	满意度	多样化产品、亲和服务、可靠的质量

7.1.3 供应链物流管理的特征

物流环境的改变，使供应链物流管理和传统的物流管理相比有许多不同的特点，这些特点反映了供应链管理思想的要求和企业竞争的新策略。

（1）信息的开放性。基于 Internet/Intranet 开放性的信息系统，使供应链上的企业都能及时掌握到市场的需求信息和整个供应链的运行情况。每一环节的物流信息都能透明地与其他环节进行交流与共享，为物流需求方和物流服务商之间进行信息交换提供了一个低成本的交易平台，使物流需求方在选择物流服务商时，可以更大范围地选择合适的对象，减少盲目性，大幅降低物流成本。

（2）合作的互利性。合作性与协调性是供应链管理的一个重要特点，供应链物流要求供应链节点企业及物流服务商之间资源互补、共享信息、相互信任、相互协作，以降低物流费用和风险，这种不以资本为纽带的新型物流系统合作关系，将传统企业为了各自利益的竞争转变为既有竞争又有合作的“共赢”关系。

（3）交货的准确性。供应链节点企业通过供应链管理信息系统及时了解和反馈供求信息，运用准时制等技术支持物料计划的执行，可缩短市场反应时间、降低库存水平和减少浪费，给供应链节点企业实现物流作业的精细化运作奠定了基础。衡量供应链物流管理质量的核心是能否按规定的要求向客户准时交货。

（4）反应的敏捷性。客户需求在今天已经成为驱动企业生产的主要动力，这就要求基于快速响应的敏捷制造的供应链节点企业的物流运作系统，在提供低成本、高质量物流服务的同时，能够对多变的市场需求做出敏捷的响应。物流过程中信息延误、过多的交接工作、供应商对迅速增加生产的组织乏力、在获得运输设备上的困难等问题，都将阻碍供应链节点企业物流系统的快速响应能力。供应链物流系统的敏捷性主要体现在速度、柔性、快速响应能力等方面。

（5）物流过程的同步性。物流作业过程同步性是供应链节点企业最终实现物流系统敏捷性的必然决策。同步性计划的提出是为了克服物流系统资源的约束，在系统中找出瓶颈资源，然后对其排序和资源负荷分配，取得物流系统各环节的资源、能力的平衡。实现物流过程的同步性还依赖于供应链上各企业之间建立有效的物流和信息标准、透明的合并机制以及协调冲突的服务机制。

7.2 供应链环境下的库存管理

库存是供应链管理的驱动要素。库存量的高低不仅影响单一企业的综合成本，而且制约整条供应链的性能。因此，如何建立适当的库存，既减少库存成本，又不影响正常的产品生产和对客户的服务，已经成为实施供应链管理策略必须考虑的重要问题。针对供应链环境下库存管理的特点，本节首先介绍供应链库存管理的基本思想，然后介绍供应链库存管理的两个重要策略——供应商管理库存和联合管理库存。

7.2.1 供应链库存管理的基本思想

1. 企业库存管理的基本原理

库存（inventory 或 stock）表示用于将来目的的资源暂时处于闲置状态。设置库存的目的是防止短缺；另外，它还具有保持生产过程连续性、分摊订货费用、快速满足用户订货需求的作用。在企业生产中，尽管库存是出于种种经济考虑而存在，但是，库存也会给企业带来相应的成本和风险，持有库存是一种无奈的结果。库存的存在是因为人们无法预测未来的需求变化，不得已而为之。采用库存应对外界的变化，也是因为人们无法使所有的工作都做得尽善尽美，才产生一些人们并不想要的冗余与囤积——不和谐的工作沉淀。

在企业库存管理中，把库存分为独立需求和相关需求两种库存模式来进行管理。所谓独立需求是指需求变化独立于人们的主观控制能力之外，因而其数量与出现的概率是随机的、不确定的、模糊的。相关需求的需求数量、需求时间和其他变量存在一定的相互关系，可以通过一定的结构关系推算得出。

独立库存问题侧重于优化库存成本，从存储成本和订货成本出发确定经济订货量与订货点。相关需求库存问题采用物料需求计划处理。一般来说，产成品库存管理为独立需求库存问题，而在制品和零部件以及原材料的库存控制问题为相关需求库存问题。供应链活动过程中，企业库存模型如图 7.1 所示。在整个供应链过程中，从供应商、制造商到分销商，各个供应链节点企业都有自己的库存。供应商作为独立的企业，其库存（即其产品库存）为独立需求库存；制造商的原材料、半成品库存为相关需求库存，而产品库存为独立需求库存；分销商为了应付客户需求的不确定性也需要库存，其库存也为独立需求库存。

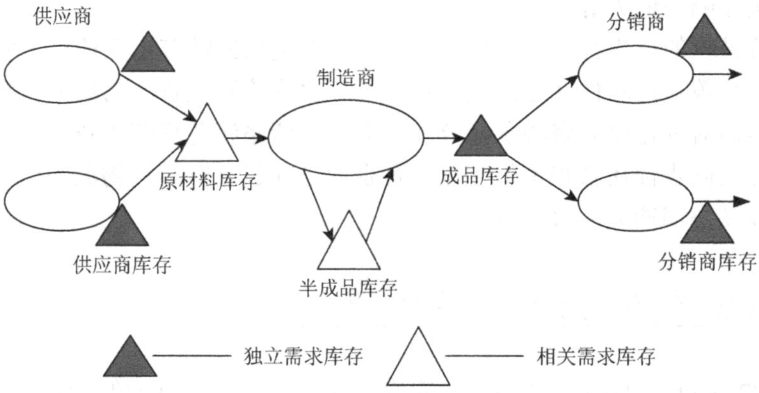

图 7.1 供应链活动过程库存模型图

2. 供应链环境下库存管理的原则

供应链环境下的库存管理需要考虑上下游节点企业库存的关联性，甚至从整个供应链来考虑库存问题，从而解决供应链系统中由于各节点企业的相互独立库存运作模式导致的需求放大现象，提高供应链库存管理的同步化程度。供应链库存管理需要遵循以下原则。

（1）注重供应链的整体观念。供应链的整体绩效取决于各节点企业绩效以及节点企业间协同的绩效，应从供应链的整体层面设定库存管理的目标和战略，注意协调处理好链上单个企业目标与供应链整体目标冲突的行为。例如，如果一家汽车配件制造厂以自身库存水平作为绩效评价指标而大力压缩库存，结果会使它到达汽车组装厂的响应时间变得更长而影响整个供应链的运作效率。这种情况说明，企业的库存管理并没有考虑供应链整体效能，缺乏针对全局供应链的绩效考评标准。这势必影响供应链对市场的反应速度、服务水平以及对客户的满意度等。

（2）确保高效率的信息传递。在供应链中，各个节点企业之间的需求预测、库存状态、生产计划等都是供应链管理的重要信息，这些信息分布在供应链不同的组织中。要做到有效地快速响应客户需求，必须实时高效地传递这些信息。为此需要对供应链的信息系统进行相应的改变，通过系统集成的办法，使供应链中的库存信息能够及时、准确地传递。但是目前许多企业的信息系统并没有很好地集成起来，当供应商需要了解客户需求信息时，常常得到的是延迟和不准确的信息。由此引起误差和影响库存的精确度，短期生产计划的实施也会遇到困难。例如，企业为了制订一个生产计划，需要获得关于需求预测、当前库存状态、运输能力、生产能力等信息，这些信息需要从供应链的不同节点企业数据库获得，数据调用的工作量很大。数据整理完后制订主生产计划，然后制订物料需求计划，这样一个过程一般需要较长时间。时间越长、预测误差越大，制造商对最新订货信息的有效响应能力也就越弱。这必然对产品的时效性造成影响，从而带来过高的库存。

（3）重视不确定性对库存的影响。供应链运作中存在诸多的不确定因素，如订货提前期、货物运输状况、原材料的质量、生产过程的时间、运输时间、需求的变化等，这些不确定因素对供应链系统的库存控制具有重要的影响。例如，很多企业并没有认真研究与跟踪不确定性的来源和影响，错误地估计了供应链中物料的流动时间（提前期），造成有些物品库存增加，而有些物品则库存不足。

（4）采用适当的供应链库存控制策略。无论是生产性企业还是物流企业，库存控制的目的都是应对需求的不确定性，从而保证供应链运行的连续性。在传统的库存控制策略中，多数是面向单一企业的，采用的信息基本上来自企业内部，其库存控制没有体现供应链管理的集成化思想。因此，如何建立有效的库存控制方法，并能体现供应链管理的思想，是供应链库存管理的重要内容。

（5）加强供应链合作与协调。供应链是一个整体，需要协调各方活动，才能取得最佳的运作效果。协调的目的是使满足一定服务质量要求的信息可以无缝地、流畅地在供应链中传递，从而使整个供应链能够与客户的要求步调一致，形成更为合理的供需关系，适应复杂多变的市场环境。例如，当客户的订货由多种产品组成，而各产品又是由不同的供应商提供时，如果客户要求所有的产品都一次性交货，这时企业必须对来自不同供应商的交货期进行协调。如果组织间缺乏协调与合作，会导致交货期延迟和服务水平下降，同时库存水平也由此而增加。供应链的各节点企业为了应付不确定性，都设有一定的安全库存。设置安全库存是企业采取的一种应急措施，问题在于，如果供应链中各节点企业之间的信息透明度不高，就不得不维持一个较高的安全库存，为此付出较高的代价。要进行有效的合作与协调，供应链节点企业之间需要有效的信任机制、激励机制和监管机制。

3. 供应链中影响库存策略的关键因素

有很多因素会对供应链库存策略的选择和实施产生影响，在这里简单介绍主要的几种。

（1）需求。首先是客户需求的确定性和不确定性。如果供应链上的需求相对稳定可靠，保持库存就没有什么必要，因为产品可以完全按订单进行生产。然而，如果需求发生变化，而且不稳定，库存就要在供应链上靠近客户的节点上保持，以备客户之需。客户需求可能提前获知，也可能是随机的。供应链核心企业可以使用历史数据，通过计算标准偏差的方法估算客户的平均需求和波动性。

（2）前置期。另一个需要考虑的因素是补货前置期，即一旦发出订单，需要多久才能将产品送至客户。和客户需求一样，补货前置期也有确定或不确定的问题。如果是确定的，计算库存水平就相对容易，而且可以将其最小化；如果不确定，整个供应链上的库存水平就要高些。

（3）产品的范围和种类。一个公司产品范围大小和产品种类的多少会直接对库存量产生影响。如果产品范围较大，则库存水平相对较高；如果产品范围小，库存水平则会相对低些。制造业中用于生产的零部件种类的多少也会对库存水平产生很大的影响。使用通用部件并且在供应链上尽量靠近下游的地方延迟生产多种类型的产品，将会使库存产品总类别减少，因此也会使总库存水平降低。

（4）所需的服务水平。此外，产品所需的服务水平也会影响库存水平。如那些即需即用的，对服务水平要求较高的产品，要求我们必须在靠近客户的地方保持库存。此时的库存水平是由可接受的服务水平决定的。如果客户急需的产品不能获得，他们将会转向购买竞争对手的产品，或者寻找替代品。此时，需要注意的一个重要事情就是要在保持库存水平和降低库存成本之间取得平衡。

7.2.2 供应商管理库存

长期以来，供应链各个环节都是各自管理自己的库存，零售商、批发商、供应商都有各自的库存和库存控制策略。由于各自的库存控制策略不同，所以不可避免地产生需求的扭曲现象即所谓的需求放大现象，无法使供应商快速地响应客户的需求。在供应链环境下，各个环节的活动都应该是同步进行的，而传统的库存控制方法无法满足这一要求。为了适应供应链管理的要求，提高企业的竞争力，企业在不断寻找改进库存管理的新模式。供应商管理库存（vendor managed inventory，VMI）就是一种供应链环境下的库存管理新模式。这种库存管理策略打破了传统的各自为政的库存管理模式，体现了供应链的集成化管理思想，是一种新的有代表性的库存管理思想。

1. 供应商管理库存的基本思想

传统地，库存是由库存拥有者管理的。由于无法确切知道客户需求与供应的匹配状态，所以需要库存，库存设置与管理是由同一组织完成的。这种库存管理模式并不总是最优的。例如，一个供应商用库存来应付客户（如分销商或零售商）不可预测的或不稳定的需求，客户也设立库存来应付不稳定的内部需求或供应链的不确定性。供应链的各个不同组织根据各自的需要独立运作，导致重复建立库存，因而无法达到供应链全局的最低成本，整个供应链系统的库存会随着供应链长度的增加而发生需求扭曲。

供应商管理库存能够突破传统的条块分割的库存管理模式，以系统的、集成的管理思想进行库存管理，使供应链系统能够获得同步化的运作。

关于供应商管理库存的定义，国外有学者认为："供应商管理库存是一种在客户和供应商之间的合作性策略，以对双方来说都是最低的成本优化产品的可获性，在一个相互同意的目标框架下由供应商管理客户的库存，这样的目标框架被经常性监督和修正，以产生一种连续改进的环境。"

供应商管理库存的主要思想是供应商在客户的允许下设立库存，确定库存水平和补货策略，拥有库存控制权。

精心设计与开发的供应商管理库存系统，不仅可以降低供应链的库存水平和成本，而且客户可获得高水平的服务，改善资金流，与供应商共享需求变化的透明性和获得更高的信任度。

供应商管理库存的关键措施主要有以下几个原则。

（1）合作精神（合作性原则）。在实施该策略时，相互信任与信息透明是很重要的，供应商和客户都要有较好的合作精神，才能够相互保持较好的合作。

（2）使双方成本最小（互惠原则）。供应商管理库存不是关于成本如何分配或谁来支付的问题，而是关于减少成本的问题。通过该策略使双方的成本都获得减少。

（3）框架协议（目标一致性原则）。双方都明白各自的责任并达成一致的目标。如库存放在哪里，什么时候交付，是否要管理费，要花费多少等问题都要回答，并且体现在框架协议中。

（4）持续改进原则。使供需双方能共享利益和消除浪费。

2. 供应商管理库存的实施方法与步骤

实施供应商管理库存策略，要改变订单的处理方式，建立基于标准的托付订单处理模式。首先供应商和客户一起确定订单业务处理过程所需要的信息与库存控制参数，然后建立订单处理标准模式，如电子数据交换标准报文等，最后把订货、交货和票据处理各个业务功能集成在供应商一边。

客户的库存状态对供应商的透明性是实施供应商管理库存的关键。供应商能够随时跟踪和检查到客户的库存状态，从而快速地响应市场的需求变化，对企业的生产和供应状态做出相应的调整。为此需要建立一种能够使供应商和客户的库存信息系统透明连接的方法。

供应商管理库存策略可以分以下几个步骤实施。

（1）建立客户情报信息系统。要有效地管理销售库存，供应商必须能够获得客户的有关信息。通过建立客户的信息库，供应商能够掌握需求变化的有关情况，把由客户进行的需求预测与分析功能集成到供应商的系统中来。

（2）建立销售网络管理系统。供应商要很好地管理库存，必须建立完善的销售网络管理系统，保证自己的产品需求信息和物流畅通。为此，首先要保证自己产品条码的可读性和唯一性；其次要解决产品分类和编码的标准化问题；最后要解决商品存储运输过程中的识别问题。目前已有许多企业采用了企业资源计划或分销资源计划系统，这些软件系统都集成了销售管理的功能。同时，目前正在兴起的射频识别技术可以更好地跟踪识别存储和运输过程中产品的状态。集成这些技术和功能，可以建立完善的销售网络管理系统。

（3）建立供应商与客户的合作框架协议。供应商与客户通过协商，确定处理订单的业务流程以及控制库存的有关参数（如再订货点、最低库存水平等）、库存信息的传递方式（如电子数据交换或互联网）等。

（4）组织机构的变革。供应商管理库存策略改变了供应商的组织模式。引入供应商管理库存策略后，订货流程中的一个新职能是负责客户库存的控制，保证库存补给和服务水平。因此，必须有组织机构与之相适应。

3. 供应商管理库存的支持技术

供应商管理库存的支持技术主要包括标识代码、电子数据交换、持续补货程序等。

（1）标识代码。供应商要有效地管理客户的库存，必须对客户的商品进行正确识别，为此对供应链商品进行编码，通过获得商品的标识代码并与供应商的产品数据库相连，以实现对客户商品的正确识别。供应商应尽量使自己的产品按国际标准进行编码，以便在客户库存中对本企业的产品进行快速跟踪和分拣。因为客户（分销商、零售商）的商品多种多样，有来自不同的供应商的同类产品，也有来自同一供应商的不同产品。实现标识代码标准化有利于采用电子数据交换系统进行数据交换与传送，可提高供应商对库存管理的效率。条形码是目前应用最广泛的标识代码，为供应商管理库存提供了有力支持。条形码技术对提高库存管理的效率是非常显著的，是实现库存管理电子化的重要技术，它使供应商对产品的库存控制一直可以延伸到和销售商的 POS 系统进行连接，实现客户库存的供应链网络化控制。值得一提的是，射频识别技术或许在未来将替代条形码技术。

（2）电子数据交换/互联网。供应商要有效地对客户的库存进行管理，采用电子数据交换进行供应链的商品数据交换是一种安全可靠的方法。为了能够实现供应商对客户的库存进行实时的测量，供应商必须每天都能了解客户的库存补给状态。因此采用基于 EDIFACT 标准的库存报告清单能够提高供应链的运作效率，每天的库存水平（或定期的库存检查报告）、最低的库存补给量都能自动地生成，这样可大大提高供应商对库存的监控效率。客户的库存状态也可以通过电子数据交换报文的方式通知供应商。在供应商管理库存管理系统中，供应商一方有关装运与发票等工作都不需要特殊的安排，主要的数据是客户需求的物料信息记录、订货点水平和最小交货量等，客户一方唯一需要做的是能够接收电子数据交换订单确认和/或配送建议，以及利用该系统发放采购订单。此外，近年来迅速发展的互联网和可扩展标记语言为供应商管理库存提供了另一种低成本的信息传递手段。

（3）持续补货程序。持续补货程序将客户向供应商发出订单的传统订货方法，变为供应商根据客户库存和销售信息决定商品的补货数量。这是一种实现供应商管理库存管理策略的有力工具和手段。为了快速响应客户“降低库存”的要求，供应商通过和客户（分销商、零售商）建立合作伙伴关系，主动提高向客户交货的频率，使供应商从过去单纯地执行客户的采购订单变为主动为客户分担补充库存的责任，在加快供应商响应客户需求速度的同时，也使客户的库存减少。

4. 供应商管理库存的优点

供应商管理库存模式不仅可以降低供应链的库存成本，还可以为客户提供高水平的服务，使双方达到共赢。供应商管理库存具有以下优点。

（1）客户可以省去传统订货模式中多余的订货和控制步骤，将精力转向提高服务水平。

（2）供应商拥有库存控制权，可以通过有效的库存管理，协调对多个客户的供应和配送。

（3）供应商按照客户的数据，对需求做出预测，可减少预测的不确定性。供应商利用下游客户的经营数据来调节库存水平，可消除预期之外的短期产品需求而导致的额外成本。同时，对安全库存的需求也大大降低。

（4）由于供应商管理库存允许供应商直接接触客户真正的需求信息，所以供应商能更快地响应客户需求，提高服务水平，大大降低供应链的库存成本。

（5）供应商管理库存可以大大缩短供需双方的交易时间，进而使供应商能更好地控制其生产经营活动，更好地满足客户需求，从而提高整个供应链的柔性。

总之，供应商管理库存的优点是显而易见的，但在其实施过程中，供应商和客户之间必须相互信任、密切合作，遵循互惠互利的原则，在共同的目标指导下明确各自的责任，精心设计与开发供应商管理库存系统。只有这样，才能有效地降低供应链的库存成本，改善资金流，并为客户提供高水平的服务。

5. 供应商管理库存的局限性

在供应链库存管理中，供应商管理库存取得了巨大的成功，但它也有一些局限性，主要表现为以下几点。

（1）供应商与客户之间的信任度和协作水平仍有待提升。

（2）虽然框架协议由双方协定，但供应商主导地位明显，决策缺乏足够的协商。

（3）供应商管理库存的实施减少了库存总费用，但在供应商管理库存系统中，库存费用、运输费用和意外损失（如货物毁坏）等由供应商承担，加大了供应商的风险。

案例 7.1　美的的供应商管理库存

美的作为一线空调品牌，长期以来保持有最少 5～7 天的零部件库存和几十万台的成品库存。在市场竞争的压力下，为了挤压成本，在 2002 销售年度，美的开始导入供应商管理库存。

1. 美的的零配件供应商管理库存

对美的来说，较为稳定的供应商共有 300 多家，零配件共有 3 万多种。其中，60%

的供应商是在美的总部顺德周围，还有部分供应商是车程 3 天以内的地方，只有 15%的供应商距离美的较远。在这个现有的供应链之上，美的实现供应商管理库存的难度并不大。

对于这 15%的远程供应商，美的在顺德总部建立了很多仓库，运输距离长的外地供应商（运货时间 3～5 天）一般都会在美的的这些仓库里租赁一片区（仓库所有权归美的），并把零配件放到片区里面储备。在美的需要用到这些零配件的时候，就会通知供应商，然后进行资金划拨。这时，零配件的产权才由供应商转移到美的手上。

美的在企业资源计划基础上与供应商建立了直接的交货平台。供应商通过互联网登录到美的的页面上。供应商在自己的办公地点，就能看到美的产品订单的内容，通过与美的共享销售资料、消费需求信息和库存量信息，供应商可以制订较为合理的生产计划和仓库补货计划。

实施供应商管理库存后，供应商不需要像以前一样疲于应付美的的订单，美的供应链零部件库存也由原来平均的 5～7 天存货水平，大幅降低为 3 天左右，而且这 3 天的库存也是由供应商管理并承担相应成本。

2. 消解分销链存货——美的管理经销商库存

在业务链后端的供应体系进行优化的同时，美的也在加紧对前端销售体系的管理渗透。

在实施销售端供应商管理库存过程中，美的碰到最大的困难是很多经销商没有信息系统，自己的库存常常是 1 个月或最多 1 个星期统计 1 次。“自己没有太多的底，脑袋里有这个数，真正要报出来却不清楚”。美的通过与经销商的订单集成和系统集成，加强与经销商的互动和信息共享。为推动经销商的信息化，美的在广东进行进销存软件的安装试点。对于有兴趣的经销商，美的与经销商各分担一半费用，并由美的协助实施。

通过与经销商的集成化管理，美的可以实时动态掌握经销商的需求情况，经销商不用备货，缺货时，美的立刻会自动送过去，而不需要经销商提醒。

虽然实施销售端供应商管理库存会导致美的付出不菲的成本，但却实现了美的有效削减和精准控制销售渠道上昂贵存货的目标。由于采取了一系列措施，美的已经在库存上尝到了甜头——2002 年度，美的销售量比 2001 年度增长 50%～60%，但成品库存降低了 9 万台，保证了在激烈的市场竞争下维持相当的利润。

（资料来源：康健. 美的零库存运动：VMI 双向挤压供应链成本. 21 世纪经济报道，2003-04-10.）

7.2.3 联合管理库存

联合管理库存（jointly managed inventory，JMI）是一种在供应商管理库存基础上发展起来的供应商与客户权利、责任平衡和风险共担的库存管理模式，是为了解决供应链体系中的“牛鞭效应”，提高供应链的同步化程度而提出的一种新的供应链库存管理策略。

1. 联合管理库存的基本思想

供应商管理库存是一种供应链集成化运作的决策代理模式，即由供应商代理客户行使库存决策的权利。联合管理库存是一种风险共担的库存管理模式，它的出现是为了解决供应链系统需求放大，变化剧烈的现象，体现了战略联盟精神的新型企业合作关系。

许多大企业建立的地区分销中心就体现了一种简单的联合管理库存的思想。传统的分销模式是分销商根据市场需求直接向厂商订货，如汽车分销商（或批发商），根据客户对车型、款式、颜色、价格等的不同需求，向汽车制造商订的货，需要经过一段较长时间才能到达。由于客户不想等待这么长时间，所以各个分销商不得不进行库存备货，这样大量的库存使分销商难以承受，如果货物长期卖不出去，则有可能导致分销商流动资金缺乏而破产。据估计，通用汽车公司在美国每年销售 500 万辆轿车和卡车，平均价格是 18 500 美元，分销商维持 60 天的库存，库存费是车价值的 22%，一年总的库存费用达到 3.4 亿美元。而采用联合管理库存，采用地区分销中心，就可以大大减少库存浪费的现象。

联合管理库存的基本模型如图 7.2 所示。联合管理库存把供应链系统管理集成为上游和下游两个协调管理中心，通过协调管理中心，供需双方共享信息，库存连接成的供需双方从供应链整体的观念出发，同时参与、共同制订库存计划，实现供应链的同步化运作，并建立合理的库存管理风险的预防和分担机制、合理的库存成本和运输成本分担机制、与风险成本相对应的利益分配机制和有效的激励机制，避免节点企业的短视行为和局部利益观，从而可提高供应链运作的稳定性，改善供应链运作绩效。联合管理库存与供应商管理库存的不同在于，它强调双方同时参与，共同制订库存计划，使供应链过程中的每个库存管理者（供应商、制造商、分销商）都从相互之间的协调性考虑，保持供应链相邻的两个节点之间的库存管理者对需求的预期一致，从而消除了需求变异放大现象。任何相邻节点需求的确定都是供需双方协调的结果，库存管理不再是各自为政的独立运作过程，而是变成供需连接的纽带和协调中心。

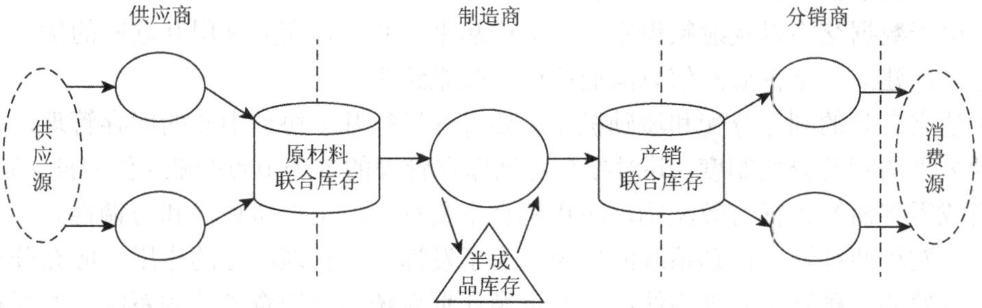

图 7.2　联合管理库存的基本模型

2. 联合管理库存的优势

和传统的库存管理模式相比，联合管理库存具有以下优势。

（1）为实现供应链的同步化运作提供了条件和保证。

（2）通过在上下游企业之间建立一种战略合作伙伴关系，实现了企业间库存管理上的信息共享。这既保证供应链上游企业可以通过下游企业及时准确地获得市场需求信息，又可以使各个企业的一切活动都围绕着客户需求的变化而展开。同时减少了供应链中的需求扭曲现象，降低了库存的不确定性，提高了供应链的稳定性。

（3）库存作为供需双方的信息交流和协调的纽带，通过联合管理库存模式可以暴露出供应链管理中的缺陷，为改进供应链管理水平提供依据。

（4）为实现零库存管理、准时化采购以及精益化供应链管理创造了条件。

（5）进一步体现了供应链管理的资源共享和风险分担的原则。

3. 联合管理库存的实施策略

为了成功实施联合管理库存，供应链上的节点企业应采取行之有效的策略，在满足各自目标的前提下，提高供应链的整体运作绩效。

（1）建立供应链协调管理机制。没有一个协调管理的机制，就不可能进行有效的联合管理库存。供需双方应从合作的精神出发，明确各自的目标和责任，建立合作沟通的渠道，为供应链的联合管理库存提供有效的协调管理机制。建立供应链协调管理的机制，可以从以下几个方面入手。

①建立基于供应链的共同目标。供应链各方本着互惠互利的原则，建立共同的合作目标。为此，要理解供需双方在市场目标中的共同之处和冲突点，通过协商形成共同目标，如客户满意度、利润的共同增长和风险的减少等。

②建立联合库存的协调控制方法。联合管理库存管理中心担负着执行协调供需双方利益的角色，起协调控制器的作用。因此需要确定明确的库存优化方法。这些内容包括库存如何在多个需求商之间调节与分配、库存的最大量和最低库存水平、安全库存的确定、需求的预测等。

③建立一种信息沟通的渠道或系统。信息共享是供应链管理的特色之一，为了提高整个供应链需求信息的一致性和稳定性，减少由于多重预测导致的需求信息扭曲，应增加供应链各方对需求信息获得的及时性和透明性。为此应建立一种信息沟通的渠道或系统，以保证需求信息在供应链中的畅通性和准确性。要将条形码技术、扫描技术、POS系统、电子数据交换以及射频识别技术集成起来，并且要充分利用互联网的优势，在供需双方之间建立一个畅通的信息沟通桥梁和联系纽带。

④建立有效的利益分配和激励机制。要有效运行基于协调中心的库存管理，必须建立一种公平的利益分配制度，并对参与协调库存管理的各个节点企业（供应商、制造商、分销商或零售商）进行有效激励，防止机会主义行为，增加协作性和协调性。

（2）发挥两种资源计划系统的作用。为了发挥联合管理库存的作用，应充分利用目前比较成熟的两种资源管理系统：企业资源计划系统和分销资源计划系统。原材料库存协调管理中心应采用企业资源计划系统，而在产品联合库存协调管理中心则应采用分销资源计划系统。这样在供应链系统中把两种资源计划系统很好地结合起来。

（3）建立快速响应系统。快速响应系统在美国等西方国家的供应链管理中被认为是一种有效的管理策略，其经历了三个发展阶段：第一阶段为商品条形码化，通过对商品的标准化识别处理加快订单的传输速度；第二阶段是内部业务处理的自动化，采用自动补货与电子数据交换系统提高业务自动化水平；第三阶段是采用更有效的企业间合作，消除供应链组织之间的障碍，提高供应链的整体效率，如通过供需双方合作，确定库存水平和销售策略等。目前在欧美等西方国家，快速响应系统应用已到达第三阶段。

美国的 Kurt Salmon 协会调查分析认为，实施快速响应系统后供应链效率大为提高：缺货大大减少，通过供应商与零售商的联合协作保证 24 小时供货；库存周转速度提高 1～2 倍；通过敏捷制造技术，企业的产品中 20%～30%是根据客户的需求而制造的。快速响应系统需要供需双方的密切合作，因此联合管理库存的建立为快速响应系统发挥更大的作用创造了有利的条件。

（4）发挥第三方物流的作用。联合库存可借助第三方物流来实施。供应链节点企业把库存管理的部分功能外包给第三方物流企业，可专注于自己的核心业务。面向联合管理库存协调中心的第三方物流使供应与需求双方都取消了各自独立的库存，可以增加供应链的敏捷性和协调性，大大提高供应链的运作效率。

4. 联合管理库存的模式

联合管理库存主要有以下两种模式。

（1）各个供应商的零部件都直接存入核心企业原材料库的集中库存。其重点在于核心企业根据生产的需要，保持合理的库存量，既能满足需要，又要使库存总成本最小。

（2）无库存模式。供应商和核心企业都不设立库存，供应商直接在核心企业的生产线上连续小批量多频次地补充货物，并与之实行同步生产、同步供货，从而实现准时制供货模式。由于完全取消了库存，所以效率最高，成本最低，但对供应商和核心企业的运作标准、配合程度、协作精神和操作过程等要求严格，而且两者的空间距离不能太远。

对实施联合管理库存的企业来说，应根据自身和合作方的实际情况，选择合适的联合管理库存模式，以期取得最为理想的效果。

联合管理库存可以大大改善供应链的供应水平和运作效率，是提高供应链同步化程度的有效方法。但就目前联合管理库存中企业间的系统集成还比较困难，这方面亟待改进和完善。

案例 7.2　联想的联合管理库存

作为近年来在理论与实践上逐步成熟的管理思想，联合管理库存备受众多国际大型企业的推崇。在国内 IT 企业中，联想是第一个开始品尝联合管理库存滋味的。

联想以往物流运作模式是国际上通常使用的看板管理，即由香港联想向供应商订购货物，库存都放在香港联想仓库；当国内生产需要时由香港公司销售给国内公司，再根据生产计划调拨到各工厂，这样可以最大限度地减少国内材料库存。然而此模式需要经过 11 个物流环节，涉及多达 18 个内外部单位，运作流程复杂，不可控因素很大。为了应对运作中的不确定性，香港联想持有较高的库存水平。同时，由于订单都是从香港联想发给供应商，所以大部分供应商在香港交货，而联想的生产信息系统只在内地的公司使用，所以生产厂统计的到货准时率不能真实反映供应商的供货水平，导致不能及时调整对供应商的考核。

联想年销量达 300 多万台，业务规模完全达到了联合管理库存模式的要求，并已经引起了供应商的重视。因此，联想决定正式启动联合管理库存项目。其在北京、上海、惠阳三地的个人计算机生产厂的原材料供应均在项目之中，涉及的国外供应商的数目也相当大。

按照联想联合管理库存项目要求，联想在北京、上海、惠阳三地工厂附近设立供应商仓库，联想根据生产要求定期向库存管理者即作为第三方物流的伯灵顿全球货运物流有限公司发送发货指令，由第三方物流公司完成对生产线的配送，从其收到通知，进行确认、分拣、海关申报及配送到生产线，时效要求为2.5个小时。该项目将实现供应商、第三方物流与联想之间货物信息的共享与及时传递，保证生产所需物料的及时配送。实行联合管理库存模式后，联想的供应链大大缩短，成本降低，灵活性增强。

联合管理库存项目涉及联想的国际采购物料，为满足即时生产的需要，供应商库存物料在进口通关上将面临着很多新要求，如时效、频次等。因此，针对联想所提出的联合管理库存改革方案，北京海关改革了传统的监管作业模式。在物流方面，货物到港后，北京海关为其提供预约通关、担保验放等便捷通关措施，保证货物通关快速畅通；同时与其他海关配合协调，实现供应商在境内加工成品的快速转关、避免所需货物“香港一日游”。在信息系统方面，海关通关作业系统、保税仓库管理系统与联想、第三方物流企业间的电子商务平台建立连接，实现了物流信息的共享，既方便作业又强化海关的监管。

联合管理库存项目的实施最终使联想物流速度加快，时效缩短，及时保证生产所需物料的配送；同时使联想供应链大大缩短，成本降低，灵活性增强。

（资料来源：于江. 联想率先变革库存运作模式. 中国交通报，2004-03-30；杨国强. 请供应商打理库存 联想实现现金“负周期”. 第一财经日报，2005-04-11C05.）

7.3 供应链环境下的配送管理

在供应链环境下，时间与速度已被看成提高整体竞争优势的主要来源。供应链环境下的配送系统可以利用供应链的协作关系网络，从而达到快速响应最终客户需求，减少存货成本，提高供应链整体竞争水平。本节首先介绍供应链环境下配送的内涵；其次介绍供应链环境下的两种典型配送策略：集配商配送策略和循环取货策略。

7.3.1 供应链环境下配送的内涵

1. 供应链环境下配送的概念

配送是供应链物流系统中的一个重要环节，它是指在供应链系统目标的指导下按下游需求节点（订货人或客户）的订货要求，在供应链各部门同步协调下采用合理的配送模式，结合具体的系统配送设施（如配送中心、仓库、生产车间等设施），通过库存管理和内部作业（如分货、配货等），利用各种交通运输方式进行合理的车辆组织和调配，使配好的货物经由供应链物流配送网络准确、及时地送交下游需求节点（订货人或客户）的物流活动。

供应链配送系统就是在此基础上，从供应链系统目标出发，以供应网链中各节点单位的合作协调为框架，利用数据传输和信息共享技术，追求系统最优的物流结构运营模式。它是个复杂系统，在这个复杂系统中各单元之间是一个广泛而紧密联系的网络。

从纵向看，供应链配送系统由各个节点企业及其物流配送子系统构成。因此，各子系统之间要协调利益分配，某个子系统只考虑自己的最优可能会损害其他子系统的利益，供应链配送系统要减少子系统内部之间的竞争（如上下游节点企业对配送权的竞争），作为一个整体去参与外部竞争，达到系统总体的最大效益。

从横向看，供应链配送系统由供应链配送作业系统和供应链物流配送信息系统构成。供应链配送作业系统是指在运输、发送、保管、装卸、包装等工序上采用种种技术，以便生产节点、配送设施、配送路线、配送方式以及配送运营模式等各种职能之间互相配合，协调一致，并优化各职能，以提高供应链配送活动的效率。供应链物流配送信息系统在保证订货、进货、库存、出货、配送等信息通畅的基础上，使通信节点、通信线路、通信手段网络化，以提高供应链配送作业系统的效率。此外，这些子系统之间存在着“效益背反”现象，需要通过合理优化，以整个系统最优来协调各子系统。

2. 供应链环境下的配送与传统的物流配送的区别

供应链环境下的配送与传统的物流配送相比具有新的特点，可以简要概括为：信息共享、过程同步、合作互利、交货准时、响应敏捷、服务满意。两者的区别主要体现在以下几个方面。

（1）供应链环境下的配送由于合理构造了适合供应链的配送网络，综合考虑了供应链上下游节点企业的供给和需求，在配送路径更合理的基础上能够比传统物流配送更有效地降低整个物流过程中与配送相关的成本，并在成员节点的相互合作下保证服务水平不受影响。

（2）传统的物流配送为实现一定的服务水平必须配置大面积的仓库。在供应链环境下的配送可以将散布在各个阶段不同地理位置上的分属不同所有者的仓库通过供应链网络系统连接起来，形成可供整个供应链系统统一管理和调配使用的“虚拟仓库”，从而达到将服务范围和货物集散空间放大的效果。

（3）传统的物流配送由于信息交流的限制，完成一个配送过程所需要的时间较长。供应链配送可以利用存在于供应链成员企业之间的数据传输技术、信息共享技术以及良好的合作关系，实现配送过程的实时跟踪，简化配送过程，缩短配送周期，从而提高配送服务水平。

（4）通过合作伙伴在信息上的共享，供应链配送比传统物流配送更具市场适应性，更具应对市场不确定的柔性，比传统物流配送更具竞争力。

（5）供应链配送采用集成的思想和方法，而不仅仅是对供应链上仓储设施、节点企业、配送设施的简单连接，与传统的配送相比在速度、规模、效率和资源的配置上更具优势。

（6）对现有的传统物流配送系统进行重新配置与整合，可以实现向供应链环境下的配送系统转变，从而使社会资源充分利用，消除浪费。

7.3.2 供应链环境下的集配商配送

集配商配送是供应链协同配送的一种重要的方式。

1. 集配商的内涵

集配商（supply hub，vendor hub，VMI hub，materials hub/center）也称为集配中心，指位于制造商附近，通过储存、保管、分拣、组配及信息处理等作业，管理供应商存放的供应材料，按照制造商的生产计划将供应材料进行准时配送的组织机构。

在集配商供应模式中，原材料供应商不是将材料直接送至生产厂，而是先将材料送至集配商的仓库，集配商根据生产厂的准时制要求将材料直接送至工厂的生产线旁。在制造商、供应商和集配商之间通过网络互联，以提高各成员之间信息共享和通信能力，制造商将需求预测数据定期发送给供应商，而原材料的配送过程则根据生产厂的实际需求进行拉动。即需求信息通过电子数据交换或互联网直接进入集配商的信息系统，集配商准时将材料送至生产厂，存放在集配商处的材料库存被及时更新，一旦低于库存水平，会及时通知供应商让其尽快补货。

采用集配商模式后，整个供应物流将由集配商进行统一管理和协调，这种集中采购、集中仓储、集中向生产厂配送的方式，使运行批量增加，各方可共享规模效益带来的好处。另外，减少了生产厂的生产准备时间和生产准备用地，节省下来的空间可以扩大生产，生产管理人员可更专注于提高生产效率。总之，实践表明这种物流管理方式可以给供应链竞争力带来较大的提升。

目前，国外一些大型制造厂商已经开始采用集配商这种管理模式。戴尔、惠普、苹果等著名计算机公司以及国外一些大型汽车制造商的供应链系统都具有集配商管理的特征。以戴尔在中国的公司为例，其合作伙伴伯灵顿全球货运物流有限公司就是戴尔的上游物流管理中心，伯灵顿全球货运物流有限公司要负责管理戴尔所需要的各种物料，并且按照戴尔的装配线的生产计划，准时地为其配送到工位。我国的一些大型制造厂商也开始采用类似的模式。如神龙汽车公司将供应物流业务外包给捷富凯—大田物流公司、一汽将供应物流外包给长春大众物流公司、上汽将供应物流外包给通汇物流公司、广州本田将供应物流外包给富田日捆物流公司、北京现代将供应物流外包给中远物流公司等，这些第三方物流公司通过对大型物流中心的管理，将供应商提供的零配件准时送达制造商的生产线上。

2. 集配商的运作特点

在实际供应链管理中，担当集配商角色的可以是本企业的物流管理分部，也可以委托社会上的第三方物流企业，甚至可以是处于重要地位的某大型供应商。具体采用哪一种，可根据不同的情况而定。目前负责大型制造商供应物流的集配商多是第三方物流企业。因为第三方物流企业具有很多潜在的规模及管理优势，可以优化资源配置，节约物流成本，提高整个供应链的效率。

为满足制造商的准时制生产需求，集配商所在位置宜位于制造企业生产线的附近。对于针对某个单一制造企业的集配商，以不超过一小时的车程为佳。当然，由于企业行业的不同以及原材料种类的差异，需要针对具体情况综合考虑多方面因素。

集配中心存放了大量供应商提供的物料，集配商为了支持制造商的准时制生产而位于制造商附近，按照制造商的生产计划为其连续供应物料，通常在物料进入生产线或离开集配中心时才发生所有权从供应商到制造商的转移。

从集配商到制造商的输出物流由集配商负责，而集配商的输入物流由供应商负责或者在某些情况下由集配商负责。集配商除了作为便利设施提供者、库存管理和配送者，还提供增值服务，包括为客户配套组装、处理订货、采购订单管理、开发货单等，此外还为供应商提供服务，包括进行质量检测与控制，以及处理双向物流等。

为了在制造商和供应商之间提高透明度，集配商通常需要利用复杂的仓储管理系统，利用电子数据交换和互联网等通信技术来实现成员之间的信息共享。在集配商供应链中，信息流与物流同等重要，各成员需要拥有必要的通信技术并从中受益。

集配商供应链的整个运作过程由需求拉动，在信息充分共享的支持下，实现快速、高效、低成本的目标。

3. 集配商配送的运作过程

供应链环境下以制造企业为核心的集配商运作模式如图 7.3 所示。由于集配商将制造企业和多家供应商物流进行整合，参与合作各方的信息需要充分共享和进行良好沟通，所以信息平台的支持至关重要。另外，许多物流环节的操作也需要物流信息系统的支持才能顺利完成，如仓储管理、运输调度及跟踪等环节，各个操作环节有效连接才能提高物流运作的效率。集配商所实现的功能主要包括三个方面：一是实现向制造企业生产线准时制配送；二是接收供应商向集配商仓库的补货；三是货物的储存、保管、分拨管理。集配商需要整合合作各方的信息系统，并加入专业的物流管理信息系统来构建信息平台。信息平台包括电子数据交换系统、物流管理信息系统等，将制造企业和供应商直接连接起来，可以方便地进行信息的交换和处理，并能进行物流运作过程的操作。

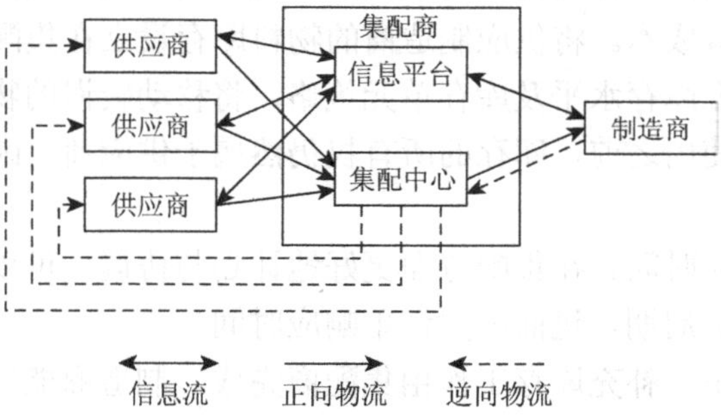

图 7.3　集配商的运作过程

集配商配送模式是为了制造企业能够迅速响应市场需求的柔性敏捷生产而构建的，一切以客户的需求为拉动。也就是说，客户的订单或需求完全决定了制造企业的生产安排，因此，集配商配送模式的整体运行，是从制造企业的最终客户端开始的。

产品需求信息首先由制造企业的客户端通过信息平台发送给制造企业，需求信息包括两种：一种是长期的需求计划；另一种是短期的需求订单（实时订单）。制造企业收到需求信息后，根据需求客户长期需求计划编制自己生产计划，并将生产计划通过信息平台传送给供应商，以便安排原材料或零部件生产备货；对于短期的需求订单，则需要马上组织生产。

物流管理信息系统通过互联网与制造商进行实时的信息交换，接收制造商生产厂的生产计划和配送订单（电子看板），并及时反馈配送执行情况；物流管理信息系统将配送订单进行处理后，再将配送信息传送给集配商，集配商在仓库内完成零配件的分拣、配货和工位配送等实物流作业。另外，物流管理信息系统还与零配件生产厂（供应商）通过互联网进行信息交换，随时向零配件生产厂传递制造商生产厂的生产信息和配件需求等信息；零配件生产厂可以通过信息系统访问集配商网站，查询库存信息和配送信息，下达补货指令；通过建立物流管理信息系统，在制造商生产厂和集配商、供应商之间建立起一个信息直通道，使零配件生产厂可以及时了解制造商的生产需求和发展规划，避免由于信息滞后所造成的零配件产品的积压和盲目生产，同时可以使集配商为制造商提供有效的准时制工位配送，保障制造商生产的高效性和连续性。

为了保障制造商连续稳定的生产，供应商提供的材料需要在集配中心保持一定水平的库存，集配商负责监管，一旦低于最低水平，集配商通过信息系统通知供应商进行补货。集配商位于制造商生产厂附近，主要是为供应商和制造商提供全方位服务。

4. 集配商配送的优势

集配商配送可以使供应商避免由于制造商的需求预测误差过高以及不确定性而保持过多安全库存，使供应商对库存的管理更加现代化，从而为制造商的生产或装配运作提供稳定的物料供应，同时在制造商使用或收到物料时实现所有权的转移。这样制造商以最低或零库存成本状态获得稳定的物料供应。集配商配送具有如下优势。

1）制造商方面

（1）降低订货成本。在物料订货方面，制造商只与集配商接触，不需要与其他供应商确定订货与供应方面的具体安排，可以减少订货活动，从而大大降低订货成本。

（2）消除库存持有成本。将供应制造商的物料库存设立在集配商处，消除了制造商的物料库存；通过研究库存水平及库存单元策略，将移动较慢的物料库存大幅度减少；物料在被制造商真正使用之前，库存的所有权仍然属于供应商，因此制造商不再承担库存持有成本。

（3）缩短订单响应时间。在集配方面更好地计划与协调，可以提高库存周转，从买方角度极大地缩短订货周期，进而缩短订单响应时间。

（4）提高服务水平。补充库存工作由集配商完成，制造商能够更专注于制订计划、产品管理和质量保证等工作；通过较好地管理库存和估计安全库存，提高物料供给率，进而提高制造商的服务水平。

（5）提高企业收益。制造商拥有零库存或较低库存，可以有效地降低库存成本，从而提高流动资金效率和投资收益率。

2）供应商方面

（1）减少资源浪费。即使制造商有很多生产地点，对一个供应商来说只有一个或很少的运送物料的地点，这样可以避免供应商的资源浪费。

（2）降低资源约束。虽然要求供应商配合制造商的准时制生产，但在供应商自己工厂内可以不必推行准时制生产，这样可以降低对供应商资源的约束。

（3）提高库存管理效率。由于有较稳定的客户源，其需求预测更可靠，生产安排、战略计划等的准确性得以提高，从而降低了库存和管理等费用。

案例 7.3　戴尔基于集配商的协同配送管理

戴尔供应链的运作模式是典型的拉动式，即核心企业完全按照用户需求组织生产。这种供应链模式要求供应链上各节点企业必须协同配合，密切合作，高度集成。否则，任何一方出现问题，都会影响整个供应链的响应速度。在戴尔的供应链上，伯灵顿全球货运物流有限公司充当了集配商的角色。

伯灵顿全球货运物流有限公司是国际著名的物流运输与供应链管理企业，总部位于美国加州欧文市（Irvine），在世界各地设有 500 多个分支机构，雇有 10 000 多名雇员。伯灵顿全球货运物流有限公司拥有一个能力强大的国际服务网络，在全球范围内提供迅速的空运、海运、报关、文件及结算等服务。伯灵顿全球货运物流有限公司致力于为全球贸易提供创新的高品质、全方位的运输和供应链解决方案，成为众多世界著名跨国公司的业务合作伙伴。

1994 年 10 月，伯灵顿全球货运物流有限公司以戴尔合作伙伴的身份一起来到中国厦门。以伯灵顿全球货运物流有限公司为集配商、戴尔为核心企业的供应链运作模式如图 7.4 所示。伯灵顿全球货运物流有限公司的物流中心设在戴尔生产线附近。首先戴尔先和供应商签订合同，要求每一个供应商都必须按照戴尔的生产计划，把物料按照够两个星期左右使用量放在由伯灵顿全球货运物流有限公司管理的物流中心里；当制造商生产线需要原材料时，系统会自动生成一个采购订单给伯灵顿全球货运物流有限公司，再由伯灵顿全球货运物流有限公司根据订单把各个供应商的物料送到生产线上；供应商根据伯灵顿全球货运物流有限公司提供的送货单与制造商结账，实现贸易转换。与传统的库存管理模式不同，处于伯灵顿全球货运物流有限公司物流中心的物料的所有权仍然属于供应商。

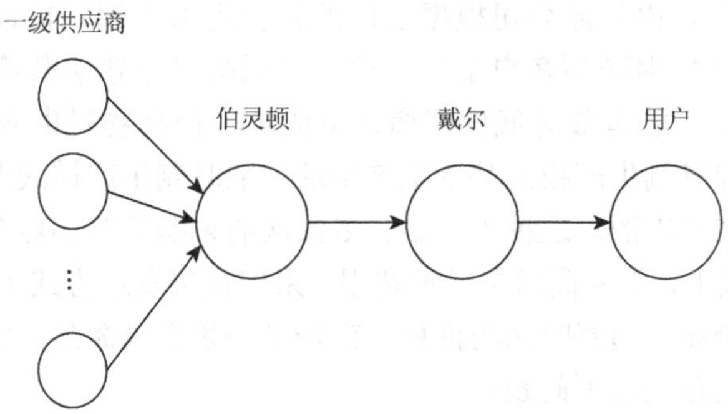

图 7.4　戴尔供应链集配商配送运作模式

一般情况下，在制造商生产线旁边都设有缓冲库存，物料先从物料仓库运到生产厂家的缓冲区作为缓冲库存，再从缓冲区送进生产线。而在戴尔的生产线旁，缓冲区已经被彻底取消，伯灵顿全球货运物流有限公司的集装箱卡车拉着物料过去，把车头掉过来，车门冲着戴尔的生产线，物料就直接上生产线了。伯灵顿全球货运物流有限公司作为戴尔的集配商，能够保证在接到戴尔订单 90 分钟内将物料直接送上戴尔生产线，帮助戴尔实现了真正的零库存。

戴尔供应链的集配商配送具有三大优势：一是伯灵顿全球货运物流有限公司负责管理各供应商的原料库存以及制造商的供应物流，通过专业化、规模化的物流运作，降低了供应链的物流成本；二是既保证了戴尔物料需求的及时供应，又使戴尔实现了“零库存”；三是对供应商而言，表面上看物料在被戴尔接受前要承担贬值风险，但也正是由于物料产权转移的时间特点，当供应商通过集配商同时为多家制造商供货情况下，供应商就可以灵活地调配存放在集配商处的存货，这样就可以降低供应商总体存货水平。

戴尔供应链运作的成功，在很大程度上依赖于戴尔与供应商、伯灵顿全球货运物流有限公司之间建立的强大信息网络系统，使其供应链具有较高的可视性，从而实现戴尔与供应商、伯灵顿全球货运物流有限公司之间的无缝合作。伯灵顿全球货运物流有限公司的信条是：“为了把IT提升为一种战略性的商业工具，我们必须远远超过竞争对手，领先于行业标准。这意味着我们的信息系统必须是最新的，技术平台必须是严格建立在坚实的基础之上的。”

（资料来源：王彧. 供应链环境下集配商运作模式研究. 武汉：华中科技大学硕士学位论文，2005.）

7.3.3 供应链环境下的循环取货

依据国外汽车制造行业（如丰田、通用）和电子制造行业（如松下）等先进制造企业的经验，将供应链物流外包给第三方物流企业，以循环取货（milk-run）模式设计优化配送路线进行零部件配送，可以有效地降低运输费用和包装费用，同时可以减少供应商的资金占用压力和租用临时仓库的成本支付，从而降低整个供应链成本。

1. 循环取货产生的背景及内涵

循环取货原指送牛奶的运输方式，很多零售点需要牛奶，每个零售点需要不多，采用一个车配送，一条路线覆盖各个零售点，给每个零售点补货，这样可以节约成本，降低库存。这种方式应用到供应链物流管理后，它的中文翻译有“牛奶式取货”“集货配送”“多仓储间巡回装卸混载运送”“定时定点取货”等，但以“循环取货”使用较多。这种配送模式是指由物流公司根据工厂的物料需求计划，按最优的集货运输方案到供应商处取货，再集中送到客户工厂，这样可以提高车辆装载率，使返空车的数量和行驶距离大大减少，能有效降低供应商送货成本，提高物料供应的敏捷性和柔性。

循环取货是在准时制生产模式基础上产生的。准时制生产模式要求原材料及零部件的采购是小批量和多频次的。这种小批量、多频次的采购策略必然会增加运输次数和运输成本。在传统方式下，供应商承担运输费用，采用直接发送方式（direct store delivery）将原材料运达客户企业。随着时间的推移，市场竞争越来越激烈，实行准时制方式的企业发现传统运输方式存在以下问题。

（1）成本的压力。20世纪90年代以来，激烈竞争导致企业利润空间不断压缩，成本控制在企业经营活动中显得尤为重要，很多企业将成本压力转移到上游供应商，但供应商的降价空间必定有限。

（2）操作上的失控。很多企业发现，由供应商自己送货，因为每个供应商的运输车辆车型不同会影响卸货站台的使用效率，以及货到工厂时间点波动性较大致使工厂生产很难准确对应，非常容易导致工厂作业现场的混乱。

以上问题的日益突出，促成了原材料供应物流中循环取货真正意义的诞生和使用。循环取货的内涵和价值可概括为：以合理的成本实现供应商更小批量、更高频度的送货服务，直至达成稳定而连续的库存补充，支持准时制生产模式的运行。

2. 循环取货的发展

循环取货的发展大体经历了三个阶段：萌芽阶段、平稳阶段和突破阶段。

1）萌芽阶段

本来意义上的循环取货实际在欧洲几百年前就已存在，而应用到生产领域的循环取货是在欧洲工业革命后，社会化分工不断细化的情况下出现的。当时供应商送货一般采取直接发送方式，此种方式基本满足客户生产需要，但个别企业针对物流的无规则、分散、低效率的现象进行改革，将发生的各种方向、数量、时间的货运汇集在一起，形成较高效率的混载收货，形成了循环取货的雏形。从形态上看，初期的循环取货只是一种粗放型、单一性的活动，其活动范围很小，规模不大，或者只能称为一种“集并运输”方式。这种方式物流的运作者也不是专业物流企业，而是某些拥有自有车辆的工厂或供应商。

2）平稳阶段

在循环取货产生后至 20 世纪 70 年代，由于企业生产经营注重产品本身、产品质量以及产品推销等活动，而忽视物流活动，所以，虽然此时期内循环取货的货运量急剧增加，但循环取货操作模式没有质的变化，只是某个工厂或供应商单独的行为，而非供应链管理下的供需合作操作。

3）突破阶段

20 世纪 80 年代以来，全球竞争环境的巨大变化和技术飞速进步促使现代管理思想不断革新发展，伴随着供应链管理和第三方物流的理念的诞生，循环取货运作取得突破性发展，其主要变化如下。

（1）循环取货应用的行业较广泛，区域进一步扩大。只要有小批量和多频次的出货计划的行业都可以采用和实施。

（2）循环取货物流运作普遍外包给第三方物流企业。

（3）技术水平提高，手段日益先进。已实现通过信息系统（平台）进行信息共享，订单处理、库存查询、车辆调度、甚至账单处理实现信息化。

3. 循环取货的应用条件

循环取货虽然是生产商与供应商之间的一种物料供应配送方式，但它贯穿于整个供应物流过程之中，是基于准时制供应的综合物流方法，因此在各个环节都有特别的条件和要求，不能生搬硬套，否则适得其反。

（1）应用行业要求。循环取货是在市场多变化、准时制供应及合理成本的需求下应用的，比较适用于采购或配送对象数量多、每次需求量小的行业，除汽车制造业之外，还有电子制造业和零售业等。

电子行业的制造商需要采购大量的多品种的电子元器件，面对众多供应商，也在大力推行准时制供应，特别是在长三角和珠三角的主要电子工厂周边都有较全的配套厂商，这为循环取货的推行创造了很好的条件。例如，佳能（珠海）公司于 2002 年 7 月在珠海保税区成立佳能物流有限公司，负责从 130 余家供应商处循环取货的物流运作，佳能的循环取货实施后，仅每天的运输里程相比之前供应商自送时就减少了 9000 千米，物流成本和零配件库存大大降低。

零售业通常的配送方式是零售商在各大连锁超市的网络节点上设置一些成品仓库，再根据各零售点的需求少量配送，这样做的运输和库存成本都很高。为改变这种状态，可以由供应商负责每天用同一辆车将货物装满，然后按预定的路线至各零售点卸下需要的货，这可以称为“循环送货”。还有一种方式是由零售商雇佣第三方物流企业从各个供应商那里提取货物并分发到各个超市。例如，TESCO（特意购，英国超市连锁集团）就按此模式操作，项目名称为“factory gate pricing”，意思就是让供应商不用负责送货，并将货物的报价都改成不含运费的出厂价。

（2）信息系统要求。供应链的良好运作需要整体协作，制造商在生产预测、计划和组织上的变化或问题应及时通知供应商，以便其对自身的生产计划进行调整。同时制造商也需要了解供应商在生产制造方面的更多信息，以安排生产计划。在循环取货运用过程中，为实现订单的快速下达以及供应商的快速补货，甚至做到同步供应，制造商应将物料需求计划运算后的采购需求计划以及日生产排程计划按不同的采购计划周期发送给供应商，最好各方有共享的信息平台，或者供应商的系统能够与制造商的系统连接，这样能保证供应商及时地对交货要求做出回应。

基于国内企业的较低的信息共享化程度，可以根据自身信息化基础使用互联网、电子数据交换、传真、电话等方式，使供应商及时做好准备，组织生产和发货。供应商甚至可以参与制造商的生产计划会议，对需求的准确性有更好的把握，实现信息的充分共享，减少供应商的库存成本以及缺货损失。此外，实力较强的第三方物流企业一般拥有较先进的信息化系统，制造商可以将物流业务外包给此类物流企业，并利用其系统建立循环取货信息平台。例如，通过安吉天地的物流管理系统平台，安吉天地、上海大众和零配件供应商之间均可以进行实时的信息交换。

（3）供应商地理分布要求。循环取货的实质是以合理成本满足客户企业对时间性和灵活性的高度要求，实现准时制供应，因此供应商和制造商之间的距离非常重要。同时计算精确的到货时间也非常重要，而这一点在中国目前的交通情况是不容易达到的。因此，实行循环取货的企业实际都有一定的缓冲库存，并且通过分析需求和取货路线安排可以将此控制在合理的范围内，例如，在需求变动频率较大的电子制造业中，柯尼卡美能达已经将其安全缓冲库存控制在 24 小时以内。缓冲库存的原则是重要的物料、距离远的供应商安全库存相对要多些。对于本地的供应商，车辆满载后可以直接送到制造商工厂的生产线或者缓冲仓库；对于异地的供应商，取完货后可将货物送到集货中心（中间仓库），再根据物料需求的紧急程度进行重新分配发运。例如，上汽通用循环取货的最大半径是 120 千米，对于江苏、浙江等地的供应商，循环取货线路的终点是它的区域配送中心，分配好后再直送生产线。

（4）制造商在供应链中具有强势地位。一方面，应用循环取货对供应商来讲，操作的要求更高：循环取货支持下的准时制供应使制造商的库存可降至最低，但供应商必须提高安全库存以保证每次顺利地取货；不良品不能及时返回导致的库存压力；循环车辆的运作时间要求货物装车必须快捷；与运作循环取货的物流公司协作等。另一方面，供应商原先自行送货时很多都拥有自己的运输车队，运费都打在货物的价格里，很多小供应商的自备车基本上是大制造商在供养。而制造商实行循环取货后，运输作业由制造商委托第三方物流企业或者制造商自己来执行，供应商自有车队的车辆设备以及人员等的处置问题较为棘手，因此供应商对此的抵触态度将不足为奇。因此，供应商一般是不支持应用循环取货的，循环取货的成功运作必须由强有力的制造商推行。

（5）循环取货应用涉及的商流调整。准时制采购的宗旨是“需要的物料（合格品），在需要的时候，仅购入需要的量”，这也是推行循环取货的目标。在推行循环取货时，由于涉及运输方式、保险购买等诸多方面的调整，所以需要进行购入时间点、运输，保险责任、品质责任等方面的商流调整。货物购入时间点、运输责任/保险责任转移点以及不合格品退回流程，这些变化将会给予循环取货的顺利实施技术上的保证。

案例 7.4　柯尼卡美能达推行循环取货

柯尼卡美能达控股株式会社（简称“柯美公司”）是 2003 年 1 月由柯尼卡和美能达两个公司合并而成。柯美公司在中国拥有 20 年以上的复印机销售历史，其在中国华南地区深圳、东莞两个工厂总共有 130 家供应商，其中国内供应商占 60%。这两个工厂实行准时制生产模式和供应物流，供应商根据柯美公司订单，自行安排车辆送货，但逐渐遭遇以下问题。

（1）每天有 200 台车辆送货而只有 15 个卸货站台，平均每个站台卸货 13 台车次，仓库人员超负荷运转，工厂停车场、通道、货物站台拥挤不堪，卸货物流效率低下。

（2）供应商自行送货的运费列入物料价格内，由于运费不同，所以出现同一物料不同采购价格的情况，采购体系比较混乱。

（3）由于技术革新速度加快，电子行业内的竞争加剧，办公用品设备价格持续下滑，利润率也持续下降，则必须进行成本方面的控制。

面对上述问题，柯美公司决定对华南地区工厂的供应物流进行改革，采取循环取货模式。

1. 应用循环取货模式的条件分析

（1）供应商数量规模情况。柯美公司所需物料种类达到 2000 多种。东莞工厂有 63 家供应商送货，深圳工厂有 55 家供应商送货，从供应商数量上已具备运用循环取货的规模条件。

（2）供应商地理分布情况。柯美公司两个工厂之间的距离为 110 千米。工厂的供应商主要分布在深圳、东莞、惠州等地，与工厂距离小于 100 千米的供应商比率为 85%，为循环取货实施提供了便利条件。

（3）柯美公司在供应链中具有强势地位。柯美公司是世界 500 强企业，其国内供应商的技术平台比较低，竞争比较激烈，因此对柯美公司具有依赖性。

上述条件为其供应物流采取循环取货模式提供了前提基础。

2. 循环取货的实施过程

（1）物流外包商选择。此次供应物流改革，物流外包商的选择并没有采取对外招标的方式，而是选择了柯美的销售物流服务商之一，最了解本土化情况的中海物流进行循环取货运作。

（2）运输路线设计。在循环取货初期有两种路线同时存在。路线 1（闭环路线）是指车辆当天循环取货后到达东莞工厂卸货，然后装有空箱及单证次日循环取货后到达深圳工厂卸货，之后再装有空箱及单证第三日循环取货后到达东莞工厂卸货，以下运作照此循环。路线 2（独立路线）是指车辆当天循环取货后到达东莞工厂卸货，然后装有空箱及单证次日循环取货后回到东莞工厂卸货，深圳工厂也是照此循环运作。

从实际运作情况来看，“闭环路线”相比“独立路线”车辆空驶率低，但车辆、货物配载操作要求高，物流企业的车辆管理难度大，运作中发现“闭环路线”运作的空箱和单证及时返回率相比“独立路线”较低。因此，最终确定以“独立路线”为主，“闭环路线”为辅。

柯美公司实施循环取货配送策略一年后，单位体积物流成本降到了 5.5 美元/立方米，积载率达到 65%，车辆在供应商处平均等候时间迅速下降到了 0.86 小时，基本达到当前货物状况下的理想值。

（资料来源：席锐. MILK-RUN 在供应链物流管理中的应用. 北京：北京工商大学硕士学位论文，2007.）

7.4 第三方物流

在供应链管理模式下，企业对物流的运作和管理提出了更高的要求。物流作业的外包已是供应链节点企业发展的必然趋势，供应链环境下的物流管理过程与第三方物流有着密切的联系。本节首先对供应链物流外包与第三方物流进行概述，然后分析供应链管理环境下第三方物流的特点，最后介绍第三方物流在供应链中的作用。

7.4.1 供应链物流外包

供应链实质就是供应链节点上各相关实体充分发挥各自的核心能力，形成优势互补，从而更有效地实现最终客户价值。供应链管理注重的是企业核心竞争力，强调根据企业的自身特点，专门从事某一领域、某一专门业务，在某一点形成自己的核心竞争力，这必然要求企业将其他非核心竞争力业务外包给其他企业，即所谓的业务外包。

传统“纵向一体化”模式已经不能适应目前技术更新快、投资成本高、竞争全球化的制造环境。现代企业应更注重于高价值生产模式，更强调速度、专门知识、灵活性和革新。与传统的“纵向一体化”控制和完成所有业务的做法相比，实行业务外包的企业更强调集中企业资源于经过仔细挑选的少数具有竞争力的核心业务。在供应链管理环境下，企业成功与否不再由纵向一体化的程度高低来衡量，而是由企业积聚和使用的知识为产品或服务增值的程度来衡量。企业在集中资源于自身核心业务的同时，通过利用其他企业的资源来弥补自身的不足，从而变得更具竞争优势。据美国《财富》杂志报道，目前全世界年收入在 5000 万美元以上的公司，都普遍开展了业务外包。

为降低成本、改进质量、集中精力发展主业，生产企业开始采用外购物流服务。以合同为导向提供一系列物流服务的第三方物流的出现适应了这一需要。电子信息技术的飞速发展实现了数据的快速、准确传递。生产企业可以更方便地使用信息技术与物流企业进行交流与合作，企业间的协调与合作有可能在短时间内迅速完成。所有这些使生产企业把原来在内部完成的物流作业交由第三方物流企业运作成为可能。

按照供应链的理论来说，当今企业之间的竞争实际上是供应链之间的竞争，谁的成本低、流通速度快，谁就能更快赢得市场。因此，物流外包充分利用外部资源，也是当今增强企业核心竞争力的一个有效举措。

7.4.2 第三方物流的概念和特征

1. 第三方物流的概念

第三方物流（third party logistics，3PL 或 TPL）兴起于 20 世纪 80 年代末，经过几十年的迅速发展，已具有多种多样的形式。目前，第三物流的概念有广义和狭义之分。

广义的第三方物流是指由供方与需方以外的物流企业提供物流服务的业务模式。如 2001 年公布的我国国家标准 GB/T 18354—2006《物流术语》的定义。这个定义将传统的运输、仓储、报关都看成第三方物流，没有将这些传统业务同现代物流服务进行区分，不利于研究和认识现代物流。

狭义的第三方物流是超越第一方物流和第二方物流的一种物流服务模式。第一方物流是指生产企业或流通企业自己运作物流业务；第二方物流是指物流企业提供如运输、仓储等单一服务；而第三方物流则是指专业物流企业为客户提供包括设计规划、解决方案以及具体物流业务运作等全部物流服务。第三方物流是一种实现物流供应链集成的有效方法和策略，它将复杂的物流业务外包给专门的物流服务提供商来管理，并对供应链物流进行优化。第三方物流能够使上述企业从复杂的供应链物流管理中解脱出来，更加专心地投身于核心业务，提高供应链管理和运作的效率，并且使供应链更敏捷。后面所述均为狭义的第三方物流。

第三方物流机构能为企业节约物流成本，提高物流效率，这已被越来越多的企业，特别是中小企业所认识。据美国东北大学调查，《财富》世界 500 强中的企业有 65%都使用了第三方物流服务。

2. 第三方物流的特征

传统物流系统在实现供应链物流一体化战略上面临种种困难，突出表现在快速准时交货问题、低成本准时的物资采购供应问题、物流信息的准确传输和信息反馈及共享问题、物流系统的敏捷性和灵活性问题、供需协调实现无缝链接问题等。此时，第三方物流成为实现供应链物流一体化战略的有效措施。第三方物流参与到供应链中，能够使供应链成员将时间和精力放在自己的核心业务上，可以利用好的物流资源，提高客户服务水平；增强竞争反应能力；消除不必要的投资；从而提高供应链管理和运作效率。第三方物流服务具有如下基本特征。

（1）第三方物流服务是合同导向的一系列服务。传统的物流外协只限于一项或一些分散的功能，如运输公司提供运输服务、仓储公司提供仓储服务等。第三方物流也包括单项服务，但更多的是提供多功能甚至全方位的物流服务，它注重的是客户物流体系的整体运作效率与效益。同时，第三方物流是根据合同条款，而不是临时需求，提供物流服务。

（2）第三方物流服务是个性化物流服务。第三方物流服务的对象一般较少，但服务延续时间较长（几年）。由于需求方的业务流程不尽相同，而物流、信息流是随价值流流动的，所以要求第三方物流服务应按照客户的业务流程来定制。这也表明物流服务从“产品推销”发展到了“市场营销”阶段。

（3）第三方物流服务要求供需双方建立长期的战略合作伙伴关系。在服务内容上，第三方物流提供的不仅仅是一次性的运输或配送服务，而是一种具有长期企业性质的综合物流服务，其业务深深触及到客户企业销售计划、库存管理、订货计划、生产计划等整个生产经营过程，从长远看，第三方物流的服务领域还将进一步扩展，甚至会成为客户营销体系的一部分。在经济利益上，第三方物流追求的不是短期的经济效益，更确切地说第三方物流是以一种投资人的身份为供应链节点企业服务，它既是供应链节点企业的战略投资人，也是风险承担者。第三方物流与客户企业的合作远远超越了一般意义上的买卖关系，形成了一种战略合作伙伴关系。

（4）利益一体化是第三方物流服务的利润基础。第三方物流服务的利润从本质上讲来源于现代物流管理科学的推广所产生的新价值，也就是我们经常提到的“第三利润源”。以美国为例，1992 年全美企业存货成本总和占国民生产总值的 29%，由于物流管理中零库存控制的实施，到 1999 年这一比例下降到 19%，下降了近 10 个百分点。可以说这种库存成本的节约就是物流科学创造的新价值，这种新价值是第三方物流企业与供应链节点企业共同分享的；另外，第三方物流服务本身就是一种长期投资，这种投资的收益很大程度上取决于供应链节点企业业务量的增长；这种利益一体化就是现代企业竞争理论多强调的“双赢战略”带来的利益共享。

（5）第三方物流服务以现代信息技术为支撑。信息技术的发展是第三方物流出现和发展的必要条件。现代信息技术实现了数据的快速、准确的传递，提高了仓库管理、装卸运输、采购、订货、配送发运、订单处理的自动化水平，使订货、包装、保管、运输、流通、加工实现了一体化。第三方物流企业利用电子化的手段，尤其是利用互联网技术来完成物流全过程的协调、控制和管理，实现从供应链网络最前端到终端客户的所有中间过程服务，使第三方物流与供应链企业间的协调和合作有可能在短时间内迅速完成。

7.4.3 第三方物流在供应链中的作用

在供应链环境下，强调供应链环节上的伙伴加强合作，第三方物流企业本身就是供应链的一个有机组成部分，作为供应链核心成员之间的桥梁提供物流服务，它连接了供应商与制造商、制造商与分销商及最终客户，作为供应链中提供物流服务的中间方，在供应链整合中可以起到积极的作用。第三方物流企业与其他供应链核心成员共同协作，使供应链更具有竞争力。第三方物流在供应链中的作用主要表现在以下几个方面。

（1）第三方物流服务的成本节约效应。第三方物流作为一种新的物流协作模式，使供应链的小批量库存更加经济，提供更快捷、更廉价、更安全和更高服务水准的物流服务。在传统的物流模式中，订货处理成本与库存保持费用之间的矛盾难以调和，因为订货量越大，单位订货处理成本就越低，但库存费用就越高；反之，每次订货批量越小，库存保持费用就越低，但单位处理成本就越高，存在着订单处理成本和库存费用两难选择的状态。第三方物流服务的本质就是降低供应链中无效的库存，提升整个供应链节点企业的客户服务能力。此时，“信息代替库存”的构想就成为可能，同时，随着信息技术的发展和电子商务的应用，订单处理成本将越来越小，由此，可使货物采购与储存相关总成本变得越来越小。最终的结果是，供应链节点企业由于使用第三方物流服务，在降低其自身的物流成本中将实现质的突破。

（2）第三方物流服务的价值提升效应。供应链节点企业能够通过利用第三方物流服务来增加企业的价值。对供应链节点企业而言，由于将相关的物流业务外包给第三方物流服务商，从而实现了专业化分工。第三方物流利用其自身的专业优势进行物流业务的运作，从而为供应链节点企业带来和提升价值。一方面，第三方物流能够较好地应对需求的不确定性或市场波动，能够较好地响应终端客户需求，通过提供快速、准时、低成本的物流服务以及代收货款等物流增值服务，从而提升产品客户服务水平；另一方面，当公司进入新市场而物流系统不匹配时，若能力不够或市场、产品具有不同的物流特征，或者当开拓新市场或运用新的营销渠道时，可以将物流外协给第三方，从而提升企业营销渠道拓展能力。例如，Santa 包装公司利用一家 3PLs Circle 公司的贸易服务，成功拓展了国际业务。

（3）第三方物流服务的业务联盟效应。要实现供应链管理的整体流程的最优化，协调供应链中不同企业主体之间的利益关系成为有效物流管理的必经之路。第三方物流在协调供应链企业的物流运作方面具有独到之处，在供应链管理中被视为一个综合物流服务的提供商。从控制货物流向的互联网技术到订货过程、仓储管理等都是第三方物流服务的功能体现。但是，一个第三方物流服务提供商并不一定单独地提供所有的物流服务，它可以将一些基础的物流作业活动外包给自己的次级合作者。按照固定资产在企业总资产中占有量的多少，将第三方物流服务商划分为资产型第三方物流和非资产型第三方物流。资产型第三方物流拥有较多的固定资产，尤其是运输和仓储资产，如卡车、仓库等；而非资产型第三方物流并不拥有这些资产，其进行具体的物流活动常常依赖资产型第三方物流。非资产型第三方物流通常能够提供较多物流服务，如融资、管理咨询、物流规划、仓库选址等。能否为客户企业提供物流咨询服务是区分资产型第三方物流和非资产型第三方物流的一个重要标志。例如，非资产型第三方物流服务提供商可以外包一项运输活动给专门的运输服务提供商。从而非资产型第三方物流服务提供商和次级合作者的关系也是一种战略联盟的关系，并且这种合作是否成功将影响整个供应链合作是否能够获得成功。

（4）第三方物流服务的信息协同效应。供应链库存的“牛鞭效应”主要是因为需求信息在沿着供应链向上传递的过程中被不断曲解，从而造成供应链的产品库存成为被零售商所夸大订单的牺牲品，反过来它又进一步夸大了对供应商的订单。究其原因还是一个客户响应周期的问题，如何缩短客户的响应周期是以时间为竞争要素的一个新问题，也是第三方物流服务提供商致力于解决的问题。从物流运作模式的角度来解决供应链的客户响应问题是第三方物流服务创新的一个重要内容。研究表明：在制造业的供应链中，制造和装配只占整个供应链运作中物流时间的一小部分，而大部分的时间都花在相关业务和信息数据的收集、处理、传输和等待上，真正的增值时间占整个物流周期的比例很小。因此，在供应链运作管理中，缩短响应时间、简化流程、降低运作成本、加快信息的传递就显得尤为重要。一条简化了的包括供应商、制造商、分销商、零售商以及第三方物流服务提供商在内的供应链，每一个具有独立功能的节点企业所消耗的时间为一个子周期，如某制造企业的消耗时间为生产周期，某流通企业所消耗的时间为流通周期等，一个供应链的不同层次上有着许多不同的企业，站在满足最终用户需求的角度上看，要经过整个供应链的所有阶段才能向最终用户提供其所需要的产品。因此，基于多阶响应供应链模型的客户响应周期是全供应链的周期，这个周期是由供应链不同阶段的子周期构成的。第三方物流服务的一个出发点就是努力降低并消除由于供应链的多阶响应所产生的“牛鞭效应”，实现同步供应的快速物流模式。

7.4.4 第三方物流与客户企业的合作方式

客户企业与第三方物流合作的方式对企业物流系统的质量和效率具有很大的影响。目前，有多种企业物流外协的方式。其中，最为彻底的方式是关闭自己的物流系统，并将所有的物流职责转移给外部物流合同供应商。对许多自营物流的企业来说，由于这样的选择变动太大，它们不愿意处理掉现有的物流资产、去掉相关人员，去冒在过渡阶段作业中断的风险。为此，有些公司选择采取逐渐外协的方式，按地理区域把责任移交分步实施，或按业务与产品分步实施。一般采取以下方式来实现物流外协。

（1）系统接管。大型物流服务供应商全盘买进客户企业的物流系统的例子不胜枚举。他们接管并拥有客户的车辆、场站、设备和接受原公司员工。接管后，系统仍可单独为原企业服务或与其他公司共享，以改进资源利用率并分享管理成本。

（2）合资。有些客户更愿意保留配送设施的部分产权，并在物流作业中保持参与。对他们来说，与物流合同商的合资提供了注入资本和专业知识的途径。例如，上汽集团上海汽车工业销售总公司与天地物流控股公司合资组建了安吉天地汽车物流有限公司，定位为第三方汽车物流公司，由原来只为上海大众提供服务转变为多客户服务（如核心客户：上汽通用、上海大众、金杯、柳汽等），是目前全国最大的第三方汽车物流企业，集现代运输、信息网络、仓储管理、营销策划等多项职能的现代物流服务于一体。

（3）系统剥离。自理物流作业的企业把物流部门剥离成一个独立的利润中心，允许它们承接第三方物流业务。最初，由母公司为它们提供基本业务，以后则使它们越来越多地依靠第三方业务。例如，青岛海尔物流有限公司初期的客户是海尔集团下属企业，然后为北京飞机维修工程有限公司、安徽星马汽车股份有限公司和山东兖州矿务局等客户提供服务。

（4）管理型合同。对希望自己拥有物流设施（资产）的企业，仍可以把物流管理外协。这是大型零售商常采用的战略。欧盟国家，把合同外包看成改进物流作业管理的一种方法。因为这种形式的外协不是以资产为基础的，它给使用服务的一方在业务谈判中以很大的灵活性，如果需要，它们可以终止合同。

案例 7.5 冠生园通过第三方物流而成功

冠生园是国内唯一一家拥有“冠生园”和“大白兔”两个驰名商标的老字号食品集团。近几年来冠生园生产的大白兔奶糖、蜂制品系列、酒、冷冻微波食品、面制品、互易鲜等新产品的市场需求逐步增加，生产的食品总计达到了 2000 多个品种，其中糖果销售近 4 亿元。市场需求增大了，但运输配送跟不上。冠生园拥有的货运车辆近 100 辆，要承担上海市 3000 多家大小超市和门店的配送，还有北京、太原、深圳等地的货物运输。由于长期计划经济体制造成运输配送效率低下，出现淡季运力空放、旺季忙不过来的现象，加上车辆的维修更新，每年维持车队运行的成本费用要上百万元。为此冠生园专门召开会议，研究如何改革运输体制，降低企业成本。

2002 年初，冠生园下属合资企业达能饼干食品有限公司率先做出探索，将公司产品配送运输全部交给第三方物流。物流外包试下来，不仅配送准时准点，而且费用要比自己搞节省许多。达能饼干食品有限公司把节约下来的资金投入到开发新品与改进包装上，使企业又上了一个新台阶。为此，冠生园销售部门专门组织各企业到达能食品有限公司去学习，决定在冠生园系统推广他们的做法。经过选择比较，冠生园委托上海虹鑫物流有限公司作为第三方物流服务商。

上海虹鑫物流有限公司与冠生园签约后，通过集约化配送，极大地提高了效率。每天一早，他们在计算机上输入冠生园相关的配送数据，制订出货最佳搭配装车作业图，安排准时、合理的车流路线，绝不使车辆走回头路。货物不管多少，就是二三箱也送。此外按照签约要求，遇到货物损坏，按规定赔偿。一次，整整一车糖果在运往河北途中翻入河中，司机掏出 5 万元，将掉入河中损耗的糖果全部“买下”做赔。

据统计，冠生园自 2002 年 8 月起委托第三方物流以来，产品的流通速度加快，原来铁路运输发往北京的货，途中需 7 天，现在上海虹鑫物流有限公司运输只需 2 到 3 天，而且实行的是门对门的配送服务。由于第三方物流配送及时周到、保质保量，使商品的流通速度加快，使冠生园的销售额有了较大增长。此外，更重要的是能使企业的领导从非生产性的后道工序，如包装、运输中解脱出来，集中精力抓好生产这个产业，完好地开发新品，提高质量，改进包装。

冠生园通过使用第三方物流，克服了自己搞运输配送带来的弊端，加快了产品流通速度，增强了企业的效益，使冠生园产品更多更快地进入了千家万户。

（资料来源：李联卫. 物流管理案例及解析. 北京：化学工业出版社，2015.）

本章小结

本章首先介绍了企业物流与供应链物流，阐述了供应链物流管理的内涵，分析了供应链物流的环境和供应链物流管理的特征；接着介绍了供应链环境下的库存管理，分析了供应链库存管理的基本思想，介绍了供应商管理库存和联合管理库存两种重要的供应链库存管理策略；然后介绍了供应链环境下的配送管理，分析了供应链环境下配送管理的内涵，介绍了供应链环境下的集配商配送和循环取货两种重要的供应链配送策略；最后介绍了第三方物流，分析了第三方物流的概念和特点，指出了第三方物流在供应链中的作用及与客户企业的合作方式。

在案例方面，首先，以上汽通用供应链物流管理为引导案例，分析了上汽通用通过与第三方物流合作，采取循环取货配送策略来降低供应链库存的情况。接着，采用美的的供应商管理库存和联想的联合管理库存两个案例，阐述了供应链环境下供应商管理库存与联合管理库存两种库存管理策略；然后，为了阐述供应链环境下集配商配送和循环取货两种供应链配送策略，分别介绍了戴尔与伯灵顿全球货运物流有限公司的协同配送管理以及柯尼卡美能达循环取货。采用冠生园的案例来阐述供应链物流外包的意义以及与第三方物流合作的重要性及策略。最后，以广州丰田汽车入厂物流作为章后案例，介绍了制造企业上游供应链的配送管理策略。

➢复习思考题

（1）供应链物流管理面临什么样的环境？它有何特征？

（2）企业库存管理的基本原理是什么？供应链环境下库存管理应遵循哪些原则？

（3）供应商管理库存的基本思想是什么？实施需要遵循什么基本原则？其具有什么优缺点？

（4）联合管理库存有什么优势？实施策略是什么？

（5）供应链环境下的配送具有什么内涵？其与传统配送有什么区别？

（6）集配商的内涵是什么？供应链环境下的集配商配送具有哪些优势？

（7）简述循环取货产生的背景及应用条件。

（8）第三方物流具有什么特征？其在供应链中具有什么样的作用？

➢案例讨论　广州丰田汽车入厂物流

据报道，日本丰田汽车公司 2008 年的全球产量 923 万辆，即将超过美国通用汽车公司，成为全球第一大汽车集团。日本丰田汽车公司不仅在产量上位居全球首位，并且在生产过程中注重降低成本、减少浪费，可谓为全球汽车制造业的楷模。

日本丰田汽车公司于 2004 年与广州汽车合资，成立了广州丰田汽车有限公司（简称“广州丰田汽车”）。此时，中国国内轿车生产价格竞争已达到白热化的程度。在广州丰田汽车建立之初，公司就导入了日本丰田汽车公司先进的丰田生产方式和物流方式，以应对白热化的价格竞争。

广州丰田汽车第一工厂设计年生产能力为 35 万辆，初期为 25 万辆，三班生产，每班 350 辆，生产节拍初期为 83 秒。该企业以供应链管理思想整合供应链中的物流、商流、信息流、资金流，实现供应链的效益最大化。为实现准时制生产，广州丰田汽车建立了完善的计算机网络系统，它是整个物流和生产的指挥系统，可保证各供应链成员能够及时、有效地获取需求信息并及时响应。在物流器材上，充分考虑了易于取放及运输途中的安全性，以 1200×800 的欧洲规格托盘为基础，统一了物流器材的规格标准，提高了供应链内的物流效率，降低了供应链的整体物流成本。在生产方式上，推广丰田生产方式，以看板拉动削减制造过程中的浪费，通过循环取货，最大程度减少库存，实现同步生产，通过全球定位系统等先进手段控制全程物流，最终实现准时制生产。

在入厂物流配送中，广州丰田汽车通过看板系统来统一指挥各供应商备货和第三方物流公司的循环取货。同时取货方式的主体为广州丰田汽车，所有的循环取货均由第三方物流公司统筹完成，广州丰田汽车在循环取货的配送价格的决定中有绝对的话语权。

在入厂物流配送方式上，广州丰田汽车采用四种方式相结合的模式。

一是在其附近建起一些零部件厂，如发车身部件的双叶丰铁、排气管的三五、离合器厂爱德克斯、内饰件厂樱泰以及玻璃厂旭硝子福耀等。各厂同广州丰田汽车之间建有一条卫星母台车的专用道路，通过牵引车牵引的两节卫星母台车来完成顺引产品的入厂物流，以使外部的各零部件厂通过顺引系统和母台车运输系统，最终实现生产同步，将库存减少至零。

二是较近距离（100 千米半径范围内）的零部件厂，如顺德东海理化塑料控制件、佛山爱信车身部件等。通过看板拉动和循环取货的方式，利用飞翼车（12 米、9 米和 5 米）实现高频率、定时取货，实现直接上线的一体化物流，最终实现柔性连接和无库存管理。

三是国内远距离的供应商，如远在长春、天津、上海等地的供应商。通过循环取货实现高效率的运输和远距离柔性连接，降低库存。

四是海外的供应商，如日本及泰国等海外部件厂。通过广汽丰通物流有限公司的仓库作为周转库房，保证广州丰田汽车的低库存和丰田生产方式的顺利实施。

以上四种方式中，除第一种方式为自己操作外，其他部分全部委托由广州汽车集团和丰田通商合资成立的广汽丰通物流有限公司等多家物流公司作为第三方物流运输公司完成。

广州丰田汽车不同于其他汽车工厂，它没有仓库，只有仅供货物暂时放置的放置场。选取运输方式时首先需要考虑的是体积大小及重量和现场能存放的货量，其次考虑订单是否可变，即客户是否拥有选择的权利，同时还有供应商的远近距离以及货物的运送特性等，最终考虑取货频率。例如，玻璃是一种易碎商品，在物流规划的阶段就纳入了顺引方式中；又如，座椅是客户可选件，但体积较大，货量就较大，最终选择了 1 小时一次的循环取货方式运入；再如，汽车发动机，发动机厂紧挨着广州丰田汽车，但发动机为可选件，有 2.0 和 2.4 两种发动机，最终选择了 1 小时一次的循环取货方式运入。

考虑到上述各种因素，广州丰田汽车的配送大致共分为以下五类。

第一类为顺引方式及用卫星母台车，频率为每 20 分钟左右从供应商处取回一车部件，部件数量为每种 20 套/车，部件包装为子台车，每辆子台车装 10 套部件，每台母台车能装载 3～4 台子台车，每次牵引车牵引两辆母台车。

第二类为近距离（南沙、番禺及东莞周边）1 小时一次的循环取货方式，部件数量为 40～50 套/车，部件包装方式为台车、铁箱或塑料箱组成的堆头。

第三类为近距离（广州及顺德）2 小时一次的循环取货方式，部件数量为 90 套/车，部件包装方式为台车、铁箱或塑料箱组成的堆头。

第四类为较远距离（佛山等广东省内）4 小时一次的循环取货方式，部件数量为 180

套/车，部件包装方式为台车、铁箱或塑料箱组成的堆头。

第五类为远距离（广东省外即福建、上海、天津和长春）8 小时一次的循环取货方式，部件数量为 360 套/车，部件包装方式为台车、铁箱或塑料箱组成的堆头。

此外，广州丰田汽车还采用了 CAD/CAM 技术辅助生产设计。采用 CAD 技术分解画面，并根据此资料设计车体的各部分构造，再用 CAM 生产出样机模型，然后分派给零件厂商，以适应生产需要。零配件厂商大多位于同一个工业园区。通过这种方式，不仅降低了运输成本，使运送途中的损耗降低到最低程度，还可以降低所需的库存量。同时广州丰田汽车会提供一定的资金、技术援助以推广实时生产和实时物流的概念和方式。同时供应商多少会建立一定的缓冲库存以备不测，以免失掉长期的合同。这样的库存虽不可能完全避免，但其库存数量却大大降低。

广州丰田汽车的入厂物流继承了丰田精益物流的精髓，以标准化、准时化、一体化和柔性化为特点，以丰田生产方式为基础，结合中国的实际情况，运用制造资源计划安排生产计划、以看板管理拉动生产和第三方物流公司执行循环取货方式，高频率取货减少库存、顺引方式使周边配套零部件达到同步生产的目的，通过这些管理手段和方法，最终形成一体化物流，最大程度地减少浪费、降低成本，提高经济效益。

（资料来源：罗宁. 对广州丰田汽车入厂物流的研究. 成都：西南交通大学工商管理硕士学位论文，2008.）

问题讨论

（1）广州丰田汽车入厂物流体现了供应链环境下物流管理的哪些特点？

（2）广州丰田汽车入厂物流的成功之处在什么地方，具有什么样的优势？

第8章

供应链信息管理技术与系统

➢引导案例：高露洁公司供应链管理信息化

高露洁公司是一家有 200 多年历史、年营业额达 94 亿美元全球领先的日用消费品公司，在 2016 年 BrandZ 全球最具价值品牌百强榜中排第 54 名。高露洁公司在全球范围内制造销售的消费类产品繁多，包括牙膏、肥皂、洗涤用品和宠物用品等。为综合管理其供应链，高露洁公司于 1999 年 11 月建立了高露洁公司全球供应链信息系统。高露洁公司希望充分利用其核心 SAP R/3 解决方案，进一步完善全球供应链管理，从而改善对零售商和客户的服务、减少库存和增加盈利。

高露洁公司全球供应链系统有三个重要的组成部分：首先是推出供应商管理库存项目，大幅削减渠道库存和循环时间。其次实施了一个跨地域资源计划，将地域性模式拓展为全球性模式。这种模式转型可以提高企业的预测能力，减少非盈利股份，凝聚资产，平衡公司全球业务。最后实施一个与下游企业的协同计划系统，用来管理供应链中的市场需求和协调各项活动。

在高露洁公司内部，公司根据供应商管理库存方式提供的每日消费需求与库存信息对各客户中心进行补充。目前供应商管理库存的重点在北美，管理着来自 5 个工厂 40%的集装箱，涵盖 40 个分销中心、12 个消费区，包括了高露洁公司所有的产品。mySAP SCM 使高露洁公司能更加准确地契合供给与需求，最终降低了成品库存，提高在产订单和已完成订单的达成率，缩短了补货循环的时间。供应商管理库存系统每天将来自分销中心的库存量和需求信息传递到 mySAP SCM，对需补货的订单数进行统计。mySAP SCM 能够对企业生产能力信息进行综合，以确定生产需求和供应短缺情况。随后，补货订单通过电子数据交换传回给客户以确认，从而处理客户的要求。

高露洁公司的跨地域资源利用系统将需求和全球资源信息整合在一起，使以前的月度预测发展成为每周的订货补充。高露洁公司的投入迅速见效，其中包括出货率的上升、集装箱整箱率的上升、补货订单的循环次数下降、库存下降等。在新商业模式中，供应商直接负责对高露洁公司分销中心的资源补充。新的补货制度是由客户订单流量来驱动的，通过高露洁公司在世界各地的分销中心直接传递给供应商。跨地域资源利用系统也由 mySAP SCM 支持，根据每日需求信息和库存量对补货订单进行计算，使供需更加吻合，更加适应特殊订单要求，同时减少了不准确预测产生的影响，进而降低了成品库存、减少了补货订单的循环次数、大幅提高了企业内部补货和客户订单中的在产订单和已完成订单的达成率。此外，通过使用功能强大的补货系统，高露洁公司还提高了订单的实现率和资本使用效率。

高露洁公司供应链战略的三个主要组成部分由 mySAP 实时集成模式进行支持，股票、订单和其他市场指数都能实时地在客户、企业内部、企业资源计划系统和 mySAP SCM 之间更新，确保迅速得到各种能够影响计划的指数。这对计划的推广尤为重要。高露洁公司希望在供应商管理库存、跨地域资源利用系统和协同引擎应用到所有的品牌和商场以后，供应链的效益能成倍增长。供应链信息可见度的提高，意味着可以得到准确、及时、一致的数据信息来支持各种规划决策。高露洁公司还将使用 mySAP 商业智能系统，以更快速地获得一致和精细的数据信息，以支持整个企业集团的决策。

通过采用供应链信息系统，高露洁公司提高了市场竞争力，同时进一步加强了高露洁公司在价格战、全球业务拓展和市场推广中的强大优势。这些商业优势使高露洁公司的业务成本逐渐降低。此外，高露洁公司通过电子商务还进一步加强了企业内部整合，加强了与合作伙伴和客户之间的联系。高露洁公司全球信息技术总监 Esat Sezer 先生说："对高露洁公司来说，mySAP SCM 提供的强大功能对全球供应链改进十分关键。mySAP SCM 在三个最重要的前沿领域均有相应的解决方案。它使高露洁公司能够掌握公司全球范围内的物流数据，使我们能够通过高级数理规划函数优化业务运营，并为我们和我们的客户、合作者进行协作提供了一个平台。mySAP SCM 使我们在全球运作的供应链管理中真正走向完美。"

面对今天的成功，高露洁公司仍在不断提高其供应链信息系统的研究与应用。除在全球范围内使用供应商管理库存、跨地域资源利用系统和协同引擎外，高露洁公司还与 SAP 一起在 mySAP SCM 内开发可重复制造功能和各种进度细分功能。这将实现仅用一张物料订单就可以完成整个生产过程的来回运作，使原料需求更加灵活。此外，高露洁公司还计划采用 mySAP SCM 的运输规划和进度规划功能来优化运输网，减少运输成本。在加速实现各个目标的同时，高露洁公司已经通过 mySAP 供应链信息系统实现了很多目标，如提高可视化供应链、规划循环速度，通过全球化资源利用、降低成本、改善客户服务等实现更为有效的资本利用。

（资料来源：张从忠. 高露洁 mySAP SCM 供应链管理系统应用案例. http: //www.enet.com.cn/article/2006/0915/A20060915196402.shtml[2006-09-15].）

供应链管理信息化能够实现供应链各个环节的协同作业，从而提高整条供应链的运营效率。那么，供应链管理中信息有什么作用？供应链管理信息化需要使用哪些技术？常见的供应链管理信息系统应该具有哪些功能呢？

8.1 信息在供应链中的作用

信息连接着供应链中各个节点企业，是供应链中商流、物流和资金流的重要载体和支撑。畅通、及时、准确的信息沟通从根本上保证了商流、物流和资金流的高质量与高效率。没有信息的沟通和传递，商流、物流和资金流将变得支离破碎。信息在供应链中发挥着非常重要的作用。

8.1.1　供应链中信息的构成

信息已经成为供应链的关键要素，无论是原材料获取、生产安排、产品销售、客户购买等各个阶段，信息都是决策的关键因素。从供应链的不同环节看，供应链中需要搜集和管理的信息可以包括供应源信息、生产信息、配送和销售信息、客户需求信息等。

（1）供应源信息。能在多长的订货供货期内，以什么样的价格，购买到什么产品，产品能被送到何处。供应源信息也包括订货状态、更改以及支付安排。

（2）生产信息。能生产什么样的产品，数量多少，在哪些工厂进行生产，需要多长的供货期，需要进行哪些权衡，成本多少，批量订货规模多大。

（3）配送和销售信息。哪些货物需要运送到什么地方，数量多少，价格如何，在每一地点的库存是多少，供货期有多长。

（4）客户需求信息。哪些人将购买什么货物，在哪里购买，数量多少。信息包括需求预测和需求分布的有关信息，采用什么方式，价格多少。

8.1.2　供应链中有效信息的特征

在进行供应链决策时，有效信息应具有以下特征。

（1）信息应该是正确的。没有描述供应链真实状况的信息，就很难做出科学的决策。这并不要求所有信息都百分之百正确，而是要求所有得到的信息描述的事实至少没有方向性错误。

（2）信息应该能及时获取。准确的信息常常存在，但这些信息要么已经过时，要么虽然没有过时，但其形式却不适用。要做出科学的决策，管理者需要的是及时且可利用的信息。

（3）信息应该恰好是必需的。决策者需要他们能够利用的信息。通常公司有大量于决策无益的信息，因此，公司必须考虑哪些信息应该保留，以便使宝贵的资源不被浪费在搜集无用数据上，而重要信息却被遗漏了。

8.1.3　信息管理在供应链中的作用

在新经济时代，信息已成为企业生存和发展的重要资源。供应链系统的结构是多层次多系统的，信息是供应链中各系统和成员间密切配合、协同工作的“黏合剂”。在供应链中，企业为了实现自己的目标，必须通过信息的不断传递，一方面进行纵向的上下信息传递，把不同层次的经济行为协调起来；另一方面进行横向的信息传递，把各部门、各岗位的经济行为协调起来，通过信息技术处理人、财、物和产、供、销之间的复杂关系。因此，在供应链环境下，对信息进行有效管理是供应链流畅运行的关键之一。具体而言，信息管理的作用表现在以下几个方面。

（1）通过系统规范的信息搜集，提高信息搜集质量，消除供应链中信息扭曲现象。供应链中信息来源分布广泛，还涉及不同的运营层次，这就决定了供应链信息搜集具有范围广、种类多、动态性强等特征。利用信息管理技术，将供应链中的信息标准化、规范化，在供应链中设置广泛的信息采集点，才能保证信息搜集的质量。在此基础上，才能实现各个节点企业高质量的信息传递与共享，消除信息扭曲现象。

（2）通过信息管理技术的更新，可以促进企业管理技术的推广和管理思想的更新。信息管理系统最终反映了企业的管理流程，同时也体现了当前主流的管理思想和理念。因此信息管理技术在供应链管理中的运用，可以推动信息管理技术如电子数据交换、CAD、Web 和 Intranet 等的运用与推广，同时也可以推动供应商管理库存、业务外包、业务流程重组等管理思想的更新。

（3）通过信息管理的应用，可以提高供应链运作效率，进而增加企业的业务量。信息管理技术可以帮助企业及合作伙伴实现对产品和业务的电子化、网络化管理，能够减少流通环节，降低成本，提高效率，使企业在供应链管理中通过信息管理技术达到更高的水平，与国外先进企业接轨，促进企业业务量的提升。

案例 8.1　供应链中的信息失真与“牛鞭效应”

1989 年，麻省理工学院斯特曼教授在库存管理研究中通过著名的“啤酒实验”提出了“牛鞭效应”，即当处于供应链下游节点的企业或客户的需求发生微小变动时，在信息的传递中处于供应链上游节点的企业做出的生产决策会产生与实际相差很大的波动。国外许多跨国大公司如宝洁、惠普、康柏等均在各自的生产经营中不同程度地发现了类似结论。宝洁管理人员在考察其婴儿一次性纸尿裤的订单分布规律时曾惊奇地发现，虽然婴儿对产品的消费比较稳定，零售商那里销售波动也不大，但厂家从经销商那里得到的订单却出现大幅波动，同一时期厂家向原材料供应商的订货量波动幅度就更大。惠普也发现，代理商收到订货量的变动比客户需求量的变动要大，而汇总到总公司订货量的变动则更大。这一现象与在挥动鞭子时手轻微用力，鞭梢就会出现大幅摆动的现象类似。因此称为“牛鞭效应”。

“牛鞭效应”产生的原因是需求信息在沿着供应链向上传递的过程中被不断地曲解。企业的产品配送成为被零售商所夸大订单的牺牲品，反过来它又进一步夸大了对供应商的订单。造成这种现象的原因有以下几方面：需求预测、提前期、批量订购、价格波动、限量供给与短缺博弈。

（1）需求预测。为了安排生产进度、计划产量、控制库存和计划物料需求，供应链中的企业通常都会预测产品需求。这一需求信息的产生过程是导致“牛鞭效应”的主要原因。

（2）提前期。容易理解，变动幅度随着提前期的加长而增大。需求变动性估计的微小变化意味着安全库存和再次订货水平的很大变化，因此订货量就会发生很大变化，这必然导致变动性增大。

（3）批量订购。在供应链中，每个企业都会向上游企业订货，并且会对库存进行监控。由于存货耗尽以后，企业很难马上从供应商那里获得补充，所以通常会进行批量订购。从经销商到制造商到供应商，订货量要比实际销售量大很多。另外，对运输费用的考虑有时也是阻碍企业频繁订货的障碍之一。卡车满载时，单位产品运输成本最低，因此当企业向供应商订购时，他们倾向于大批量订货以降低单位运输成本。

（4）价格波动。价格波动会促使提前购买。制造商通常会进行周期性促销，如价格折扣、数量折扣、优惠券等，这些优惠实质上是一种间接的价格优惠。制造商的价格优惠会促使其分销商提前购买日后所需的产品，而提前购买的结果是客户所购买的数量并不反映他们的即时需求。这些批量足以供他们将来一段时间使用。

（5）限量供应与短缺博弈。当产品供不应求时，制造商常根据客户订购的数量按照一定的比例进行限量供应，客户会在订购时夸大实际的需求量；当供不应求的情况得到缓和时，订购量便会突然下降，同时大批客户会取消他们的订单。对潜在的限量供应进行博弈，会使客户产生过度反应。这种博弈的结果是供应商无法区分这些增长中有多少是由于市场真实需求而增加的，有多少是客户害怕限量供应而虚增的，因而不能从客户的订单中得到有关产品需求情况的真实信息。

“牛鞭效应”产生的根本原因是需求信息在沿着供应链向上传递的过程中被不断曲解。“牛鞭效应”导致供应链中产生过多的库存。有关研究表明，在整个供应链中，从产品离开制造商的生产线至其到达零售商的货架，产品的平均库存时间超过 100 天。被扭曲的需求信息使供应链中的每个个体都相应增加库存。有关报告估计，在美国就有 300 多亿美元沉积在食品供应链中，其他行业的情况也不相伯仲。“牛鞭效应”还导致企业生产预测差。由于无法及时处理积压订单，增加了生产计划的不确定性，如过多地修订计划，增加补救措施的费用、加班费用和加快运输费用等。因此，实现信息共享是解决“牛鞭效应”、提高供应链绩效的关键措施之一。

（资料来源：邵晓峰，等. 供应链中的牛鞭效应分析. 东华大学学报（自然科学版），2001，27（4）：119-124.）

案例 8.2　家乐新公司应用信息技术改善供应链

家乐新公司是我国长三角洲的一家颇具规模的玩具设计和制造企业，年销售额在 1.5 亿元左右，其产品通过零售、分销等渠道，销售于国内市场。由于竞争加剧，一些大零售商在价格上不断施压，于是家乐新公司将产品的生产流程外包给人力成本相对较低的某家外地企业以控制生产成本。但是，外包后家乐新公司对客户需求的响应速度明显变慢。外包前，家乐新公司从接单到产品交付，整个备货期平均 6 个星期，外包之后，备货期却延长到 4 个月。为了维持响应速度，家乐新公司不得不提高库存水平，后来，由于需求的随机性，库存一时过剩、一时紧缺，让家乐新公司疲于应付。需求预测和库存水平问题成为外包情况下家乐新公司急需解决的重点问题。

基于已有的信息化基础，家乐新公司实施了需求计划管理和产品分析管理两大信息模块。对于需求计划，家乐新公司通过新系统将零售商提供的预测数据和自身的需求计划工具产生的结果对比，对需求预测结果进行恰当的调整，确保需求预测的准确性。在产品分析管理中，基于同价位的 5 种类似产品的外观设计以及各自在最近 1～2 个月的销售状况，家乐新公司可以相对科学地做出产品的设计和产量决策。过去，新产品原型的确定是一个麻烦的工作，最后阶段的定型通常需要花 1 个小时，而现在家乐新公司只需要花 10 分钟就可以解决。两大功能模块的使用，提高了家乐新公司需求预测和库存管理的水平，几家大客户对家乐新公司的服务满意度也提高了。

（资料来源：张述冠. 供应链的外包之痛. 中国计算机用户，2007，(4)：50-51.）

8.2 供应链信息技术基础

8.2.1 供应链信息技术应用的目标

供应链信息技术应用的主要目标是将供应链中的采购、生产、配送和销售等各个节点紧密地连接起来，使供应链中的信息传递与产品的物理运动相一致。这样才能够保证供应链中信息的真实性、可靠性和可访问性。在此基础上，基于整个供应链所提供的信息，分析、计划和整合企业的各项活动，实现整条供应链的同步化运行。具体而言，供应链信息技术应用的具体目标分为以下三个层次。

（1）信息共享：将供应链的各个节点连接起来，实现信息交流和信息共享，信息应该是准确、及时的，没有滞后和扭曲。

（2）信息一致：所有可获取的信息应该只有单一的输入源，这样才能够做到不论查询的方式怎样以及查询者是谁，信息能在某一点得到并且是唯一的。

（3）优化运作：利用信息系统找到最为有效的生产、装配、仓储、分销方式，即运营供应链的最好方式。

8.2.2 供应链管理的信息支撑技术

信息技术的使用使供应链中的所有企业可以将自己的战略和运作活动统一起来追求最大的竞争优势。供应链管理的信息支撑技术有很多种，其中核心的技术主要包括电子数据交换、Internet/Intranet/Extranet、可扩展标记语言、条形码、射频识别等。

1. 电子数据交换

1）电子数据交换的概念

电子数据交换（electronic data interchange，EDI）是一种利用计算机进行商务处理的方式。在基于互联网的电子商务普及应用之前，曾是一种主要的电子商务模式。电子数据交换将贸易、运输、保险、银行和海关等行业的信息，用一种国际公认的标准格式，形成结构化事务处理的报文数据格式，通过计算机通信网络，有关部门、公司与企业之间得以进行数据交换与处理，并完成以贸易为中心的全部业务过程。

电子数据交换系统由三个部分构成，分别是电子数据交换软件和硬件、通信网络、数据标准。电子数据交换数据标准是整个电子数据交换系统最关键的部分之一。由于电子数据交换是以商定的报文格式进行数据传输和信息交换的，统一数据标准至关重要。电子数据交换标准主要分为以下几个方面：基础标准、单证标准、报文标准、代码标准、管理标准、应用标准、通信标准、安全保密标准等。

2）电子数据交换在供应链中的应用

电子数据交换能够充分利用计算机和通信网络技术，提高贸易伙伴间通信的效率，是供应链合作成员之间信息传递与交流的有效方法。电子数据交换在数据通信时通常采用点对点（peer-to-peer，P2P）方式，这种方式不仅费时，还需要同步。而供应链涉及的企业数目众多，跨越的地理范围广阔，因此，电子数据交换通常使用的点对点方式对于供应链并不适合。供应链中电子数据交换的通信可以通过增值网（value added network，VAN）、Web-EDI 等方式实现。

（1）增值网方式。不同于点对点方式，增值网方式是增值数据业务（VADS）公司利用已有的计算机与通信网络设备，除完成一般的通信任务外，还增加电子数据交换的服务功能。VADS 公司提供给电子数据交换用户的服务主要是租用信箱及协议转换，后者对用户是透明的。信箱的引入，利用存储转发实现了电子数据交换通信的异步性，提高了效率，降低了通信费用。但是，增值网方式对于中小企业费用过高，难以轻易实现，只适合大型公司。此外，因为各增值网的电子数据交换服务功能不尽相同，增值网系统并不能互通，从而限制了跨地区、跨行业的全球性应用。同时，增值网只实现了计算机网络的下层，相当于开放系统互连参考模型的下三层，而电子数据交换通信往往发生在各种计算机的应用进程之间。这就决定了电子数据交换应用进程与增值网的联系相当松散，效率很低。

（2）基于互联网的电子数据交换（简称 Internet EDI）。基于互联网的电子数据交换凭借互联网的优势，能够以较低的成本扩大参与交易的范围，实现世界范围的链接，为中小企业应用电子数据交换带来了捷径。据 Forrester 研究公司调查显示，使用增值网进行网络传输的电子数据交换用户，正在转向使用基于互联网的系统，以取代昂贵的增值网。

Web-EDI 方式认为是目前基于互联网的电子数据交换中最好的方式。Web-EDI 的目标是允许中小企业只需通过浏览器和互联网连接去执行电子数据交换。Web 是电子数据交换消息的接口，典型情况下，其中一个参与者一般是较大的公司，针对每个电子数据交换信息开发或购买相应的 Web 表单，然后把它们放在 Web 站点上。此时，表单就成为电子数据交换系统的接口。另一个参与者一般为较小的公司，登录到 Web 站点上，选择他们所感兴趣的表单，然后完成填写，结果提交给 Web 服务器后，通过服务器端程序进行合法性检查，把它变成通常的电子数据交换消息，此后消息处理与传统的电子数据交换消息处理一样了。很明显，这种解决方案对中小企业来说是负担得起的，只需一个浏览器和互联网连接就可完成。电子数据交换软件和映射的费用则花在服务器端。Web-EDI 方式对现有企业应用只需进行很小改动，就可以方便快速地扩展成为电子数据交换系统应用。

2. Internet/Intranet/Extranet

1）Internet

Internet，又称互联网，是由众多遵循 TCP/IP（transmission control protocol/Internet protocol）协议的计算机网络互联而成的全球网络。Internet 主要有两大功能：其一，通信，使用电子邮件通信，速度快、费用低，特别适合国际间通信量大的用户使用；其二，信息双向交流，Telnet、FTP、Gopher、News、WWW，都是 Internet 检索和放送信息的良好工具。特别是 WWW，能够以超文本链接和多媒体的方式展示信息，成为 Internet 最炙手可热的功能之一。目前，Internet 包含的信息涉及生活和工作的各个领域，极大地改变了人类生活和工作的方式。

2）Intranet

Intranet 又称企业内部网，是 Internet 技术在企业内部的应用，是 Internet 的延伸和发展。Intranet 正是由于利用了 Internet 的先进技术，特别是 TCP/IP 协议，保留了 Internet 允许不同计算平台互通及易于上网的特性，得以迅速发展。另外，Intranet 可以完全根据企业的需要来控制，使企业内部的秘密或敏感信息受到网络防火墙的安全保护。这个在企业内部分层次开放，内部有使用权限的人员访问 Intranet 可以不加限制；同时也对于某些必要的外部人员（如合伙人、重要客户等）部分开放，通过设立安全网关，允许某些类型的信息在 Intranet 与外界之间往来。

3）Extranet

Extranet 是一个使用 Internet/Intranet 技术使企业与其客户和其他企业相连来完成其共同目标的合作网络。Extranet 可以作为公用的 Internet 和专用的 Intranet 之间的桥梁，也可以看成一个可为外部用户提供选择性服务的 Intranet。Extranet 通常与 Intranet 一样位于防火墙之后，但不像 Internet 为大众提供公共的通信服务和 Intranet 只为企业内部服务与不对公众公开，而是对一些有选择的合作者开放或向公众提供有选择的服务。Extranet 访问是半私有的，用户是由关系紧密的企业结成的小组，信息在信任的圈内共享。Extranet 非常适合于具有时效性的信息共享和企业间完成共有利益目的的活动。联邦快递曾向公众公开了它的货运跟踪系统，联邦快递的客户可以访问联邦快递的 Web、浏览货运表、填写必要的表格，甚至可以跟踪自己货物的运行路线。联邦快递的 Web 站点是最早的和最著名的 Extranet 的例子之一。

3. 可扩展标记语言

1）可扩展标记语言的概念与特点

可扩展标记语言（extensible markup language，XML），它与超文本标记语言一样，都是标准通用标记语言（standard generalized markup language，SGML）。可扩展标记语言是互联网环境中跨平台的、依赖于内容的技术，是当前处理结构化文档信息的有力工具。可扩展标记语言是一种简单的数据存储语言，使用一系列简单的标记描述数据，而这些标记可以方便地建立，虽然可扩展标记语言比二进制数据要占用更多的空间，但可扩展标记语言极其简单易于掌握和使用。

可扩展标记语言作为数据规范的特点主要有以下方面。

（1）可扩展性。可扩展标记语言允许开发者创建他们自己的文档类型定义（document type definition，DTD），有效地创建可被用于多种应用的可扩展的标志集。

（2）灵活性。可扩展标记语言提供了一种结构化的数据表示方式，使用户界面与结构化数据分离。

（3）自描述性。可扩展标记语言文档通常包含一个文档类型声明，因而可扩展标记语言文档是自描述的。可扩展标记语言表示数据的方式，真正做到了独立于应用系统，并且这些数据能重复使用。

另外，可扩展标记语言采用 Unicode 字符编码系统，从而支持几乎所有的主要语言，并且不同语言的文本可以在同一文档中混合使用，支持可扩展标记语言的软件能处理所有这些语言的任何组合。可扩展标记语言还具有简单、易学、易用且易实现等特性。可扩展标记语言能解决目前所遇到的在数据交换上或是文件的储存上的大量问题。除了被广泛应用于 Web 外，正在逐渐成为支持数据交换的一种标准，适用于许多重要的应用领域。

2）可扩展标记语言在供应链中的应用

可扩展标记语言的诞生为供应链中电子数据交换的运用提供了新的解决方案。可扩展标记语言充分利用了现有的网络资源，通过定制 DTD/Schema 可以方便灵活地体现新的商业规则，无论从技术还是成本上，可扩展标记语言都能解决传统基于增值网的电子数据交换应用于供应链环境下面临的问题。

基于可扩展标记语言的电子数据交换方案（简称 XML/EDI），以互联网代替增值网与 EDIFACT 消息通信，从而越过专有网络。XML/EDI 充分发挥了已有电子数据交换系统的潜力，尤其为中小企业提供了在不同层次上使用电子数据交换的方案，最简单的例子是，企业通过浏览器与可扩展标记语言服务器相连，以 Web 表单的形式提交需要传递的商业数据，之后的电子数据交换消息转换及传输，都由服务器负责处理，对于一些有着少量单证数据需要交互的企业，这种方式就非常适合。XML/EDI 在保留了原有电子数据交换用户的基础上为新的互联网用户提供数据交换服务，在最小的成本下实现了新老客户的交互。

4. 条形码

1）条形码的概念

条形码（bar code）技术是出现最早也是应用最广泛的自动识别和数据采集技术。它是实现快速、准确、可靠地采集数据的有效手段。

条形码将宽度不等的多个黑条和空白，按照一定的编码规则排列，用以表达一组信息的图形标识符。条形码可以标出物品的生产国、制造厂家、商品名称、生产日期、图书分类号、邮件起止地点、类别、日期等许多信息，因而在商品流通、图书管理、邮政管理、银行系统等许多领域都得到了广泛的应用。

条形码是实现 POS 系统、电子商务、供应链管理的基础，借助自动识别技术、POS 系统、电子数据交换等现代技术手段，企业可以随时了解有关产品在供应链上的位置，并及时做出反应，为供应链管理提供了有力的技术支持。

常见的条形码可以分为一维条码和二维条码。一维条码有 EAN 码、UPC 码、39 码、库德巴（Code bar）码等。例如，EAN-B 是目前最常用的商品条码。目前二维条码主要有 PDF417 码、Code49 码、Code 16K 码、Data Matrix 码、Maxi Code 码等。例如，美国亚利桑那州等十多个州的驾驶证、美国军人证、军人医疗证等在几年前就已采用了 PDF417 技术。菲律宾、埃及、巴林等许多国家也已在身份证或驾驶证上采用了二维条码，我国香港特别行政区护照上也采用了二维条码技术。在我国部分地区注册会计师证和汽车销售及售后服务等方面，二维条码也得到了初步的应用。另外，在海关报关单、长途货运单、税务报表、保险登记表上也都有使用二维条码技术来解决数据输入及防止伪造、删改表格的例子。近年来，随着手机 APP 的普及，二维条码的应用越来越广泛。

2）条形码的特点

条形码具有可靠性高、效率高、成本低和操作性强等特点。

（1）可靠性高。条形码的读取准确率远远超过人工记录，平均每 15 000 个字符才会出现一个错误。

（2）效率高。条形码的读取速度很快，相当于每秒 40 个字符。

（3）成本低。与其他自动化识别技术相比较，条形码技术仅需要一小张贴纸和相对构造简单的光学扫描仪，成本相当低廉。

（4）易于制作。条形码的编写很简单，制作也仅需要印刷，称为“可印刷的计算机语言”。

（5）易于操作。条形码识别设备的构造简单，使用方便。

（6）灵活实用。条形码符号可以手工键盘输入，也可以和有关设备组成识别系统实现自动化识别，还可和其他控制设备联系起来实现整个系统的自动化管理。

3）条形码在供应链中的应用

条形码几乎影响供应链管理的每个方面。条形码的使用，使供应链管理流程更简单、更高效。条形码是一种有效的识别工具，可以帮助追踪产品，大大减少错误。

（1）条形码的应用奠定了供应链管理信息化的基础。供应链管理信息化的基础是物资的信息化。只有将物资的实体特征，如物资品种、数量、产地等信息进行虚拟化、信息化，并输入计算机系统，才能对物资进行信息化管理，而且在现实的供应链管理中物资品种多、流通速度快，在每一个环节中都需要读取和输入大量的信息，仅依靠传统的方式进行物流信息的读取和输入效率低、错误率高，根本无法实现及时掌握物资供应进度的目的，供应链管理信息化只能是一句空话或者在低层次上徘徊。条码技术在供应链管理上的应用从根本上解决了这个问题，它不但可以将物资的有关信息进行信息化编码，而且可以在需要的时候对编码信息进行快速准确的识别和输入，大量信息的采集可在瞬间完成，从而为供应链管理信息化奠定了坚实的基础。

（2）条形码的应用实现了供应链管理的自动化和高效化。在对物品进行信息化标识的基础上有效采用条形码技术可以实现供应链系统的自动化，提高供应链管理的效率。以配送中心为例，采用条形码技术后，工作人员可以扫描需订货的商品条形码并输入订货量，迅速完成订货任务。可以通过扫描运输单和货物上的物流条码并进行比较，迅速完成验货工作。对于拣货作业，拣货人员可以扫描相应的物流条形码，计算机随即发出拣货指令，拣货人员根据拣货指示完成拣货任务，装满货物的箱子经封装后运到自动分拣机，扫描器识读箱子上的条码后计算机指令拨叉机构把箱子拨入相应的装车线，以便集中装车运往指定的地点。从上述过程可以看出条形码的应用把各项供应链管理功能有机地联系起来，在实现供应链管理自动化的同时也大大促进了效率的提高。

5. 射频识别

1）射频识别的概念

射频识别（radio-frequency identification，RFID）是一种非接触式的自动识别技术，它通过射频信号自动识别目标对象并获取相关数据，识别工作无需人工干预，可工作于各种恶劣环境。射频识别技术可识别高速运动物体并可同时识别多个标签，操作快捷方便。射频识别是一种简单的无线系统，只有两个基本器件，该系统用于控制、检测和跟踪物体。系统由一个询问器（或阅读器）和很多应答器（或标签）组成。

2）射频识别的特点

全球权威的市场调研机构 Gartner 公司认为，自动识别技术能够帮助企业资源计划系统提高 50%的效益，换个角度来说，这个观点也可以表述为没有自动识别技术的支持，企业资源计划系统的应有效益只能发挥出一半。与以条形码技术为代表的传统自动识别技术相比，射频识别的特点主要体现在以下几个方面。

（1）无需精确对位读取。条形码基于光电技术，必须将扫描线投射到条形码上才能实现自动识别。而射频识别是基于无线电技术的，射频识别标签只要处于读写器天线形成的电磁场当中就能够被读取到。

（2）可读取不可见标签。条码基于光电技术，可见光对于非透明物质是不具有穿透性的；而射频识别基于无线电技术，无线电信号具有较强的穿透能力，能够穿透没有电磁屏蔽特性的物质，因而即使射频识别标签在包装箱内部也能够被读到。

（3）可同时读取多个标签。条码技术一次只能读取一个标签；而射频识别技术则能同时读取多达上百个标签。

（4）可读写/修改标签中的数据。条码标签中的数据无法修改，当相关信息发生变化时，就不得不更换一张新的标签；而射频识别标签中的数据不仅能够被快速读取，还能够增加、删除和修改。

（5）具有更强的防伪应用能力。大部分射频识别标签中都有唯一的、不可修改的识别码 UID，因此比条码具有更强的防伪应用能力。

3）射频识别在供应链中的应用

在数据采集与识别方面采用射频识别技术是供应链管理的发展要求。在产品的生产、运输、流通、零售等各环节采用条码作为数据载体进行全程跟踪已经成为普遍应用。条码技术存在如下的技术局限：信息量有限，根据目前 EAN 和 UCC 的编码规则，条码只包含了产品种类的信息，使对产品的单品跟踪成为很困难的事情；采集速度和效率有限，就供应链的全过程而言，在流通过程中的运输、仓储等环节条码扫描的有效率仅为 75%，在零售环节条码扫描的有效率为 95%。

面临以上问题，射频识别技术由于其远距离、快速、多目标同时读取等特点，可以应用在供应链中生产、仓储、运输等环节。通过对整个物流环节数据的采集，能够实现增加收入和缩减成本的双重效果。射频识别技术在供应链管理的应用，可以将库存的可用性提高 5%～10%，从而增加销售 3%～7%；同时，客户的保持度提高 0.3%～0.5%；物流管理中回收率得到提高，使利润提高 25%～40%，减少人工成本（包括场地管理）30%。

全球百货零售巨头沃尔玛于 2003 年就宣布要求其前 100 位供应商在 2005 年 1 月前实现商品的电子标签化，其他供货商也要在 2006 年全面引进电子标签技术。后来沃尔玛对计划进行了部分调整，但沃尔玛仍希望其供应商在 2005 年 1 月之前对 65%的商品使用电子标签，而这种使用将可能很快波及到出口到美国的商品也使用电子标签。（注：沃尔玛 70%的供货来自中国）。另一零售业巨头德国麦德龙集团正在密锣紧鼓地组建“RFID 创新中心”，计划于 2005 年底就把射频识别技术运用到部分分店的物流营运中，并计划成为世界上第一家将射频识别技术运用到整个物流链的零售连锁商。

6. 物联网

1）物联网的概念

1999 年，建立在物品编码、射频识别技术和互联网的基础上，美国 MIT Auto-ID 中心提出物联网的概念。它的定义为，把所有物品通过射频识别等信息传感设备与互联网连接起来，实现智能化识别和管理。物联网形式多样、技术复杂、牵涉面广。根据信息生成、传输、处理和应用的原则，可以把物联网分为四层：感知识别层、网络构建层、管理服务层和综合应用层。

2）物联网的特点

物联网具有以下几个特点：在网络终端层面呈现联网终端规模化、感知识别普适化的特点，在通信层面呈现异构设备互联化的特点，在数据层面呈现管理处理智能化的特点，在应用层面呈现应用服务链条化的特点。

（1）联网终端规模化。物联网时代的一个重要特征是物品触网，每一件物品均具有通信功能，成为网络终端。预计未来5～10年，联网终端的规模有望超过百亿台。

（2）感知识别普适化。作为物联网的末梢，自动识别技术和传感技术近些年来应用广泛。人们的衣食住行都能折射出感知识别技术的发展。无所不在的感知与识别将物理世界信息化，传统上分离的物理世界和信息世界实现高度融合。

（3）异构设备互联化。尽管硬件和软件平台存在巨大差异，各种异构设备（不同型号和类别的射频识别标签、传感器、手机、笔记本电脑等）利用无线通信模块和标准通信协议，构建成自组织网络。在此基础上，运行不同协议的异构网络之间通过网关互联互通，实现网际间信息共享和融合。

（4）管理处理智能化。物联网将大量数据高效、可靠地组织起来，为上层行业应用提供智能支撑平台。数据存储、组织和检索成为行业应用的重要基础设施。与此同时，各种决策手段包括运筹学理论、机器学习、数据挖掘、专家系统等广泛应用于各行各业。

（5）应用服务链条化。链条化是物联网应用的重要特点。以工业生产为例，物联网技术覆盖从原料引进、生产调度、节能减排、仓储物流、产品销售、到售后服务等各个环节，成为提高企业整体信息化程度的有效途径。更进一步，物联网在一个行业的应用也将带动相关上下游产业，最终服务于整个产业链。

3）物联网在供应链中的应用

物联网的应用将供应链中不透明的流程可视化，降低供应链的不确定性。供应链管理不仅可以减少管理变量的数量，同时能够做出快速响应。例如，通用汽车公司在其生产设施中部署了标准的、基于互联网协议的车间控制网络，并与一系列运营和管理流程集成。通过在车间中配置传感器网络，通用汽车公司可以测量建筑物中的湿度。当湿度读数超过车体喷漆的阈值时，则生产线上的下一个物件将被自动分派到另一个不同的生产流程，以避免损失。这个环节可减少重新喷漆和生产线停检的发生概率。根据软硬件供应商思科公司的估算，该项目及其他配套项目的实施，在5年内预计为通用汽车公司获取的潜在收益达到1.73亿美元，该项目5年投资回报率实现166%。

7. 云计算

1）云计算的概念

云计算（cloud computing），是一种基于互联网的计算新方式，通过互联网上异构、自治的服务为个人和企业用户提供按需即取的计算能力。云计算是继20世纪80年代从大型计算机到客户机-服务器的大转变之后的又一巨变。云计算可以认为包括以下几个层次的服务：基础设施即服务（IaaS）、平台即服务（PaaS）和软件即服务（SaaS）。云计算服务通常提供浏览器能够访问的在线商业应用和软件，而数据可存储在数据中心。

2）云计算的特点

云计算的资源是动态易扩展而且虚拟化的，通过互联网提供。终端用户无需云中基础设施的细节，不必具有相应的专业知识，也无需直接进行控制，只关注自己真正需要什么样的资源以及如何通过网络得到相应的服务。概括起来，云计算具有如下特点。

（1）超大规模。例如，Google 云计算已经拥有 100 多万台服务器，Amazon、IBM、微软、Yahoo 等均拥有几十万台服务器。企业私有云一般拥有数百上千台服务器。云能赋予用户前所未有的计算能力。

（2）虚拟化。云计算支持用户在任意位置、使用各种终端获取应用服务。所请求的资源来自云，而不是固定、有形的实体。应用在云中某处运行，用户只需要笔记本电脑或者手机，接入网络服务运行所需应用。

（3）高可靠性。云使用了数据多副本容错、计算节点同构可互换等措施来保障服务的高可靠性，使用云计算比使用本地计算机可靠。

（4）通用性。云计算不针对特定的应用，在云的支撑下可以构造出千变万化的应用，同一个云可以同时支撑不同的应用运行。

（5）高可扩展性。云的规模可以动态伸缩，满足应用和用户规模增长的需要。

（6）按需服务。云是一个庞大的资源池，按需购买。云可以像自来水、电、煤气一样计费使用。

3）云计算在供应链中的应用

云计算的出现满足了供应链核心企业与合作伙伴互动的需要，将核心企业的内部资源与合作伙伴外部资源进行整合，打破组织边界，跨越内部业务管理与外部服务的障碍。例如，中铁大桥局采用浪潮建筑电子采购云计算解决方案，支持大桥局多组织、多地点的应用，增强内外部供应链的协同，实现其物资的全流程管理。采购人员突破传统采购模式的局限，利用云平台进行供应商选择、订货等活动，大大降低了采购费用；通过将采购信息和采购流程在电子采购云平台公开，实现阳光采购，企业与业主、供应商、分包商的信息沟通更加方便、准确、及时，供应商可快速响应企业需求，实现由提前采购转变为准时制采购。

8.2.3　信息技术在供应链管理中的应用

信息技术在供应链管理中的应用可以从以下两个方面理解：①信息的功能对供应链管理的作用；②信息技术本身发挥的作用，特别是最新 IT 技术（如射频识别、云计算和专家系统等）在供应链中的应用，可以大大减少供应链运行中的不增值行为。

根据信息技术在供应链管理主要领域的应用，可以归纳出如图 8.1 所示的应用领域。从图 8.1 中可以很容易地看出，供应链管理涉及的主要领域有产品、生产、财务与成本、市场营销/销售、策略流程、支持服务、人力资源等多个方面，通过采用不同的信息技术，可以提高这些领域的运作绩效。

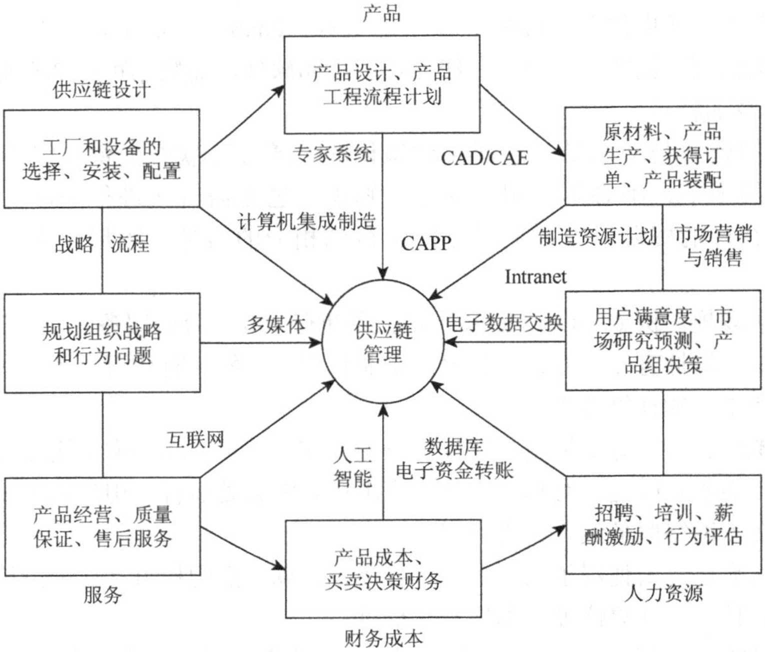

图 8.1　信息技术在供应链管理中的应用

（1）电子数据交换是供应链管理的主要信息手段之一，特别是在国际贸易中有大量文件传输的条件下。电子数据交换是计算机与计算机之间相关业务数据的交换工具，它有一致的标准以使交换成为可能。典型的数据交换是传向供应商的订单。电子数据交换的应用较为复杂，其费用也很昂贵，不过最新开发的软件包、远程通信技术使电子数据交换更为通用。利用电子数据交换能清除职能部门之间的障碍，使信息在不同职能部门之间通畅、可靠地流通，能有效减少低效工作和非增值业务。同时可以通过电子数据交换快速地获得信息、更好地进行通信联系、交流和更好地为用户提供服务。

（2）制造资源计划、计算机集成制造和多媒体的应用可以缩短订单流的提前期。如果把交货看作一个项目，为了消除物料流和信息流之间的障碍，就需要应用多媒体技术、共享数据库技术、人工智能、专家系统和计算机集成制造。这些技术可以改善企业内和企业之间计算机支持的合作工作，从而提高整个供应链系统的效率。

（3）企业的内部联系与企业外部联系是同样重要的。例如，在企业内建立企业内部网（Intranet），并设立电子邮件（E-mail）系统，可使职工能便捷地相互收发信息。像 IE 和 WWW 的应用可以方便地从其他地方获得有用数据，这些信息使企业在全球竞争中获得成功，并使企业能在准确可靠的信息帮助下做出准确决策。信息流的提前期也可以通过电子邮件和传真的应用而得到缩短。信息时代的发展需要企业在各业务领域中适当运用相关的信息技术。

（4）战略规划受到内部（生产能力、技能、职工合作、管理方式）和外部信息因素的影响。供应链管理强调战略伙伴关系的管理，这意味着要处理大量的数据和信息，才能做出正确的决策去实现企业目标。决策的准确度取决于收集的内、外部数据的精确度和信息交换的难易度。

（5）产品设计和工程、流程计划可当作一个业务流程，产品本身需要产品、工程、流程计划的设计，这些阶段可以用 QFD、CE、CAD/CAE 和 CAPP 集成在产品开发中，考虑缩短设计提前期和在产品周期每个阶段的生产中减少非增值业务。

（6）市场营销和销售是信息处理量较大的两个职能部门。市场研究在一定程度上是信息技术革新的主要受益者。市场营销和销售作为一个流程，需要集成市场研究、预测和反馈等方面的信息，电子数据交换在采购订单、付款、预测等事务处理中的应用，可以提高用户和销售部门之间数据交换工作效率，保证为用户提供高质量的产品和服务。

（7）会计业务包括产品成本、买卖决策、资本投资决策、财务和产品组决策等。计算机信息系统包括在线成本信息系统和数据库，主要采用在线共享数据库技术和计算机信息系统完成信息的收集和处理。技术分析专家系统（expert system for technology analysis，ESTA）、财务专家系统能提高企业的整体投资管理能力，而且在技术分析专家系统中应用人工智能（artificial intelligence，AI）和神经网络技术，可以增强某些非结构性问题的专家决策。人工智能的应用可以提高质量、柔性、利用率和可靠性，电子数据交换和电子资金转账（electronic funds transfer，EFT）应用在供应链管理中，可以提高供应链节点企业之间资金流的安全性和交换的快速性。

（8）生产过程中的信息量大而且复杂，如果处理不及时或处理不当，就有可能出现生产的混乱、停滞等现象。制造资源计划、准时制、计算机集成制造等技术的应用可以解决企业生产中出现的多种复杂问题，提高企业生产和整个供应链的柔性，保证生产及供应链的正常运行。

（9）客户/服务技术可以应用于企业之间的信息共享，以改善企业的服务水平，同时各种网络新技术的应用也可以改善企业之间的信息交互使用情况。信息自动化系统提高了分销、物流、运输等工作的效率，减少了纸面作业，从而可降低成本，提高用户服务水平。

（10）供应链设计中运用计算机集成制造、CAD、互联网、电子邮件、专家支持系统等技术，有助于供应链节点企业的选择、定位和资源、设备的配置。决策支持系统有助于核心企业决策的及时性和正确性。

（11）人力资源管理中，人类行为工程（human performance engineering，HPE）也开始在企业管理中得到应用，它的主要职能是组织、开发、激励企业的人力资源。在企业系统的工作设计、培训、组织重构中应用人类行为工程，可以帮助企业提高从最高领导层到车间的人力效率，同时多媒体、CAD/CAM 和互联网等技术的应用可以改善职工之间的合作水平，降低工作压力。

案例 8.3　电子数据交换和互联网在神龙汽车供应链中的应用

神龙汽车有限公司由东风汽车公司、法国雪铁龙汽车公司、法国国民银行和法国兴业银行共同出资于 1992 年初成立于湖北省武汉市（中方投资占 70%），目前拥有零件加工、装配、包装、运输、销售等一整套设备、设施、人员及组织机构。随着国内轿车市场竞争越来越激烈，该公司感到原有管理方法已严重钳制了企业的发展，尤其是在和合作企业的信息沟通上，存在着较大的问题。

神龙汽车公司与其他合作企业之间的信息交流尚未建立规范体系，无共同遵守的工作准则。例如，神龙汽车公司与雪铁龙汽车公司的业务往来是通过电子数据交换进行数据交换的，双方规定必须严格遵守文件的标准格式，任一方擅自改动格式都将导致对方的系统无法正常工作。1992 年 2 月雪铁龙汽车公司更改了发货合同的格式，未提前与神龙汽车公司做好技术上的准备，从而导致神龙汽车公司的翻译软件无法工作，无法获取数据。因此，从神龙汽车公司在供应链中所处的核心企业的角度来看，该公司的管理信息系统既要接受来自不同体系的信息，又要对之进行处理，用以计划、组织和控制本企业的行为，然后将现有的状态反馈给不同的企业成员，因此，神龙汽车公司的管理信息必须高度集成，为通过供应链管理实现企业经营目标提供可靠保障。

为了确保各种信息在供应链中所有成员之间的有效传递，神龙汽车公司建立了电子数据交换和互联网相融合的信息组织模式。将电子数据交换、互联网和企业的信息系统集成起来能提高企业的经营管理水平。

神龙汽车公司采用基于局域网和互联网/电子数据交换的企业信息组织方式。其基本原理是先将企业各部门的信息系统组成局域网，在局域网的基础上组建企业级广域网（相当于企业内联网），再和其他相关的企业和单位连接。根据合作企业的实力，采用不同的连接方式，例如，与雪铁龙汽车公司通过电子数据交换，与国内供应商主要通过互联网连接。对于电子数据交换的使用，神龙汽车公司于 1997 年底建立了 GEIS 专线，1998 年 4 月份开始在进口件采购业务中使用电子数据交换技术，采用 GALIA 标准与雪铁龙汽车公司进行要货令、发票、发货通知等数据交换，2000 年将与雪铁龙汽车公司一起升级采用 EDIFACT 标准。采用电子数据交换技术是神龙汽车公司 KD 件按件供应的前提。如果不采用电子数据交换技术，雪铁龙汽车公司与神龙汽车公司对 1000 余种零件需将要货令、发货、发票信息手工维护到自己的系统中，不仅周期长，且无法保证准确性。采用电子数据交换技术则使工作变得得心应手。神龙汽车公司发出要货令电子文件 2 小时之内，雪铁龙汽车公司便可在它的终端上接收，经翻译后转化为其系统的数据文件而直接使用。通过系统的分析，可以迅速地检查各种差异，并通过互联网及时反馈给神龙汽车公司，有效地保障了工作质量。采用电子数据交换技术大大减少了纸质单据的传递，据估算，每月发货对应的发票、发货通知、装箱单等纸质文件（一式六份）就重达几百千克，而所有信息通过电子数据交换技术进行交换，大大减少了纸质单据的传递工作量，节省了信息传递的时间。在神龙汽车公司和雪铁龙汽车公司的国际贸易中采用电子数据交换技术，使订单、发货通知、发票等大量的数据、文件信息传递变得可靠和通畅，减少了低效工作和非增值活动，并使双方快速获得信息，更方便地进行交流和联系，提高了相互的服务水平。

（资料来源：马士华，林勇. 供应链管理. 4 版. 北京：机械工业出版社，2014）

案例 8.4　信息技术在京东电商供应链管理的综合应用

在零售行业中，沃尔玛通过自身强大的信息系统将现金周转率控制到 30 天左右，国内连锁零售巨头苏宁和国美控制到 40 天左右，而京东目前可做到 10 天。之所以京东可以做到如此短的时间，得益于多种信息技术在京东电商供应链管理的综合应用。

（1）在采购环节，京东商城使用射频识别、EPC（electronic product code）、地理信息系统、云计算等信息技术。首先对配送区域进行发散分析，了解配送区域构成、客户密度、订单密度等，提前对各区域产品销售情况进行预测并备库，同时决定采购商品分配的仓库和数量。信息技术的应用减少了缺货的发生。

（2）在仓储环节，京东商城使用射频识别、EPC 库存取货、库存盘点和智能货架，以此实现仓库自动化管理。京东商城将自身库房划分为收货区、仓储区、出库区。在收货区，京东商城首先对商品进行质量抽检，然后利用 EPC 和电子标签技术给商品贴上条形码标签，每一货架也都有唯一编号。随后全部商品上架入库，京东仓库会利用 PDA 设备扫描商品条形码，和商品进行关联后传入信息系统。

（3）在分拣环节，京东商城首先通过企业资源计划系统确定订单所需商品发货库房，然后自动查询商品在仓库中位置，将信息自动发送到库房管理人员随身携带的掌上计算机上。库房管理人员使用射频识别、EPC 等技术对货物进行快速分拣。当分拣货物完毕后，货物将放在对应的周转箱上传送到符合扫描台，打印发票清单送到发货区域。信息技术的运用实现了商品的快速分拣。

（4）在运输配送环节，京东商城使用地理信息系统技术。京东在包裹和运货车辆上均装有 EPC 标签，包裹出库时通过射频识别技术扫描并和车辆关联。配送过程中，其位置信息通过全球定位系统即时反馈到后台系统，并在网站地图上显示，实现了可视化物流。同时，车辆位置、停驻时间、包裹分配时间、交接时间都会形成海量原始数据。京东商城能够通过大数据分析，优化人员安排计划和配送流程。

整个京东商城的核心信息系统都建立在京东云平台上，支撑从用户下单到商品配送的所有环节。京东云支撑了京东 2015 年 4627 亿元的交易业务，经历数次 6.18 和 11.11 大促的考验，拥有全球最大规模 Docker 集群，容器数量超过 15 万，日均处理数据超过 10PB，服务超过 1 亿的用户。在满足自身业务需求的同时，京东云推出“两个基础平台+四个行业解决方案”，其中成熟的解决方案包括电商云、物流云、智能云、产业云。例如，2016 年，京东云与中国铁路物资股份有限公司合作，建立大宗商品集中采购电商平台。该平台提供交易管理、物流及二次加工服务、社区咨询等 21 个业务系统，其中物流管理等系统为京东云设计，其他竞价管理、合同管理、加工服务等子系统，由京东商城与第三方合作研发。

（资料来源：赵艳丰. 当“供应链管理”遇上“物联网技术”-京东商城的案例分析[J]. 信息与计算机，2014，(11)：57-60；商业伙伴. 京东云的渠道和生态. http：//ec.ctiforum.com/jishu/qiye/qiye_news/491321. html [2016-8-18].）

8.3　供应链信息系统

成功的供应链信息系统应该使企业内形成优化的作业流程，企业间形成一种无缝的链接。供应链信息系统应该实现企业间流程的完全链接，实现企业间分销、财务、采购、运输等各种信息流的流畅传递，使企业间的客户、供应商、运输者、零售商都通过供应链连接在一起。

8.3.1 供应链信息系统的功能体系结构

供应链信息系统连接了所有合作成员的业务活动，并将其串联成一个有机整体。具体来说，供应链信息系统的功能体系结构包括三个不同层面，即决策层、管理层、操作层，如图 8.2 所示。

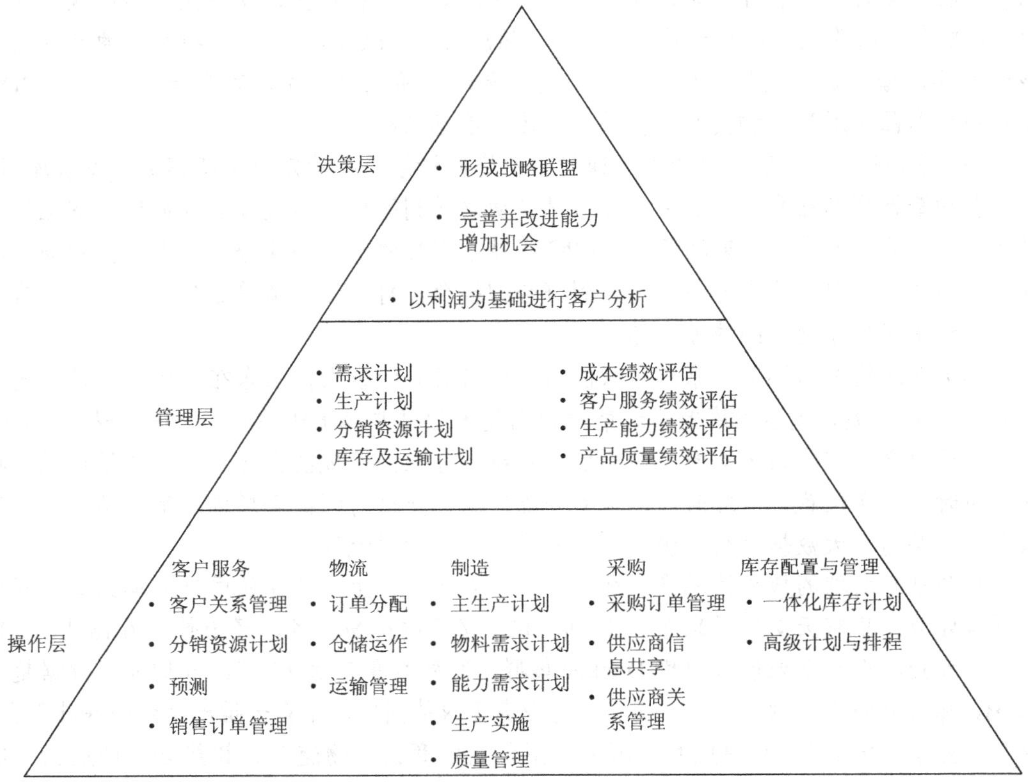

图 8.2　供应链信息系统的功能体系结构图

（1）决策层。决策层是供应链信息系统的最高层次。决策层关注的重点是各种信息，它不断地利用信息对企业的供应链战略进行评价，并加以完善。在决策层，供应链信息系统的主要目的是实现整个供应链的快速构建与重构，促进供应链合作成员之间建立战略合作关系。建立战略联盟，提高和改善生产能力以及建立快速反应机制以获得更多市场机会等。

（2）管理层。管理层的重点在于计划、绩效评估与汇报方面。计划管理能够协调供应链成员的业务活动，提高采购、生产、分销、存货和运输等环节的效率，是实现供应链同步的重要工具之一。常见的计划包括需求计划、生产计划、分销资源计划、库存及运输计划等。绩效评估能够非常有效地提供反馈，帮助企业了解供应链绩效和资源使用情况。通常绩效评估包括成本、客户服务、生产能力、产品质量和资源管理等。在管理层，供应链信息系统的主要目的是实现供应链中信息集成，保证信息的一致性，实现供应链成员企业的协同运作。计划管理、绩效评估、协同工作，都是供应链信息系统管理层应该具备的功能。

（3）操作层。操作层的特点在于，提供正式的规则、正式的程序以及标准化的沟通模式。由于操作层结构化的运作与庞大的交易量结合在一起，运作效率是供应链信息系统操作层关注的重点。在操作层，供应链信息系统的主要目的是将供应链的各个节点连接起来，实现信息交流和信息共享，促进供应链成员企业业务流程的同步运作。操作层主要包括客户服务管理、物流管理、制造管理、采购管理及库存配置与管理等要素。

8.3.2　供应链信息系统的功能组成

供应链信息系统的组成部件也可以分为决策、管理和操作三个层次。有些供应链组件可能主要支持一个层次，而另一些可能支持多个层次。

1. 决策层次的功能

在决策层次，供应链信息系统的主要目的是实现整个供应链的快速构建与重构，促进供应链合作成员建立战略合作关系。供应链信息系统在决策层次通常包含以下模块：战略网络设计、物流网络设计、生产地点选址和设施布置等。

（1）战略网络设计。允许计划者选择合适的供应链成员。决定最佳生产方案，即哪个工厂/供应商应该生产哪种产品；决定最佳分销渠道，即哪个仓库应该为哪个客户服务。它的目标是通过使服务机构数量和服务水平之间达到最佳平衡，最小化包括采购、生产、运输、存储在内的总成本。战略网络计划期通常长达几个月到几年的时间，以便归总数据，进行长期预测。最常用的方法是最优化方法。

（2）物流网络设计。允许计划者确定供应链物流设施的最佳数量、地点和规模大小以及设施之间的物流方案。物流网络设计通常需要输入的数据包括备选位置、运输成本、总需求预测等。在建议物流网络设计方案时可以使用启发式和优化的运算法则。此外，并不是所有的标准都能够被量化，因此决策者最终还需要依靠自己的判断。

（3）生产地点选址和设施布置。允许计划者确定供应链生产设施的最佳数量、地点和规模大小。许多制造商都有一个生产设施网络，网络上的每一个点分别生产不同的产品或者是同一产品的不同部件。设施布置将生产成本、提前期、运输成本及需求预测作为输入数据，针对生产设施来分配不同的产品或者部件。在工作时，生产地点选址和设施布置模块经常将人工智能和数字技术结合在一起使用。

2. 管理层次的功能

在管理层中，供应链信息系统的主要目的是实现企业不同部门之间以及供应链成员之间协同运作以及计划信息和运作数据交互，通常含有以下模块：供应链主计划及运作计划模块、供应链可见性和异常管理模块。

1）供应链主计划及运作计划

（1）供应链主计划。供应链主计划根据整条供应链生产、分销策略和存储需要，通过有效分配供应链的资源获得最大利润，或使系统成本最小。这可使企业提前为季节性销售、促销做准备。供应链主计划的计划期通常长达几个星期或几个月。

（2）供应链运作计划。供应链运作计划的目的在于使短期内供应链的生产、分销、存货和运输更加有效率。运作计划的计划期通常是几天到几星期，它的目标集中在单个功能上。也就是说，每个系统只针对一个功能（如生产）。因此，这些系统着眼于生成可行的策略，而不是最优化的解决办法，由于不和其他功能结合在一起、没有具体的分析以及只有短期计划，所以是不能进行最优化的。运作计划系统包括以下四部分。

①需求计划。生成基于各种历史和相关信息的需求预测。需求预测在许多供应链决策中都占据着相当重要的地位。一般来说，需要考虑关于条款、需求的稳定性、促销期望的完全信息、特殊产品状况等的历史数据，并且在此基础上利用各种统计技术做出预测。需求计划的制订需要供应链中各有关部门的合作。

②生产计划。生成基于供应链主计划或需求预测的具体生产日期安排。采用的方法是基于约束条件的可行性分析方法，此方法可满足所有生产限制条件。给定所要生产的产品系列、生产流程、产品的到期日期，生产计划系统可以制订产品的生产次序及计划。生产计划系统可以利用人工智能、数学及模拟技术来制订生产计划。基于优化技术的生产计划系统使用运算法则来使某些目标最大化或者最小化；基于模拟技术的生产计划系统允许用户选择一套简单的计划法则并在模拟系统上来测算它们。利用这一法则系统可以模拟生产过程，并且决策者可以看到模拟的结果。

③存货计划。生成基于平均需求、需求可变性、原材料提前期的存货（各种设备）计划。采用的方法是统计和计算方法。

④运输计划。生成基于运输路线的具体情况、成本和交货日期的运输路线与日期计划。由于有各种运输变量，所以这些系统可以是车辆安排、运输方式选择，也可以是路线和分销计划。采用的方法大多是启发式方法。

2）供应链可见性和异常管理模块

供应链可见性和异常管理模块的主要目的在于为企业提供供应链的可视化监控，及时发现并纠正供应链在生产、物流运输方面存在的异常和中断，保证供应链主计划及各类运作计划能够得到顺利实施。供应链可见性和异常管理模块的具体功能包括跟踪与追溯、异常通知与管理以及模拟仿真。

（1）跟踪与追溯。可视化地展示供应链采购、生产、运输、配送、销售等环节的状态及进度情况，能够追溯每项业务的进展情况，明确每笔业务在每个阶段的责任人。

（2）异常通知与管理。基于供应链主计划及各类运作计划，诊断并及时发现供应链流程中出现的异常情况，包括进度异常、质量异常等。根据异常，及时协调供应链成员之间的运作节拍，快速消除供应链流程异常。

（3）模拟仿真。模拟仿真为供应链管理者在模拟环境中进行方案验证，以便能够对供应链环境中可能出现的各种异常进行分析，为决策提供参考。

3. 操作层次的功能

在操作层次，供应链信息系统主要包括客户服务、物流、制造、采购、存货配置与管理等五个要素。供应链信息系统提供数据、交易处理、用户访问和公司的基础设施，这些系统一般是实时的（数据是当前的，不断被用户和所发生的事件更新）。

1）客户服务

客户服务模块用于企业与客户之间数据与信息的交互、处理和综合分析。这些数据和信息包括订单历史、订单状态、客户需求等，主要包括客户关系管理、分销资源计划、预测和销售订单管理等。

（1）客户关系管理。包括更新、跟踪与客户间的互动信息。这些系统和订单跟踪系统以及其他后端系统连接，为客户和客服代表提供更好的信息。

（2）分销资源计划。对于一组仓库和零售商，分销资源计划用来确定合适的配送路线和存货策略。如果给定仓库和零售商的位置、存货与运输成本以及每一零售点的需求预测，此系统可以利用分析工具来确定以最低的成本向客户提供高水平服务的策略。

（3）预测。预测系统的主要作用是对已有的信息进行综合分析并输出预测结果。预测结果对供应链各个环节的运作都有重要影响。

（4）销售订单管理。企业通过订单管理能够直接将订单录入企业资源计划系统，并对订单数据进行维护、处理和跟踪，能够提供当前订单各阶段的状态信息。

2）物流

供应链竞争的本质是一体化、协同合作的物流运作。在供应链中，合作企业往往在地理位置上是分散的，物流管理对供应链的流畅运作至关重要。客户订单完成过程和采购订单接受过程涉及的物流管理功能包括订单分配、仓储运作与运输管理。

（1）订单分配。订单分配是企业针对客户订单和补货订单进行的库存分配，企业既可以实时完成订单分配，也可以采取批量处理的方式，分配方式可以按照针对可获得库存的可承诺量分配方式进行，或者针对可生产库存的可承诺能力分配方式进行。订单分配通常包括库存分配、再次订货与处理、订单确认等功能。

（2）仓储运作。仓储运作包括与仓储有关的各种活动，如收货、物料处理和存储、订单分拣等。仓储运作通常称为库存控制或者仓库管理系统。

（3）运输管理。运输管理具有计划、执行、管理物料的运输和移动等功能。运输管理涉及装运计划与安排、装运确认与通知、生成运输单据以及对承运人进行管理等多方面。

3）制造

制造系统的目的在于制订生产计划并监控生产计划的实施与生产运作，这些是整个供应链信息化的基础。制造系统决定了从采购到配送的一系列关键环节的运作，这些环节指导供应链资源分配并与企业绩效息息相关。制造系统包括主生产计划、物料需求计划、能力需求计划、车间层次的生产实施和质量管理。

（1）主生产计划。主生产计划是确定每一具体的最终产品在每一具体时间段内生产数量的计划。最终产品是指对企业来说最终完成、要出厂的完成品，它要具体到产品的品种、型号。主生产计划详细规定生产什么、什么时段应该产出，它是独立需求计划。主生产计划根据客户合同和市场预测，把经营计划或生产大纲中的产品系列具体化，使之成为展开物料需求计划的主要依据，起到了从综合计划向具体计划过渡的承上启下作用。

（2）物料需求计划。物料需求计划系统利用产品的物料清单和零部件的提前期来计划何时开始制造某产品。

（3）能力需求计划。能力需求计划是对物料需求计划所需能力进行核算的一种计划管理方法。具体地讲，能力需求计划就是对各生产阶段和各工作中心所需的各种资源进行精确计算，得出人力负荷、设备负荷等资源负荷情况，并做好生产能力负荷的平衡工作。广义的能力需求计划又可分为粗能力计划（又称为产能负荷分析）和细能力计划（又称为能力计划）。

（4）车间层次的生产实施和质量管理。车间层次的生产实施和质量管理是保证高效运作与高质量的管理过程，包括对生产设备的控制以及对设备运作的监控。

4）采购

采购的主要作用是对采购订单的准备、修改、发送等活动进行管理，同时对供应商的绩效和合同遵守情况进行跟踪。采购模块包括采购订单管理、供应商信息共享和供应商关系管理。

（1）采购订单管理。允许企业流畅地完成采购订单的审批及生成流程，并对订单数据进行维护、处理和跟踪，能够提供当前订单各阶段的状态信息。

（2）供应商信息共享。允许企业灵活定义与供应商共享信息的内容，并实现与供应商之间实时、准确的信息交换。

（3）供应商关系管理。包括更新、跟踪与供应商间的互动信息。这些系统和订单跟踪系统以及其他后端系统连接，为企业采购业务的完成提供有效的信息支撑。

5）存货配置与管理

存货配置与管理既可以单独对供应链的各个部分分别进行库存的配置和管理，也可以从供应链一体化的角度考虑整个供应链的存货配置。存货配置是指企业对在什么时间、哪个仓库保持何种库存做出决策。在这里，运输成本、需求预测和现有库存用来决定在每一时间每一位置保持存货的水平，并且也可以使用优化和启发式的运算法则来生成建议策略。存货配置与管理系统的主要作用是整合整个供应链的库存计划。库存计划与整个供应链的生产和销售计划密切相关，从某个角度体现了整个供应链的销售目标、市场营销目标、财务目标的有机结合。存货配置与管理常常通过高级计划和排程系统实现。

8.3.3 供应链管理软件简介

1. 供应链管理软件的工业体系

国外一般将供应链管理产品分为两大类：一类是“供应链执行（supply chain execution）”系统，另一类是“供应链规划（supply chain planning）”系统。“供应链执行”系统以实现供应链内各个环节的具体事务性操作为主，如完成订单处理、货运安排、仓储装运管理等。典型代表有自企业资源计划市场转战而来的 SAP、Oracle、EXE 科技、老牌供应链管理产品供应商 Manhattan Associates 及后起之秀 Yantra 等公司的产品。“供应链规划”系统主要着眼于供应链的优化与分析，为具体操作提供实施参考，如进行需求预侧、制订库存补给计划及生产调度规划等。典型代表有 i2 科技、Adexa、iLog 及 Manugistics 等公司的产品。这两类产品的区别在于供应链规划系统主要着眼于事前的预测与规划，而实施系统则重在具体操作。但这种界限有时也并不是绝对的，规划系统带有事务性操作，实施系统具备规划管理性能的例子也比比皆是。

2. 供应链管理软件市场概况

根据 Gartner 的统计，2014 年供应链管理软件以 10.8%的增长速度，领跑多数细分软件市场。从世界范围看，SAP 公司和 Oracle 公司依然是全球主要的供应链管理软件供应商。2014 年 SAP 公司占了整个供应链管理软件市场份额的四分之一；Oracle 公司则紧随其后。排名前五位的供应链管理软件供应商及其收入和市场份额如表 8.1 所示。

表 8.1　2014 年全球供应链管理软件销售收入排名

排名	供应商	2014 年收入（百万美元）	2014 年市场份额	网址
1	SAP	2563.0	25.8%	www.sap.com
2	Oracle	1451.1	14.6%	www.oracle.com
3	JDA Software	437.6	4.4%	www.jda.com
4	Manhattan Associates	187.6	1.9%	www.manh.com
5	Epicor	163.5	1.6%	www.redprairie.com

3. 供应链管理典型软件：SAP 公司的 mySAP.com

SAP 公司是全球最大的企业管理和协同化电子解决方案供应商、全球第三大独立软件供应商。mySAP.com 是一个能够为企业及其合作伙伴提供协同商务环境的解决方案，能够通过商业市场将企业及其合作伙伴连接在一起进行协同性业务，也向每个员工提供个性化界面的工作台，其主要功能模块如图 8.3 所示。通过 mySAP.com 协同化电子商务平台，全球各类企业可以改善与客户、伙伴的关系，精细企业运作，并在其供应链管理中获得显著效益。目前，在全球 120 多个国家的超过 18 800 家用户正在运行着 56 000 多套 SAP 软件。《财富》500 强 80%以上的公司都在从 SAP 的管理方案中获益。

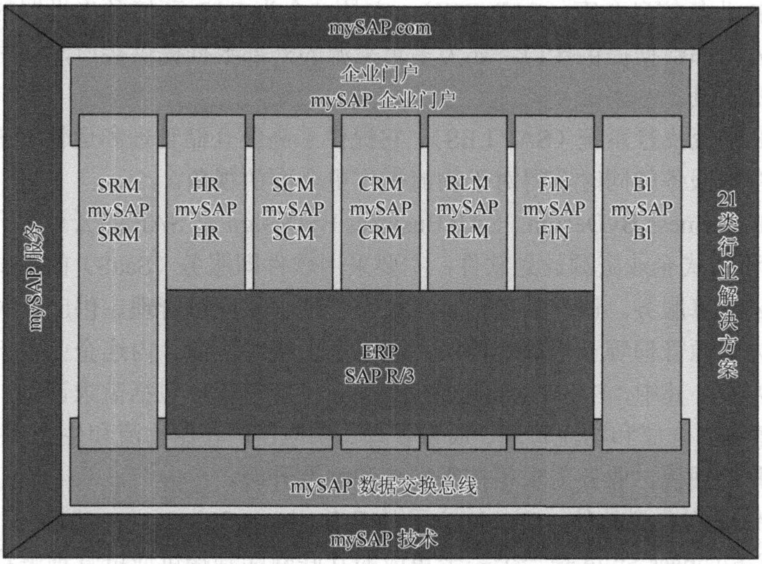

图 8.3　mySAP.com 的体系结构

mySAP SCM 是 mySAP.com 中的重要组件之一。mySAP SCM 提供一整套可用于建立适合的供应链网络，并通过线性有序流程将供应链中的供应商、制造商、商业伙伴和客户连接在一起。该套件采用模块化构件，可以与其他 SAP 和非 SAP 软件配合使用，能够让组织机构以独特的方式完成基本业务流程。所有领域的组织机构和部门都可以根据自己的时间表部署 SAP 供应链管理软件，以应对具体的业务挑战，且无需进行代价高昂的升级。

mySAP SCM 能够实现供应链网络构建、供应链计划制订、供应链执行管理和供应链协调等供应链管理职能，主要包括以下组件：SAP 高级规划与优化（SAP APO）、SAP 业务信息仓库（SAP BW）、SAP 物流执行系统（SAP LES）等。

（1）SAP 高级规划与优化（SAP APO）。它包含了许多集成在一起的模块，这些模块使用了基于限制的规划和优化哲学。

①协同性计划。SAP APO 协同性计划的目标，正如其名字所说的，就是要帮助企业与他们的业务合作伙伴一同进行协同性供应链规划。

②供应链驾驶舱。向用户提供查看所有活动和应用程序的强大功能。供应链驾驶舱用一特别设计的用户图形界面对供应链进行建模、监控和管理。供应链驾驶舱向用户提供查看所有的活动和应用程序的强大功能。

③需求计划。识别和分析需求的模式及其波动，并且创建精确的、动态的需求预测。

④供应网络计划。将采购、生产以及运输过程与需求相匹配，从而平衡和优化整个供应网络。

⑤生产计划与详细排产。优化资源的应用，并创建精确的以工厂为单位的生产安排，以便缩短生产周期及提高对市场需求预测变化的反应速度。

⑥全球可行的承诺。用全球尺度来进行供求关系的平衡，并且运用实时核查和复杂的模拟方法向客户做出可靠的发货承诺。

（2）SAP 业务信息仓库（SAP BW）。它是一个为 SAP 环境预先设置的数据仓库理念，它不仅为内部数据提供接口，还为多重来源的外部数据提供接口，同时还提供复杂的报表和分析工具。

（3）SAP 物流执行系统（SAP LES）。它提供了高级仓储管理和运输管理功能。它使企业在改善客户服务的同时获得对于物流操作更全面的视角。

（4）SAP Business ByDesign。SAP Business ByDesign 是 SAP 的云计算产品，是一款基于 Web 的租赁式企业资源计划软件，主要采用软件即服务（SaaS）的形式，面向中小型企业提供云计算服务。该产品包括客户关系管理、供应链管理、供应商关系管理、财务管理、人力资源管理等五个核心模块，涵盖了上接供应商、内连企业内部、下接客户的整套解决方案。其中，SAP Business ByDesign 供应链管理包括需求计划、供应计划和控制、生产管理、仓储和物流管理、质量管理、供应链、仓储物流和生产主数据等功能，可以根据企业的规模、业务需求等按需配置和弹性升级。

4. 供应链管理典型软件：Oracle 公司的 E-Business Suite

Oracle E-Business Suite 是一个完全集成的互联网端到端供应链管理解决方案，其设计目标是帮助用户更有效地开展电子商务应用。Oracle E-Business Suite 是完全运行在互联网上的端对端商务应用程序，支持跨越制造、客户关系管理、供应链管理、财务、项目、人力资源以及商务智能功能在内的所有商务活动。Oracle E-Business Suite 可以帮助用户转变企业的业务流程，从需求发现到交货以及客户服务。

Oracle E-Business Suite 由一百多个模块组成，这些模块被分成不同的产品系列。

1）Oracle 客户关系管理模块

该模块负责称为“需求发现与创建”的信息需求。客户关系管理系列产品通过提供一整套自动化和分析工具使销售与市场营销人员发挥最大效率，这些工具具备多渠道的执行能力。同时，它还提供了与运营和财务模块的无缝集成。此外，客户关系管理还提供能够处理合同和现场服务的“服务”套件。

2）Oracle 制造和供应链管理模块

该系列产品负责管理称为“传达设计、物料和服务需求”的信息需求。Oracle 制造和供应链管理应用程序支持可连接所有客户、供应商、生产设施、仓库、分销商、承运人以及其他互联网商务合作伙伴的高效与灵活的供应链。

3）Oracle 财务管理模块

该系列产品负责称为“资金”的信息需求。Oracle 财务是一个全面的财务管理解决方案，可以支持财务核算、项目管理、现金和财务管理以及资产管理。它还提供了可以协助进行战略规划的模块。

这三种产品系列共享一个数据模块。由于这些应用程序系列之间存在共同的数据模块，所以避免了数据重复。例如，如果在 Oracle 库存模块中定义一个项目，就可以在客户关系管理或财务管理系统中使用该项目；或者，在 Oracle 财务管理模块中定义一些账户，就可以在 Oracle CRM 模块中使用这些账户。除了这种直接的数据共享外，Oracle 还提供了几个基于表和基于程序的接口，用于与第三方和遗留系统的集成。

4）企业间协作模块

尽管 Oracle 应用系统使用“多组织”功能支持多个公司的运营，但它仍然只是一个单一企业的解决方案。为了支持多个企业的协作需要，Oracle 已经建立了产品的交换套件。

（1）Oracle 交换市场模块。Oracle 交换市场模块是一个全球性的在线市场，交易伙伴可以在这个市场上实时购买和出售任何类型的商品与服务。交易的范围很广泛，从预配置的生产货物的复杂交易到常用物品的高速重复性采购。

（2）Oracle 产品开发交换模块。Oracle 产品开发交换模块提供了一个基于互联网的安全协作式的产品开发环境，并利用互联网的功能将一个产品从概念形成到产品退化整个过程中所需要的产品、计划、人员和说明文档信息都同步到一个单一的中心枢纽。产品设计者、购买者、制造者、供应商、服务代表及客户可以共同解决问题，形成新的思想，并发现节约时间和金钱的方法。

（3）Oracle 供应链交换模块。Oracle 供应链交换模块是一个多企业的供应链解决方案。它为交易各方提供了一个交流、协作和计划的共同平台，从而优化供应链各个层次上的供给和需求，参与者可以共享供应和需求信息，并生成高层次、多方参与的协作计划。

5）Oracle 供应链管理云

Oracle 供应链管理云是提供基于 SaaS 和 DaaS 的云计算服务模式，提供库存管理云、物流管理云、制造管理云、订单管理云、采购管理云、产品生命周期管理云、制造数据管理云和供应链计划云等，这些功能的全面整合使 Oracle 供应链管理云有效地支持各种企业业务流程，同时，企业能够采用渐进方式实现全流程信息化。

5. 供应链管理典型软件：i2 Technologies 的供应链管理解决方案

1988 年，当时年仅 31 岁的美籍印度人 Sanjiv Sidhu 在美国得克萨斯州的达拉斯创立了 i2 科技公司。i2 一直是供应链管理软件的领导厂商之一。i2 供应链管理解决方案汇聚所有动态价值链互动流程，包括客户关系管理、供应链管理和供应商关系管理，从而帮助企业不仅可在单个企业内，还可在多个企业间进行决策流程协作。i2 在供应链管理市场的全球占有率超过 70%。

i2 供应链管理解决方案定位于企业内部和公开交易市场，注重动态价值链管理业务，强调：价值链管理必须与其他两大关键流程，即客户关系管理和供应商关系管理，连接起来；当企业间的业务流程连接起来时，企业信息可以共享；只有满足这两点，企业所有的业务流程，从产品规划到产品发货才能在企业间连接起来，并可对价值链中的不断变化做出迅速反应。

i2 供应链管理解决方案是以 TradeMatrix 为核心的。TradeMatrix 是第一个可以跨越多样化数字市场的智能电子商务协议，对购买者、销售者、设计者和服务提供者提供高质量服务。TradeMatrix 以内容（content）为核心向外辐射，延伸出供应商关系管理、供应链管理、与客户关系管理三套决策支持解决方案。TradeMatrix 可让企业改善价值链中所有关键经营流程，除了提供交易自动化的功能，更能够让使用者可在数千家供应商所提供的产品中进行搜寻和比较。TradeMatrix 平台可以整合商业伙伴、交易市场与异质系统，为决策支持、交易管理、协同合作及安全性提供了一套完整实现架构。其他功能包括网站管理、订单管理、企业流程智能化、快速优化集成、企业伙伴合作方案与市场伙伴间电子数据交换方案等。

后来 i2 将原本的 Value Chain 平台 TradeMatrix 正式更名为 Five.Two，并新增多项功能并具有高扩充性，协助企业提升企业内部的供应链管理，并可整合企业内部的企业资源计划系统，进行内部或与上下游企业进行规划、协同作业以及交易管理等工作。Five.Two 的核心产品包括 i2 供应商关系管理、i2 供应链管理、i2 客户关系管理与 i2 Content 等，采用模块化的设计，借此减少建置的成本与时间，并提供内部跨应用程序、采购管理系统与生产配销等相关解决方案。新的 Five.Two 还具有共通整合架构，以解决旧有应用程序及企业资源计划系统的兼容问题，并透过共通整合服务，让电子商务联机及抽取、转换、加载（extraction，transformation and loading，ETL），以便迅速整合独立的系统，使公司能充分利用现有的系统。另外，也支持新的 RosettaNet 通信标准与可扩展标记语言为基础的应用程序设计界面。

6. 国内软件商的供应链管理解决方案

国内供应链管理软件企业在管理理念、行业经验和资金等方面与国外软件企业有着较大的差距，产品在技术上缺乏深度，很难与国际软件巨头形成竞争，尤其在真正带来高利润和高回报的大型管理软件市场上，国内供应链管理软件厂商仅占据了一小部分市场份额。近年来，国内软件商的供应链管理解决方案也取得了长足的发展，逐渐形成了比较完善、系统的成熟产品。

（1）用友 U9 多组织协同供应链管理解决方案。用友 U9 多组织协同供应链管理解决方案面向快速发展与成长的中大型制造企业复杂应用，以“实时企业、全球商务”为核心理念，适应多组织供应链协同、多工厂制造协同、产业链协同、产品事业部和业务中心的管理模式，能支持多生产模式的混合生产与规划、多经营模式的混合管理、精益生产、全面成本、跨国财务等深度应用，具有灵活的产品架构，能帮助企业快速响应变化，支持经营、业务与管理模式的创新。

（2）金蝶 EAS 集团供应链管理解决方案。金蝶 EAS 集团供应链管理解决方案通过销售与分销、供应管理、库存管理等几大模块支撑，在集团范围内建立统一流程控制、协同作业机制，统一基础档案，统一采购政策、销售政策，帮助企业实现采购集中统一管理，降低采购成本；集中制定销售政策和价格，规范商品销售的行为；集团内部调拨和联合仓储的管理，使集团内部的整体库存进一步降低，提高现金流的利用率。金蝶 EAS 集团供应链管理解决方案使企业进一步降低生产和运营成本，提升企业客户满意度，不断提高企业的效益和利润。

案例 8.5　上海通用东岳汽车有限公司的供应链信息系统

上海通用东岳汽车有限公司是上海通用汽车有限公司、上汽集团和通用汽车（中国）分别出资 50%、25%、25%，收购原烟台车身有限公司而建成的现代化轿车生产厂，是上海通用汽车有限公司继浦东金桥之后的第二个生产基地。公司位于山东烟台经济技术开发区，规划具备冲压、车身、油漆、总装四大工艺生产能力。目前公司共有员工 1200 人，在产品规划、生产制造、零部件采购、营销网络、信息、质量体系和人力资源管理等方面与上海通用汽车资源共享、实行一体化管理。上海通用东岳汽车有限公司秉承了上海通用汽车世界一流的质量体系，生产的主要产品为赛欧系列轿车。

2004 年 12 月，上海通用东岳汽车有限公司实施的 mySAP SCM LES（LES 是 logistics execution system 的简称，是 mySAP 供应链管理解决方案的执行部分）成功上线运行。作为中国第一家在生产物流领域实施完整 SAP 供应链执行系统的整车厂，该系统的顺利实施为中国汽车厂商在供应链管理方面的信息化建设起到了重要的示范作用。

在实施 mySAP SCM LES 前，上海通用东岳汽车有限公司的物流计划部门与外部物流供应商管理的物流中心采用不同的系统进行管理。两套系统的同时使用和维护，给库存控制和计划工作带来了很大的不便，也不利于上海通用一贯倡导的“精益制造”理念的贯彻和执行。在上海通用、物流服务商和 SAP 公司咨询服务部组成的联合项目小组的努力下，终于设计并实施了一套能适应上海通用物流运作模式，并与原有 SAP 计划和采购系统紧密集成的生产物流执行系统。

在上海通用生产物流配送中心实施的 LES 解决方案，主要包括仓库管理（WMS）、包装单元管理（HUM）和发运（LE-SHP）等模块。其中，包装单元管理是 SAP 为汽车行业所开发的特殊模块，它以唯一的编号追踪每个包装物（如托盘、集装箱）在仓库内外的移动，并对其中所包含物料的收货，拆包/包装/重包装/发运等物流活动进行全方位的管理。

此次在上海通用东岳汽车有限公司成功上线的 LES 解决方案是整个上海通用生产

物流领域推广实施 LES 系统的第一期，该项目从准备、业务蓝图设计、系统实现到成功上线，共历时 5 个月。上海通用东岳汽车有限公司 LES 解决方案的成功实施为整个上海通用生产物流的信息化打造了一个集成化的平台。在整车厂成功实施的基础上，2004 年 11 月，上海通用启动了另一个项目，为在烟台刚投入试生产的动力总成厂的生产物流中心实施 LES 的解决方案，这个项目在 2005 年 1 月上线运行。

（资料来源：孙瑞亭. 上海通用东岳汽车有限公司 mySAP 供应链管理执行系统实施项目成功上线. http://tech.it168.com/erp/2008-01-19/200801192147845.shtml[2008-01-19].）

本章小结

本章首先分析了供应链中信息的主要类别以及有效信息的特征，总结了信息共享以及信息管理在供应链管理中的作用；然后介绍了供应链管理信息化中关键的支撑技术，说明了供应链信息系统的演变历程，最后阐述了供应链信息系统的功能构成，并介绍了目前主流供应链管理软件的情况。

在案例方面，首先以高露洁公司的供应链管理信息化作为引导案例，分析了供应链管理信息化对提高整条供应链竞争力的重要作用，并以此引出供应链中信息的主要内容，使用家乐新公司的案例加以佐证；然后使用神龙汽车供应链和京东电商供应链说明了供应链信息化的关键支撑技术，结合上海通用东岳汽车有限公司的案例说明了供应链信息系统的应用。最后以沃尔玛取代凯玛特成为全球零售业的霸主作为章后案例，再次明确供应链信息化建设的重要性。

➢复习思考题

（1）供应链中的信息有哪些类别？有效的信息具有哪些特征？

（2）引起供应链中“牛鞭效应”的主要原因有哪些？“牛鞭效应”会导致什么样的结果？

（3）加强供应链信息管理有哪些作用？请联系实际加以说明。

（4）供应链中使用信息技术的目标是什么？

（5）什么是电子数据交换、射频识别和物联网？简要说明它们在供应链管理中有什么作用。

（6）供应链信息系统包括哪几个功能层次？简述供应链信息系统在各层次应用的主要目的。

（7）分别例举一个国外和一个国内的供应链管理软件系统，并简述其特点。

➢案例讨论　利用信息技术，沃尔玛取代凯玛特成为全球零售业的霸主

1962 年 3 月 1 日，第一家凯玛特零售连锁店开业；同年 7 月 2 日，沃尔玛也开设了它的第一家连锁店。1970 年，凯玛特在美国零售商中排行老大，销售额是沃尔玛的 45 倍，并在此后的 20 年里保持第一。1991 年，沃尔玛以 330 亿美元的销售额取代凯玛特成为全美球零售业的霸主。2002 年，沃尔玛销售额为 2200 亿美元，居全球 500 强第 1 位，并且至今仍保持第一；凯玛特却因资不抵债正式申请破产保护。

沃尔玛是如何取代凯玛特成为全球零售业的霸主呢？

1. 信息技术与零售业务

沃尔玛的全球采购战略、配送系统、商品管理、电子数据系统、天天平价战略在业界都是可圈可点的经典案例。可以说，所有的成功都是建立在沃尔玛利用信息技术整合优势资源、信息技术战略与零售业整合的基础之上。

早在 20 世纪 60 年代中期，山姆·沃尔顿（沃尔玛的创始人）只拥有几家商店的时候，他就已经清醒地认识到：管理人员必须能够随时随地获得他所需要的数据。例如，某种商品在沃尔玛的商店里一共有多少？上周的销售量呢？昨天呢？去年呢？订购了多少商品？什么时候可以到达？在管理信息系统应用之前，这样的工作必须通过大量的人工计算与处理才能得到。因此实时控制处于任何地点商店的想法只是一个梦想而已。要在现有的基础上扩大经营规模，只有密切追踪信息处理技术的进步。

1973 年，沃尔玛已在其 64 个商店中的 22 个商店使用了计算机订货系统。该系统可以通过电话线订货，大大加快了订货速度。1974 年，开始在其配送中心和各家商店运用计算机进行库存控制。1977 年，沃尔玛安装完成了它的第一套真正的计算机网络系统。它不仅把商店与总部连接起来，使销售数据以更快捷的速度反馈到沃尔顿和经理那里，还把商店和配送中心连接起来，这样，订单的发送与按订单交货都更快了。从这个时起，改进就从未停止过。到 1979 年，沃尔玛能够收集到比其他任何规模超过自己的竞争对手更多种类的有关销售和订单的数据，而且更重要的是，通过处理这些数据，沃尔玛有关各方可以迅速得到所需的货品层面数据、观察销售趋势、存货水平和订购信息甚至更多。

克雷思哲公司（凯玛特的前身）早在 20 世纪 60 年代末也曾对使用计算机订货和跟踪存货目录进行过一些尝试，但到了 1973 年，仍然还在用它那套过时的系统，即让公司的 673 个凯玛特商店中的每个商店经理把订货簿手写填上，然后每天以发货清单的形式寄往总部。每天有 4 万多份单子，都通过人工整理好后寄给供货商。订货可能会花几星期，甚至几个月。有几位经理建议采用计算机订货系统，但凯玛特的首席执行官杜瓦不喜欢把几百万美元花在一种他认为是实验的想法上，作为一种抚慰，他同意购买两台微型计算机放在两个凯玛特商店进行尝试，但这种尝试实际上毫无意义，因为即使他们把发货清单录入磁盘，也不能传递出去，他们仍然是每天把磁盘寄出去，这与写在纸上的发货清单也没有什么两样。1976 年，已拥有 1206 个凯玛特商店的克雷思哲又做了另一个小小的尝试：利用计算机技术从总部把订单发给几个最大的供货商。几位经理又一次意识到提高效率和节约进货开支的潜力，大嚷着要把整个订货系统计算机化。但是，杜瓦还是支持了销售经理的意见，他们坚持说用手工填写订货簿和寄送发货清单挺好，并且计算机确实太贵了。即便如此，克雷思哲还是顺利走过了 70 年代的大部分岁月。1977 年，公司正式改名为凯玛特公司。到 1978 年，凯玛特老式的纸制发货清单订货系统变得越来越笨拙，杜瓦终于同意在凯玛特店逐渐安装起终端计算机，每天晚上可以把订货单和其他的数据传送回总部。

然而，这套系统几乎花了四年时间才全部投入运行，而且，这套系统简直太小了，也来得太迟了。到 1982 年末，这场技术革新最终得以全面开展，凯玛特给所有 2370 家商店都配备了计算机和手持式扫描仪，这些扫描仪可以读取货架上的标签，使商店经理以前用一天半时间进行的盘点存货和添购商品的工作现在一个半小时就可以完成。但是，凯玛特还缺少另一项重要的技术：收款机。这些收款机可以把卖出的每件商品的销售标签信息扫描收集起来，并自动反馈给公司总部的采购员。杜瓦一直不舍得花这笔钱。

早在1978年，沃尔玛的商店就安装了这些收款机。沃尔顿对此类技术的果断采用，促使沃尔玛在跟踪商品、添购货物和控制库存方面变得比凯玛特更有效率。1983年，沃尔玛的整个连锁商店系统都用上条形码扫描系统。1984年，沃尔马开发了一套市场营销管理软件系统，这套系统可以使每家商店按照自身的市场环境和销售类型制订出相应的营销产品组合。在信息技术的支持下，沃尔玛能够以最低的成本、最优质的服务、最快速的管理反应进行全球运作。1985～1987年，沃尔玛安装了公司专用的卫星通信系统，该系统的应用使总部、分销中心和各商店之间可以实现双向的声音和数据传输，全球的沃尔玛分店也都能够通过自己的终端与总部进行实时的联系。这一切的优势都来自于沃尔玛积极地应用最新的技术成果。通过采用最新的信息技术，员工可以更有效地做好工作，更好地做出决策以提高生产率和降低成本。

2. 竞争优势

的确太糟糕了，谈论零售业的高技术方面使凯玛特的经理一个个目光呆滞，因为前数字时代的经理竭力要忽视的，将是20世纪80年代和90年代最至关重要的发展之一。零售业又一次被重新塑造。这次是使用计算机从堆积如山的数据中进行收集、筛选，然后借助电话线，之后是卫星传递数据，并用一张巨型大网将商店、采购员、库房和制造厂商连接起来。

这是一个正在持续进行中的变革。到20世纪90年代，零售商已经能够跟踪人们特有的购物方式了。借助于准时制配货系统，零售商正在采用自动化系统来取代传统的库房仓储，在这种系统中，来自工厂卡车上的货物被当场分拆并重新组合和打包，装上另外一些卡车运往商店，中间几乎没有停顿（理想情况下）。

新技术的应用为沃尔玛的领先发挥了决定性作用。到1980年，当凯玛特还在苦苦挣扎着跟踪一管牙膏是什么时候卖的以及卖了多少钱时，当有些凯玛特的店员还在用手填写订货单时，沃尔玛的信息系统正在做凯玛特的经理甚至做梦也想不到的事情。

1983年，沃尔玛在25个商店里使用了统一产品编码（EAN-13商品条形码）扫描仪，并与订货系统连接在一起，这套订货系统连接着本顿威尔总部、配送中心，接着与厂商连接起来。这样，从厂家到收银台的全部发售过程中，不论任何时间，对于货物在哪里、发售的速度多快，都一览无余。他们可以轻而易举地天天跟踪任何一件商品卖的有多快或多慢，并在各地区之间进行比较。在进行实验性销售时，他们可以把同样的商品在不同的商店里以不同的方式摆放，然后很快命令所有的商店采用效果最好的那一种。所有这些也意味着沃尔玛手头仅需保有较少的存货（所占资金也同时减少），因为它可以更快地添购货物，同时对何时到货也更有把握。

拥有更多且适销对路的商品，大大促进了销售，并且削减了成本。到1983年，很大程度上因为它的信息系统及其应用方式，沃尔玛获得了巨大的成本优势——每1美元的销售额的配送成本不到2美分，而凯玛特为5美分（零售业的平均水平）。这意味着除去其他开支以外，沃尔玛的商品可以比凯玛特便宜3%而仍然享受同样的利润率。

沃尔玛也正在利用计算机进行资金流动、银行事务、工作时间和占销售百分比的人工成本的监控。经理正在分析研究，怎样排定工人们的工作时间才能避免空闲——这是趋向雇用更多临时工和兼职工的开始。

到 1988 年，沃尔玛拥有全国最大的私有卫星通信网络。沃尔玛甚至在卡车上也安装发射机，这样，司机每 15 分钟就可以向总部汇报他们所在的确切地点。采用这种方式后，如果一辆卡车不能按时到达，沃尔玛店的全体人员就不会在装卸地点浪费时间等候了。这样的高效率帮助沃尔玛在 1988 年达到了人均销售额 10.3 万美元，而凯玛特则只有 8.2 万美元。

3. 持续领先

沃尔玛在应用新技术的领先对它的成功起了决定性作用。可以说，沃尔玛的所有成功都是建立在利用信息技术整合优势资源、信息技术战略与零售业整合的基础之上的。而基于强大的信息化基础设施，从传输销售数据到共建协同的计划、预测与补货流程，再到全球数据同步，沃尔玛与宝洁的合作创立了不少供应链协同合作的经典案例。

最初，沃尔玛与宝洁的沟通只停留在宝洁的销售与沃尔玛的采购之间的买卖关系上，双方都只是关注自己内部的业务。山姆·沃尔顿与宝洁的副总裁路·普立特切特多年前在辛辛那提小河上一起泛舟时共同提出：从源头到终端分析供应链，建立合作伙伴关系，双方发展简单而高效的由工厂至消费者的物流储运体系。由此，双方展开了深入合作。

首先，为降低营销成本，沃尔玛和宝洁建立合作联盟，由两个公司不同职能部门的 12 人小组一起开发出一套复杂的电子数据交换连接系统。通过该系统，宝洁可以源源不断地收集沃尔玛各店中其产品的销售数据，并据此将适量的宝洁产品及时地从工厂送到商店。

之后，宝洁大胆地取消了销售部，设立了客户生意发展部，将财务、IT、物流、市场等多个部门从后方支持部门改变为一线部门，与零售战略伙伴结成多部门的合作。原先沃尔玛和宝洁只在销售环节对接，财务、IT 等均作为后台隐于其后；而信息共享之后，双方实现了全方位对接。

然后，在持续补货的基础上，沃尔玛和宝洁合力启动了协同规划、预测与补货流程。它让双方从共同的商业计划开始，到市场推广、销售预测、订单预测，再到最后对市场活动的评估总结，构成一个可持续提高的循环。流程实施的结果是使双方的经营成本和库存水平都大大降低，沃尔玛分店中的宝洁产品利润增长了 48%，存货接近于零；而宝洁在沃尔玛的销售收入和利润也大幅增长了 50%以上。

接着，双方开始试点使用 UCCnet，通过使用 HTTP 和 AS2 等网络协议共享信息。宝洁将自己的产品数据，包括公司的内部产品号码、通用产品码、零件号码目录、量度单位等数据都发布到 UCCnet 上，然后沃尔玛就可以接受这些数据并根据驻留在他们内部系统的数据进行验证。一旦通过验证，这些数据就被认为是同步的。

后来，通过电子产品编码，宝洁第一个与沃尔玛开始了它的射频识别技术标签测试。对宝洁来说，提议使用射频识别技术的价值是在零售商的货架上摆有更多它的产品，同时减少劳动力和存货费用。不久之后，沃尔玛与宝洁实现了全球的数据同步。

沃尔玛与宝洁合作方式的改变导致两家公司的关系发生了改变，两家建立了长期稳定的合作伙伴关系，由输-赢的博弈关系变成了力促双方成本下降、收益增加的双赢关系。沃尔玛和宝洁的成功正是运用供应链管理降低了企业整体的成本，为其实施物美价廉的销售策略提供了保障。

（资料来源：姚贤涛. 沃尔玛利用信息技术成全其零售业霸主地位. http://www.yesky.com/20020405/1605589_2.shtml[2002-04-05].）

问题讨论

（1）沃尔玛的供应链管理中使用了哪些信息化技术？发挥了怎样的作用？

（2）信息技术在沃尔玛和宝洁的合作中发挥了怎样的作用？

第9章 供应链管理的新发展

➢引导案例：宝洁与仁宝电脑供应链管理模式变革的启示

1. 宝洁的敏捷供应链

2003年4月“非典”爆发时，对那些生产清洁和防护用品的厂商来说，主旋律是“供不应求”，而到6月当疫情逐步趋于稳定时，很多厂商不再是喜上眉梢了，而是忙于处理堆积如山的库存。与此形成鲜明对比的是宝洁生产的舒肤佳香皂，由于宝洁备有供应链应急分析系统，所以即使在“非典”爆发时在其他同类产品相继断档的情况下，它还能保证当时疫情重灾区北京地区的供应，而且在“非典”过后宝洁也能够迅速调整产能，没有发生库存过剩的情况。传统上在制造业领域大家都在通过诸如“零库存”、适时供应等所谓“精益生产”管理理念来提高竞争力，而当今快速变换市场环境下，低价格不再是保持公司竞争力主要手段了，至少不是最重要的手段了。如何迅速响应客户的需求使之转化为商机，为公司销售收入和利润作出贡献，将变得越来越重要。供应链管理不再仅是生产运营人员用来提高制造效率、削减成本的工具，它同时也成为市场营销人员在产品同质化价格竞争越来越激烈的环境里，用来区别于其他竞争对手的有力武器。“敏捷供应链”为此提供了实现的手段。

2. 仁宝电脑的绿色供应链

对于大部分企业，绿色供应链至今还只是一个概念，但是在仁宝电脑工业股份有限公司（简称“仁宝电脑”），绿色供应链项目早在2004年就已经启动了。2003年1月，欧盟议会和欧盟理事会通过RoHS（电子信息产品污染控制管理办法）法规。该法规规定，2006年7月1日以后，投放欧盟市场的电气和电子产品中，不得含有铅、汞、镉等6种有害物质。该指令涉及大型家用器具、小型家用器具、IT和远程通信设备、视听设备、照明设备、电气和电工工具、玩具及体育运动设备、自动售货机等8类机电产品，称为有史以来最严厉的机电产品环保法规。对于仁宝电脑这样的ODM/OEM（原始设计制造商/原始设备制造商）来讲，必须保证全部产品都符合RoHS法规的要求，否则在2006年7月1日以后，其产品就根本无法进入欧洲市场。于是，仁宝电脑决定正式推动和建立绿色供应链管理体系，以确保顺利通过RoHS法规的苛刻要求。

虽然仁宝电脑一直对供应链管理格外重视，但是在构建绿色供应链管理体系时，仍然遇到了很多挑战。绿色供应链和传统的供应链有很大的不同，较之一般供应链起始于原物料供货商、终止于使用者，绿色供应链则是一种在整个供应链中不仅考虑资源运用效率，而且考虑综合制造及产品对环境的影响的现代管理模式。仁宝电脑通过绿色供应链管理，不仅生产出合乎环保法规要求的产品，而且其在推动绿色供应链方面的努力也增加了客户的认可，如果仁宝电脑当初不投入，如今将无法竞争。可以预见，随着越来越多环保法规的出台，绿色 IT 终将会成为企业不得不付诸行动的紧迫任务。

（资料来源：石鹏. 戴尔、思科、沃尔玛一致的灵魂：敏捷供应链. http: //tech.sina.com.cn/it/2004-05-20/0908364414.shtml[2004-05-20]；吴以四. 仁宝电脑建立绿色供应链始末. http: //www.cioage.com/art/200806/71943_1.htm[2008-06-27].）

什么是敏捷供应链？什么是绿色供应链？如何有效地开展敏捷供应链管理及绿色供应链管理？随着供应链管理理念的强化和发展，为了应对当前激烈的市场竞争，出现了一些什么样的供应链管理新趋势？

9.1 敏捷供应链

传统的刚性供应链无法满足大规模定制环境下快速和低成本响应客户多样化与个性化的需求，面向大规模定制的供应链不仅应该是精良的，而且更应该是敏捷的，针对上述问题，出现了敏捷供应链管理模式。本节简要介绍敏捷供应链的概念、敏捷供应链管理的概念和原则、敏捷供应链管理的优势。

9.1.1 敏捷供应链的概念

敏捷供应链（agile supply chain，ASC）可以认为是在竞争、合作、动态的市场环境中，由若干供方、需方等实体（自主、半自主或从属）构成的快速响应环境变化的动态供需网络。实体是指参与供应链的企业、企业内部业务相对独立的部门或个人。具有自主决策权的实体称为自主实体，具有部分决策权的实体称为半自主实体，没有自主决策权的实体称为从属实体。供方与需方可以是各类供应商、制造商、分销商和最终用户。“动态”反映为适应市场变化而进行的供需关系的重构过程。“敏捷”用于强调供应链对市场变化及用户需求的快速响应能力。

供应链要想达到真正的敏捷，必须具有以下特征。

（1）市场灵敏性。敏捷供应链要具有市场灵敏性，市场灵敏性是指供应链具有了解和响应市场真实需求的能力。目前大部分企业是预测驱动型而不是需求驱动型。由于不能直接获取市场上客户的需求信息，便只能根据以往的销售情况预测生产计划，最后的预测产品再存入库房，从而造成大量库存资金积压。而目前，信息技术的应用已使企业可以直接获得销售点和客户的需求信息，从而提高了企业的市场响应力，即已经具有使供应链达到敏捷性的条件。

（2）虚拟性。应用信息技术在需方和供方之间共享信息，使供应链实质上成为虚拟供应链。虚拟供应链是基于信息的，而不是基于库存的。以“信息”代替“库存”可以大大降低库存水平。

（3）过程集成。供应链合作伙伴之间的信息共享只能通过过程集成来进行平衡。过程集成就是指需方与供方之间协同工作、联合进行产品开发、共用系统以及信息共享。随着企业越来越注重自己的核心竞争力，而把其他活动业务外包给合作企业，在供应链合作伙伴之间进行合作变得越来越普遍。在这种新的环境下，合作伙伴的可靠性就变得很重要，因此就需要一种新型的关系。通过运用过程集成，又产生了联合战略决策、需方-供方团队、信息透明甚至账簿的公开等，这些都是实现供应链敏捷性的新型有效策略。

（4）基于网络。敏捷供应链使供应链合作伙伴形成一种网络联盟，提高了完成任务的敏捷性。现在的企业越来越意识到，作为单独的个体已不具有竞争力，应该加入供应链中。现在已进入“网络化竞争”时期，只有与网络联盟中的合作伙伴协调运作，才能获得更多的利益，只有合理地综合运用网络伙伴的能力，才能增强响应市场需求的敏捷性。

9.1.2　敏捷供应链管理的概念和原则

1. 敏捷供应链管理的概念

敏捷供应链管理是对敏捷供应链中的物流、信息流、资金流进行合理的计划、协调、调度与控制，实现在正确的时间、正确的地点、将正确的产品或服务按照正确的数量交给正确的交易对象的目标。

“正确的时间”指的是企业应该根据市场和需求情况，决定何时生产和提供何种产品或服务。如果过早就会增加库存压力、成本费用和市场风险；如果晚了就会招致延期罚款，甚至丧失市场机会。

“正确的地点”指的是在开始启动产品或服务项目时就应充分考虑到各种环境因素，特别是物流网络的选择和配置。

“正确的产品或服务”指的是符合市场需求、满足消费者需要的产品或服务。这就要求企业应该有灵通便捷的市场信息渠道，及时了解市场的供求信息，不断开发满足消费者需求的新产品或服务。否则，企业的技术、效率、投入等都无法转化为效益。同时，产品或服务应具有适当的质量指标，如果达不到规定的质量指标，产品或服务就不会符合市场的要求，也就不能满足客户的需要；如果超过了规定的质量指标，那么过剩质量就不会充分发挥其作用，造成资源浪费。

“正确的数量”指的是基于确定的订单，为客户提供适量的产品或服务。

“正确的交易对象”指的是对产品或服务有真实需求的客户。

2. 敏捷供应链管理的基本原则

为了克服传统的刚性供应链的局限性，实现供应链的敏捷性，敏捷供应链管理要遵循以下五条基本原则。

（1）系统性原则。敏捷供应链作为一种新的管理思想与方法，是对参与供应链中的相关实体之间的物流、信息流和资金流进行计划、协调、调度与控制，提高供应链中所有相关过程的运作效率和所有环节的确定性，在最大化整体效益的前提下，实现各实体或局部效益的最大化。因此，必须坚持系统性原则，将供应链看成一个有机联系的整体，运用系统工程的理论、技术与方法，管理与优化供应链中的物流、信息流、资金流，达到整体效率以及效益提高、成本降低、资源配置合理的目标。

（2）信息共享性原则。在敏捷供应链管理中，对物流及资金流进行有效的管理与控制依赖于准确、及时的相关信息。只有基于准确、及时的信息才能预见并降低供应链中各环节的不确定性，提高各环节的运作效率，发挥信息在物流、资金流中的缓冲作用，用信息的有效利用换取物料、资金等物理资源的低耗，提高供应链系统对客户及市场变化的敏捷性。信息的产生、传递、加工处理及利用散布于供应链的各个环节，必须对必要的信息进行适当范围内的交换与共享，才能将正确的信息在正确的时间被正确的对象所利用，坚持信息共享性原则是实现敏捷供应链管理目标的重要基础。

（3）敏捷性原则。敏捷供应链处于竞争、合作、动态的市场环境之中，不可预测性是当今市场的主要特征之一。快速响应市场的变化，既是敏捷供应链管理的目标之一，也是企业或企业联盟赢得市场竞争的目标之一。因此，必须坚持敏捷性原则，从供应链的结构、管理与运作方式、相关过程的运作、组织机制等方面提高供应链的敏捷性。

（4）利益协调性原则。企业或企业联盟的各种行为都是围绕企业或企业联盟价值最大化这一最终目标展开的。敏捷供应链管理的内在机制在于各成员利益的协调一致，如果没有共赢的利益协调机制，就会使参与实体的目标背离整个供应链目标。因此，必须坚持利益协调性原则，根据相关实体的产品特征、资源状况、信誉等级、核心竞争力等因素，在实体间建立适当的供需协作关系，明确各自的责任、义务与利益，使供应链中的相关实体在共赢的利益基础上，平等合作，取长补短，互惠互利。

（5）组织虚拟性原则。由于市场的变化和不可预测性，敏捷供应链的重要特征之一就是供需过程不断重构的动态性。为了对敏捷供应链实施有效的管理，客观上要求支撑敏捷供应链有效运作的企业组织机构具有灵活的动态性。另外，先进制造技术、流通领域新型的经营管理模式及信息技术的发展赋予了企业组织机构虚拟化的趋势，因此，必须坚持组织虚拟性原则，根据市场的需要，及时对企业组织机构进行适应敏捷供应链管理需求的调整或重组。

9.1.3 敏捷供应链管理的优势

采用敏捷供应链管理，较之采用传统的供应链有以下几个显著优势。

（1）更高的敏捷性。敏捷供应链的本质是快速、有效响应动态市场环境的敏捷性。为了及时满足客户需求，传统供应链一直以来采用的就是在供应链上建立较大的库存。但是这种办法由于响应速度缓慢，已不能满足动态市场环境。敏捷供应链的一个关键特征就是提前期的缩短，快速响应市场的变化是敏捷供应链管理的目标。种种迹象表明，采用敏捷供应链管理代替传统的供应链管理，可以提高满足个性化需求的敏捷性，可以实现快速满足客户个性化需求的目标。

（2）更高的柔性。面对市场需求的多样性、不可预测性和动态性，为了实现较高的客户满意度，要求供应链具有更高的柔性。敏捷供应链管理可以实现对整个供需过程的不断重构，同时，采用先进制造技术、流通领域新型的经营管理模式及信息技术又赋予了敏捷供应链管理组织虚拟化的特征，敏捷供应链管理可以及时根据市场需求对组织进行调整和重组。敏捷供应链管理是一种具有更高的柔性的供应链管理模式，它可以在必要的时候对整个供应链进行重构。因此，采用敏捷供应链管理模式，可以满足市场对供应链柔性的需求，实现及时满足多变的个性化需求的目标。

（3）市场敏感性。面对个性化的市场需求，对市场真实需求的获取能力对企业来说至关重要。在敏捷供应链中，随着快速响应/有效消费者响应的大量应用，以及通过信息技术直接从销售点或应用点来获取需求数据，企业直接获取市场信息并快速响应的能力得到了很大的改善，即敏捷供应链管理具有很强的市场敏感性。采用敏捷供应链管理，可以保障企业及时获取真实的市场需求信息。

案例 9.1　美国克莱斯勒机车制造商的敏捷供应链管理

克莱斯勒汽车公司创立于 1925 年，是美国第三大汽车公司，公司总部设在美国底特律。进入 20 世纪 90 年代后，因日本汽车公司的进攻，克莱斯勒陷入了困境，在汽车行业的排名一降再降，甚至降到日产美国分公司（美国市场）之下。作为美国主要的货车、轿车、卡车、吉普制造商，克莱斯勒在运营上正面临巨大挑战。虽然克莱斯勒已经为商业伙伴提供了远程登录服务，以使他们能够下载自己需要的数据和应用，但大部分沟通还是要依靠邮件、传真和电话。

为打破沟通上的瓶颈，克莱斯勒迫切需要建立一套供应链管理系统，能让自己与两万多家零件及技术提供商随时随地共享关键应用和商业信息。

克莱斯勒知道，要实现这一目标，用互联网来传输要求时效性的关键数据和应用，是再合适不过了。在 IBM 帮助下，克莱斯勒开发了供应伙伴信息网。这是一个构建在 Intranet 上的供应链管理系统，同时支持经由互联网发送信息，它在一定程度上可以说是敏捷供应链系统。在投入运行的第一年，供应伙伴信息网就将克莱斯勒的生产力提高了 20%，并极大降低了运营成本。

有了供应伙伴信息网，克莱斯勒就能随时通过互联网传递各种应用和信息。让产品供应商、零件供应商都能随时共享有关产品开发、配件运送的最新进度。目前，供应伙伴信息网已有 3500 家注册用户，超过 12 000 个使用者。他们可以随时登录并获取各种业务信息，如克莱斯勒电子数据交换指南、QS9000 认证方法和程序。同时他们还可以登录动态数据库应用，以获取各种实时的商业信息，如采购分析、策略评估等。

克莱斯勒电子交易总监 John Kay 说："能够让外部供应商与克莱斯勒内部人员同步共享关键的生产信息，实在是一个巨大的竞争优势。"现在，克莱斯勒的零件质量供应系统可以从设计、采购直到供货的全过程进行追踪，如果有任何零件发现异状，其信息马上就能上网公布，通知所有相关人员着手解决，令克莱斯勒与供应商的时间和金钱成本都大幅下降。

（资料来源：佚名. 克莱斯勒建敏捷供应链. http: //www.isoyes.com/sxi6sigma/2510.html[2009-10-17].）

9.2 面向资源和环境的供应链管理

人类社会在飞速发展的同时也带来了资源枯竭、环境严重污染、生态失衡等问题，这些问题使人类社会的可持续发展受到严重威胁。工业化发展正处于两难境地，如何在有限的资源约束下创造出尽可能多的社会和企业价值，成为大家共同关心的问题。因而，将提高企业经济效益与环境保护、资源利用和生态平衡有机地统一起来，探寻面向资源和环境的供应链管理，促进企业和社会的可持续发展，是一个非常重要的课题。本节对绿色供应链、逆向供应链和闭环供应链进行简要介绍。

9.2.1 绿色供应链

1. 绿色供应链的概念

绿色供应链（green supply chain，GSC）及绿色供应链管理提出的时间较短，直到20世纪90年代中期才开始研究，因此没有形成一个完整的概念体系。1996年美国国家科学基金资助密歇根州立大学的制造研究协会进行了一项“环境负责制造”研究，该项目组提出了绿色供应链的概念。S. V. Walton等（1998）认为绿色供应链管理就是将供应商加入企业的环境战略中，其核心思想是将集成管理的思想应用到绿色供应链的领域中。M. H. Nagel（2000）认为环境意识是供应链管理的一种从客户到直接供应商的长期的战略驱使过程，主要集中在激发供应链中环境友好的技术创新，有效的成本节约，在客户与供应商中建立起环境保护的意识平台进而实现在供应链内保持长期的战略关系，绿色供应链的管理涉及产品的使用、组成以及生产的全过程。M. H. Nagel在原有供应链思想的基础上强调环境保护的意识，并且要求在供应链内达成一种长期稳定的战略关系，同时强调技术支持在绿色供应链运营过程中的关键性作用，这两点是M. H. Nagel认为绿色供应链区别于传统供应链的主要特征。

绿色供应链是一种在整个供应链中综合考虑环境影响和资源效率的现代管理模式，它以绿色制造理论和供应链管理技术为基础，涉及供应商、生产厂、销售商和用户，其目的是使产品从物料获取、加工、包装、仓储、运输、使用到报废处理的整个过程中，对环境的影响（负作用）最小，资源效率最高。

绿色供应链具有不同于传统供应链的内涵，具体体现为以下几点。

（1）绿色供应链运营的目标是资源的最优配置、增进福利以及实现与环境相容。三者是相互协调、相互关联的：如果资源得不到最优配置则供应链内的供应商、制造商与销售商等生产系统的成员利益得不到保障，其要素的收益必然低于从事传统供应链内业务的回报率，因而没有动机从事与“与环境相容”的活动；福利的增进是保证消费者购买产品的基本要素，如果不能实现在消费过程中与消费后其福利能得到增进，则供应链所提供的产品没有办法实现其价值，链的活动出现断链的现象；与环境相容是任何活动得以持续的基础。

（2）从系统的构成来看，其成员较传统供应链要广。绿色供应链不仅包括传统供应链内的成员，还包括环境系统、政府与国际组织的规制以及供应链运营时其所处的文化环境、价值观等因素。因此从这一点来看，我们可以将绿色供应链划分为四个子系统：生产系统、消费系统、环境系统与社会系统，这一点在接下来的绿色供应链管理的基本原理中有较为深入的分析与说明。而传统的供应链组成更多的是强调生产系统。

（3）绿色供应链的运营是建立在物流、信息流、资金流、知识流运动的基础上的。与传统供应链不同的是，知识流成为绿色供应链的重要组成，其根本原因在于要实现供应链内成员的活动与环境友好的目标，没有相应的技术与知识作为支持是不可能实现的，因此相对于传统供应链来说，绿色供应链更加强调供应链内的知识活动。

2. 绿色供应链管理的内容

绿色供应链从社会和企业的可持续发展出发，引入全新的设计思想，对产品从原材料购买、生产、消费，直到废料回收再利用的整个供应链进行生态设计，通过链中各企业内部相关部门和各企业之间的紧密合作，使整条供应链在环境管理方面协调统一，达到系统环境最优化。一般来说，绿色供应链管理的内容涉及以下几个方面。

1）绿色设计

绿色设计（green design）又称面向环境的设计、生态设计。绿色设计是指在产品及其生命周期全过程的设计中，充分考虑对资源和环境的影响，使产品及其制造过程对环境的总体影响和资源消耗减到最小。绿色设计从可持续发展的高度审视产品的整个生命周期，并将3R（reduce，reuse，recycling）直接引入产品开发阶段，着重于产品设计的标准化、模块化、可拆卸和可回收，提倡无废物设计。

绿色设计是一种综合了面向对象技术、并行工程和生命周期设计等的发展中的设计方法，它扩大了产品的生命周期。传统的生命周期是"从产品的生产到投入使用为止"，而绿色设计将产品的生命周期延伸到"产品使用结束后的回收再利用及处理"。

2）绿色材料的选择

绿色材料的选择要求尽可能选用对生态环境影响小的材料，即选用绿色材料（green material）。目前，绿色材料是指具有良好使用性能并在制造、加工、使用乃至报废后回收处理的全生命周期过程中能耗少、资源利用率高、对环境无污染且易回收处理的材料。绿色材料的主要概念包括材料本身的先进性（优质的、生产能耗低的材料）、生产过程的安全性（低噪声、无污染）、材料使用的合理性（节省的、可回收的）以及符合现代工程学的要求等。绿色材料选择要求把环保因素及材料的工程性质（性能、可制造性、可靠性、可维修性等）共同作为选材的目标，使产品既具有优良的预定功能，又有利于保护生态环境。

3）绿色生产

大量的研究和实践表明，产品制造过程的工艺方案不一样，物料和能源的消耗不一样，对环境的影响也不一样。绿色生产就是要根据制造系统的实际，尽量规划和采用物料及能源消耗少、废弃物少、对环境污染小的工艺方案与工艺路线，要求生产过程所有活动均按ISO14000标准生产。它意味着对生产过程、产品及服务持续运用整体预防的环境战略，以期提高生产效率，减少或降低人类和环境的风险。绿色生产过程要求供应链企业在生产过程中对环境无污染或减少污染，对于生产过程，绿色生产意味着节约原材料和能源，取消有毒原材料，在生产过程排放废物之前减少和降低废物的数量与毒性。

4）绿色包装

产品包装对环境影响很大。生活垃圾中大部分是产品包装物，这一事实足以说明包装物对我们的环境产生了怎样的影响，包装物的绿色化是实施绿色供应链管理的重要组成部分。所谓绿色包装，就是指在商品包装设计和实施过程中突出考虑了环境保护问题的包装。循环经济理论认为只有减少资源的使用量才是真正从源头减小对环境的压力，因为再使用、再循环过程中资源并不能完全恢复到原来的状态，而且也要消耗能源。所以供应链企业应该在减少产品的包装上进行协商，适度的包装不仅有助于供应商降低成本，也减少了采购商的拆装和处理包装物垃圾的费用。

5）绿色营销

绿色营销即供应链企业在市场调查、产品研制、产品定价、促销活动等整个营销过程中，都以维持生态平衡、重视环保的绿色理论为指导，使企业的发展与消费者和社会的利益相一致。绿色营销要求将绿色管理思想贯穿于整个营销过程，它作为市场营销发展的新阶段，代表一种以可持续发展为指导思想，照顾生态层面的新的营销思维方式和操作方式。绿色营销包括许多具体内容：一是收集绿色信息，绿色信息是企业实施绿色营销的重要依据；二是研究绿色产品，除对绿色产品设计材料的选择、产品结构、功能、制造过程的确定进行研究，还要考虑包装与运输方式、产品的使用及产品废弃物的处理等对环境的影响；三是重视绿色促销。除此之外，企业还应做好绿色营销渠道和绿色定价等相关组织要素。

6）绿色消费

绿色消费又称可持续消费，其主要包括三个方面的内容：消费无污染的产品，消费过程中尽量避免对环境造成污染，自觉抵制和不消费那些破坏环境的产品。产品生产的最终目的是满足用户的消费，因此，企业在生产活动中，必须了解消费者对绿色消费的态度，引导消费者进行绿色消费，从而提高企业的形象，增加用户对其产品的忠诚度。

7）绿色回收

绿色回收是生态消费的最后环节。产品生命周期结束之后，若不回收处理，将造成资源浪费并导致环境污染。产品生命周期结束之后可以有多种不同的处理方案，各种方案的处理成本和回收价值并不相同，绿色产品回收就是考虑产品及零部件的回收，处理成本与回收价值，以最少的成本代价，获得最高的回收价值。

3. 实现绿色供应链管理的基本途径

（1）加强企业内部管理。企业在决定实施绿色供应链管理时，应仔细分析自身的状况，要从承载能力和实际出发，既能解决企业急需的问题，又能以较快见效的环节作为突破口，明确认识实施目标，确保成功。加强企业内部管理，重新思考、设计和改变在旧的环境下形成的按职能部门进行运作与考核的机制，有效地建立跨越职能部门的业务流程，减少生产过程中的资源浪费、节约能源和减少环境污染。同时要强化企业领导和员工的环境意识，企业高层领导转变观念，积极地把经济目标、环境目标和社会目标恰如其分地同供应链联系在一起考虑，提高员工的环境认识。其次要实施绿色采购，尽量根据企业的需求，采购原材料和零部件，减少原材料和零部件库存量，对有害材料，尽量寻找替代物，对企业的多余设备和材料要充分利用。

（2）加强供应商的环境管理。绿色供应过程对供应商提出了更高的要求。首先，要根据制造商本身的资源与能力、战略目标对评价指标加以适当调整，设置的指标要能充分反映制造商的战略意图。其次，强调供应商与制造商在企业文化与经营理念上对环境保护的认同，这是实现供应链成员间战略伙伴关系形成的基础。再次，供应链成员应具有可持续的竞争力与创新能力。最后，在供应商之间具有可比性，这样有利于在多个潜在的供应商之间择优比较。

（3）加强用户环境消费意识。发展绿色消费可以从消费终端减少消费行为对环境的破坏，遏制生产者粗放式的经营，从而有利于实现我国社会经济可持续发展的目标。同时，发展绿色消费不仅可以从优质无污染的消费对象来改善人们的消费质量，促进身体健康，而且在消费过程中通过观念的转化、行为的转变，提高广大群众对环保、绿色消费与可持续发展的认识。

（4）加强政府部门的环境执法。由于一个企业的技术水平和资金是相对有限的，所以需要全社会的力量参与环境管理。政府部门广泛深入地宣传环保，既向各企业决策者宣传绿色市场营销观念，又向广大消费者宣传生态环境的重要意义，针对不同对象，采取不同方式进行教育培训。

综上所述，实施绿色供应链管理任重道远。从宏观上讲，“绿色”供应链管理的建立有待于环境保护法律法规的制定和完善，需要发挥政府相关职能部门的监督协调职能，消除地方保护主义的影响，培养消费者的绿色消费意识。从微观上讲，企业应逐步提高环境意识；加强和建立企业间的合作与战略信任关系；进一步完善企业管理制度，提高信息技术的应用水平，加大对环保方面的物质、人力投入；投资上要合理预算，发挥优势，不必面面俱到。总之，绿色供应链管理在我国还处于萌芽状态，还有很长的路要走。

案例 9.2 宜家的绿色供应链管理

宜家（IKEA）是20世纪中少数几个令人炫目的商业奇迹之一。宜家家具之于家具业，正如麦当劳、肯德基之于餐饮业，沃尔玛、家乐福之于百货业，给本土的商人和消费者带来观念冲击，尤其是其绿色供应链管理经验值得国内企业学习与借鉴。宜家绿色供应链管理的具体内容如下。

（1）绿色投入与原材料。宜家要求所有用于宜家产品生产制造的木质原材料均应取自经林业监管专业认证的林带，或经FSC等具有同等效力的标准认证的林带。为了保护林业资源，宜家提出森林行动计划（forest action plan，FAP），以系统地处理森林事宜。与此同时宜家家居在其选择原材料时充分强调环境友好与消费者权益的保护（选择不对消费者健康构成潜在威胁的材料）。

（2）对供应商的管理。宜家目前在全球50个国家拥有约2000家供货厂商。在财政年度2000～2003年期间，宜家环境工作的一项主要任务是帮助改善部分供货厂商的生产环境条件。具体措施是，向他们提供有关基本要求的文件材料，然后对于要求执行情况进行随后的跟踪检查，其目的是帮助供货商明确了解他们的生产活动对于环境造成的影响，从而鼓励他们以可持续发展的方式组织生产。

（3）绿色运输。所有宜家承运代理商需遵从环境标准和多项检查。为了减少公路运输中尾气成分二氧化碳的排放，宜家设法增加了产品的单位包装数量。另外，采用二氧化碳排放量较小的货运方式，如船舶和火车货运方式、联合运输方式等。宜家对包装材料的环保措施也十分严格，要求包装材料可以回收利用，或二次重复使用。

（4）绿色营销。宜家在营销环节强调环境友好。例如，在宜家的每一家商场拥有一名环境协调员，在商场员工中组织开展环境知识培训。在废品管理方面，宜家向所有商场发布指示，要求商场将各自产生的垃圾废品分拣成为至少五大类，以便回收处理。与此同时，宜家家居在营销过程中充分强调产品对消费者的安全性，一旦发现某一产品对消费者的健康构成潜在的威胁，宜家家居往往主动地采取措施解决问题。

（资料来源：王能民. 绿色供应链管理. 北京：清华大学出版社，2005.）

9.2.2 逆向供应链

消费品品种的增多，产品生命周期的缩短，废旧产品的数量急剧增加，造成了严重的环境污染和资源浪费。在环保法律法规、企业社会责任、经济利益的驱动下，致力于废旧产品回收的逆向供应链得到了企业界及学术界的关注和发展。

1）逆向供应链的概念

逆向供应链（reverse supply chain，RSC）起源于逆向物流。最早提出“逆向物流”这个名词是Stock在1992年给美国物流管理协会的一份研究报告，报告中指出：逆向物流为一种包含了产品退回、物料替代、物品再利用、废弃处理、再利用、维修与再制造等流程的物流活动。逆向供应链是将逆向物流与供应链相结合提出来的，可以理解为：从用户手中回收产品、对回收产品进行分类/检测、直到最终处置或者再利用的一些企业或企业部门构成的网络。从逆向供应链的构成来看，参与逆向供应链的基本实体主要有用户、回收商、集中退货及回收中心、制造商、供应商、服务商和销售商等，集中退货及回收中心可以是制造商的一个部门或者是一个独立的企业。逆向供应链的内容主要涉及参与逆向供应链的相关实体之间的逆向物流、信息流、资金流的同步、协调问题。

2）逆向供应链的路径

逆向供应链具有四条路径。第一条路径是沿供应链原路返回。有时产品可能会跳过中间的参与者而直接返回供应链上游。第二条路径是通过二级市场或其他渠道重新加入流通。二级市场通常指由融资人、经纪人、批发商和进出口商等组成的专门处理正常渠道无法进行再销售的商品的市场群体。二级市场目前主要处理高科技仪器如医疗仪器、运输工具如飞机和大宗废旧原材料如旧钢铁等商品，并且趋向国际化。往往有经纪人或批发商将手中的存货以低价转让给这些零售机构，然后由他们再进行销售。第三条路径是将产品或其包装材料经过收集、分类和再制造加工，使其全部或部分可以重新进入供应链循环。在收集、分类和加工的过程中，可能会有专业的第三方公司加入。第四条路径是垃圾填埋。

3）逆向供应链的闭环和开环特性

（1）逆向供应链的闭环特性体现在将使用后的产品返还并交由原制造者处理。制造商对返回的产品、其中任意一个部件和任何可以再次使用的产品零件进行再利用。例如，企业可通过闭环处理系统，最大程度处理运输环节中运输供应商使用的包装物品。

（2）逆向供应链的开环特性体现在产品由制造商回收，但由其他公司来进行处理，最终的产品不再由生产者使用。

9.2.3　闭环供应链

1. 闭环供应链的概念

闭环供应链（closed-loop supply chain）也称为循环供应链，是逆向供应链中的一种形式。在“资源-生产-消费-再生资源”循环过程中，有些废旧产品或零部件经过再处理后重新回到原供应链中，形成闭环的逆向供应链；而有些产品或零部件经再处理后则进入其他产品供应链中，形成开环的逆向供应链。因此，闭环供应链是在传统的前向供应链的基础上，考虑社会资源环境要求和企业自身经济利益而产生的一种逆向供应链方向的物流链，它与正向供应链紧密结合，实现资源的循环利用，以求最大限度地节约资源、减少废弃物排放。

从闭环供应链的产生发展过程来看，闭环供应链的概念是在逆向物流、逆向供应链概念的基础上产生的。Guide 和 van Wassenhove 曾探讨了可再利用包装容器、复印机生产和消费电子产品再利用的闭环供应链，认为闭环供应链是通过再处理形成的产品在消费者-工厂-消费者之间的循环。他们认为，闭环供应链是由前向供应链（forward supply chain）和逆向供应链组成的闭合系统，它不仅包含了传统正向供应链的一些活动，还涵盖了供应链中一系列其他逆向物流活动。他们认为闭环供应链主要包括了与产品回收和恢复、资源减量化、检测、循环、挽救、替代、再利用、处置、拆解、翻新、修理，以及再制造过程相关的产品获取、配送及营销活动。Guide 等研究认为，闭环供应链不仅包含传统的前向供应链，同时还包含废弃品回收再利用的逆向供应链，更重要的是两条链上的物流并非相互独立而是呈现出“从源到汇，再由汇到源”的闭环特征。

上述各定义虽然对闭环供应链的表述各不相同，但其内涵却基本相同。闭环供应链从产品多生命周期的角度，贯穿从原材料、零部件的采购、运输、加工制造、分销、消费以及回收后再制造、再分销、再使用的整个过程，以此实现物资的循环和功能的循环，并通过产品循环利用实现产品价值的最大化以及产品生命周期对环境影响的最小化。从本质上看，闭环供应链就是将逆向物流纳入供应链管理的框架中，强调供应链的构建不仅要考虑逆向物流，还应该将逆向物流与前向物流进行集成，形成封闭（closed-loop）的循环链。

2. 闭环供应链的结构及处理过程

从物资流动的角度讲，闭环供应链实质上是通过产品的正向交付与逆向回收再利用，使“资源-生产-消费-废弃”的直线过程变成“资源-生产-消费-再生资源”的闭环反馈式循环过程。闭环供应链一般构架如图 9.1 所示，其中下半部分描述的是产品在整个循环过程中对环境的影响过程。

闭环供应链在传统的前向供应链的基础上融合了逆向物流链。前向供应链主要是由原料供应、产品生产、销售、使用等环节组成，其管理过程具有可计划、可预见的特点，

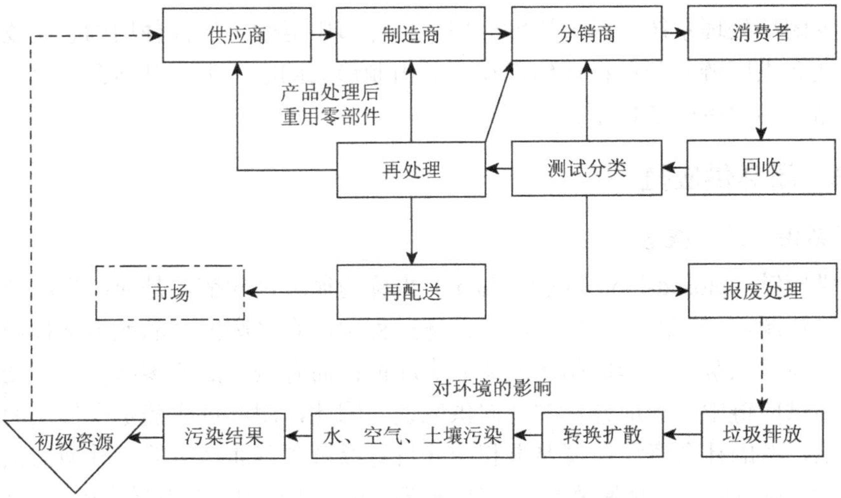

图 9.1　闭环供应链架构及其对环境的影响示意图

易于管理和决策；逆向物流链负责将处于分散消费者手中的废旧产品收集、集中运输到分类检测中心，然后根据检测结果选择产品价值恢复的各种处理活动，使废旧产品重新成为有价值的资源。前向链和逆向链可以通过产品的再利用、零部件的再利用或原料的再利用形成闭合的链，大多数循环供应链中包括了多种再利用形式。

闭环供应链中的逆向物流主要包括以下五个主要环节。

（1）收集（collection）。收集是将前向供应链各阶段产生的回流品（包括消费者手中的废旧产品）集中运到某一指定地点的过程，这是获取逆向物流运行所需的“原料”的过程，类似于前向供应链中的原料供应功能。废旧产品的收集是逆向物流链的起点，而废旧产品所在的节点正是前向物流链与逆向物流链的衔接点。

（2）检测和分类（inspection and separation）。回收的废旧产品中，通常包含了多种不同品质、不同价值的产品。在对回收品进行价值恢复处理之前，必须对回收品进行检测和分类，以确定回收品的状态和最合适的再处理方式，以使产品再利用价值最大化。检测可以不借助仪器，只通过观察产品外观特性，如根据回收品的品名、类型、型号等外部信息进行分类。进一步的分类则可能要借助仪器或设备对回收品的某些性能进行测试，以确定回收产品功能损坏的程度，从而确定对回收产品的再处理，是整体再利用、拆卸后再利用其零部件，还是只能进行原料再循环。

回收品的检测和分类是逆向物流流程与前向物流流程的显著区别，这一过程的重要性类似于生产过程中的质量控制环节。

（3）恢复处理（recovery）。恢复处理是指为了恢复废旧产品、零部件或原料的使用价值而实施的所有转换过程，也称为再处理（reprocessing），是循环供应链实现资源再利用目标的最关键过程。废旧产品价值恢复的方式很多，包括简单的清洗、拆卸、维修，以及工艺复杂的翻新、再制造、拼修等。

（4）再销售（redistribution）。再销售是指将经过各种途径恢复价值后的产品交付给新的市场的过程。根据产品价值恢复的不同途径，逆向物流的再销售市场体现在三个方面：首先是产品市场，指作为产品形式直接再使用，如库存积压品、过时产品、无故障的退货品等。此外，通过维修、翻新、再制造处理恢复的产品，也可以进入相同的产品市场或二手产品市场。其次是零部件市场，即从废旧产品中拆卸提取的零部件的再利用，可作为维修备件服务于原产品的售后服务市场，或作为零部件进入新的产品加工生产线，重新进入前向供应链。最后是原料市场，无法实现再利用的零部件或产品剩余部分，通过切割、粉碎等处理后，通过再生循环处理成为新的原料，进入不同的工业用途中。原料的再生循环往往是那些有利可图的原料，如纸品、金属等。

（5）废弃处理（disposal）。废弃处理是指将由于技术或经济上的原因而不能再利用的产品或零部件通过机械处理、地下掩埋或焚烧等方式进行销毁。

3. 闭环供应链的特点

闭环供应链与单独的前向供应链或开环逆向供应链相比，过程更加复杂。它不仅具有前向供应链和开环逆向供应链的复杂特征，还具有二者整合之后的独特之处。闭环供应链之所以成为供应链管理领域的研究热点，原因就在于其活动和管理相对于传统的前向供应链有很大差异。闭环供应链的特点主要表现在以下几个方面。

（1）目标的多样性。企业构建循环供应链既是为了提高客户满意度（客户要求退货、淘汰产品、维修产品、缺陷产品召回等），也是为了从旧产品的再利用中获取廉价资源，降低产品生产成本；另外还要有利于全社会的资源节约及环境保护，降低资源能源消耗，降低废弃物排放。而闭环供应链的成本必须同时考虑前向供应链和逆向供应链的成本。这就说明闭环供应链的构建本身就是从多目标考虑的。因此，在设计闭环供应链决策模型时，不仅要考虑成本和利润目标，还要考虑资源环境目标。

（2）高度的不确定性。闭环系统中网络的复杂性以及新旧产品的相互影响，导致闭环供应链系统具有高度的不确定性。体现在：①废旧产品的来源地是不确定的。废旧产品来源于消费者手中，而消费者的地理位置分散，分布广，且存在迁移的可能。因此，完全根据产品销售时的客户分布情况来预测产品报废时的退回情况，存在很大的不确定性；②产品出现故障具有一定的随机性，且消费者退货或淘汰产品还受其行为特征的影响，也具有很大的不确定性，导致废旧产品回流的时间和数量的不确定，因此，闭环供应链中旧产品收集和供应活动具有高度的不确定性，增加了旧产品运输、仓储等管理决策的难度；③回流品品质的不确定和不一致，使进一步的处理决策具有不确定性，从而导致再处理方式、再分销渠道及运输路线的不确定；④废旧产品回收的种种不确定性，导致再制造过程中需求管理、预测和库存控制的不确定，增加了协调生产计划与控制的复杂性。例如，回收两件相同的物品可能需要不同的再处理过程。

上述种种不确定，增加了闭环供应链管理的复杂性和难度。因此，在闭环供应链中应用信息管理技术，尤其是具有追溯、跟踪功能的射频识别及 EPC 技术和系统，对于降低闭环供应链中的不确定性程度、增加闭环供应链管理的可预见性具有特别重要的作用。

（3）固有的供需失衡性。一方面是供需时间的不匹配。闭环供应链系统中，产品回收流和市场需求流之间存在着时间滞后效应，当前被满足的市场需求在一段时间后才成为可回收的产品，这就导致回收产品的供应与再利用需求的不匹配。当产品处于需求高峰时，其返回流处于低谷期；而随着新技术的发展，当产品逐渐进入衰退期时，其返回流却进入高峰期。另一方面是需求量与供应量的不匹配。单纯的前向供应链中，一般是少数的生产商（供应方）面对多数的客户（需求方），生产商可发挥规模经济效应，因而具有构建相应物流网络的积极性和主动性。而在回收再利用的逆向供应链中，废旧产品的供应源多且分散，再处理设施点少，虽然有很多的“原材料”来源，但由于废旧产品的再利用价值有限，对再处理产品的需求量远远小于废旧产品的供应量，因此，企业缺乏主动构建逆向物流网络的积极性。

（4）“推-拉”混合的运作模式。闭环供应链过程中，面向新产品生产销售的前向供应链以“拉动式（pull）”战略模式运作，即由市场需求拉动产品的生产、配送等前向供应链活动；而逆向供应链的运作是由废旧产品的“供应”推动（push）的。企业由于法律法规或责任义务等必须接收来自顾客的退货或废旧产品，一旦有废旧产品“供应”，就将推动废旧产品的收集、运输、分类和检测、再处理等逆向供应链活动。因此，整个闭环供应链是由市场需求拉动前向物流运作与废旧产品“供应”推动逆向物流运作两种策略混合构成的系统。对于这种“推-拉”混合的闭环供应链系统的管理，不仅要重视市场需求预测对于拉动部分的重要作用，还要重视废旧产品回流量预测对于推动部分的作用。

然而，闭环供应链中逆向回流量的预测比新产品的需求预测更复杂、更困难。导致回流量预测复杂化的原因很多，包括：产品废弃回流不是来自消费者的主动需求，不确定程度更高；产品到达消费者手中后的信息跟踪机制不完善，产品回流的可预见性程度低；产品提前淘汰或废弃还受到消费者的消费行为、国家资源政策、法规、企业促销等诸多因素的影响，增加了回流预测的不确定性和复杂性。

（5）成本结构与定价的不一致。闭环供应链中，逆向物流部分与前向物流部分的成本结构有较大差异。与前向物流相比，逆向物流活动难以实现规模效应，废旧产品收集、运输、储存、包装、分类检测及再处理的成本更高，一些常见的物流管理模式较难适应逆向物流过程。例如，通常的库存管理模式就较难适用于逆向物流过程的库存管理。另外，由于回收品品质的不一致和再利用市场价值的不一致，逆向物流作业定价难以标准化，再利用产品的定价与其成本消耗难以一致。这就需要根据不同的管理活动和市场需求采用差别化的定价策略。另外，从国内外普遍情况看，产品再循环的市场还没有被完全开发出来，这在一定程度上影响了再制造产品定价的标准化。

案例 9.3　施乐公司的闭环供应链管理

将报废的电子产品用到新的产品和零部件生产中是施乐公司的首创。20 世纪 90 年代初，公司建立了从客户手中回收寿命终止的产品、实施再制造和零部件再利用计划的全面工程，以此支持施乐公司的零废弃倡议。

施乐公司在产品设计时，遵循方便拆卸和减少零件数量的原则，零部件的设计强调其耐久性，以便满足产品多生命周期使用的需要。此外，零部件上要有与拆卸说明一致的标识。通过这些措施，寿命终止的产品返回施乐公司后可以有效地被拆卸和再制造。近年来，施乐公司又通过模块化产品设计和通用核心部件的设计来进行产品系列的设计，以进一步扩大零部件再利用能力。

通过提高产品回收量预测的准确性，施乐公司可更多地依赖旧产品作为新产品生产的零部件来源。为此，施乐公司参照旧型号产品进行新型号产品的设计，尽量与旧型号产品中的零部件通用，以此提高旧型号产品零部件的再利用率。施乐公司应用独特的工艺和技术对产品及其零部件性能进行检验，以确保所有施乐产品，包括恢复再利用的零部件，符合相同的规格、性能、外观、质量和可靠性要求。施乐公司采用旧零部件生产的设备与采用全新零部件组装的设备具有相同的质量标准，因此执行相同的质量保证条款及服务协议。

消费者能否接受由回收零部件再制造的设备，是从事回收再制造企业面临的重大挑战。经过施乐公司十几年的实践，目前认为施乐公司再制造设备比全新设备质量低劣的客户越来越少。施乐公司向客户证明了再利用零部件的质量和产品的可靠性。施乐公司还推出环境友好的促销策略，促进客户关注产品的质量和性能，而不要关注是否包含回收部件，以此减少再制造循环系统实施的障碍。

施乐公司成功地管理生命周期终止的产品获得了显著的环境和经济效益。每年可减少上亿磅的废物进入堆填场。另外，零部件再利用工程减少了制造新产品所需的原料和能源消耗，每年可节约数亿美元的成本。

（资料来源：王长琼. 循环供应链. 北京：中国物资出版社，2008.）

9.3　供应链金融

近年来，供应链金融（supply chain finance）作为新经济下的一种新的金融服务在国内外物流业与金融业应运而生，并为中小企业融资理念和技术瓶颈提供了解决方案。

9.3.1　供应链金融的概念

供应链金融是一种旨在降低供应链融资成本以及解决供应链节点资金短缺问题的金融创新。供应链金融是供应链管理的一个分支，是对供应链上传递的除产品所涵盖的原材料、半成品、产品之外的资金流的有效管理。供应链金融可以说是一种独特的商业融资模式，是指金融机构（如商业银行等）对一个产业供应链中的单个企业或上下游多个企业提供全面金融服务，促进核心企业及上下游配套企业“产-供-销”链条的稳固和流转畅顺，并通过金融资本与实业经济协作，构筑金融机构、企业和商品供应链互利共存、持续发展、良性互动的产业生态，以实现整个供应链的良性发展。

作为一项金融创新，供应链金融不仅能够解决由全球性外包活动导致的供应链融资成本居高不下以及供应链节点资金流的瓶颈问题，还能够缓解后金融危机背景下日益凸显的中小企业融资难问题。近年来，供应链金融业务在发达国家的增长率为 10%～30%，而在中国、印度等新兴经济体国家的增长率为 20%～25%。

供应链金融最大的特点就是以整条供应链为出发点，以第三方物流企业为依托，一方面，将资金有效注入处于相对弱势的上下游中小企业，解决中小企业融资难和供应链失衡问题；另一方面，将金融机构和物流企业融入上下游企业的购销行为，增强供应链的商业信用。供应链金融可以促进中小企业与核心企业建立长期战略合作伙伴关系，提升供应链竞争力。在供应链金融服务中，供应链节点企业一旦获得银行的支持，资金也就进入了供应链，可以激活整个“链条”的运转。银行信用的支持，也会为中小企业赢得更多的商机。

供应链金融是一种较为复杂的融资模式，涉及多个企业之间的合作和协调，主要包括金融机构、第三方物流企业、中小融资企业及供应链中占主导地位的核心企业。另外，良好的外部商务环境能为企业的发展和相互合作带来很多方便，在供应链金融服务中也是一个很重要的因素。

9.3.2 供应链金融服务的主要业务模式

资金流是企业的血液，企业净现金流的状况将会决定企业的命运。根据供应链节点企业的物流过程和规律，资金缺口经常会发生在采购、运营和销售三个阶段。在采购阶段，具有较强实力供应商（核心企业）往往会利用自身的强势地位要求下游企业尽快付款，供应商的商品价格波动也会给下游企业的采购带来巨大资金缺口风险。在运营阶段，中小企业因为库存、销售波动等积压大量存货，占用大量流动资金，给企业造成资金周转困难。在销售阶段，如果面对强势的购货方（核心企业），货款回收期较长，也会给企业带来流动资金短缺的风险。针对供应链节点企业运营过程中的资金缺口特点，供应链金融服务对应有以下三种主要业务模式。

（1）采购阶段的供应链金融——应付账款模式。这种运作模式主要针对商品采购阶段的资金短缺问题。该模式的具体操作方式由第三方物流企业或者供应链核心企业提供担保，银行等金融机构向中小企业垫付货款，以缓解中小企业的货款支付压力。之后由中小企业直接将货款支付给银行。其中第三方物流企业扮演的角色主要是信用担保和货物监管。一般来说，物流企业对供应商和购货方的运营状况都相当的了解，能有效地防范这种信用担保的风险，同时也解决了银行的金融机构的风险控制问题。

（2）运营阶段的供应链金融——动产质押模式。这种运作模式主要针对中小企业运营阶段。该模式主要特征是以动产质押贷款的方式，将存货、仓单等动产质押给银行而取得贷款。第三物流企业提供质物监管、拍卖等一系列服务，若有必要，核心企业还会与银行签订质物回购协议。这种模式将“死”物资或权利凭证向“活”的资产转换，加速动产的流动，缓解了企业现金流短缺压力。动产质物具有很大流动性，风险很大。第三方物流企业和核心企业与银行等金融机构合作，可有效降低信贷风险，提高金融机构参与供应链金融服务的积极性。

（3）销售阶段的供应链金融——应收账款模式。这种模式主要针对企业商品销售阶段。由于应收账款是绝大多数正常经营的中小企业都具备的，所以这一模式解决中小企业融资问题的适应面也非常广。这种模式的具体操作方式是中小企业将应收账款质押给银行进行融资，并由第三方物流企业提供信用担保，将中小企业的应收账款变成银行的应收账款。之后核心企业将货款直接支付给银行。核心企业在供应链中拥有较强实力和较好的信用，所以银行在其中的贷款风险可以得到有效控制。

案例 9.4　通用电气公司的供应链金融模式

通用电气公司(GE)的飞机发动机销售依赖于下游客户企业飞机制造商的飞机销量。由于飞机的销售涉及金额巨大，订货方往往无法一次性付清货款，因此也导致 GE 损失了很多订单。为了解决供应链客户端资金短缺这一瓶颈，GE 为客户提供供应链融资租赁、设备租赁等服务，在替买方垫付货款的同时，收取融资利息。这样不仅减少了买方一次性付款压力，缩短了买方运营准备时间，同时也提高了自身的销售额。

GE 供应链金融服务是通过其子公司通用电气信用公司（GECC）来实现的。GECC 在其成立初期的主要目的只是单纯地为 GE 大型家电产品的购买者提供分期付款业务，帮助 GE 扩大销售规模。然而，随着其经营业务范围开始多元化，GECC 业务发展迅猛，并成为 GE 的核心业务。截至 2011 年底，GECC 的资产规模已达到 5843 亿美元，占 GE 总资产的 80%以上，其资产规模已位列全美前十大商业银行。GECC 主要提供三种供应链金融服务，即融资租赁、存货代占和设备租赁服务，其中最主要的业务是融资租赁，尤其是飞机租赁业务。

首先，GECC 与航空公司签署融资租赁协议；然后，GECC 直接向飞机制造商下订单、付款采购飞机。GECC 的预付款，可以缓解飞机制造商的流动资金压力。接到 GECC 的预付款，飞机制造商向 GE 等其他供应商采购发动机等其他零部件，然后按订单组装生产飞机；飞机生产完成后，飞机制造商交付飞机给航空公司；最后，航空公司利用飞机营运收入来按期支付租金。这样的融资租赁操作既扩大了飞机制造商和 GE 自身的销售规模，又使航空公司提早获取了飞机并提前开始运营。

GECC 的融资租赁具有以下五个特点。

（1）由于 GE 属于飞机制造方的上游企业，生产飞机发动机等主要部件，飞机制造商的订单会带来自身业务的增长。

（2）融资提供方即 GECC 负责下达订单、付款采购，并且拥有飞机所有权，而租赁方即航空公司对货物的处理权有限。

（3）航空公司根据租赁协议拥有使用权，并按照租期支付租金。

（4）租赁方财务压力小，能够提前使用租赁物开展运营，并且使用运营现金流支付租金。

（5）GE 同时获得主营业务收入与融资收益。

GE 提供的供应链金融服务，使整条供应链的“产-供-销”链条能够更稳固和流畅地运转，增强了整条供应链的竞争力和可持续发展能力。

（资料来源：谢世清，何彬. 国际供应链金融三种典型模式分析. 经济理论与经济管理，2013，(4)：80-86.）

本章小结

随着现代供应链管理理论及技术的发展，供应链管理呈现出多样化的管理模式。本章介绍了敏捷供应链的概念、敏捷供应链管理的原则及其作用；分析了面向资源与环境的供应链——绿色供应链、逆向供应链和闭环供应链的概念内涵、特点及实施路径等；简述了供应链金融的概念以及供应链金融的主要业务模式。

在案例方面，首先以宝洁实施敏捷供应链管理和仁宝电脑在传统供应链管理基础上变革实施绿色供应链管理作为引导案例，以引出面对当前激烈的市场竞争以及供应链管理中的新问题，出现的一些新的供应链管理模式。接着分别以美国克莱斯勒机车制造商的敏捷供应链管理案例具体阐述如何实施敏捷供应链管理；以宜家的绿色供应链管理、施乐公司的闭环供应链管理案例，具体介绍面向资源与环境的供应链的运作；最后以通用电气公司的供应链金融服务案例，具体说明某种典型的供应链金融服务运作形式和意义。

➢复习思考题

（1）敏捷供应链具有什么特征？为什么要实施敏捷供应链管理？

（2）简述绿色供应链管理的主要内容和基本实现途径。

（3）什么是闭环供应链？简述闭环供应链的结构及特点。

（4）简述供应链金融服务的三种主要业务模式。

问题讨论

（1）仔细阅读案例 9.1，分析克莱斯勒公司采用了哪些策略来实现与两万多家供应商的实时数据交换与信息共享？取得了什么样的效果？

（2）结合案例 9.2 和案例 9.3，分析宜家的绿色供应链管理及施乐公司的闭环供应链管理各自具有什么特点？

（3）仔细阅读案例 9.4，分析通用电气公司供应链金融模式的成功经验是什么？

参考文献

鲍尔索克斯 D J，克劳斯 D J，库珀 M B. 2010. 供应链物流管理. 3 版. 马士华，黄爽，赵婷婷译. 北京：机械工业出版社.

曹翠珍. 2010. 供应链管理. 北京：北京大学出版社.

陈达强. 2004. 基于供应链的配送系统研究. 西南交通大学硕士学位论文.

陈荣秋，胡蓓. 2008. 即时顾客化定制. 北京：科学出版社.

陈荣秋，马士华. 2011. 生产与运作管理. 3 版. 北京：高等教育出版社.

陈元志，夏健明. 2004. 供应链管理战略模型的建立与运作. 财经研究，30（3）：75-84.

达庆利，张钦. 2005. 敏捷供应链的构造方法和敏捷策略. 科研管理，26（1）：100-107.

大野耐一. 2006. 丰田生产方式. 谢克俭，李颖秋译. 北京：中国铁道出版社.

单汨源，孙亚. 2000. 供应链管理及其应用研究. 中南工业大学学报（社会科学版），6（3）：202-204.

但斌，刘飞. 2000. 绿色供应链及其体系结构研究. 中国机械工程，11（11）：1232-1234.

但斌，张旭梅，刘飞，等. 2000. 基于 CPFR 的供应链体系结构和运作研究. 计算机集成制造系统，6（4）：41-44.

刁柏青，李学军，王建. 2003. 物流与供应链系统规划与设计. 北京：清华大学出版社.

董千里. 2009. 供应链管理. 大连：东北财经大学出版社.

方福前. 2001. 论经济全球化的特征. 江汉论坛，（2）：5-9.

冯耕中，刘伟华. 2014. 物流与供应链管理. 2 版. 北京：中国人民大学出版社.

冯云翔. 1995. 精益生产方式. 北京：企业管理出版社.

付荣华. 2010. 条码技术在供应链管理中的应用. 中国商界，（11）：222-223.

哈格 S，卡明斯 M. 2011. 信息时代的管理信息系统. 严建援译. 北京：机械工业出版社.

何静. 2009. 供应链管理. 上海：华东大学出版社.

何涛，翟丽. 2007. 基于供应链的中小企业融资模式分析. 物流科技，（5）：87-91.

何振绮，陈燕. 2007. 客户关系管理与供应链管理系统整合模式研究. 物流技术，30（9）：83-85.

侯鸿翔. 2002. 基于产品平台的协同产品开发研究. 天津大学博士学位论文.

胡健颖. 2002. 企业竞争战略与企业生命周期. 城市开发，（12）：38-42.

黄小原. 2007. 供应链运作——协调、优化与控制. 北京：科学出版社.

姜巧萍，梁华. 2010. 采购与供应管理咨询工具箱. 北京：人民邮电出版社.

蒋长兵，白丽君. 2009. 供应链理论技术与建模. 北京：中国物资出版社.

杰拉尔德. 2003. Oracle 电子商务套件：制造与供应链管理. 闵丛民译. 北京：机械工业出版社.

劳顿 K C，劳顿 J P. 2015. 管理信息系统. 13 版. 黄丽华译. 北京：机械工业出版社.

劳伦斯 B，詹宁斯 J，雷诺兹 R. 2005. 电子分销——电子商务环境下的分销模式与工具. 胡勇译. 北京：电子工业出版社.

雷蕾，史金召. 2014. 供应链金融理论综述与研究展望. 华东经济管理，28（6）：158-162.

黎继子，倪武帆. 1999. 供应链管理的发展及启示. 中国物资流通，（11）：36-38.

李敏. 2006. 支持协同产品开发的按需服务模式及服务平台研究. 重庆大学硕士学位论文.

李苏剑. 2003. 企业物流管理理论及案例. 北京：机械工业出版社.

李振林，廖文和，刘长毅，等. 2003. XML 在企业信息化套装软件 BOM 中的应用. 中国制造业信息化，（5）：79-81.

刘丽文. 2003. 供应链管理思想及其理论和方法的发展过程. 管理科学学报，6（2）：81-88.
刘丽文. 2016. 生产与运作管理. 5 版. 北京：清华大学出版社.
刘伟，王文，赵刚. 2008. 供应链管理教程. 上海：上海人民出版社.
刘永胜. 2009. 供应链管理基础. 北京：中国物资出版社.
刘云浩. 2010. 物联网导论. 北京：科学出版社.
刘志学，付国庆，许泽勇. 2004. 物流管理与供应链管理的比较. 计算机集成制造系统，10（S1）：126-130.
卢加业. 2002. 动态环境中的竞争战略思维. 科技进步与对策，（11）：114-116.
陆杉. 2010. 供应链管理. 长沙：中南大学出版社.
逯宇铎，李杰. 2005. 全球采购管理. 北京：机械工业出版社.
罗宁. 2008. 对广州丰田汽车入厂物流的研究. 西南交通大学硕士学位论文.
洛森 B，金 R，亨特 A. 2006. 快速响应——供应链满足客户需求之道. 许国兵，杨堵红，巩泽钧，等译. 北京：机械工业出版社.
骆温平. 2001. 第三方物流理论、操作与案例. 上海：上海社会科学出版社.
马士华. 2014. 供应链管理. 2 版. 武汉：华中科技大学出版社.
马士华，林勇. 2014. 供应链管理. 4 版. 北京：机械工业出版社.
马士华，林勇. 2015. 供应链管理. 4 版. 北京：高等教育出版社.
马士华，王一凡，林勇. 1998. 供应链管理对传统制造模式的挑战. 华中科技大学学报（社会科学版），（2）：65-67.
麦克纳林 B C，斯普拉格 L H. 2009. 信息系统管理实践. 7 版. 王刊良，姜锦虎译. 西安：西安交通大学出版社.
莫蓉，李伟刚. 2003. 复杂产品协同开发支撑环境的研究与实现. 计算机集成制造系统，12（9）：10-14.
潘浩. 2010. 基于供应链的协同营销研究. 兰州理工大学硕士学位论文.
邵晓峰，张存禄，李娟. 2013. 供应链管理. 北京：高等教育出版社.
施先亮. 2016. 供应链管理. 3 版. 北京：机械工业出版社.
施先亮，李伊松. 2006. 供应链管理原理及应用. 北京：清华大学出版社.
陶倩. 2011. 屈臣氏供应链系统的建设与优化. 物流技术与应用，（6）：62-65.
王长琼. 2008. 循环供应链. 北京：中国物资出版社.
王国化. 2006. 丰田制造业真经. 北京：北京工业大学出版社.
王海军. 2006. 延迟制造：大量定制的解决方案. 武汉：华中科技大学出版社.
王怀伯，高国军，张申生. 2000. 敏捷供应链管理关键技术. 中国机械工程，11（4）：458-461.
王金宝，高宏. 2013. 云计算系统中查询处理及优化技术研究综述. 智能计算机与应用，（4）：51-54.
王晶. 2010. 供应链信息管理. 北京：科学出版社.
王能民，孙林岩，汪应洛. 2005. 绿色供应链管理. 北京：清华大学出版社.
王新，陈光，段满珍，等. 2010. 支持大规模定制生产的敏捷供应链技术研究. 改革与战略，26（6）：9-71.
王彧. 2005. 供应链环境下集配商运作模式研究. 华中科技大学硕士学位论文.
席锐. 2007. MILK-RUN 在供应链物流管理中的应用. 北京工商大学硕士学位论文.
夏绪辉，刘飞. 2005. 逆向供应链物流的内涵及研究发展趋势. 机械工程学报，41（4）：104-110.
肖志军，党新民. 2004. 精益生产方式. 北京：机械工业出版社.
谢世清，何彬. 2013. 国际供应链金融三种典型模式分析. 经济理论与经济管理，（4）：80-86.
熊励，陈子辰，陈嶷，等. 2003. 汽车工业的物流协同配送策略性研究. 汽车工程，25（2）：147-155.
徐承东. 2008. 企业信息化与 RFID. 中国储运，（1）：101-103.
闫秀霞，殷秀清. 2008. 供应链管理. 北京：经济科学出版社.

杨思远. 2008. 供应链管理. 北京：冶金工业出版社.
于海斌，朱云龙. 2004. 协同制造——e 时代的制造策略与解决方案. 北京：清华大学出版社.
于江，杨德礼. 2003. 供应链管理模式下的企业外包设计研究. 大连理工大学学报（社会科学版），(2)：62-66.
余海. 2006. 供应链中伙伴关系及其合作策略. 商业时代，(4)：20-21.
俞洋，文燕. 2008. SAP 供应链管理. 北京：东方出版社.
张浩. 2010. 采购管理与库存控制. 北京：北京大学出版社.
张继焦，葛存山，帅建准. 2002. 分销链管理. 北京：中国物价出版社.
张劲松，肖人彬. 2007. 虚拟企业环境下的协同产品开发链. 武汉：华中科技大学出版社.
张理，李蕴姝. 2009. 物流管理导论. 北京：清华大学出版社.
张申生，高国军. 1999. 动态联盟和敏捷供应链. 计算机集成制造系统，5（4）：1-5.
张旭梅，黄河，刘飞. 2003. 敏捷虚拟企业——21 世纪领先企业的经营模式. 北京：科学出版社.
张泳. 2004. 产品生命周期中的供应链战略与策略研究. 江苏商论，(7)：118-120.
张岳松. 2006. 供应链和虚拟企业：比较及转化. 商业研究，(2)：69-74.
赵林度. 2008. 供应链与物流管理教学案例集. 北京：科学出版社.
赵先德，谢金星. 1999. 现代供应链管理的几个基本观念. 南开管理评论，(1)：62-66.
赵云燕. 2007. JIT 采购方式对公司净现值的影响. 价值工程，26（9）：146-147.
郑克俊. 2002. 供应链管理环境下的企业业务外包及优劣研究. 软科学，16（2）：90-92.
周勇，郑丕谔. 2007. 企业核心竞争力分析. 西安电子科技大学学报（社会科学版），17（2）：25-30.
朱庆华，阎洪. 2013. 绿色供应链管理：理论与实践. 北京：科学出版社.
Chopra S，Meindl P. 2008. 供应链管理. 3 版. 陈荣秋，等译. 北京：中国人民大学出版社.
Christopher M. 2006. 物流与供应链管理：创造增值网络. 3 版. 何明珂，崔连广，郑媛译. 北京：电子工业出版社.
Erl T，Mahmood Z，Puttini R，et al. 2014. 云计算：概念、技术与架构. 龚奕利，贺莲，胡创译. 北京：机械工业出版社.
Porter M E. 2005. 竞争优势. 陈小悦译. 北京：华夏出版社.
Robbins S P，Coulter M. 2008. 管理学. 9 版. 孙健敏译. 北京：中国人民大学出版社.
Simchi-Levi D，Kaminsky P，Simchi-Levi E. 2010. 供应链设计与管理：概念、战略与案例研究. 3 版. 季建华，邵晓峰译. 北京：中国人民大学出版社.
Aberdeen Group. 1999. Collaborative product commerce：delivering product innovations at internet speed. Aberdeen Group Inc，12（9）：1-25.
Christopher M，Towill D R. 2000. Supply chain migration：from lean and functional to agile and customized. International Journal supply Chain Management，5（4）：206-213.
Nagel M H. 2000. Environmental supply-chain management versus green procurement in the scope of a business and leadership perspective. Proceedings of the 2000 IEEE International Symposium on Electronics and the Environment：219-224.
VICS Association. 1998. CPFR：Collaborative Planning，Forecasting and Replenishment. http: //www.cpfr.org.
Walton S V，Handfield R B，Melnyk S A. 1998. The green supply chain：integrating suppliers into environmental management processes. Journal of Supply Chain Management，34（1）：2-11.

